| 형법 |

최파총

백광훈 최신판례 총정리

백광훈 편저

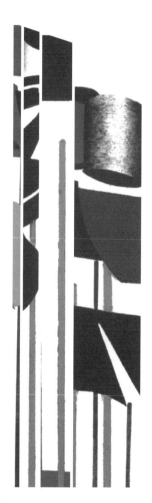

메가 공무원 X 경단기

박영사

PREFACE

백광훈 최신판례 총정리(최 · 판 · 총) 형법 2025년판은 앞으로 시행될 각종 시험에 대비하기 위하여 2020년 1월부터 2024년 10월 31일까지 판시된 최근 5년간의 형법분야의 판례들을 정리한 최신판례집이다.

최신판례집을 만드는 목적은 분명하다. 최단시간에 최대의 최신판례를 마스터함으로써 시험에 출제될 만한 핵심내용을 정리하는 것이다.

이를 위해 본서에서 역점을 둔 부분은 다음과 같다.

① 판례를 대법원 종합법률정보에 나오는 방식대로 수록하는 것이 수험공부에는 그리 효과적이지 못하므로, 본서는 형법의 판례정리 방식인 문제와 해결(Q&A)식으로 정리함으로써 주어진 질문을 해결하는 과정에서 자연스럽게 판례의 내용과 결론이 숙지되도록 하였다.
② 판례 중 판결요지 부분은 시험에 그대로 출제되므로 있는 그대로 수록하되, 각 판례의 판결이유까지 장황하게 소개하는 것은 독자들의 정리에 큰 도움이 되지 못할 것이므로, 화제가 되는 중요판례를 제외하고는 핵심법리 위주로 압축하였다.
③ 최근 각종 시험에서 출제된 판례들에는 기출표시를 명시함으로써 수험용 판례집으로서의 활용도를 높이고자 하였다.

본서는 형법총론 · 형법각론, 기출문제집, 퍼펙트써머리 등으로 공부하는 독자들과 마무리과정에 있는 수험생들에게는 필수적인 자료라고 생각된다. 최신판례를 정리하지 않고 시험에 응시하는 것은 사실상 어려운 일이기 때문이다.

끝으로 본서의 출간을 맡아준 도서출판 박영사 임직원님들에게 깊은 감사를 드린다.

2025년 1월
백 광 훈
cafe.daum.net/jplpexam(백광훈형사법수험연구소)

CONTENTS

PART 02 형법각론

PART

01

형법총론

CHAPTER
01 형법의 일반이론

1 형법의 기본개념

2 죄형법정주의

제1절 법률주의

제2절 소급효금지원칙

001 법무사 등록증을 빌려주거나 빌린 법무사법위반 사건

판례 법무사법 제21조 제2항이 정하고 있는 법무사 등록증을 빌려준다 함은 타인이 법무사 등록증을 이용하여 법무사로 행세하면서 법무사업을 하려는 것을 알면서도 법무사 등록증 자체를 빌려주는 것을 의미하는데(대법원 2002.5.10, 2002도1226 판결 참조), …… 법무사 사무소 직원이 법무사 사무소의 업무 전체가 아니라 일정 부분의 업무에 한하여 실질적으로 법무사의 지휘·감독을 받지 않고 자신의 책임과 계산으로 해당 사무를 법무사 명의로 취급·처리하였다면, 설령 법무사가 나머지 업무에 관하여 정상적인 활동을 하고 있더라도 직원과 법무사에게는 법무사법 제72조 제1항 위반죄가 성립될 수 있다. …… 2017.12.12. 법률 제15151호로 일부 개정된 법무사법(이하 '개정된 법무사법'이라 한다)에는 제72조 제2항이 신설되어 등록증을 다른 사람에게 빌려준 법무사, 법무사의 등록증을 빌린 사람 등이 취득한 금품이나 그 밖의 이익은 몰수하고 이를 몰수할 수 없을 때에는 그 가액을 추징한다고 규정하고 있고, 부칙 제2조는 "제72조 제2항의 개정규정은 이 법 시행 후 최초로 법무사 등록증을 다른 사람에게 빌려준 경우부터 적용한다."라고 규정하고 있다. 위와 같이 개정된 법무사법 제72조 제2항, 부칙 제2조, 헌법 제13조 제1항 전단과 형법 제1조 제1항에서 정한 형벌법규의 소급효 금지 원칙에 비추어 보면, 법무사가 등록증을 다른 사람에게 빌려주거나 법무사의 등록증을 빌린 행위가 개정된 법무사법 시행 이전부터 계속되어 온 경우에는 개정된 법무사법이 시행된 이후의 행위로 취득한 금품 그 밖의 이익만이 개정된 법무사법 제72조 제2항에 따른 몰수나 추징의 대상이 된다고 보아야 한다(대법원 2020.10.15, 2020도7307).

002 개정된 도로교통법 시행 이전 전과를 포함하는 것이 형벌불소급의 원칙에 위반되는지 여부

• 경찰2차 21

> 도로교통법(2018.12.24. 개정, 이하 '개정 도로교통법') 제148조의2 제1항의 '도로교통법 제44조 제1항 또는 제2항을 2회 이상 위반한 사람'에 개정된 도로교통법이 시행된 2019.6.25. 이전 위반 전과가 포함되는 것으로 해석하는 것은 형벌불소급의 원칙에 위반되는가?

〔판례〕 '도로교통법 제44조 제1항 또는 제2항을 2회 이상 위반한 사람'에 개정 도로교통법이 시행된 2019.6.25. 이전에 구 도로교통법 제44조 제1항 또는 제2항을 위반한 전과가 포함된다고 보아야 한다. 이와 같이 해석하더라도 형벌불소급의 원칙이나 일사부재리의 원칙에 위배되지 않는다(대법원 2012.11.29, 2012도10269). 개정 도로교통법 부칙 제2조는 도로교통법 제82조 제2항과 제93조 제1항 제2호의 경우 위반행위의 횟수를 산정할 때에는 2001.6.30. 이후의 위반행위부터 산정하도록 한 반면, 제148조의2 제1항에 관한 위반행위의 횟수 산정에 대해서는 특별히 정하지 않고 있다. 이처럼 제148조의2 제1항에 관한 위반행위의 횟수를 산정하는 기산점을 두지 않았다고 하더라도 그 위반행위에 개정 도로교통법 시행 이후의 음주운전 또는 음주측정 불응 전과만이 포함되는 것이라고 해석할 수 없다(대법원 2020.8.20, 2020도7154).

⸎solution 위반되지 않는다.

제3절 명확성원칙

제4절 유추해석금지원칙

[1] 유추해석금지원칙에 위반된다는 사례

003 형법 제227조의2(공전자기록위작 · 변작)에 규정된 '공무원', '공무소', '공무원 또는 공무소의 전자기록'의 의미

• 국가7급 21, 경찰승진 22

> 한국환경공단이 환경부장관의 위탁을 받아 건설폐기물 인계 · 인수에 관한 내용 등의 전산처리를 위한 전자정보처리프로그램인 올바로시스템을 구축 · 운영하고 있는 경우, 그 업무를 수행하는 한국환경공단 임직원을 공전자기록의 작성권한인자인 공무원으로 보거나 한국환경공단을 공무소로 볼 수 있는가?

〔판례〕 형법 제227조의2(공전자기록위작 · 변작)는 "사무처리를 그르치게 할 목적으로 공무원 또는 공무소의 전자기록 등 특수매체기록을 위작 또는 변작한 자는 10년 이하의 징역에 처한다."라고 규정하고 있다. 여기에서 …… 그 행위주체가 공무원과 공무소가 아닌 경우에는 형법 또는 특별법에 의하여 공무원

등으로 의제되는 경우를 제외하고는 계약 등에 의하여 공무와 관련되는 업무를 일부 대행하는 경우가 있더라도 공무원 또는 공무소가 될 수 없다. 형벌법규의 구성요건인 공무원 또는 공무소를 법률의 규정도 없이 확장해석하거나 유추해석하는 것은 죄형법정주의 원칙에 반하기 때문이다. …… 한국환경공단은 한국환경공단법에 의해 설립된 법인으로서, 그 임직원은 공무원이 아니고 단지 같은 법 제11조, 건설폐기물법 제61조, 폐기물관리법 제62조의2 등에 의하여 형법 제129조부터 제132조까지의 규정을 적용할 때 공무원으로 의제될 뿐이며, 한국환경공단 임직원을 공전자기록 등 위작죄에서 공전자기록 작성권한자인 공무원으로 의제하거나 한국환경공단이 작성하는 전자기록을 공전자기록으로 의제하는 취지의 명문규정은 없다. 이러한 관련 법령을 법리에 비추어 살펴보면, 한국환경공단이 환경부장관의 위탁을 받아 건설폐기물 인계·인수에 관한 내용 등의 전산처리를 위한 전자정보처리프로그램인 올바로시스템을 구축·운영하고 있더라도, 그 업무를 수행하는 한국환경공단 임직원을 공전자기록의 작성권한자인 공무원으로 보거나 한국환경공단을 공무소로 볼 수는 없다. 그리고 한국환경공단법 등이 한국환경공단 임직원을 형법 제129조 내지 제132조의 적용에 있어 공무원으로 본다고 규정한다고 하여 그들 또는 그들이 직무를 행하는 한국환경공단을 형법 제227조의2에 정한 공무원 또는 공무소에 해당한다고 보는 것은 형벌법규를 피고인에게 불리하게 확장해석하거나 유추해석하는 것이어서 죄형법정주의 원칙에 반한다. 이는 한국환경공단 또는 그 임직원이 환경부장관으로부터 위탁받은 업무와 관련하여 직무상 작성한 문서를 공문서로 볼 수 없는 것과 마찬가지이다(대법원 2020.3.12, 2016도19170).

📍solution 볼 수 없다.

004 출입국관리법 제18조 제3항 및 같은 법 제94조 제9호가 규정한 '고용'의 의미

> 사업주가 취업활동을 할 수 있는 체류자격을 가지지 않은 외국인을 파견받아 자신을 위한 근로에 종사하게 한 것은 출입국관리법이 금지하는 고용에 해당하는가?

[판례] 법률 규정의 문언, 형벌법규의 해석 법리, 「파견근로자 보호 등에 관한 법률」(이하 '파견법'이라 한다)의 규율 내용 등에 비추어 보면, 출입국관리법 제94조 제9호, 제18조 제3항의 '고용'의 의미도 취업활동을 할 수 있는 체류자격을 가지지 않은 외국인으로부터 노무를 제공 받고 이에 대하여 보수를 지급하는 행위를 말한다고 봄이 타당하다. 따라서 사용사업주가 근로자파견계약 또는 이에 준하는 계약을 체결하고 파견사업주로부터 그에게 고용된 외국인을 파견받아 자신을 위한 근로에 종사하게 하였다고 하더라도 이를 출입국관리법 제94조 제9호, 제18조 제3항이 금지하는 고용이라고 볼 수 없다(대법원 2020.5.14, 2018도3690).

📍solution 해당하지 않는다.

005 자동차 운전의 의미

> 피고인이 자동차의 시동을 걸지 못한 상태에서 차량을 운전하려는 의도로 제동장치를 조작하여 차량이 뒤로 진행하게 된 경우 자동차를 '운전'했다고 볼 수 있는가?

판례 도로교통법 제2조 제26호는 '운전'이란 차마 또는 노면전차를 본래의 사용방법에 따라 사용하는 것을 말한다고 정하고 있다. 그중 자동차를 본래의 사용방법에 따라 사용했다고 하기 위해서는 엔진을 걸고 발진조작을 해야 한다(대법원 1999.11.12, 98다30834; 2009.5.28, 2009다9294,9300 참조). 피고인이 이 사건 차량에 장착된 STOP&GO 기능 조작 미숙으로 시동을 걸지 못한 상태에서 제동장치를 조작하다 차량이 뒤로 밀려 추돌사고를 야기한 경우, 피고인이 운전하려는 의사로 제동장치를 조작했어도 시동을 걸지 못한 이상 발진조작을 했다고 볼 수 없으므로, 자동차를 본래의 사용방법에 따라 사용했다고 보기 어렵다(대법원 2020.12.30, 2020도9994).

§solution 볼 수 없다.

006 대통령기록물의 사본 등은 대통령기록물로 볼 수 없다는 사례

> 대통령에 대한 보고절차에 사용한 원본 문서가 아니라 컴퓨터에 저장된 문서파일을 이용하여 별도로 출력하거나 사본한 문건을 유출한 행위는 대통령기록물 관리에 관한 법률에 의하여 규율되는 대통령기록물 유출행위에 해당하는가?

판례 「대통령기록물 관리에 관한 법률」(이하 '대통령기록물법')은 대통령기록물의 효율적 관리를 통한 국정운영의 투명성과 책임성 강화를 목적으로 입법된 것으로 사본 자체를 원본과 별도로 보존할 필요가 있다는 등의 특별한 사정이 없는 이상 원본 문서나 전자파일 이외에 그 사본이나 추가 출력물까지 모두 대통령기록물로 보존할 필요는 없는 점, 대통령기록물법은 대통령기록물 자체를 파기, 손상, 유출하는 등의 행위와 그 내용을 누설하는 행위를 구별하여 규정하고 있는 점, 「공공기록물 관리에 관한 법률」 제21조는 영구보존으로 분류된 기록물 중 중요한 기록물에 대한 복제본 제작 등에 관하여 별도의 규정을 두고 있는 점 등을 종합적으로 고려하면, 대통령기록물법 제30조 제2항 제1호, 제14조에 의해 유출이 금지되는 대통령기록물에 원본 문서나 전자파일 이외에 그 사본이나 추가 출력물까지 포함된다고 해석하는 것은 죄형법정주의 원칙상 허용되지 아니한다(대법원 2021.1.14, 2016도7104).

§solution 해당하지 않는다.

007 전자금융거래법상 접근매체 대여의 의미

> 대출금 및 이자를 상환하기 위해 필요하다는 성명불상자의 기망에 속아 접근매체를 교부한 경우 전자금융거래법 위반죄가 성립하는가?

판례 「전자금융거래법」 제6조 제3항 제2호에서 정한 '접근매체의 대여'란 대가를 수수 · 요구 또는 약속하면서 일시적으로 다른 사람으로 하여금 접근매체 이용자의 관리 · 감독 없이 접근매체를 사용해서 전자금융거래를 할 수 있도록 접근매체를 빌려주는 행위를 말하고(대법원 2017.8.18, 2016도8957), 여기에서 '대가'란 접근매체의 대여에 대응하는 관계에 있는 경제적 이익을 말한다(대법원 2019.6.27, 2017도16946). 이때 접근매체를 대여하는 자는 접근매체 대여에 대응하는 경제적 이익을 수수·요구 또는 약속하면서 접근매체를 대여한다는 인식을 가져야 한다(대법원 2021.4.15, 2020도16468).

ºsolution 성립하지 않는다.

● ○ ○
008 자동차관리법상 승인이 필요한 '자동차의 튜닝'에 해당하는지 여부가 문제되는 사건

> '분리형 캠퍼'를 화물자동차 적재함에 설치한 것이 자동차관리법상 승인이 필요한 '자동차의 튜닝'에 해당하는가?

(판례) 자동차관리법 제2조 제11호는 "자동차의 튜닝"을 "자동차의 구조·장치의 일부를 변경하거나 자동차에 부착물을 추가하는 것"으로 정의하고 있고, 제34조 제1항은 자동차소유자가 국토교통부령으로 정하는 항목에 대하여 튜닝을 하려는 경우에는 시장·군수·구청장의 승인을 받도록 규정하고 있다. 자동차관리법 시행령 제8조 및 같은 법 시행규칙 제55조는 '길이, 높이, 총중량 등 시장·군수·구청장의 승인이 필요한 구조·장치의 변경사항'을 상세하게 규정하고 있다. 자동차관리법 제81조 제19호는 시장·군수·구청장의 승인을 받지 않고 자동차에 튜닝을 한 자에 대하여 1년 이하의 징역 또는 1,000만원 이하의 벌금에 처하도록 규정하고 있다. 위와 같은 관련 규정과 그 입법취지 및 형벌법규의 명확성이나 그 엄격해석을 요구하는 죄형법정주의 원칙에 비추어, **자동차관리법상 승인이 필요한 '자동차의 튜닝'은 '자동차의 안전운행에 필요한 성능과 기준이 설정되어 있는 자동차의 구조·장치가 일부 변경되거나 자동차에 부착물을 추가함으로써 그러한 자동차 구조·장치의 일부 변경에 이르게 된 경우'를 의미**한다고 해석함이 타당하다(대법원 2018.7.12, 2017도1589; 헌법재판소 2019.11.28, 2017헌가23 등; 대법원 2021.6.24, 2019도110).

ºsolution 해당하지 않는다.

● ○ ○
009 형법 제48조 소정의 "취득"의 의미

(판례) 형벌법규의 해석은 엄격하여야 하고 명문규정의 의미를 피고인에게 불리한 방향으로 지나치게 확장해석하거나 유추해석하는 것은 죄형법정주의의 원칙에 어긋나는 것으로서 허용되지 아니한다(대법원 2002.2.8, 2001도5410). 형법 제48조가 규정하는 몰수·추징의 대상은 범인이 범죄행위로 인하여 취득한 물건을 뜻하고, 여기서 '취득'이란 해당 범죄행위로 인하여 결과적으로 이를 취득한 때를 말한다고 제한적으로 해석함이 타당하다(대법원 1979.9.25, 79도1309; 2021.7.21, 2020도10970).

(보충) ① 원심의 판단: 피고인들이 사업장폐기물배출업체로부터 인수받은 폐기물을 폐기물관리법에 따라 허가 또는 승인을 받거나 신고한 폐기물처리시설이 아닌 곳에 매립하였다는 점을 유죄로 인정하면서 사업장폐기물배출업체로부터 받은 돈을 형법 제48조 소정의 몰수·추징의 대상으로 보았음. ② 대법원의 판단: 형법 제48조 소정의 몰수.추징 대상이 해당하려면 위 돈이 피고인들과 사업장폐기물배출업체 사이에 피고인들의 범죄행위를 전제로 수수되었다는 점이 인정되어야 하는데, 이에 대한 심리가 미진하므로 원심을 파기함.

010 무면허운전죄의 자동차의 의미

'농업기계'는 무면허운전 처벌규정의 적용대상인 '자동차'에 해당하는가?

판례 형벌법규의 해석은 엄격해야 하고 명문규정의 의미를 지나치게 확장해석하거나 유추해석하는 것은 죄형법정주의 원칙에 어긋나는 것으로서 허용되지 않는다. 그리고 이러한 법해석의 원리는 형벌법규의 적용대상이 행정법규가 규정한 사항을 내용으로 하고 있는 경우에 그 행정법규를 해석할 때에도 마찬가지로 적용된다(대법원 1990.11.27, 90도1516 전원합의체 등). 구 도로교통법 제152조 제1호, 제43조는 운전면허를 받지 않고 자동차 등을 운전한 사람을 처벌하고 있고, 구 도로교통법 제2조 제18호는 '자동차'에 대해 '철길이나 가설된 선을 이용하지 아니하고 원동기를 사용하여 운전되는 차로서, 자동차관리법 제3조에 따른 자동차(원동기장치자전거를 제외한다)인 승용자동차 · 승합자동차 · 화물자동차 · 특수자동차 · 이륜자동차와 건설기계관리법 제26조 제1항 단서에 따른 건설기계'로 정의하고 있다. …… 한편 구 자동차관리법 제2조 제1호는 '자동차란 원동기에 의하여 육상에서 이동할 목적으로 제작한 용구 또는 이에 견인되어 육상을 이동할 목적으로 제작한 용구를 말한다. 다만 대통령령으로 정하는 것은 제외한다.'고 정하고 있고, 자동차관리법 시행령 제2조 제2호는 구 자동차관리법 제2조 제1호 단서의 위임에 따라 자동차에서 제외되는 것 중 하나로 '농업기계화 촉진법에 따른 농업기계'를 정하고 있다. 위에서 본 규정을 체계적 · 종합적으로 살펴보면, 구 도로교통법 제152조 제1호, 제43조의 무면허운전 처벌규정의 적용대상인 구 도로교통법 제2조 제18호에서 정한 자동차는 구 자동차관리법 제2조 제1호에서 정한 자동차로서 같은 법 제3조에서 정한 각종 자동차에 해당하는 것에 한정된다고 보아야 한다(대법원 1993.2.23, 92도3126). …… 피고인이 운전한 차량은 농업기계화법에 따른 농업기계로서 구 자동차관리법 제2조 제1호에서 정한 자동차나 이를 전제로 하는 구 자동차관리법 제3조에서 정한 각종 자동차에 해당하지 않으므로 무면허운전 처벌규정의 적용대상인 구 도로교통법 제2조 제18호에 정한 자동차에도 해당하지 않는다(대법원 2021.9.30, 2017도13182).

solution 해당하지 않는다.

011 무등록 외국환업무 영위 여부가 쟁점이 된 사건

참고판례

판례 형벌법규의 해석은 엄격하여야 하고, 명문의 형벌법규의 의미를 피고인에게 불리한 방향으로 지나치게 확장해석하거나 유추해석하는 것은 죄형법정주의 원칙에 어긋나는 것으로서 허용되지 않는다. 외국환거래법 제8조 제1항 본문에 따라 업으로 하고자 하는 경우 미리 등록하여야 하는 '외국환업무'는 법 제3조 제1항 제16호와 위 법률조항의 위임을 받은 동법 시행령 제6조가 열거한 업무만을 의미한다고 봄이 타당하다. 투자일임업을 주요 업무로 하는 피고인이 고객인 투자자들로부터 투자일임을 받아 투자자들을 대신하여 증권회사에 외화증권의 매도를 지시하거나 국내외 외화파생상품의 매매를 지시한 행위는 법 제3조 제1항 제16호, 시행령 제6조에 규정된 '외국환업무'에 해당하지 않으므로 피고인의 무등록 외국환업무 영위를 전제로 하는 이 사건 공소사실은 무죄가 된다(대법원 2020.12.24, 2018도17378).

● ○ ○

012 공직선거법 제96조 제1항에서 금지하는 '왜곡된 여론조사결과의 공표 금지'의 의미

참고판례

> 구두로 1인에게 허위의 여론조사에 대하여 발언한 것이 왜곡된 여론조사결과의 공표에 해당하는지 여부가 문제되는 사안

판례 공직선거법 제96조 제1항의 행위태양인 '공표'는 불특정 또는 다수인에게 왜곡된 여론조사결과를 널리 드러내어 알리는 것을 말한다. 비록 개별적으로 한 사람에게만 왜곡된 여론조사결과를 알리더라도 그를 통하여 불특정 또는 다수인에게 전파될 가능성이 있다면 이 요건을 충족하나, 전파될 가능성에 관하여서는 검사의 엄격한 증명이 필요하다(대법원 2011.12.22, 2008도11847; 2020.11.19, 2020도5813 전원합의체). 한편 공직선거법 제96조 제1항의 입법취지에 비추어 공직선거법 제96조 제1항에 따라 공표 또는 보도가 금지되는 '왜곡된 여론조사결과'는 선거인으로 하여금 객관성·공정성을 신뢰할 만한 수준의 여론조사가 실제 이루어진 결과에 해당한다고 믿게 할 정도의 구체성을 가지는 정보로서 그것이 공표 또는 보도될 경우 선거인의 판단에 잘못된 영향을 미치고 선거의 공정성을 저해할 개연성이 있는 내용일 것을 요한다. 따라서 전파가능성을 이유로 개별적으로 한 사람에게 알리는 행위가 '왜곡된 여론조사결과의 공표' 행위에 해당한다고 하기 위해서는 그 한 사람을 통하여 '왜곡된 여론조사결과'로 인정될 수 있을 정도의 구체성이 있는 정보가 불특정 또는 다수인에게 전파될 가능성이 있다는 점이 인정되어야 한다(대법원 2021.6.24, 2019도13687).

● ● ○

013 특가법상 운전자폭행 등 죄의 자동차에 원동기장치자전거가 포함되는가의 문제

> 특가법상 운전자폭행 등 죄의 대상인 자동차의 운전자에 도로교통법상 원동기장치자전거의 운전자도 포함되는가?

판례 특가법 제5조의10 제1항은 "운행 중인 자동차의 운전자를 폭행하거나 협박한 사람은 5년 이하의 징역 또는 2천만원 이하의 벌금에 처한다.", 제2항은 "제1항의 죄를 범하여 사람을 상해에 이르게 한 경우에는 3년 이상의 유기징역에 처하고, 사망에 이르게 한 경우에는 무기 또는 5년 이상의 징역에 처한다."라고 규정하여 운행 중인 자동차의 운전자를 폭행·협박하거나 이로 인하여 상해 또는 사망에 이르게 한 경우를 가중처벌하고 있다. 이 사건 규정의 문언 형식, 입법 취지 및 보호법익, 특정범죄가중법상 다른 자동차 등 관련 범죄의 가중처벌 규정과의 체계적 해석 등을 종합하면, 이 사건 규정의 '자동차'는 도로교통법상의 자동차를 의미하고 도로교통법상 원동기장치자전거는 '자동차'에 포함되지 않는다(대법원 2022.4.28, 2022도1013).

🖝 solution 포함되지 않는다.

● ● ○

014 어린이집 설치인가를 받지 않은 운영과 변경인가를 받지 않은 운영의 구별 • 경찰1차 24

판례 영유아보육법 제13조 제1항은 "국공립어린이집 외의 어린이집을 설치·운영하려는 자는 특별자치시장·특별자치도지사·시장·군수·구청장의 인가를 받아야 한다. 인가받은 사항 중 중요 사항을 변경하려는 경우에도 또한 같다."라고 규정하여 설치인가를 받을 의무와 변경인가를 받을 의무를 각기 별도로

규정하여 부과하고 있다. 그런데 같은 법 제54조 제4항 제1호는 "제13조 제1항에 따른 설치인가를 받지 아니하고 어린이집의 명칭을 사용하거나 사실상 어린이집의 형태로 운영한 자"를 처벌한다고 규정하여 설치인가를 받지 않은 경우에 대해서만 명시적인 처벌 조항을 두고 있을 뿐, 변경인가를 받지 않은 경우에 대해서는 따로 처벌 조항을 두고 있지 않다. 이는 같은 항 제2호가 '거짓이나 그 밖의 부정한 방법으로 제13조 제1항에 따른 어린이집의 설치인가 또는 변경인가를 받은 자'를 처벌한다고 규정하여 설치인가와 별도로 변경인가와 관련해서도 처벌 조항을 두는 것과 구별된다. 따라서 어린이집 대표자를 변경하고도 변경인가를 받지 않은 채 어린이집을 운영한 행위에 대하여 설치인가를 받지 않고 사실상 어린이집의 형태로 운영한 행위 등을 처벌하는 규정인 영유아보육법 제54조 제4항 제1호 위반죄에 해당한다고 본 것은 죄형법정주의에서 파생된 유추해석금지의 원칙을 위반한다(대법원 2022.12.1, 2021도6860).

015 무허가 담배제조업 영위 여부

> [제1문] 담배사업법 제11조에서 정한 '담배의 제조'와 관련하여, 담배가공을 위한 일정한 작업을 수행하지 않은 자의 행위를 무허가 담배제조로 인한 담배사업법위반죄로 의율하는 것은 죄형법정주의의 내용인 확장해석금지 원칙에 원칙적으로 어긋나는가?
>
> [제2문] 피고인이 불특정 다수의 손님들에게 연초 잎, 담배 필터, 담뱃갑을 제공하여 손님으로 하여금 담배제조기계를 조작하게 하거나 자신이 직접 그 기계를 조작하는 방법으로 담배를 제조하고, 손님에게 담배를 판매함으로써 담배제조업 허가 및 담배소매인 지정을 받지 아니하고 담배를 제조·판매하였다는 이유로 담배사업법 위반으로 기소된 경우, 피고인이 담배를 제조하였다거나 제조된 담배를 소비자에게 판매하였다고 볼 수 있는가?

판례 죄형법정주의는 국가형벌권의 자의적인 행사로부터 개인의 자유와 권리를 보호하기 위하여 범죄와 형벌을 법률로 정하도록 요구한다. 그러한 취지에 비추어 보면 형벌법규의 해석은 엄격하여야 하고, 문언의 가능한 의미를 벗어나 피고인에게 불리한 방향으로 해석하는 것은 죄형법정주의의 내용인 확장해석금지에 따라 허용되지 않는다. 담배사업법 제2조 제1호는, "담배"란 연초의 잎을 원료의 전부 또는 일부로 하여 피우거나, 빨거나, 증기로 흡입하거나, 씹거나, 냄새 맡기에 적합한 상태로 제조한 것을 말한다고 규정한다. 담배사업법 제11조에 규정된 '담배의 제조'는 일정한 작업으로 담배사업법 제2조의 '담배'에 해당하는 것을 만들어 내는 것을 말한다. '담배의 제조'는 담배가공을 위한 일정한 작업의 수행을 전제하므로, 그러한 작업을 수행하지 않은 자의 행위를 무허가 담배제조로 인한 담배사업법 제27조 제1항 제1호, 제11조 위반죄로 의율하는 것은 특별한 사정이 없는 한 문언의 가능한 의미를 벗어나 피고인에게 불리한 방향으로 해석한 것이어서 죄형법정주의의 내용인 확장해석금지 원칙에 어긋난다. …… 피고인이 불특정 다수의 손님들에게 연초 잎, 담배 필터, 담뱃갑을 제공하여 손님으로 하여금 담배제조기계를 조작하게 하거나 자신이 직접 그 기계를 조작하는 방법으로 담배를 제조하고, 손님에게 담배를 판매함으로써 담배제조업 허가 및 담배소매인 지정을 받지 아니하고 담배를 제조·판매하였다는 이유로 담배사업법 위반으로 기소된 경우, 피고인이 자신의 영업점에서 실제 행한 활동은 손님에게 연초 잎 등 담배의 재료를 판매하고 담배제조시설을 제공한 것인데, 이러한 피고인의 활동은 담배의 원료인 연초 잎에 일정한 작업을 가한 것이 아니어서 '담배의 제조'로 평가하기는 어려운 점, 피고인의 영업점에서 손님은 피고인으로부터 받은 연초 잎 등 담배의 재료와 담배제조시설을 이용하여 가공작업을 직접 수행하였는데, 당시 영업점에 비치된 담배제조시설의 규모와 자동화 정도 등에 비추어 볼 때 위와 같은 손님의 작업이 명목상의 활동에 불과하다고 보기는 어렵고, 그 작업을 피고인의 활동과 같이 볼 만한 특별한 사정을 찾기도 어려운 점, 담배사업법상 연초 잎의 판매와 개별 소비자에 의한 담배제조가 금지되어 있지 않은 점, 피고인의 영업방식에 따르면, 손님과 피고인 사이에 수수된 돈은 '완성된 담배'가 아닌 '담배의 재료 또는 제조시설의 제공'에 대한 대가라고 봄이 타당한 점 등을 종합하면, 피고인이 담배를 제조하였다거나 제조된 담배를 소비자에게 판매하였다고 보기 어렵다(대법원 2023.1.12, 2019도16782).

♀solution [제1문] 원칙적으로 어긋난다.

[제2문] 볼 수 없다.

016 아동·청소년의 성보호에 관한 법률상 아동·청소년이용음란물 '소지' 여부

> 甲은 음란물사이트 운영자로부터 아동·청소년이용음란물이 저장되어 있는 클라우드에 접근할 수 있는 인터넷 주소(링크)를 제공받았으나 위 음란물을 다운로드 하는 등 실제로 지배할 수 있는 상태로 나아가지 않았다. 甲에게는 구 아동·청소년의 성보호에 관한 법률(이하 '아청법') 제11조 제5항의 아동·청소년이용음란물 '소지'죄가 성립하는가?

(조문) 구 아청법 제11조(아동·청소년이용음란물의 제작·배포 등) ⑤ 아동·청소년이용음란물임을 알면서 이를 소지한 자는 1년 이하의 징역 또는 2천만원 이하의 벌금에 처한다.

[참고] 현행 아청법 제11조(아동·청소년성착취물의 제작·배포 등) ⑤ 아동·청소년성착취물을 구입하거나 아동·청소년성착취물임을 알면서 이를 소지·시청한 자는 1년 이상의 유기징역에 처한다.

(판례) 형벌 법규의 해석은 엄격하여야 하고 문언의 의미를 피고인에게 불리한 방향으로 지나치게 확장해석하는 것은 죄형법정주의 원칙에 어긋나는 것이다. 구 아청법 제11조 제5항은 "아동·청소년이용음란물임을 알면서 이를 소지한 자는 1년 이하의 징역 또는 2천만원 이하의 벌금에 처한다."라고 규정하고 있다. 여기서 '소지'란 아동·청소년이용음란물을 자기가 지배할 수 있는 상태에 두고 지배관계를 지속시키는 행위를 말하고(대법원 2023.3.16, 2022도15319), 인터넷 주소(URL)는 인터넷에서 링크하고자 하는 웹페이지나 웹사이트 등의 서버에 저장된 개개의 영상물 등의 웹 위치 정보 또는 경로를 나타낸 것에 불과하다(대법원 2021.9.9, 2017도19025 전원합의체). 따라서 아동·청소년이용음란물 파일을 구입하여 시청할 수 있는 상태 또는 접근할 수 있는 상태만으로 곧바로 이를 소지로 보는 것은 소지에 대한 문언 해석의 한계를 넘어서는 것이어서 허용될 수 없으므로, 피고인이 자신이 지배하지 않는 서버 등에 저장된 아동·청소년이용음란물에 접근하여 다운로드받을 수 있는 인터넷 주소 등을 제공받은 것에 그친다면 특별한 사정이 없는 한 아동·청소년이용음란물을 '소지'한 것으로 평가하기는 어렵다(대법원 2023.6.29, 2022도6278).

[보충] 한편, 2020.6.2. 개정 아청법 제11조 제5항은 아동·청소년성착취물을 구입하거나 시청한 사람을 처벌하는 규정을 신설하였고, 2020.5.19. 개정 성폭력처벌법 제14조 제4항은 카메라 등을 이용하여 성적 욕망 또는 수치심을 유발할 수 있는 사람의 신체를 촬영대상자의 의사에 반하여 촬영한 촬영물 또는 복제물을 소지·구입·저장 또는 시청한 사람을 처벌하는 규정을 신설하였다. 따라서 아동·청소년성착취물 등을 구입한 다음 직접 다운로드 받을 수 있는 인터넷 주소를 제공받았다면 위 규정에 따라 처벌되므로 처벌공백의 문제도 더 이상 발생하지 않는다.

♀solution 성립하지 않는다.

●●● 017 아동 · 청소년성착취물의 배포와 소지의 의미
• 경찰1차 24

> **[제1문]** 아동 · 청소년성착취물이 게시된 텔레그램 대화방을 운영하는 甲은 위 대화방의 다수 회원들로 하여금 甲이 게시한 다른 성착취물 텔레그램 채널 '링크'를 통하여 그 채널에 저장된 아동 · 청소년성착취물을 별다른 제한 없이 접할 수 있게 하였다. 甲의 행위는 아동 · 청소년의 성보호에 관한 법률(이하 '아청법')에서 처벌하는 아동 · 청소년성착취물 '배포'에 해당하는가?
>
> **[제2문]** 甲은 아동 · 청소년성착취물이 게시된 7개 채널 및 대화방에 '접속'하였지만, 그곳에 게시된 아동 · 청소년성착취물을 자신의 텔레그램 채널 등에 전달하거나 자신의 저장 매체에 다운로드 하는 등 실제로 지배할 수 있는 상태로 나아가지는 않았고 달리 그러한 지배를 인정할 만한 특별한 사정은 없었다. 甲의 행위는 아청법에서 처벌하는 아동 · 청소년성착취물 '소지'에 해당하는가?

조문 아동 · 청소년의 성보호에 관한 법률 제11조(아동 · 청소년성착취물의 제작 · 배포 등) ③ 아동 · 청소년성착취물을 배포 · 제공하거나 이를 목적으로 광고 · 소개하거나 공연히 전시 또는 상영한 자는 3년 이상의 유기징역에 처한다.
⑤ 아동 · 청소년성착취물을 구입하거나 아동 · 청소년성착취물임을 알면서 이를 소지 · 시청한 자는 1년 이상의 유기징역에 처한다.

[제1문]
판례 아청법 제11조 제3항은 "아동 · 청소년성착취물을 배포 · 제공하거나 이를 목적으로 광고 · 소개하거나 공연히 전시 또는 상영한 자는 3년 이상의 징역에 처한다."라고 규정하고 있다. 여기서 아동 · 청소년성착취물의 '배포'란 아동 · 청소년성착취물을 불특정 또는 다수인에게 교부하는 것을 의미하고, '공연히 전시'하는 행위란 불특정 또는 다수인이 실제로 아동 · 청소년성착취물을 인식할 수 있는 상태에 두는 것을 의미한다(대법원 2009.5.14, 2008도10914). …… 링크의 게시를 포함한 일련의 행위가 불특정 또는 다수인에게 다른 웹사이트 등을 단순히 소개 · 연결하는 정도를 넘어 링크를 이용하여 별다른 제한 없이 아동 · 청소년성착취물에 바로 접할 수 있는 상태를 실제로 조성한다면, 이는 아동 · 청소년성착취물을 직접 '배포'하거나 '공연히 전시'한 것과 실질적으로 다를 바 없다고 평가할 수 있으므로, 위와 같은 행위는 전체적으로 보아 아동 · 청소년성착취물을 배포하거나 공연히 전시한다는 구성요건을 충족한다(대법원 2003.7.8, 2001도1335; 2019.7.25, 2019도5283; 2023.10.12, 2023도5757).

♀solution 해당한다.

[제2문]
판례 아청법 제11조 제5항은 "아동 · 청소년성착취물을 구입하거나 아동 · 청소년성착취물임을 알면서 이를 소지 · 시청한 자는 1년 이상의 징역에 처한다."라고 규정하고 있다. 여기서 '소지'란 아동 · 청소년성착취물을 자기가 지배할 수 있는 상태에 두고 지배관계를 지속시키는 행위를 말한다(대법원 2023.3.16, 2022도15319). 아동 · 청소년성착취물 파일을 구입하여 시청할 수 있는 상태 또는 접근할 수 있는 상태만으로 곧바로 이를 소지로 보는 것은 소지에 대한 문언 해석의 한계를 넘어서는 것이어서 허용될 수 없으므로, 피고인이 자신이 지배하지 않는 서버 등에 저장된 아동 · 청소년성착취물에 접근하였지만 위 성착취물을 다운로드 하는 등 실제로 지배할 수 있는 상태로 나아가지는 않았다면 특별한 사정이 없는 한 아동 · 청소년성착취물을 '소지'한 것으로 평가하기는 어렵다(대법원 2023.6.29, 2022도6278; 2023.10.12, 2023도5757).

♀solution 해당하지 않는다.

●●○
018 아동 · 청소년이용음란물소지죄의 성립요건인 목적의 의미

> 구「아동 · 청소년의 성보호에 관한 법률」제11조 제2항은 "영리를 목적으로 아동 · 청소년이
> 용음란물을 판매 · 대여 · 배포 · 제공(이하 '배포 등'이라 한다)하거나 이를 목적으로 소지 · 운
> 반하거나 공연히 전시 또는 상영한 자는 10년 이하의 징역에 처한다."고 규정하고 있는데, 여
> 기서 아동 · 청소년이용음란물소지죄가 성립하기 위해서는 영리 목적뿐만 아니라 판매 · 대여 ·
> 배포 · 제공의 목적도 있어야 하는가?

판례 구「아동 · 청소년의 성보호에 관한 법률」(2020.6.2. 법률 제17338호로 개정되기 전의 것) 제11조
제2항은 '영리를 목적으로 아동 · 청소년이용음란물을 판매 · 대여 · 배포 · 제공(이하 '배포 등'이라 한다)하
거나 이를 목적으로 소지 · 운반하거나 공연히 전시 또는 상영한 자는 10년 이하의 징역에 처한다.'고 규정
하여, 영리를 목적으로 아동 · 청소년이용음란물을 배포하는 등의 행위를 하거나 "이를 목적으로" 소지하
는 행위를 금지하고 있다. 이 사건 조항은 아동 · 청소년이용음란물의 공급을 규제하는 측면에서 배포 등
유통행위를 처벌하는 규정으로서 이 사건 조항이 처벌대상으로 정하고 있는 '소지'도 배포 등 유통행위를
목적으로 하는 소지로 보아야 한다. 따라서 이 사건 조항이 정한 "이를 목적으로"란 '영리를 목적으로 배포
등 행위를 하기 위하여'를 의미한다고 할 것이므로, 이 사건 조항의 소지죄가 성립하기 위해서는 영리 목적
뿐만 아니라 '배포 등 행위의 목적'이 있어야 한다(대법원 2024.5.30, 2021도6801).

보충 피고인은 2020.2.8.경 피고인의 주거지에서, D 채팅방에서 알게 된 성명불상자의 E 링크에 접속하여 청소년이 옷을 벗고 자위행
위를 하는 동영상 파일을 피고인의 아이폰7 휴대전화에 저장한 것을 비롯하여 위 일시경부터 2020.4.26.경까지 사진 278개
및 동영상 1,843개 등 총 2,121개의 아동 · 청소년이용음란물을 불상자들에게 판매할 것처럼 기망할 목적으로 보관함으로써,
영리를 목적으로 아동 · 청소년이용음란물을 소지하였다. 대법원은 피고인이 아동 · 청소년이용음란물을 판매 · 대여 · 배포 · 제
공할 목적으로 소지하였음을 인정하기에 부족하고 달리 이를 인정할 증거가 없다는 이유 등을 들어 아동 · 청소년이용음란물
소지죄에 대하여 범죄의 증명이 없다고 보아 무죄로 판단하였다.

참고 현행 아동 · 청소년성보호법 제11조 제2항에서는 "영리를 목적으로 아동 · 청소년성착취물을 판매 · 대여 · 배포 · 제공하거나 이
를 목적으로 소지 · 운반 · 광고 · 소개하거나 공연히 전시 또는 상영한 자는 5년 이상의 유기징역에 처한다."고 규정하고 있다.

ꭓsolution 영리 목적뿐만 아니라 판매 · 대여 · 배포 · 제공의 목적도 있어야 한다.

●●○
019 비의료인이 개설자격을 위반하여 의료법인 명의 의료기관을 개설 · 운영하였는지 여부가 문
제된 사건
• 국가9급 24

판례 의료법인 명의로 개설된 의료기관의 경우, 비의료인의 주도적 출연 내지 주도적 관여만을 근거로
비의료인이 의료기관을 개설 · 운영한 것으로 평가하기 어렵다. 의료법인 명의로 개설된 의료기관을 실질
적으로 비의료인이 개설 · 운영하였다고 판단하려면, 비의료인이 의료법인 명의 의료기관의 개설 · 운영에
주도적으로 관여하였다는 점을 기본으로 하여, 비의료인이 외형상 형태만을 갖추고 있는 의료법인을 탈법
적인 수단으로 악용하여 적법한 의료기관 개설 · 운영으로 가장하였다는 사정이 인정되어야 한다(대법원
2023.7.17, 2017도1807 전원합의체).

보충 이러한 사정은 다음 두 가지 사항 중 어느 하나에 해당되면 인정될 수 있다. 첫째는 비의료인이 실질적으로 재산출연이 이루어지
지 않아 실체가 인정되지 아니하는 의료법인을 의료기관 개설 · 운영을 위한 수단으로 악용한 경우이고, 둘째는 의료법인의 재산
을 부당하게 유출하여 의료법인의 공공성, 비영리성을 일탈한 경우이다. 전자는 의료법인 중 '법인'에 관한 사항이고, 후자는
의료법인 중 '의료'에 관한 사항이다.

조문 의료법 제33조(개설 등) ② 다음 각 호의 어느 하나에 해당하는 자가 아니면 의료기관을 개설할
수 없다. 이 경우 의사는 종합병원 · 병원 · 요양병원 · 정신병원 또는 의원을, 치과의사는 치과병원 또는 치
과의원을, 한의사는 한방병원 · 요양병원 또는 한의원을, 조산사는 조산원만을 개설할 수 있다.

1. 의사, 치과의사, 한의사 또는 조산사
2. 국가나 지방자치단체
3. 의료업을 목적으로 설립된 법인(이하 "의료법인"이라 한다)
4. 「민법」이나 특별법에 따라 설립된 비영리법인
5. 「공공기관의 운영에 관한 법률」에 따른 준정부기관, 「지방의료원의 설립 및 운영에 관한 법률」에 따른 지방의료원, 「한국보훈복지의료공단법」에 따른 한국보훈복지의료공단

020 약사법 제61조 제1항 제2호에 따른 판매 등의 금지 대상인 '같은 법 제42조 제1항을 위반하여 수입된 의약품'의 의미

> 피고인은 약사법 제61조 제1항 제2호에서 정한 "약사법 제42조 제1항을 위반하여 제조 또는 수입된 의약품"을 판매한 혐의로 기소되었다. 그런데 약사법 제42조 제1항은 "의약품등의 수입을 업으로 하려는 자는 총리령으로 정하는 바에 따라 식품의약품안전처장에게 수입업 신고를 하여야 하며, 총리령으로 정하는 바에 따라 품목마다 식품의약품안전처장의 허가를 받거나 신고를 하여야 한다."고 규정하고 있다. 그렇다면 '약사법 제42조 제1항을 위반하여 수입된 의약품'에 해당하기 위해서는 "피고인이 의약품의 수입을 업으로 하려는 자로서 이 사건 의약품을 수입하였을 것"이라는 요건이 요구되는가?

[판례] 이 사건 금지조항이 '제42조 제1항 등을 위반하여 수입된 의약품'의 판매 등을 일반적으로 금지한 것은 안전성과 유효성이 검증되지 아니한 해외 의약품의 국내 유통을 차단함으로써 건전한 유통질서를 확립하고 감염병의 발생이나 오·남용의 우려가 있는 의약품, 유통과정 중 변질되거나 심각한 부작용 발생 위험이 있는 의약품의 사용을 규제함으로써 국민 신체의 안전 및 국민 보건의 향상을 기하는 데에 그 입법취지가 있다(헌법재판소 2022.10.27, 2020헌바375). 이 사건 금지조항은 위와 같은 입법취지에 따라 누구든지 '제42조 제1항 등을 위반하여 수입된 의약품'의 판매 등을 할 수 없도록 하여, 위 금지조항을 준수하여야 할 주체의 범위에 아무런 제한을 두고 있지 않다. 한편 형벌법규의 해석은 엄격하여야 하고, 문언의 가능한 의미를 벗어나 피고인에게 불리한 방향으로 해석하는 것은 죄형법정주의의 내용인 확장해석금지에 따라 허용되지 않는다. 따라서 형벌조항 중 범죄의 구성요건에 해당하는 문언의 의미를 합리적이유 없이 고려하지 않고 해석함으로써 형벌의 적용범위가 확장되는 것을 경계해야 한다. 이러한 원칙에 비추어 (이 사건 금지조항에 따라 판매 등을 하여서는 안 될 의무를 부담하는 주체에는 아무런 제한이 없으나) '제42조 제1항을 위반하여 수입된 의약품'이란 제42조 제1항의 문언 그대로 '의약품의 수입을 업으로 하려는 자'가 총리령으로 정하는 바에 따라 식품의약품안전처장에게 수입업 신고를 하지 않거나, 품목마다 식품의약품안전처장의 허가를 받거나 신고를 하지 않은 의약품을 의미한다고 해석하는 것이 타당하다. 따라서 피고인이 판매하거나 저장하였다는 이 사건 의약품이 '구 약사법 제42조 제1항을 위반하여 수입된 의약품'인지 여부를 심리·판단하였어야 하고, 그 판단을 위해서는 '피고인이 의약품의 수입을 업으로 하려는 자로서 이 사건 의약품을 수입하였는지'에 관하여 심리하였어야 한다(대법원 2024.2.29, 2020도9256).

solution 요구된다.

021 통신비밀보호법상 공개되지 아니한 타인 간의 대화에 대한 '청취'의 의미

> 통신비밀보호법 제3조 제1항에 의하면, 누구든지 이 법과 형사소송법 또는 군사법원법의 규정에 의하지 아니하고는 공개되지 아니한 타인 간의 대화를 청취하지 못한다. 그렇다면 종료된 대화의 녹음물을 재생하여 듣는 것은 위 통신비밀보호법상 '청취'에 해당하는가?

조문 **통신비밀보호법 제3조(통신 및 대화비밀의 보호)** ① 누구든지 이 법과 형사소송법 또는 군사법원법의 규정에 의하지 아니하고는 우편물의 검열, 전기통신의 감청 또는 통신사실확인자료의 제공을 하거나 공개되지 아니한 타인 간의 대화를 녹음 또는 청취하지 못한다.

제16조(벌칙) ① 다음 각 호의 어느 하나에 해당하는 자는 1년 이상 10년 이하의 징역과 5년 이하의 자격정지에 처한다.

1. 제3조의 규정에 위반하여 우편물의 검열 또는 전기통신의 감청을 하거나 공개되지 아니한 타인 간의 대화를 녹음 또는 청취한 자

판례 [피고인은 2020.2. 배우자와 함께 거주하는 아파트 거실에 녹음기능이 있는 영상정보 처리기기(이른바 '홈캠')를 설치하였고, 2020.5.1. 13:00경 위 거실에서 배우자와 그 부모 및 동생이 대화하는 내용이 위 기기에 자동 녹음되었다. 이에 대하여 피고인은 "공개되지 아니한 타인 간 대화를 청취하고 그 내용을 누설"하여 통신비밀보호법 제16조, 제3조를 위반한 것으로 기소되었다.] 통신비밀보호법 제3조 제1항은 누구든지 이 법과 형사소송법 또는 군사법원법의 규정에 의하지 아니하고는 우편물의 검열, 전기통신의 감청 또는 공개되지 않은 타인 간의 대화를 녹음 또는 청취하지 못한다고 규정하고 있고, 제16조 제1항은 이를 위반하는 행위를 처벌하도록 규정하고 있다. 여기서 **'청취'는 타인 간의 대화가 이루어지고 있는 상황에서 실시간으로 그 대화의 내용을 엿듣는 행위를 의미하고, 대화가 이미 종료된 상태에서 그 대화의 녹음물을 재생하여 듣는 행위는 '청취'에 포함되지 않는다**(대법원 2024.2.29, 2023도8603).

보충 통비법 제3조 제1항은 공개되지 아니한 타인 간 '대화'를 '청취'의 대상으로 규정하고 있다. '대화'는 '원칙적으로 현장에 있는 당사자들이 육성으로 말을 주고받는 의사소통행위'로서(대법원 2017.3.15, 2016도19843), 이러한 의사소통행위가 종료되면 청취 대상으로서의 대화도 종료된다. 종료된 대화의 녹음물을 재생하여 듣는 것은 대화 자체의 청취라고 보기 어렵고, 제3조 제1항이 대화 자체 외에 대화의 녹음물까지 청취 대상으로 규정하고 있지도 않다. 이러한 '대화'의 의미나 제3조 제1항의 문언에 비추어 보면, '대화'와 구별되는 '대화의 녹음물'까지 청취 대상에 포함시키는 해석에는 신중함이 요구된다. …… 제3조 제1항, 제16조 제1항은 '녹음'과 '청취'를 나란히 금지 및 처벌 대상으로 규정하고 있으므로 '녹음'과 '청취'의 공통 대상이 되는 '대화'는 특별한 사정이 없는 한 동일한 의미로 해석할 필요가 있다. 그런데 '녹음'의 일상적 의미나 통신비밀보호법이 '녹음'을 금지하는 취지에 비추어 보면, 제3조 제1항에서 금지하는 타인 간의 녹음은 특정 시점에 실제 이루어지고 있는 대화를 실시간으로 녹음하는 것을 의미할 뿐 이미 종료된 대화의 녹음물을 재생한 뒤 이를 다시 녹음하는 행위까지 포함한다고 보기는 어렵다. 이처럼 '녹음'의 대상인 '대화'가 녹음 시점에 실제 이루어지고 있는 대화를 의미한다면, 같은 조항에 규정된 '청취'의 대상인 '대화'도 특별한 사정이 없는 한 청취 시점에 실제 이루어지고 있는 대화를 의미한다고 해석하는 것이 타당하다. …… 통신비밀보호법상 '전기통신의 감청'은 전기통신이 이루어지고 있는 상황에서 실시간으로 그 전기통신의 내용을 지득·채록하는 경우 등을 의미하는 것이지 이미 수신이 완료된 전기통신에 관하여 남아 있는 기록이나 내용을 열어보는 등의 행위는 포함하지 않는다(대법원 2016.10.13, 2016도8137 판결 및 송·수신이 완료된 전기통신을 달리 취급하는 제9조의3 등 참조). 한편 통신비밀보호법상 '전기통신의 감청'과 '공개되지 않은 타인 간 대화의 청취'는 대상('음향 등'과 '육성으로 주고받는 말'), 수단('전자장치·기계장치 등'과 '전자장치 또는 기계적 수단') 및 행위 태양('청취·공독하여 그 내용을 지득 또는 채록하는 것 등'과 '청취')에 있어서 서로 중첩되거나 유사하다(제2조 제3호, 제7호, 제14조 참조). 또한 통신비밀보호법은 '전기통신의 감청'에 관한 다수 규정들(제4조 내지 제8조, 제9조 제1항 전단 및 제3항, 제9조의2, 제11조 제1항, 제3항, 제4항, 제12조)을 '공개되지 않은 타인 간 대화의 청취'에도 적용함으로써 그 범위에서 양자를 공통으로 규율하고 있다(제14조 제2항). 이러한 '전기통신의 감청'과 '공개되지 않은 타인 간 대화의 청취'의 개념 및 규율의 유사성 등 양자의 체계적 관계에 비추어 보면, '전기통신의 감청'과 마찬가지로 '공개되지 않은 타인 간 대화의 청취' 역시 이미 종료된 대화의 녹음물을 듣는 행위는 포함하지 않는다고 해석하는 것이 타당하다. 종료된 대화의 녹음물을 재생하여 듣는 행위도 제3조 제1항의 '청취'에 포함시키는 해석은 '청취'를 '녹음'과 별도 행위 유형으로 규율하는 제3조 제1항에 비추어 불필요하거나 '청취'의 범위를 너무 넓혀 금지 및 처벌 대상을 과도하게 확장할 수 있다. 위법한 녹음 주체가 그 녹음물을 청취하는 경우에는 그 위법한 녹음을 금지 및 처벌 대상으로 삼으면 충분하고, 녹음에 사후적으로 수반될 청취를 별도의 금지 및 처벌 대상으로 삼을 필요성이 크지 않다. 또한 적법한 녹음 주체 또는 제3자가 그 녹음물을 청취하거나, 위법한 녹음물을 녹음 주체 외의 제3자가 청취하는 경우까지 금지 및 처벌 대상으로 삼으면 이들의 행동의 자유를 과도하게 제한하게 된다. 나아가 이는 명문의 형벌법규 의미를 엄격하게 해석하기보다는 피고인에게 불리한 방향으로 지나치게 확장해석하거나 유추해석하는 것으로서 죄형법정주의의 원칙에 비추어 보더라도 타당하지 않다.

🔍 solution 해당하지 않는다.

022 진로변경제한선 표시인 백색실선의 의미

> 도로상에 안전표지로 표시한 노면표시 중 진로변경제한선 표시인 백색실선을 넘어 주행한 경우, 위 백색실선은 「교통사고처리 특례법」 제3조 제2항 단서 제1호에서 정하고 있는 '통행금지를 내용으로 하는 안전표지'에 해당하는가?

(조문) 교통사고처리특례법 제3조(처벌의 특례) ② 차의 교통으로 제1항의 죄 중 업무상과실치상죄(業務上過失致傷罪) 또는 중과실치상죄(重過失致傷罪)와 「도로교통법」 제151조의 죄를 범한 운전자에 대하여는 피해자의 명시적인 의사에 반하여 공소(公訴)를 제기할 수 없다. 다만, 차의 운전자가 제1항의 죄 중 업무상과실치상죄 또는 중과실치상죄를 범하고도 피해자를 구호(救護)하는 등 「도로교통법」 제54조 제1항에 따른 조치를 하지 아니하고 도주하거나 피해자를 사고 장소로부터 옮겨 유기(遺棄)하고 도주한 경우, 같은 죄를 범하고 「도로교통법」 제44조 제2항을 위반하여 음주측정 요구에 따르지 아니한 경우(운전자가 채혈 측정을 요청하거나 동의한 경우는 제외한다)와 다음 각 호의 어느 하나에 해당하는 행위로 인하여 같은 죄를 범한 경우에는 그러하지 아니하다.
1. 「도로교통법」 제5조에 따른 신호기가 표시하는 신호 또는 교통정리를 하는 경찰공무원등의 신호를 위반하거나 통행금지 또는 일시정지를 내용으로 하는 안전표지가 표시하는 지시를 위반하여 운전한 경우

(판례) 진로변경금지 위반을 통행금지 위반으로 보아 단서 제1호에 해당한다고 보는 것은 문언의 객관적인 의미를 벗어나 피고인에게 불리한 해석을 하는 것이다. 진로변경을 금지하는 안전표지인 백색실선은 단서 제1호에서 정하고 있는 '통행금지를 내용으로 하는 안전표지'에 해당하지 않으므로, 이를 침범하여 업무상과실치상죄를 범한 운전자에 대하여는 처벌특례가 적용된다고 보아야 한다. …… 그런데 이 사건 당시 피고인이 운전한 승용차가 자동차종합보험에 가입되어 있었음은 원심이 인정한 바와 같으므로, 처벌특례에 따라 검사의 공소제기는 그 절차가 법률의 규정을 위반하여 무효인 때에 해당한다(대법원 2024.6.20, 2022도12175 전원합의체).

♀solution 해당하지 않는다.

023 영상통화 중 영상을 녹화한 행위의 카메라이용촬영죄의 성부

> 피해자와 영상통화를 하면서 휴대전화에 수신된 피해자의 신체 이미지 영상을 휴대전화 녹화기능을 이용하여 녹화 · 저장한 행위가 「성폭력범죄의 처벌 등에 관한 특례법」 제14조 제1항의 '사람의 신체를 촬영한 행위'에 해당하는가?

(판례) 「성폭력범죄의 처벌 등에 관한 특례법」 제14조 제1항은 "카메라나 그 밖에 이와 유사한 기능을 갖춘 기계장치를 이용하여 성적 욕망 또는 수치심을 유발할 수 있는 사람의 신체를 촬영대상자의 의사에 반하여 촬영한 자는 7년 이하의 징역 또는 5천만원 이하의 벌금에 처한다."라고 규정하고 있다. 위 조항이 촬영의 대상을 '사람의 신체'로 규정하고 있으므로, 사람의 신체 그 자체를 직접 촬영하는 행위만이 위 조항에서 규정하고 있는 '사람의 신체를 촬영한 행위'에 해당하고, 사람의 신체 이미지가 담긴 영상을 촬영한 행위는 이에 해당하지 않는다(대법원 2013.6.27, 2013도4279; 2018.8.30, 2017도3443). 위 법리에 따르면, 이 사건 공소사실 중 피고인이 피해자와 영상통화를 하면서 피해자가 나체로 샤워하는 모습을 휴대전화 녹화

기능을 이용하여 녹화·저장한 행위는 피해자의 신체 그 자체가 아니라 피고인의 휴대전화에 수신된 신체 이미지 영상을 대상으로 한 것이어서 위 조항이 정하는 '사람의 신체를 촬영한 행위'에 해당한다고 볼 수 없다(대법원 2024.10.31, 2024도10477).

⚲solution 해당하지 않는다.

● ○ ○

024 개인정보 보호법의 '부정한 방법에 의한 개인정보 취득'의 의미

참고판례

> 「개인정보 보호법」 제70조 제2호는 '거짓이나 그 밖의 부정한 수단이나 방법으로 다른 사람이 처리하고 있는 개인정보를 취득한 후 이를 영리 또는 부정한 목적으로 제3자에게 제공한 자와 이를 교사·알선한 자'를 처벌하고 있다. 甲은 성명불상자에게 대가를 지급하기로 하고 그로부터 다량의 개인정보를 제공받은 뒤 개인정보를 판매한다는 게시물을 작성하여 이를 보고 연락해 온 고객들에게 개인정보를 제공하였는데, 甲이 성명불상자에게 그 대가를 지급하기로 하고 개인정보를 제공받은 행위는 위 「개인정보 보호법」에서 처벌하는 '거짓이나 그 밖의 부정한 수단이나 방법으로 다른 사람이 처리하고 있는 개인정보를 취득한 행위'에 해당하는가?

판례 「개인정보 보호법」 제70조 제2호에서 정한 '거짓이나 그 밖의 부정한 수단이나 방법으로 다른 사람이 처리하고 있는 개인정보를 취득하는 행위'란 타인이 현재 처리하고 있는 개인정보를 위계 기타 사회통념상 부정한 방법이라고 인정되는 것으로서 정보처리자의 개인정보 제공에 관한 의사결정에 영향을 미칠 수 있는 적극적·소극적 행위를 통하여 정보처리자의 왜곡된 의사에 기하여 취득하거나 해킹 등 위계 기타 사회통념상 부정하다고 인정되는 방법으로 정보처리자의 의사에 기하지 않은 채 취득하는 행위를 뜻하고 (대법원 2024.6.17, 2019도3402), 정보처리자가 제공하는 개인정보가 그 정보주체의 동의 없이 누설되어 유통되고 있다는 사정을 알면서도 정보처리자로부터 그 개인정보를 제공받는 모든 행위를 포함하는 것은 아니므로, 피고인이 성명불상자에게 그 대가를 지급하기로 하고 개인정보를 제공받았다는 사정만으로 피고인이 위 성명불상자에 대하여 거짓이나 그 밖의 부정한 수단이나 방법을 사용하여 성명불상자가 처리하고 있는 개인정보를 취득하였다고 볼 수 없다(대법원 2024.8.29, 2022도16324).

⚲solution 해당하지 않는다.

● ○ ○

025 부패재산몰수법의 몰수·추징의 요건과 유추해석금지원칙

참고판례

판례 부패재산의 몰수 및 회복에 관한 특례법 제6조(범죄피해재산의 특례) 제1항에 의하면 "제3조의 재산이 범죄피해재산으로서 범죄피해자가 그 재산에 관하여 범인에 대한 재산반환청구권 또는 손해배상청구권 등을 행사할 수 없는 등 피해회복이 심히 곤란하다고 인정되는 경우에는 몰수·추징할 수 있다." …… 형사법상 몰수를 갈음하는 추징은 공소사실에 관하여 형사재판을 받는 피고인에 대한 유죄의 판결에서 선고되는 부수처분으로서 형벌적 성격을 가진다. 따라서 몰수·추징의 요건을 정한 부패재산몰수법 제6조 제1항을 해석함에 있어서도, 형벌법규의 해석은 엄격하여야 하고, 문언의 가능한 의미를 벗어나 피고인에게 불리한 방향으로 해석하는 것은 죄형법정주의의 내용인 확장해석금지에 따라 허용되지 않는다(대법원 2023.1.12, 2019도16782 참조)는 법리의 취지를 고려할 필요가 있다. 이 점에 비추어 보면, '피고인이 이 사건 계좌에 예치된 600만 달러로 위 횡령 범죄의 실질적 피해자인 공소외 1 회사(공소외 2 회사에 대한 채권자)에게 채무를 변제하거나, 피고인이 공소외 2 회사의 경영권을 상실하여 위 돈을 인출할 수 없게 되거나, 피고인 스스로 위 돈을 함부로 인출할 수 없게 하는 특별한 조치를 취하는 등의 사정이 없는 한, 위 600만 달러가 이 사건 계좌에 입금되어 있다는 사정만으로 공소외 2 회사의 피해가 실질적으로 회복되었다고 볼 수 없다.'는 취지의 원심 판단은, 문언의 통상적인 의미를 벗어나 피고인에게 불리한 방향으로 위 법률조항의 몰수·추징 요건을 해석·적용한 것으로 보여 선뜻 받아들이기 어렵다. 그렇다면 이 사건은 피고인에 대한 특정경제범죄법위반(횡령)죄와 관련하여 부패재산몰수법 제6조 제1항에서 정한 '피해자에 대한 피해회복이 심히 곤란하다고 인정되는 경우'에 해당하지 않으므로, 피고인에 대하여 위 법률조항에 따른 추징을 명할 수 없다고 봄이 타당하다. 따라서 피고인에 대하여 횡령액 600만 달러의 추징을 명한 원심판결에는 부패재산몰수법 제6조 제1항의 추징 등에 관한 법리를 오해하여 판결에 영향을 미친 잘못이 있다(대법원 2024.6.13, 2023도17596).

026 주택법상 주택조합의 임원 등의 주택조합사업 시행 관련 서류 공개의무의 의미

참고판례

판례 형벌법규의 해석은 엄격하여야 하고 명문규정의 의미를 피고인에게 불리한 방향으로 지나치게 확장해석하거나 유추해석하는 것은 죄형법정주의의 원칙에 어긋나는 것으로서 허용되지 않는다(대법원 2004.2.27, 2003도6535). 구 주택법 제12조 제1항은 "주택조합의 발기인 또는 임원은 주택조합사업의 시행에 관한 다음 각 호의 서류 및 관련 자료가 작성되거나 변경된 후 15일 이내에 이를 조합원이 알 수 있도록 인터넷과 그 밖의 방법을 병행하여 공개하여야 한다."라고 규정하면서 각 호에서 공개 대상인 서류를 구체적으로 열거하고 있다. 구 주택법 제12조 제1항에 따르면, 주택조합의 발기인 또는 임원은 구 주택법 제12조 제1항 각 호에 규정된 서류 및 관련 자료의 작성 또는 그 작성된 서류 및 관련 자료의 변경 후 15일 이내에 이를 공개하도록 되어 있다. 위 조항에 따른 공개가 이행되려면 조합원이 알 수 있는 형태로 해당 서류 등이 작성되어 존재하여야 하는데, 이와 같은 형태로 작성되지 아니한 서류 등에 대하여 공개의무가 있다고 해석한다면 이는 명문의 근거 없이 주택조합의 발기인이나 임원에게 해당 서류 등에 대한 작성의무까지도 부담시키는 결과가 된다. 위 조항이 '작성'과 '공개'를 구별하고 있음에도 존재하지 않는 서류 등에 대한 공개의무를 인정하는 것은 '공개'의 의미를 피고인에게 불리한 방향으로 지나치게 확장해석하거나 유추해석하는 것에 해당하여 허용될 수 없다. 결국, 구 주택법 제12조 제1항 각 호에 규정된 서류나 관련 자료가 작성되어 존재한 바 없다면 구 주택법 제12조 제1항 위반죄는 성립할 여지가 없다(대법원 2024.9.12, 2021도14712).

[2] 유추해석금지원칙에 위반되지 않는다는 사례

027 의료인이 전화 등을 통해 원격지에 있는 환자에게 행하는 의료행위가 특별한 사정이 없는 한 의료법 제33조 제1항에 위반되는 행위인지 여부(적극)

판례 의료법 제33조 제1항은 "의료인은 이 법에 따른 의료기관을 개설하지 아니하고는 의료업을 할 수 없으며, 다음 각 호의 어느 하나에 해당하는 경우 외에는 그 의료기관 내에서 의료업을 하여야 한다."라고 규정하고 있다. 아울러 의료법 제34조 제1항은 "의료인은 제33조 제1항에도 불구하고 컴퓨터·화상통신 등 정보통신기술을 활용하여 먼 곳에 있는 의료인에게 의료지식이나 기술을 지원하는 원격의료를 할 수 있다."라고 규정하여 의료인이 원격지에서 행하는 의료행위를 의료법 제33조 제1항의 예외로 보는 한편, 이를 의료인 대 의료인의 행위로 제한적으로만 허용하고 있다. 이와 같은 사정 등을 종합하면 의료인이 전화 등을 통해 원격지에 있는 환자에게 행하는 의료행위는 특별한 사정이 없는 한 의료법 제33조 제1항에 위반되는 행위로 봄이 타당하다(대법원 2020.11.5, 2015도13830).

> **보충** 위 판례는 피고인이 환자의 요청이 있다 하여 전화로 환자를 진료한 것은 의료법 제33조 제1항을 위반한 행위라고 본 사안이다. 이에 비하여, 의사가 환자와 대면하지 아니하고 전화나 화상 등을 이용하여 환자의 용태를 스스로 듣고 판단하여 처방전 등을 발급한 행위는 의료법에서 정한 '직접 진찰한 의사'(구 의료법 제17조 제1항, 현 의료법 제17조의2 제1항) 아닌 자가 처방전 등을 발급한 경우에 해당하지 않는다는 판례가 있다(대법원 2013.4.11, 2010도1388). 이는 스스로 진찰을 하지 않고 처방전을 발급하는 행위를 금지하는 규정일 뿐 대면진찰을 하지 않았거나 충분한 진찰을 하지 않은 상태에서 처방전을 발급하는 행위 일반을 금지하는 조항이 아니라는 점에서, 죄형법정주의 원칙, 특히 유추해석금지의 원칙상 전화 진찰을 하였다는 사정만으로 '자신이 진찰'하거나 '직접 진찰'을 한 것이 아니라고 볼 수는 없다는 취지의 판례이다.

> **보충** 진찰의 개념 및 진찰이 치료에 선행하는 행위인 점, 진단서와 처방전 등의 객관성과 정확성을 담보하고자 하는 이 사건 조항의 목적 등을 고려하면, 현대 의학 측면에서 보아 신뢰할만한 환자의 상태를 토대로 특정 진단이나 처방 등을 내릴 수 있을 정도의 행위가 있어야 '진찰'이 이루어졌다고 볼 수 있고, 그러한 행위가 전화 통화만으로 이루어지는 경우에는 최소한 그 이전에 의사가 환자를 대면하고 진찰하여 환자의 특성이나 상태 등에 대해 이미 알고 있다는 사정 등이 전제되어야 한다(대법원 2020.5.14, 2014도9607).

028 약사 또는 한약사가 아닌 자에 의한 약국 개설 사건

> 약사 또는 한약사가 아닌 자가 약사 명의를 빌려 약국을 개설·운영하거나 약사가 기존에 개설하여 운영하던 약국을 인수하여 실질적으로 운영한 경우, 약사 또는 한약사가 아닌 자에 의한 약국 개설행위에 해당하는가?

(판례) 약사법 제20조 제1항은 "약사 또는 한약사가 아니면 약국을 개설할 수 없다."라고 정하고 있다. 이 조항에 따라 금지되는 약국 개설행위는 약사 또는 한약사(이하 '약사 등'이라 한다) 자격이 없는 일반인이 약국의 시설 및 인력의 충원·관리, 개설신고, 의약품 제조 및 판매업의 시행, 필요한 자금의 조달, 그 운영 성과의 귀속 등을 주도적으로 처리하는 것을 뜻한다(의료법 위반죄에 관한 대법원 2008.11.13, 2008도7388 등). 약사 등이 아닌 사람이 이미 개설된 약국의 시설과 인력을 인수하고 그 운영을 지배·관리하는 등 종전 개설자의 약국 개설·운영행위와 단절되는 새로운 개설·운영행위를 한 것으로 볼 수 있는 경우에도 약사법에서 금지하는 약사 등이 아닌 사람의 약국 개설행위에 해당한다(의료법 위반죄에 관한 대법원 2011.10.27, 2009도2629 등; 2021.7.29, 2021도6092).

 solution 해당한다.

029 의사가 존재하지 않는 허무인(虛無人)에 대한 처방전을 작성하여 제3자에게 교부한 사건

참고판례

(판례) 구 의료법 제17조 제1항은 '의료업에 종사하고 직접 진찰하거나 검안한 의사, 치과의사, 한의사(이하 '의사 등')가 아니면 진단서·검안서·증명서 또는 처방전(전자처방전을 포함한다)을 작성하여 환자(환자가 사망한 경우에는 배우자, 직계존비속 또는 배우자의 직계존속을 말한다) 또는 형사소송법 제222조

제1항에 따라 검시를 하는 지방검찰청 검사(검안서에 한한다)에게 교부하거나 발송(전자처방전에 한한다)하지 못한다'고 규정하고, 같은 법 제89조는 제17조 제1항을 위반한 자를 처벌하고 있다. 이는 진단서·검안서·증명서 또는 처방전이 의사 등이 환자를 직접 진찰하거나 검안한 결과를 바탕으로 의료인으로서의 판단을 표시하는 것으로서 사람의 건강상태 등을 증명하고 민·형사책임을 판단하는 증거가 되는 등 중요한 사회적 기능을 담당하고 있어 그 정확성과 신뢰성을 담보하기 위하여 직접 진찰·검안한 의사 등만이 이를 작성·교부할 수 있도록 하는 데 그 취지가 있다. 따라서 의사 등이 구 의료법 제17조 제1항에 따라 직접 진찰하여야 할 환자를 진찰하지 않은 채 그 환자를 대상자로 표시하여 진단서·증명서 또는 처방전을 작성·교부하였다면 구 의료법 제17조 제1항을 위반한 것으로 보아야 하고, 이는 환자가 실제 존재하지 않는 허무인(虛無人)인 경우에도 마찬가지이다(대법원 2021.2.4, 2020도13899).

030 병사인 분대장이 상관모욕죄의 상관에 해당하는지(적극)

참고판례

판례 군형법 제64조 제1항은 "상관을 그 면전에서 모욕한 사람은 2년 이하의 징역이나 금고에 처한다."라고 규정하고, 제2조 제1호는 "'상관'이란 명령복종 관계에서 명령권을 가진 사람을 말한다. 명령복종 관계가 없는 경우의 상위 계급자와 상위 서열자는 상관에 준한다."라고 규정하고 있다. …… 육군규정 120 병영생활규정은 "분대장을 제외한 병 상호간 관등성명 복창은 금지한다."(제20조 제2항), "분대장을 제외한 병 상호간에는 명령이나 지시, 간섭을 금지한다."(제43조 제1항)라고 규정하는 한편, "'병 상호간 관계'는 상대방의 인격을 존중하고 직무를 수행함에 있어서 협동적 동반관계에 있으며, 군인사법상으로는 계급 순위에 의한 상하 서열관계에 있으면서도 군형법 적용에 있어서는 대등한 관계에 있으나, 후임병사는 선임병사에게 경례, 호칭, 언행 등 규정과 교범에 명시된 군대예절을 지켜야 한다."(제43조의2)라고 규정하고 있다. 이러한 군형법 등 제반 규정의 취지, 내용 등을 종합하면, 부대지휘 및 관리, 병영생활에 있어 분대장과 분대원은 명령복종 관계로서 분대장은 분대원에 대해 명령권을 가진 사람 즉 상관에 해당하고, 이는 분대장과 분대원이 모두 병(兵)이라 하더라도 달리 볼 수 없다(대법원 2021.3.11, 2018도12270).

031 정보통신망 침입 여부가 문제된 사건

참고판례

토플 모의고사 프로그램 가맹계약 중개 역할을 하는 피고인이 가맹학원의 관리자 ID로 접속한 것이 정보통신망 침입에 해당하는가?

판례 구 정보통신망법 제48조 제1항은 '정당한 접근권한 없이 또는 허용된 접근권한을 초과하여 정보통신망에 침입'하는 행위를 금지하고 있으므로, 정보통신망법은 그 보호조치에 대한 침해나 훼손이 수반되지 않더라도 부정한 방법으로 타인의 식별부호(아이디와 비밀번호)를 이용하거나 보호조치에 따른 제한을 면할 수 있게 하는 부정한 명령을 입력하는 등의 방법으로 침입하는 행위도 금지한다고 보아야 한다. 위 규정은 정보통신망 자체의 안정성과 그 정보의 신뢰성을 보호하기 위한 것이므로, 위 규정에서 접근권한을 부여하거나 허용되는 범위를 설정하는 주체는 서비스제공자이고 따라서 서비스제공자로부터 권한을 부여받은 이용자가 아닌 제3자가 정보통신망에 접속한 경우 그에게 접근권한이 있는지 여부는 서비스제공자가 부여한 접근권한을 기준으로 판단하여야 한다(대법원 2005.11.25, 2005도870 등; 2021.6.24, 2020도17860).

┃solution 해당한다.

032 경상남도 도지사인 피고인에 대한 컴퓨터등장애업무방해 및 공직선거법 위반 사건

참고판례

> 장래에 있을 선거운동과 관련하여 금품 기타 이익의 제공, 그 제공의 의사표시 및 약속을 한 경우 공직선거법 제230조 제1항 제4호, 제135조 제3항 위반죄가 성립하기 위해서 그 당시 반드시 특정 후보자가 존재하고 있어야 하는가?

판례 공직선거법 제135조 제3항에서 정한 '선거운동과 관련하여'는 '선거운동에 즈음하여, 선거운동에 관한 사항을 동기로 하여'라는 의미로서 '선거운동을 위하여'보다 광범위하며, 선거운동의 목적 또는 선거에 영향을 미치게 할 목적이 없었다 하더라도 그 행위 자체가 선거의 자유·공정을 침해할 우려가 높은 행위를 규제할 필요성에서 설정된 것이고(대법원 2005.2.18, 2004도6795 등), 공직선거법 제230조 제1항 제4호, 제135조 제3항 위반죄는 선거운동과 관련하여 금품 기타 이익의 제공 또는 그 제공의 의사를 표시하거나 그 제공을 약속하는 행위를 처벌대상으로 하는 것으로서, 그 처벌대상은 위 법이 정한 선거운동기간 중의 금품제공 등에 한정되지 않는다(대법원 2010.12.23, 2010도9110; 2017.12.5, 2017도13458 등). …… 위와 같은 공직선거법 관련 법리 및 규정에 비추어 보면, 공직선거법 제230조 제1항 제4호, 제135조 제3항 위반죄는 금품 기타 이익의 제공, 그 제공의 의사표시 및 약속(이하 '이익의 제공 등')이 특정 선거에서의 선거운동과 관련되어 있음이 인정되면 충분하다고 할 것이므로, 장래에 있을 선거에서의 선거운동과 관련하여 이익의 제공 등을 할 당시 선거운동의 대상인 후보자가 특정되어 있지 않더라도 장차 특정될 후보자를 위한 선거운동과 관련하여 이익의 제공 등을 한 경우에는 위 공직선거법 제230조 제1항 제4호, 제135조 제3항 위반죄가 성립한다고 보아야 하고, 이익의 제공 등을 할 당시 반드시 특정 후보자가 존재하고 있어야 한다고 볼 수 없다(대법원 2021.7.21, 2020도16062).

♀solution 존재하고 있어야 한다고 볼 수 없다.

033 타인 사용의 제한을 규정한 전기통신사업법 제30조의 해석

참고판례

> 통신이 매개된 타인이 통신의 매개를 요청하였거나 통신의 매개 행위에 관여하였던 경우에도 전기통신사업법 제30조에서 금지하는 타인통신매개에 해당하는가?

판례 전기통신사업법 제30조 본문은 '누구든지 전기통신사업자가 제공하는 전기통신역무를 이용하여 타인의 통신을 매개하거나 이를 타인의 통신용으로 제공하여서는 아니 된다'고 규정한다. 이는 정당한 권한 없이 다른 전기통신사업자가 제공하는 전기통신역무를 이용하여 자신이 제공받는 역무와 동종 또는 유사한 역무를 제공함으로써 전기통신사업자의 사업에 지장을 초래하거나 통신시장질서를 교란하는 행위를 막기 위한 취지의 조항이다(헌법재판소 2002.5.30, 2001헌바5). 여기에서 '타인의 통신을 매개'한다는 것은 전기통신사업자가 제공하는 전기통신역무를 이용하여 다른 사람들 사이의 통신을 연결해 주는 행위를 의미하고, 위 조항의 문언과 입법취지에 비추어 볼 때 매개되는 통신의 당사자가 통신의 매개를 요청하거나 통신 매개 행위에 관여하였다 하더라도 위 조항 본문이 정한 '타인의 통신을 매개'하는 행위에 해당한다. 그리고 매개되는 통신의 당사자가 통신 매개 행위자와의 관계에서 다른 범죄행위의 공범에 해당한다고 하더라도 위 조항 단서 각 호의 경우에 해당하지 않는 한 그 통신 매개 행위는 위 조항 본문에서 금지하는 행위에 해당한다(대법원 2021.7.29, 2020도16276).

♀solution 해당한다.

034 법정소동죄 등을 규정한 형법 제138조에서의 '법원의 재판'과 '헌법재판소의 심판'

• 경찰간부 22, 경찰승진 22

> 헌법재판소의 헌법재판은 법정이 아닌 심판정에서 이루어지므로 법정소동죄 등을 규정한 「형법」 제138조에서의 '법원의 재판'에 헌법재판소의 심판이 포함된다고 해석하는 것은 피고인에게 불리한 확장해석임과 동시에 유추해석인가?

[판례] 법원의 재판 또는 국회의 심의를 방해 또는 위협할 목적으로 법정이나 국회회의장 또는 그 부근에서 모욕 또는 소동한 자를 처벌하는 형법 제138조(이하 '본조'라고 한다)의 규정은, 법원 혹은 국회라는 국가기관을 보호하기 위한 것이 아니라 법원의 재판기능 및 국회의 심의기능을 보호하기 위하여 마련된 것으로, 제정 당시 그 입법경위를 살펴보면 행정기관의 일상적인 행정업무와 차별화되는 위 각 기능의 중요성 및 신성성에도 불구하고 경찰력 등 자체적 권력집행수단을 갖추지 못한 국가기관의 한계에서 생길 수 있는 재판 및 입법기능에 대한 보호의 흠결을 보완하기 위한 것임을 알 수 있다. 이와 같은 본조의 보호법익 및 입법 취지에 비추어 볼 때 헌법재판소의 헌법재판기능을 본조의 적용대상에서 제외하는 해석이 입법의 의도라고는 보기 어렵다. 본조 제정 당시 헌법재판소가 설치되어 있지 않았고 오히려 당시 헌법재판의 핵심적 부분인 위헌법률심사 기능을 맡은 헌법위원회가 헌법상 법원의 장에 함께 규정되어 있었으며 탄핵심판 기능을 맡은 탄핵재판소 역시 본조의 적용대상인 국회의 장에 함께 규정되어 있었고, 더 나아가 1962년 제3공화국 헌법에서는 위헌법률심사와 정당해산심판 기능이 대법원 관장사항으로 규정되기까지 한 사정도 이를 뒷받침한다. 이는 **본조의 적용대상으로 규정한 법원의 '재판기능'에 '헌법재판기능'이 포함된다**고 보는 것이 입법 취지나 문언의 통상적인 의미에 보다 충실한 해석임을 나타낸다. 본조의 '법정'의 개념도 재판의 필요에 따라 법원 외의 장소에서 이루어지는 재판의 공간이 이에 해당하는 것과 같이(법원조직법 제56조 제2항) 법원의 사법권 행사에 해당하는 **재판작용이 이루어지는 상대적, 기능적 공간 개념을 의미하는 것**으로 이해할 수 있으므로, 헌법재판소의 헌법재판이 법정이 아닌 심판정에서 이루어진다는 이유만으로 이에 해당하지 않는다고 볼 수 없다. 오히려 헌법재판소법에서 심판정을 '법정'이라고 부르기도 하고, 다른 절차에 대해서는 자체적으로 규정하고 있으면서도 심판정에서의 심판 및 질서유지에 관해서는 법원조직법의 규정을 준용하는 것은(헌법재판소법 제35조) 법원의 법정에서의 재판작용 수행과 헌법재판소의 심판정에서의 헌법재판작용 수행 사이에는 본질적인 차이가 없음을 나타내는 것으로 볼 수 있다. 결국, 본조에서의 법원의 재판에 헌법재판소의 심판이 포함된다고 보는 해석론은 문언이 가지는 가능한 의미의 범위 안에서 그 입법 취지와 목적 등을 고려하여 문언의 논리적 의미를 분명히 밝히는 **체계적 해석에 해당할 뿐, 피고인에게 불리한 확장해석이나 유추해석이 아니라고 볼 수 있다** (대법원 2021.8.26, 2020도12017).

ℹsolution 피고인에게 불리한 확장해석이나 유추해석에 해당하지 아니한다.

035 발신자 정보 없음의 표시 또는 부재중 전화 문구의 표시와 스토킹

• 경찰1차 24

> 스토킹범죄의 처벌 등에 관한 법률(이하 '스토킹처벌법'이라 한다) 제2조 제1호는 "'스토킹행위'란 상대방의 의사에 반하여 정당한 이유 없이 상대방 또는 그의 동거인, 가족에 대하여 다음 각 목의 어느 하나에 해당하는 행위를 하여 상대방에게 불안감 또는 공포심을 일으키는 것을 말한다."라고 규정하면서, 그 다목(이하 '쟁점 조항'이라 한다)에서 "우편 · 전화 · 팩스 또는 정

보통신망 이용 촉진 및 정보보호 등에 관한 법률(이하 '정보통신망법'이라 한다) 제2조 제1항 제1호의 정보통신망을 이용하여 물건이나 글·말·부호·음향·그림·영상·화상(이하 '물건등'이라 한다)을 도달하게 하는 행위"를 스토킹행위 중 하나로 규정한다. 스토킹처벌법 제2조 제2호는 "'스토킹범죄'란 지속적 또는 반복적으로 스토킹행위를 하는 것을 말한다."라고 규정한다.

[제1문] 전화를 걸어 상대방의 휴대전화에 벨소리가 울리게 하거나 부재중 전화 문구 등이 표시되도록 하여 상대방에게 불안감이나 공포심을 일으키는 행위는 실제 전화통화가 이루어졌는지 여부와 상관없이 스토킹처벌법 제2조 제1호 다목(이하 '쟁점 조항')의 스토킹행위에 해당하는가?

[제2문] 상대방의 의사에 반하여 정당한 이유 없이 전화를 걸어 상대방과 전화통화를 하여 말을 도달하게 한 경우, 그 전화통화 내용이 불안감 또는 공포심을 일으키는 것이었음이 밝혀지지 않았더라도 쟁점 조항의 스토킹행위에 해당할 수 있는가?

[제3문] 상대방과의 전화통화 당시 아무런 말을 하지 않아 '말을 도달하게 하는 행위'에 해당하지 않는다고 하더라도 '음향, 글 등을 도달하게 하는 행위'로서 쟁점 조항의 스토킹행위에 해당할 수 있는가?

[제1문]

(판례) 형벌법규는 문언에 따라 엄격하게 해석·적용하여야 하고 피고인에게 불리한 방향으로 지나치게 확장해석하거나 유추해석하여서는 아니 되나, 형벌 법규의 해석에서도 가능한 문언의 의미 내에서 그 법률의 입법 취지와 목적, 입법연혁 등을 고려한 체계적·논리적 해석이 배제되는 것은 아니다(대법원 2007.6.14, 2007도2162 등). 스토킹처벌법의 문언, 입법목적 등을 종합하면, 피고인이 전화를 걸어 피해자의 휴대전화에 벨소리가 울리게 하거나 부재중 전화 문구 등이 표시되도록 하여 상대방에게 불안감이나 공포심을 일으키는 행위는 실제 전화통화가 이루어졌는지 여부와 상관없이 쟁점 조항이 정한 스토킹행위에 해당한다고 볼 수 있다.

♀solution 해당한다.

[제2문]

(판례) 피고인이 피해자의 의사에 반하여 정당한 이유 없이 전화를 걸어 피해자와 전화통화를 하여 말을 도달하게 한 행위는, 그 전화통화 내용이 불안감 또는 공포심을 일으키는 것이었음이 밝혀지지 않는다고 하더라도, 피고인과 피해자의 관계, 지위, 성향, 행위 전후의 여러 사정을 종합하여 그 전화통화 행위가 피해자의 불안감 또는 공포심을 일으키는 것으로 평가되면, 쟁점 조항 스토킹행위에 해당하게 된다.

♀solution 해당할 수 있다.

[제3문]

(판례) 설령 피고인이 피해자와의 전화통화 당시 아무런 말을 하지 않아 '말을 도달하게 하는 행위'에 해당하지 않는다고 하더라도 피해자의 수신 전 전화 벨소리가 울리게 하거나 발신자 전화번호가 표시되도록 한 것까지 포함하여 피해자에게 불안감이나 공포심을 일으킨 것으로 평가된다면 '음향, 글 등을 도달하게 하는 행위'에 해당하므로 마찬가지로 쟁점 조항 스토킹행위에 해당한다고 볼 수 있다(대법원 2023.5.18, 2022도12037).

(보충) ① 쟁점 조항은 스토킹행위 중 하나로 전화 또는 정보통신망 등을 '이용하여' 음향·글·부호 등을 피해자에게 도달하게 하는 행위를 규정한다. …… 쟁점 조항은 피해자에게 도달하게 하는 음향·글·부호 등의 내용 자체가 피해자에게 불안감 또는 공포심을 유발하는 내용일 것을 요구하지 않고, 음향·글·부호 등의 발신·송신을 요구하지도 않으며, 음향·글·부호 등이 도달하게 하는 행위에 해당할 것을 요구할 뿐이다. 따라서 피고인이 피해자에게 전화를 걸어 무선 기지국 등에 '피고인이 피해자와 전화통화를 원한다.'라는 내용이 담긴 정보의 전파를 발신·송신하고, 그러한 정보의 전파가 기지국·교환기 등을 거쳐 피해자의 휴대전화에 수신된 후 '피고인이 피해자와 전화통화를 원한다.' 또는 '피고인이 피해자와 전화통화를 원하였다.'는 내용의 정보가

벨소리, 발신번호 표시, 부재중 전화 문구 표시로 변형되어 피해자의 휴대전화에 나타났다면, 피고인이 전화 또는 정보통신망을 도구로 사용하여 피고인 전화기에서의 출발과 장소적 이동을 거친 음향(벨소리), 글(발신번호 표시, 부재중 전화 문구 표시)을 피해자의 휴대전화에 '도달'하게 한 것으로 평가할 수 있다.
② …… 피고인이 피해자의 의사에 반하여 정당한 이유 없이 반복적으로 전화를 거는 경우 피해자에게 유발되는 불안감 또는 공포심은 일상생활에 지장을 줄 정도로 심각하고 피해자가 전화를 수신하지 않았더라도 마찬가지일 수 있다. 지속적 또는 반복적으로 이루어지는 스토킹행위는 시간이 갈수록 그 정도가 심각해져 강력범죄로 이어지는 사례가 적지 않은 점 등을 고려하면, 피해자의 의사에 반하여 반복적으로 전화를 시도하는 행위로부터 피해자를 신속하고 두텁게 보호할 필요성도 크다.
③ 피고인이 전화를 걸어 피해자의 휴대전화에 벨소리가 울리게 하거나 부재중 전화 문구가 표시되게 하였음에도 피해자가 전화를 수신하지 않았다는 이유만으로 스토킹행위에서 배제하는 것은 우연한 사정에 의하여 처벌 여부가 좌우되도록 하고 처벌 범위도 지나치게 축소시켜 부당하다. 피해자가 전화를 수신하여야만 불안감 또는 공포심을 일으킨다고 볼 수 없고, 오히려 스토킹행위가 반복되어 불안감 또는 공포심이 증폭된 피해자일수록 전화를 수신하지 않을 가능성이 높다.
④ 타인의 휴대전화번호로 전화를 걸었을 때 상대방의 휴대전화 상태에 따라 벨소리나 진동음이 울릴 수 있고 수신이 되지 않았을 때 발신번호나 부재중 전화 문구가 상대방의 휴대전화에 표시된다는 것은 휴대전화 사용이 일반화된 오늘날 휴대전화 사용자들 대부분이 알고 있는 휴대전화의 일반적 기능이다. 피고인이 피해자와 전화통화를 의욕하고 전화를 걸었거나 피해자의 휴대전화 상태나 전화수신 여부를 알 수 없었다고 하더라도 피고인으로서는 적어도 미수신시 피해자의 휴대전화에서 벨소리나 진동음이 울리거나 부재중 전화 문구 등이 표시된다는 점을 알 수 있었고 그러한 결과의 발생을 용인하는 의사도 있었다고 볼 수 있으므로 미필적 고의는 있었다고 보아야 한다.

♀solution 해당할 수 있다.

●●● 036 스토킹처벌법 접근금지 잠정조치 재청구 허용 사건

참고판례

(판례) 접근금지 잠정조치 결정에서 정한 기간이 만료된 이후 해당 잠정조치 기간을 연장하는 결정을 할 수 없으나, 검사는 기간이 만료된 접근금지 잠정조치를 청구했을 때와 동일한 스토킹범죄사실과 스토킹범죄 재발 우려를 이유로 스토킹처벌법 제8조 제1항에 의하여 다시 새로운 잠정조치를 청구할 수 있다. 다만 법원이 기존에 내려진 잠정조치 결정 당시 스토킹범죄사실과 동일한 스토킹범죄사실만을 이유로 한 새로운 접근금지 잠정조치 결정을 할 수 있는 횟수는 각 2개월의 범위에서 두 차례로 한정된다(대법원 2023. 2.23, 2022모2092; 2023.5.18, 2022모1830).

보충 형사소송법에는 동일한 범죄사실에 대하여 재구속 또는 재체포를 제한하는 명문의 규정(제208조, 제214조의3 참조)이 있으나 스토킹처벌법의 잠정조치에는 동일한 범죄사실에 대하여 재(再) 잠정조치를 제한하는 규정이 따로 없는 이상, 기존 잠정조치 이후 새로운 스토킹범죄가 없더라도 스토킹범죄 재발 우려와 피해자 보호 필요성 등 스토킹처벌법 제8조 제1항, 제9조 제1항의 잠정조치 요건을 충족한다면 새로운 접근금지 잠정조치도 허용된다고 보는 것이 타당하다.

조문 검사는 스토킹범죄가 재발될 우려가 있다고 인정하면 직권 또는 사법경찰관의 신청에 따라 법원에 제9조 제1항 각 호의 잠정조치를 청구할 수 있고(제8조 제1항), 법원은 스토킹범죄의 원활한 조사·심리 또는 피해자 보호를 위해 필요하다고 인정하는 경우에는 결정으로 스토킹행위자에게 접근금지 등 일정한 잠정조치를 할 수 있다(제9조 제1항). 제9조 제1항 제2호(100미터 이내 접근금지) 및 제3호(전기통신을 이용한 접근금지)에 따른 잠정조치기간은 2개월을 초과할 수 없다. 다만, 검사는 수사 또는 공판 과정에서 잠정조치가 계속 필요하다고 인정하는 경우에는 법원에 해당 잠정조치기간의 연장을 청구할 수 있고(제11조 제2항), 법원은 직권 또는 위와 같은 검사의 청구에 의해 피해자의 보호를 위해 그 기간을 연장할 필요가 있다고 인정하는 경우에는 결정으로 각 접근금지 잠정조치에 대해 두 차례에 한정해 각 2개월의 범위에서 연장할 수 있다(제9조 제5항, 제11조 제3항).
스토킹범죄의 처벌 등에 관한 법률 제9조(스토킹행위자에 대한 잠정조치) ① 법원은 스토킹범죄의 원활한 조사·심리 또는 피해자 보호를 위하여 필요하다고 인정하는 경우에는 결정으로 스토킹행위자에게 다음 각 호의 어느 하나에 해당하는 조치(이하 "잠정조치"라 한다)를 할 수 있다.
1. 피해자에 대한 스토킹범죄 중단에 관한 서면 경고
2. 피해자나 그 주거등으로부터 100미터 이내의 접근 금지
3. 피해자에 대한 「전기통신기본법」 제2조 제1호의 전기통신을 이용한 접근 금지
4. 국가경찰관서의 유치장 또는 구치소에의 유치

••••
037 층간소음 보복 목적 천장 쿵쿵 사건 • 경찰1차 24

> 빌라 아래층에 살던 甲은 수개월간 불상의 도구로 여러 차례 벽 또는 천장을 두드려 '쿵쿵' 소리를 내어 이를 위층에 살던 乙의 의사에 반하여 피해자에게 도달하게 하였다. 甲의 행위는 스토킹범죄에 해당하는가?

(조문) **스토킹범죄의 처벌 등에 관한 법률 제2조(정의)** 이 법에서 사용하는 용어의 뜻은 다음과 같다.
1. "스토킹행위"란 상대방의 의사에 반(反)하여 정당한 이유 없이 다음 각 목의 어느 하나에 해당하는 행위를 하여 상대방에게 불안감 또는 공포심을 일으키는 것을 말한다.
   라. 상대방등에게 직접 또는 제3자를 통하여 물건등을 도달하게 하거나 주거등 또는 그 부근에 물건등을 두는 행위
2. "스토킹범죄"란 지속적 또는 반복적으로 스토킹행위를 하는 것을 말한다.

(판례) 이웃 간 소음 등으로 인한 분쟁과정에서 위와 같은 행위가 발생하였다고 하여 곧바로 정당한 이유 없이 객관적·일반적으로 불안감 또는 공포심을 일으키는 '스토킹행위'에 해당한다고 단정할 수는 없다. 그러나 피고인은 층간소음 기타 주변의 생활소음에 불만을 표시하며 수개월에 걸쳐 이웃들이 잠드는 시각인 늦은 밤부터 새벽 사이에 반복하여 도구로 벽을 치거나 음향기기를 트는 등으로 피해자를 비롯한 주변 이웃들에게 큰 소리가 전달되게 하였고, 피고인의 반복되는 행위로 다수의 이웃들은 수개월 내에 이사를 갈 수밖에 없었으며, 피고인은 이웃의 112 신고에 의하여 출동한 경찰관으로부터 주거지 문을 열어줄 것을 요청받고도 '영장 들고 왔냐'고 하면서 대화 및 출입을 거부하였을 뿐만 아니라 주변 이웃들의 대화 시도를 거부하고 오히려 대화를 시도한 이웃을 스토킹혐의로 고소하는 등 이웃 간의 분쟁을 합리적으로 해결하려 하기보다 이웃을 괴롭힐 의도로 위 행위를 한 것으로 보이는 점 등 피고인과 피해자의 관계, 구체적 행위태양 및 경위, 피고인의 언동, 행위 전후의 여러 사정들에 비추어 보면, 피고인의 위 행위는 층간소음의 원인 확인이나 해결방안 모색 등을 위한 사회통념상 합리적 범위 내의 정당한 이유 있는 행위에 해당한다고 볼 수 없고 객관적·일반적으로 상대방에게 불안감 내지 공포심을 일으키기에 충분하다고 보이며, 나아가 위와 같은 일련의 행위가 지속되거나 반복되었으므로 '스토킹범죄'를 구성한다(대법원 2023.12.14, 2023도10313).

💡solution 해당한다.

•••○
038 가정폭력처벌법상 '가정폭력행위자'의 의미

> 甲은 가정폭력행위를 저질렀다는 이유로 피해자보호명령을 받았음에도 이를 이행하지 아니하여 보호명령 불이행죄로 기소되었다. 이후 甲은 피해자보호명령의 전제가 된 가정폭력행위에 대하여 형사재판에서 무죄판결을 선고받아 확정되었다. 甲을 가정폭력처벌법상 보호명령 불이행죄로 처벌할 수 있는가?

(조문) **가정폭력처벌법 제63조(보호처분 등의 불이행죄)** ① 다음 각 호의 어느 하나에 해당하는 가정폭력행위자는 2년 이하의 징역 또는 2천만원 이하의 벌금 또는 구류(拘留)에 처한다.

2. 제55조의2에 따른 피해자보호명령 또는 제55조의4에 따른 임시보호명령을 받고 이를 이행하지 아니한 가정폭력행위자

(판례) 피해자보호명령 제도의 내용과 입법취지 등에 비추어 보면, 가정폭력처벌법 제63조 제1항 제2호가 정한 '피해자보호명령을 받고 이를 이행하지 아니한 가정폭력행위자'란 피해자의 청구에 따라 가정폭력행위자로 인정되어 피해자보호명령을 받았음에도 이행하지 않은 사람을 말한다. 피해자보호명령의 제도적 의의나 취지에 비추어 볼 때 피고인이 피해자보호명령을 받았음에도 이를 이행하지 아니한 이상 **보호명령 불이행죄로 처벌할 수 있다**(대법원 2023.6.1, 2020도5233).

(보충) 가정폭력처벌법 제63조 제1항은 제55조의2에 따른 피해자보호명령을 받고 이행하지 아니한 가정폭력행위자에 대해 2년 이하의 징역 또는 2천만원 이하의 벌금 또는 구류에 처한다고 규정한다. 한편 "가정폭력범죄"란 가정구성원 사이의 신체적, 정신적 또는 재산상 피해를 수반하는 행위로 가정폭력처벌법 제2조 제3호의 각 목의 어느 하나에 해당하는 죄를 말하고(제2조 제1, 3호), "가정폭력행위자"란 가정폭력범죄를 범한 사람 및 가정구성원인 공범을 말한다(제2조 제4호). 가정폭력처벌법상 피해자보호명령은 판사가 가정폭력범죄 피해자의 보호를 위하여 필요하다고 인정하는 때에 피해자 등의 청구에 따라 결정으로 가정폭력행위자에게 피해자의 주거지 등에서의 퇴거 등을 명하는 제도로서(제55조의2 제1항), 피해자가 스스로 안전과 보호를 위한 방책을 마련하여 직접 법원에 청구할 수 있도록 하여 신속하게 피해자를 보호하려는 취지를 가지고 신설되었다.

§solution 처벌할 수 있다.

039 고등학교 여학생들의 옷을 갈아입는 등 일상생활을 몰래 촬영한 동영상과 아동 · 청소년이용음란물

(판례) 아동 · 청소년 등이 일상적인 생활을 하면서 신체를 노출한 것일 뿐 적극적인 성적 행위를 한 것이 아니더라도 이를 몰래 촬영하는 방식 등으로 성적 대상화하였다면 이와 같은 행위를 표현한 영상 등은 구 「아동 · 청소년의 성보호에 관한 법률」(2020.6.2. 법률 제17338호로 개정되기 전의 것) 제11조 제5항에서 규정하는 아동 · 청소년이용음란물에 해당한다(대법원 2023.11.16, 2021도4265).

040 승인 없이 자동차의 튜닝을 하는 범죄의 주체가 소유자로 한정되는지 여부

> 자동차관리법 제34조 제1항에 의하면 "자동차소유자가 국토교통부령으로 정하는 항목에 대하여 튜닝을 하려는 경우에는 시장 · 군수 · 구청장의 승인을 받아야 한다." 그리고 같은 법 제81조 제19호에서는 '제34조를 위반하여 관할 관청의 승인을 받지 아니하고 자동차에 튜닝을 한 자'는 1년 이하의 징역 또는 1천만원 이하의 벌금에 처하도록 규정하고 있다. 그렇다면 위 자동차관리법에서 처벌되는 승인 없이 튜닝을 한 범죄의 주체는 '자동차 소유자'에 한정되는가?

(판례) 자동차관리법이 자동차 튜닝에 관하여 엄격한 승인절차 그리고 튜닝작업을 실제 담당할 자를 규정한 것은, 자동차 튜닝 즉 자동차의 구조 · 장치의 일부를 변경하거나 자동차에 부착물을 추가하는 경우에도 자동차의 안전운행에 필요한 성능과 기준을 유지시킬 필요성이 있음을 고려한 것으로 보이고, 이로써 자동차를 효율적으로 관리하고 안전성을 확보하여 교통안전 등 공공의 복리를 증진시키려는 취지에 따른 것으로 이해할 수 있다. 자동차 튜닝에 관한 자동차관리법의 규정 내용 및 체계, 앞서 본 입법취지 등을

감안하는 한편 이 사건 벌칙조항이 그 위반의 주체에 관하여 아무런 제한을 두고 있지 않은 점에 주목하면, 이 사건 승인조항에서 정한 절차적 요건이 충족되지 않은 상태에서는 누구든지 자동차 튜닝을 할 수 없고, 이를 위반하여 자동차 튜닝을 한 사람은 누구라도 이 사건 벌칙조항에 따라 처벌된다고 보는 것이 타당하다. 승인 절차가 전혀 이루어지지 않은 상황에서 피고인이 이 사건 이륜자동차에 튜닝을 한 이상, 피고인이 위 이륜자동차의 소유자인지 여부와 관계없이 피고인에게 이 사건 벌칙조항이 적용된다(대법원 2024.2.29, 2023도16690).

♀solution '자동차 소유자'에 한정되지 않는다.

●●●
041 성폭력처벌법상 촬영물 이용 협박죄가 성립하기 위하여 촬영물의 현존이 필요한지 여부

> 성폭력처벌법 제14조의3 제1항은 "성적 욕망 또는 수치심을 유발할 수 있는 촬영물 또는 복제물(복제물의 복제물을 포함한다)을 이용하여 사람을 협박한 자는 1년 이상의 유기징역에 처한다."고 규정하고 있다. 피고인이 피해자에게 피해자의 음부 사진을 피해자의 남편에게 제공할 듯한 태도를 보이는 발언을 하여 피해자를 협박하였다는 성폭력처벌법 위반(촬영물등이용협박)으로 기소된 경우, 피고인이 협박 당시에는 이미 사진을 삭제하여 현존하지 않았다고 주장하였다. 그렇다면 실제로 만들어진 바 있는 촬영물 등을 방편 또는 수단으로 삼아 해악을 고지한 경우, 행위자가 해당 촬영물 등을 소지하고 있지 않더라도 성폭력처벌법상 촬영물 이용 협박죄가 성립하는가?

판례 「성폭력범죄의 처벌 등에 관한 특례법」 제14조의3 제1항은 성적 욕망 또는 수치심을 유발할 수 있는 촬영물 또는 복제물(복제물의 복제물을 포함한다, 이하 '촬영물 등'이라 한다)을 이용하여 사람을 협박한 자를 형법상의 협박죄보다 가중 처벌하는 규정을 두고 있다. 여기서 '촬영물 등을 이용하여'는 '촬영물 등'을 인식하고 이를 방편 또는 수단으로 삼아 협박행위에 나아가는 것을 의미한다. 한편, 협박죄에 있어서의 협박이라 함은 '사람으로 하여금 공포심을 일으킬 수 있을 정도의 해악의 고지'라 할 것이고, 해악을 고지하는 방법에는 제한이 없어 언어 또는 문서에 의하는 경우는 물론 태도나 거동에 의하는 경우도 협박에 해당한다(대법원 2003.4.8, 2002도3673). 따라서 실제로 촬영, 제작, 복제 등의 방법으로 만들어진 바 있는 촬영물 등을 방편 또는 수단으로 삼아 유포가능성 등 공포심을 일으킬 수 있을 정도의 해악을 고지한 이상 성폭력처벌법 제14조의3 제1항의 죄는 성립할 수 있고, 반드시 행위자가 촬영물 등을 피해자에게 직접 제시하는 방법으로 협박해야 한다거나 협박 당시 해당 촬영물 등을 소지하고 있거나 유포할 수 있는 상태일 필요는 없다(대법원 2024.5.30, 2023도17896).

♀solution 성립한다.

제5절 적정성원칙

● ● ○
042 책임과 형벌 간의 비례원칙 위반 여부

> 구 도로교통법(2018.12.24. 법률 제16037호로 개정되고, 2020.6.9. 법률 제17371호로 개정되기 전의 것) 제148조의2(벌칙) 제1항은 "제44조 제1항 또는 제2항을 2회 이상 위반한 사람(자동차등 또는 노면전차를 운전한 사람으로 한정한다)은 2년 이상 5년 이하의 징역이나 1천만원 이상 2천만원 이하의 벌금에 처한다."고 규정하고 있는데, 이 규정은 책임과 형벌의 비례의 원칙에 위반되는가?

[판례] 형사법상 책임원칙은 형벌은 범행의 경중과 행위자의 책임 사이에 비례성을 갖추어야 하고, 특별한 이유로 형을 가중하는 경우에도 형벌의 양은 행위자의 책임의 정도를 초과해서는 안 된다는 것을 의미한다(헌법재판소 2004.12.16, 2003헌가12 참조). 또한 형사법상 범죄행위의 유형이 다양한 경우에는 그 다양한 행위 중에서 특히 죄질이 불량한 범죄를 무겁게 처벌해야 한다는 것은 책임주의의 원칙상 당연히 요청되지만, 그 다양한 행위 유형을 하나의 구성요건으로 포섭하면서 법정형의 하한을 무겁게 책정하여 죄질이 가벼운 행위까지를 모두 엄히 처벌하는 것은 책임주의에 반한다. …… 심판대상조항은 음주운전 금지규정 위반 전력을 가중요건으로 삼으면서 해당 전력과 관련하여 형의 선고나 유죄의 확정판결을 받을 것을 요구하지 않는데다 아무런 시간적 제한도 두지 않은 채 재범에 해당하는 음주운전행위를 가중처벌하도록 하고 있어, 예컨대 10년 이상의 세월이 지난 과거 위반행위를 근거로 재범으로 분류되는 음주운전 행위자에 대해서는 책임에 비해 과도한 형벌을 규정하고 있다고 하지 않을 수 없다. …… 따라서 심판대상조항이 구성요건과 관련하여 아무런 제한도 두지 않은 채 법정형의 하한을 징역 2년, 벌금 1천만원으로 정한 것은, 음주운전 금지의무 위반 전력이나 혈중알코올농도 수준 등을 고려할 때 비난가능성이 상대적으로 낮은 음주운전 재범행위까지 가중처벌 대상으로 하면서 법정형의 하한을 과도하게 높게 책정하여 죄질이 비교적 가벼운 행위까지 지나치게 엄히 처벌하도록 한 것이므로, 책임과 형벌 사이의 비례성을 인정하기 어렵다. …… 그러므로 심판대상조항은 **책임과 형벌 간의 비례원칙에 위반된다**[헌법재판소 2021.11.25, 2019헌바446,2020헌가17(병합), 2021헌바77(병합)].

♀solution 위반된다.

● ● ●
043 성폭력처벌법상 주거침입강제추행 및 주거침입준강제추행 법정형의 적정성 • 국가7급 23

[판례] 성폭력범죄의 처벌 등에 관한 특례법(2020.5.19. 법률 제17264호로 개정된 것) 제3조 제1항 중 '형법 제319조 제1항(주거침입)의 죄를 범한 사람이 같은 법 제298조(강제추행), 제299조(준강제추행) 가운데 제298조의 예에 의하는 부분의 죄를 범한 경우에는 무기징역 또는 7년 이상의 징역에 처한다.'는 부분은 헌법에 위반된다(헌법재판소 2023.2.23, 2021헌가9 등).

3 형법의 적용범위

제1절 시간적 적용범위

●●●
044 청소년성보호법상 성착취물소지죄와 계속범에 있어서의 적용법률

> 피고인은 2019.5.경부터 2020.8.11.경까지 아동·청소년성착취물을 소지하였는데, 소지 행위가 계속되던 중인 2020.6.2. 아동·청소년의 성보호에 관한 법률(이하 '청소년성보호법')이 개정되어 법정형이 구법상 1년 이하의 징역형 또는 2,000만원 이하의 벌금형에서 개정법상 1년 이상의 징역형으로 상향되었고, 피고인의 위 행위에 관하여 위와 같이 개정된 청소년성보호법위반(성착취물소지) 공소사실로 기소되었다. 피고인의 행위에 적용되는 공소시효기간의 기준이 되는 것은 구법의 법정형인가, 개정법의 법정형인가?

(판례) 청소년성보호법 제11조 제5항에서 정한 소지란 아동·청소년성착취물을 자기가 지배할 수 있는 상태에 두고 지배관계를 지속시키는 행위를 말하므로, 청소년성보호법위반(성착취물소지)죄는 아동·청소년성착취물임을 알면서 소지를 개시한 때부터 지배관계가 종료한 때까지 하나의 죄로 평가되는 이른바 계속범이다. 원칙적으로 계속범에 대해서는 실행행위가 종료되는 시점의 법률이 적용된다(대법원 2023.3.16, 2022도15319).

¡solution 개정법의 법정형

●●●
045 공소시효에 관한 특례 규정인 군형법 제94조 제2항의 적용 범위 등이 문제된 사건

> 2014.1.14. 법률 제12232호로 개정되기 전의 군형법('구 군형법') 제94조는 '정치관여'라는 표제 아래 "정치단체에 가입하거나 연설, 문서 또는 그 밖의 방법으로 정치적 의견을 공표하거나 그 밖의 정치운동을 한 자는 2년 이하의 금고에 처한다."라고 규정하였다. 그런데 2014.1.14. 법률 제12232호로 개정된 군형법('개정 군형법') 제94조는 '정치관여'라는 표제 아래 제1항에서는 처벌대상이 되는 정치관여 행위를 제1 내지 제6의 각호로 열거하면서 각호의 어느 하나에 해당하는 행위를 한 사람은 5년 이하의 징역과 5년 이하의 자격정지에 처한다고 규정하고, 제2항에서는 "제1항에 규정된 죄에 대한 공소시효의 기간은 군사법원법 제291조 제1항에도 불구하고 10년으로 한다."라고 규정하였다. 그렇다면, 위 개정 군형법 제94조 제2항에 따른 10년의 공소시효 기간은 ① 구 군형법 시행 시에 행해진 정치관여 범죄에도 소급적용되는가, 아니면 ② 개정 군형법 시행 후에 행해진 정치관여 범죄에만 적용되는가?

(판례) 위와 같은 법률 개정 전후의 문언에 따르면, 군형법상 정치관여죄는 2014.1.14.자 법률 개정을 통해 구성요건이 세분화되고 법정형이 높아짐으로써 그 실질이 달라졌다고 평가할 수 있고, 공소시효 기간에 관한 특례 규정인 개정 군형법 제94조 제2항은 개정 군형법상의 정치관여죄에 대하여 규정하고 있음이

분명하다. 따라서 개정 군형법 제94조 제2항에 따른 10년의 공소시효 기간은 개정 군형법 시행 후에 행해진 정치관여 범죄에만 적용된다(대법원 2021.9.9, 2019도5371).

> **보충** 원심은 위 법리와 같은 취지에서 구 군형법 시행 당시에 행해진 공소사실에 대하여 개정 군형법 제94조 제2항이 아닌 군사법원법 제291조 제1항에서 정한 공소시효 기간(5년)에 따라 그 공소시효가 완성되었다고 보아 이유에서 면소로 판단하였고, 대법원은 원심의 위와 같은 판단을 수긍한 사례이다.

solution ②

---

046 법률조항의 개정과 위헌결정의 효력

> [제1문] 법률조항의 개정이 자구(字句)만 형식적으로 변경된 데 불과하여 개정 전후 법률조항들의 동일성이 그대로 유지되는 경우, '개정 전 법률조항'에 대한 위헌결정의 효력이 '개정 법률조항'에 대하여도 미치는가?
>
> [제2문] 법률조항의 개정이 자구만 형식적으로 변경된 것에 불과하여 개정 전후 법률조항들 사이에 실질적 동일성이 인정되는 경우, '개정 법률조항'에 대한 위헌결정의 효력이 '개정 전 법률조항'에까지 그대로 미치는가?

[제1문]

> **판례** 어느 법률조항의 개정이 자구만 형식적으로 변경된 데 불과하여 개정 전후 법률조항들 자체의 의미내용에 아무런 변동이 없고, 개정 법률조항이 해당 법률의 다른 조항이나 관련 다른 법률과의 체계적 해석에서도 개정 전 법률조항과 다른 의미로 해석될 여지가 없어 양자의 동일성이 그대로 유지되고 있는 경우에는 '개정 전 법률조항'에 대한 위헌결정의 효력은 그 주문에 개정 법률조항이 표시되어 있지 아니하더라도 '개정 법률조항'에 대하여도 미친다(대법원 2020.2.21, 2015모2204).

solution 미친다.

[제2문]

> **판례** 그러나 이와 달리 '개정 법률조항'에 대한 위헌결정이 있는 경우에는, 비록 그 법률조항의 개정이 자구만 형식적으로 변경된 것에 불과하여 개정 전후 법률조항들 사이에 실질적 동일성이 인정된다 하더라도, '개정 법률조항'에 대한 위헌결정의 효력이 '개정 전 법률조항'에까지 그대로 미친다고 할 수는 없다 (대법원 2020.2.21, 2015모2204).

> **보충** 그 이유는 다음과 같다. ① 동일한 내용의 형벌법규라 하더라도 그 법률조항이 규율하는 시간적 범위가 상당한 기간에 걸쳐 있는 경우에는 시대적 · 사회적 상황의 변화와 사회 일반의 법의식의 변천에 따라 위헌성에 대한 평가가 달라질 수 있다. 따라서 헌법재판소가 특정 시점에 위헌으로 선언한 형벌조항이라 하더라도 그것이 원래부터 위헌적이었다고 단언할 수 없으며, 헌법재판소가 과거 어느 시점에 당대의 법 감정과 시대상황을 고려하여 합헌결정을 한 사실이 있는 법률조항이라면 더욱 그러하다. 그럼에도 개정 전후 법률조항들의 내용이 실질적으로 동일하다고 하여 '개정 법률조항'에 대한 위헌결정의 효력이 '개정 전 법률조항'에까지 그대로 미친다고 본다면, 오랜 기간 그 법률조항에 의하여 형성된 합헌적 법집행을 모두 뒤집게 되어 사회구성원들의 신뢰와 법적 안정성에 반하는 결과를 초래할 수 있다.
> ② 형벌에 관한 법률조항에 대한 위헌결정의 소급효를 일률적으로 부정하여 과거에 형성된 위헌적 법률관계를 구제의 범위 밖에 두게 되면 구체적 정의와 형평에 반할 수 있는 반면, 위헌결정의 소급효를 제한 없이 인정하면 과거에 형성된 법률관계가 전복되는 결과를 가져와 법적 안정성에 중대한 영향을 미치게 된다. 헌법재판소법 제47조 제3항은 본문에서 '형벌에 관한 법률조항은 위헌결정으로 소급하여 그 효력을 상실한다'고 규정하면서도, 단서에서 '해당 법률조항에 대하여 종전에 합헌으로 결정한 사건이 있는 경우에는 그 결정이 있는 날의 다음 날로 소급하여 효력을 상실한다'고 규정하고 있다. 이는 형벌조항에 대한 합헌결정이 있는 경우 그 합헌결정에 대하여 위헌결정의 소급효를 제한하는 효력을 인정함으로써 합헌결정이 있는 날까지 쌓아온 규범에 대한 사회적 신뢰와 법적 안정성을 보호하도록 한 것이다. 또한 헌법재판소는 위헌결정의 소급효를 둘러싼 위와 같이 대립되는 법률적 이념에 대한 고려와 형량의 결과로 심판대상을 확장 또는 제한하게 된다. 형벌에 관한 법률조항에 대한 합헌결정이 갖는 규범적 의미, 위헌결정의 소급적 확장 여부에 관한 헌법재판소의 심판대상 확정의 의의 및 법원과 헌법재판소 사이의

헌법상 권한분장의 취지를 고려할 때, 헌법재판소가 합헌결정을 한 바 있는 '개정 전 법률조항'에 대하여 법원이 이와 다른 판단을 할 수는 없으며, 이는 헌법재판소가 '개정 법률조항'에 대한 위헌결정의 이유에서 '개정 전 법률조항'에 대하여 한 종전 합헌 결정의 견해를 변경한다는 취지를 밝히는 경우에도 마찬가지이다.

ⓘsolution 그대로 미친다고 할 수 없다.

● ● ○
047 집회 및 시위에 관한 법률 위반 사건

[판례] 헌법재판소는 "집회 및 시위에 관한 법률(2007.5.11. 법률 제8424호로 전부 개정된 것, 이하 '집시법'이라고 한다) 제11조 제1호 중 '국회의사당'에 관한 부분 및 제23조 중 제11조 제1호 가운데 '국회의사당'에 관한 부분은 모두 헌법에 합치되지 아니한다.", "위 법률조항은 2019.12.31.을 시한으로 개정될 때까지 계속 적용한다."라는 헌법불합치 결정을 선고하였고[헌법재판소 2018.5.31, 2013헌바322, 2016헌바354, 2017헌바360, 398, 471, 2018헌가3, 4, 9(병합)], 국회는 2019.12.31.까지 이 사건 법률조항을 개정하지 않았다. 위 헌법불합치결정은 형벌에 관한 법률조항에 대한 위헌결정이라 할 것이고, 헌법재판소법 제47조 제3항 본문에 따라 형벌에 관한 법률조항에 대하여 위헌결정이 선고된 경우 그 조항은 소급하여 효력을 상실하므로, 법원은 당해 조항이 적용되어 공소가 제기된 피고사건에 대하여 형사소송법 제325조 전단에 따라 무죄를 선고하여야 한다(대법원 2020.5.28, 2019도8453; 2020.6.4, 2018도17454 등 참조). 또한 관할경찰서장이 '국회의사당'이 집시법 제11조 제1호에 정해진 시위금지장소라는 이유로 같은 법 제20조 제1항 제1호에 의하여 해산명령을 하고 집회참가자가 이에 따르지 않았다는 내용의 해산명령불응죄(집시법 제24조 제5호, 제20조 제2항)의 경우, 집시법 제20조 제2항, 제1항과 결합하여 앞서 본 바와 같이 헌법불합치결정으로 소급하여 효력을 상실한 집시법 제11조 제1호를 구성요건으로 하므로 해산명령불응 부분 피고사건 역시 범죄가 되지 아니한 때에 해당한다(대법원 2020.7.9, 2019도2757; 2020.11.26, 2019도9694).

[보충] 피고인이 집회금지장소인 국회 정문 앞 도로 내지 인도에서 개최된 집회에 참가하고, 관할경찰서장의 해산명령에도 불구하고 지체 없이 해산하지 않았다는 공소사실로 집시법 위반죄로 기소된 사안에서, 국회의사당 경계 지점으로부터 100미터 이내의 장소에서의 집회를 금지한 집시법 제11조 제1호에 대한 헌법불합치 결정에 따라 집회금지장소 집회로 인한 집시법 위반 부분에 대하여 형사소송법 제325조 전단에 따라, 해산명령불응으로 인한 집시법 위반 부분에 대하여 형사소송법 제325조 후단에 따라 각 무죄를 선고한 원심을 수긍하면서, 해산명령불응으로 인한 집시법 위반 부분의 경우 형사소송법 제325조 전단에 따라 무죄를 선고하였어야 함을 지적한 사례이다.

● ● ●
048 대법원 2022.12.22, 2020도16420 전원합의체
· 경찰2차 23, 국가9급 23, 경찰1차 24

[판례] 소위 동기설 폐지

① 쟁점: 범죄 후 법령의 변경에 의하여 그 행위가 범죄를 구성하지 아니하게 되거나 형이 가벼워진 경우 형법 제1조 제2항과 형사소송법 제326조 제4호를 적용하여 피고인에게 유리하게 변경된 신법에 따를 것인지 여부에 관하여 종래 대법원은 법령의 변경에 관한 입법자의 동기를 고려하여 형법 제1조 제2항과 형사소송법 제326조 제4호의 적용 범위를 제한적으로 해석하는 입장을 견지해 왔다. 즉 형벌법규 제정의 이유가 된 법률이념의 변경에 따라 종래의 처벌 자체가 부당하였다거나 또는 과형이 과중하였다는 반성적 고려에서 법령을 변경하였을 경우에만 형법 제1조 제2항과 형사소송법 제326조 제4호가 적용된다고 해석하여, 이러한 경우가 아니라 그때그때의 특수한 필요에 대처하기 위하여 법령을 변경한 것에 불과한 때에는 이를 적용하지 아니하고 행위 당시의 형벌법규에 따라 위반행위를 처벌하여야 한다는 판례 법리를 확립하여 오랜 기간 유지하여 왔다(대법원 1963.1.31, 62도257; 1978.2.28, 77도1280; 1980.7.22, 79도2953; 1982.10.26, 82도1861; 1984.12.11, 84도413; 1997.12.9, 97도2682; 003.10.10, 2003도2770; 2010.3.11, 2009도12930; 2013.7.11,

2013도4862, 2013전도101; 2016.10.27, 2016도9954 판결 등, 이하 '종래 대법원판례'라고 한다). 결국 이 사건의 쟁점은 이와 같은 종래 대법원판례 법리를 그대로 유지할 것인지에 관한 문제이다.

② 판 단

㉠ 원칙: 범죄 후 법률이 변경되어 그 행위가 범죄를 구성하지 아니하게 되거나 형이 구법보다 가벼워진 경우에는 신법에 따라야 하고(형법 제1조 제2항), 범죄 후의 법령 개폐로 형이 폐지되었을 때는 판결로써 면소의 선고를 하여야 한다(형사소송법 제326조 제4호). 이러한 형법 제1조 제2항과 형사소송법 제326조 제4호의 규정은 입법자가 법령의 변경 이후에도 종전 법령 위반행위에 대한 형사처벌을 유지한다는 내용의 경과규정을 따로 두지 않는 한 그대로 적용되어야 한다. 따라서 범죄의 성립과 처벌에 관하여 규정한 형벌법규 자체 또는 그로부터 수권 내지 위임을 받은 법령의 변경에 따라 범죄를 구성하지 아니하게 되거나 형이 가벼워진 경우에는, 종전 법령이 범죄로 정하여 처벌한 것이 부당하였다거나 과형이 과중하였다는 반성적 고려에 따라 변경된 것인지 여부를 따지지 않고 원칙적으로 형법 제1조 제2항과 형사소송법 제326조 제4호가 적용된다. 형벌법규가 대통령령, 총리령, 부령과 같은 법규명령이 아닌 고시 등 행정규칙 · 행정명령, 조례 등(이하 '고시 등 규정'이라고 한다)에 구성요건의 일부를 수권 내지 위임한 경우에도 이러한 고시 등 규정이 위임입법의 한계를 벗어나지 않는 한 형벌법규와 결합하여 법령을 보충하는 기능을 하는 것이므로, 그 변경에 따라 범죄를 구성하지 아니하게 되거나 형이 가벼워졌다면 마찬가지로 형법 제1조 제2항과 형사소송법 제326조 제4호가 적용된다.

보충 법령 변경의 동기가 반성적 고려에 따른 경우에만 형법 제1조 제2항과 형사소송법 제326조 제4호를 적용하는 해석론은 결국 법문에 없는 추가적인 적용 요건을 설정하는 것으로서 목적론적 축소해석에 해당한다고 볼 수 있다. 그러나 법문을 기초로 한 엄격해석의 원칙은 형사법 해석의 기본 원칙으로서 최대한 존중되어야 하고, 목적론적 해석도 문언의 통상적인 의미를 벗어나서는 아니 된다. 특히 형법 제1조 제2항과 형사소송법 제326조 제4호의 적용 여부는 개별 사건에서 해당 피고인의 형사처벌 여부와 법정형을 곧바로 결정하는 중요한 문제이다. 피고인에게 유리한 형법 제1조 제2항과 형사소송법 제326조 제4호를 축소해석하는 것은 결국 처벌 범위의 확장으로 이어지게 되므로, 목적론적 관점에서 이를 제한적으로 해석하는 것에는 신중을 기하여야 한다. 나아가 이 사건의 쟁점은 형벌법규의 시적 적용 범위에 관한 것으로서 행위시법과 재판시법 사이에서 형사재판의 적용법조를 결정하는 문제이므로, 형사절차의 명확성과 안정성, 예측가능성을 담보하기 위하여 가장 기초가 되는 사항이다. 따라서 형사법의 체계상으로도 법문에 충실한 해석의 필요성이 무엇보다 큰 영역에 해당하므로, 형법 제1조 제2항과 형사소송법 제326조 제4호에 관한 목적론적 축소해석은 법률문언의 가능한 의미를 기초로 하여 불가피하고 합리적인 범위 내로 최대한 제한되어야 한다.

보충 이와 달리 형법 제1조 제2항과 형사소송법 제326조 제4호는 형벌법규 제정의 이유가 된 법률이념의 변경에 따라 종래의 처벌 자체가 부당하였다거나 또는 과형이 과중하였다는 반성적 고려에서 법령을 변경하였을 경우에만 적용된다고 한 앞서 1.의 라.에서 본 대법원판결을 비롯한 같은 취지의 대법원판결들은 이 판결의 견해에 배치되는 범위 내에서 모두 변경하기로 한다.

㉡ 예외: ⓐ 해당 형벌법규 자체 또는 그로부터 수권 내지 위임을 받은 법령이 아닌 다른 법령이 변경된 경우 형법 제1조 제2항과 형사소송법 제326조 제4호를 적용하려면, 해당 형벌법규에 따른 범죄의 성립 및 처벌과 직접적으로 관련된 형사법적 관점의 변화를 주된 근거로 하는 법령의 변경에 해당하여야 하므로, 이와 관련이 없는 법령의 변경으로 인하여 해당 형벌법규의 가벌성에 영향을 미치게 되는 경우에는 형법 제1조 제2항과 형사소송법 제326조 제4호가 적용되지 않는다. 한편 ⓑ 법령이 개정 내지 폐지된 경우가 아니라, 스스로 유효기간을 구체적인 일자나 기간으로 특정하여 효력의 상실을 예정하고 있던 법령이 그 유효기간을 경과함으로써 더 이상 효력을 갖지 않게 된 경우도 형법 제1조 제2항과 형사소송법 제326조 제4호에서 말하는 법령의 변경에 해당한다고 볼 수 없다.

보충 ⓐ 해당 형벌법규 자체 또는 그로부터 수권 내지 위임을 받은 법령이 아닌 다른 법령이 변경되어 결과적으로 해당 형벌법규에 따른 범죄가 성립하지 아니하게 되거나 형이 가벼워진 경우에는, 문제된 법령의 변경이 해당 형벌법규에 따른 범죄의 성립 및 처벌과 직접적으로 관련된 형사법적 관점의 변화를 주된 근거로 하는 것인지 여부를 면밀히 따져 보아야 한다. 해당 형벌법규의 가벌성과 직접적으로 관련된 형사법적 관점의 변화가 있는지 여부는 종래 대법원판례가 기준으로 삼은 반성적 고려 유무와는 구별되는 것이다. 이는 입법자에게 과거의 처벌이 부당하였다는 반성적 고려가 있었는지 여부를 추단하는 것이 아니라, 법령의 변경이 향후 문제된 형사처벌을 더 이상 하지 않겠다는 취지의 규범적 가치판단을 기초로 한 것인지 여부를 판단하는 것이다. 이는 입법자의 내심의 동기를 탐지하는 것이 아니라, 객관적으로 드러난 사정을 기초로 한 법령해석을 의미한다. 즉 해당 형벌법규에 따른 범죄 성립의 요건과 구조, 형벌법규와 변경된 법령과의 관계, 법령 변경의 내용 · 경위 · 보호목적 등을 종합적으로 고려하여, 법령의 변경이 해당 형벌법규에 따른 범죄의 성립 및 처벌과 직접적으로 관련된 형사법적 관점의 변화를 주된 근거로 한다고 해석할 수 있을 때 형법 제1조 제2항과 형사소송법 제326조 제4호를 적용할 수 있다. 따라서 해당 형벌법규와 수권 내지 위임관계에 있지 않고 보호목적과 입법취지를 달리하는 민사적 · 행정적 규율의 변경이나, 형사처벌에 관한 규범적 가치판단의 요소가 배제된 극히 기술적인 규율의 변경 등에 따라 간접적인 영향을 받는 것에 불과한 경우는 형법 제1조 제2항과 형사소송법 제326조 제4호에서 말하는 법령의 변경에 해당한다고 볼 수 없다. 한편 ⓑ 법령 제정 당시부터 또는 폐지

이전에 스스로 유효기간을 구체적인 일자나 기간으로 특정하여 효력의 상실을 예정하고 있던 법령이 그 유효기간을 경과함으로써 더 이상 효력을 갖지 않게 된 경우도 형법 제1조 제2항과 형사소송법 제326조 제4호의 적용 대상인 법령의 변경에 해당한다고 볼 수 없다. 이러한 법령 자체가 명시적으로 예정한 유효기간의 경과에 따른 효력 상실은 일반적인 법령의 개정이나 폐지 등과 같이 애초의 법령이 변경되었다고 보기 어렵고, 어떠한 형사법적 관점의 변화 내지 형사처벌에 관한 규범적 가치판단의 변경에 근거하였다고 볼 수도 없다. 유효기간을 명시한 입법자의 의사를 보더라도 유효기간 경과 후에 형사처벌 등의 제재가 유지되지 않는다면 유효기간 내에도 법령의 규범력과 실효성을 확보하기 어려울 것이므로, 특별한 사정이 없는 한 유효기간 경과 전의 법령 위반행위는 유효기간 경과 후에도 그대로 처벌하려는 취지라고 보는 것이 합리적이다.

보충 피고인은 도로교통법위반(음주운전)죄로 4회 처벌받은 전력이 있음에도 2020.1.5. 혈중알코올농도 0.209%의 술에 취한 상태로 전동킥보드를 운전하였다. 원심은 구 도로교통법(2020.6.9. 법률 제17371호로 개정되어 2020.12.10. 시행되기 전의 것, 이하 같다) 제148조의2 제1항, 도로교통법 제44조 제1항을 적용하여 이 부분 공소사실을 유죄로 판단하였다. 구 도로교통법이 2020. 6.9. 법률 제17371호로 개정되어 원심판결 선고 후인 2020.12.10. 개정 도로교통법이 시행되면서 제2조 제19호의2 및 제21호 의2에서 이 사건 전동킥보드와 같은 '개인형 이동장치'와 이를 포함하는 '자전거등'에 관한 정의규정을 신설하였다. 이에 따라 개인형 이동장치는 자전거등에 해당하게 되었으므로, 자동차등 음주운전 행위를 처벌하는 제148조의2의 적용 대상에서 개인형 이동장치를 운전하는 경우를 제외하는 한편, 개인형 이동장치 음주운전 행위에 대하여 자전거등 음주운전 행위를 처벌하는 제156조 제11호를 적용하도록 규정하였다(이하 '이 사건 법률 개정'이라고 한다). 그 결과 이 부분 공소사실과 같이 도로교통법 제44조 제1항 위반 전력이 있는 사람이 다시 술에 취한 상태로 전동킥보드를 운전한 행위에 대하여, 이 사건 법률 개정 전에는 구 도로교통법 제148조의2 제1항을 적용하여 2년 이상 5년 이하의 징역이나 1천만원 이상 2천만원 이하의 벌금으로 처벌하였으나, 이 사건 법률 개정 후에는 도로교통법 제156조 제11호를 적용하여 20만원 이하의 벌금이나 구류 또는 과료로 처벌하게 되었다. 이 사건 법률 개정은 이러한 내용의 신법 시행 전에 이루어진 구 도로교통법 제148조의2 제1항 위반행위에 대하여 종전 법령을 그대로 적용할 것인지에 관하여 별도의 경과규정을 두고 있지 아니하다. …… 이러한 이 사건 법률 개정은 구성요건을 규정한 형벌법규 자체의 개정에 따라 형이 가벼워진 경우에 해당함이 명백하므로, 종전 법령이 반성적 고려에 따라 변경된 것인지 여부를 따지지 않고 형법 제1조 제2항을 적용하여야 한다. 결국 이 부분 공소사실 기재 행위는 형법 제1조 제2항에 따라 행위시법인 구 도로교통법 제148조의2 제1항, 도로교통법 제44조 제1항으로 처벌할 수 없고, 원심판결 후 시행된 이 사건 법률 개정을 반영하여 신법인 도로교통법 제156조 제11호, 제44조 제1항으로 처벌할 수 있을 뿐이므로, 원심판결 중 이 부분 공소사실에 관한 부분은 형사소송법 제383조 제2호의 "판결 후 형의 변경이 있는 때"에 해당하여 더 이상 유지될 수 없다.

049 해당 형벌법규 자체 또는 그로부터 수권 내지 위임을 받은 법령이 아닌 다른 법령의 변경으로 인한 형법 제1조 제2항과 형사소송법 제326조 제4호의 적용 여부가 문제된 사건

• 국가9급 24

법무사 甲은 개인회생·파산사건 관련 법률사무를 위임받아 취급하여 변호사법 제109조 제1호 위반으로 기소되었는데 그 후 개인회생·파산사건 신청대리업무를 법무사의 업무로 추가하는 법무사법 개정(2020. 2. 4. 개정 법무사법 제2조 제1항 제6호)이 이루어졌다면, 형법 제1조 제2항과 형사소송법 제326조 제4호가 적용되는가?

조문 변호사법 제109조(벌칙) 다음 각 호의 어느 하나에 해당하는 자는 7년 이하의 징역 또는 5천만원 이하의 벌금에 처한다. 이 경우 벌금과 징역은 병과(倂科)할 수 있다.

1. 변호사가 아니면서 금품·향응 또는 그 밖의 이익을 받거나 받을 것을 약속하고 또는 제3자에게 이를 공여하게 하거나 공여하게 할 것을 약속하고 다음 각 목의 사건에 관하여 감정·대리·중재·화해·청탁·법률상담 또는 법률 관계 문서 작성, 그 밖의 법률사무를 취급하거나 이러한 행위를 알선한 자
가. 소송 사건, 비송 사건, 가사 조정 또는 심판 사건 (이하 생략)

법무사법 제2조(업무) ① 법무사의 업무는 다른 사람이 위임한 다음 각 호의 사무로 한다.

1. 법원과 검찰청에 제출하는 서류의 작성
2. 법원과 검찰청의 업무에 관련된 서류의 작성
3. 등기나 그 밖에 등록신청에 필요한 서류의 작성
4. 등기·공탁사건(供託事件) 신청의 대리(代理)
5. 「민사집행법」에 따른 경매사건과 「국세징수법」이나 그 밖의 법령에 따른 공매사건(公賣事件)에서의 재산취득에 관한 상담, 매수신청 또는 입찰신청의 대리

6. 「채무자 회생 및 파산에 관한 법률」에 따른 개인의 파산사건 및 개인회생사건 신청의 대리. 다만, 각종 기일에서의 진술의 대리는 제외한다.

7. 제1호부터 제3호까지의 규정에 따라 작성된 서류의 제출 대행(代行)

8. 제1호부터 제7호까지의 사무를 처리하기 위하여 필요한 상담·자문 등 부수되는 사무

② 법무사는 제1항 제1호부터 제3호까지의 서류라고 하더라도 다른 법률에 따라 제한되어 있는 것은 작성할 수 없다.

> **판례** 범죄 후 법률이 변경되어 그 행위가 범죄를 구성하지 아니하게 되거나 형이 구법보다 가벼워진 경우에는 신법에 따라야 하고(형법 제1조 제2항), 범죄 후의 법령 개폐로 형이 폐지되었을 때는 판결로써 면소의 선고를 하여야 한다(형사소송법 제326조 제4호). 이러한 형법 제1조 제2항과 형사소송법 제326조 제4호의 규정은 입법자가 법령의 변경 이후에도 종전 법령 위반행위에 대한 형사처벌을 유지한다는 내용의 경과규정을 따로 두지 않는 한 그대로 적용되어야 한다. 따라서 ① 범죄의 성립과 처벌에 관하여 규정한 형벌법규 자체 또는 그로부터 수권 내지 위임을 받은 법령의 변경에 따라 범죄를 구성하지 아니하게 되거나 형이 가벼워진 경우에는, 종전 법령이 범죄로 정하여 처벌한 것이 부당하였다거나 과형이 과중하였다는 반성적 고려에 따라 변경된 것인지 여부를 따지지 않고 원칙적으로 형법 제1조 제2항과 형사소송법 제326조 제4호가 적용된다. 그러나 ② 해당 형벌법규 자체 또는 그로부터 수권 내지 위임을 받은 법령이 아닌 다른 법령이 변경된 경우 형법 제1조 제2항과 형사소송법 제326조 제4호를 적용하려면, 해당 형벌법규에 따른 범죄의 성립 및 처벌과 직접적으로 관련된 형사법적 관점의 변화를 주된 근거로 하는 법령의 변경에 해당하여야 하므로, ③ 이와 관련이 없는 법령의 변경으로 인하여 해당 형벌법규의 가벌성에 영향을 미치게 되는 경우에는 형법 제1조 제2항과 형사소송법 제326조 제4호가 적용되지 않는다. 즉 해당 형벌법규 자체 또는 그로부터 수권 내지 위임을 받은 법령이 아닌 다른 법령이 변경된 경우에는 해당 형벌법규에 따른 범죄 성립의 요건과 구조, 형벌법규와 변경된 법령과의 관계, 법령 변경의 내용·경위·보호목적·입법취지 등을 종합적으로 고려하여, 법령의 변경이 해당 형벌법규에 따른 범죄의 성립 및 처벌과 직접적으로 관련된 형사법적 관점의 변화를 주된 근거로 한다고 해석할 수 있을 때 형법 제1조 제2항과 형사소송법 제326조 제4호를 적용할 수 있다(대법원 2022.12.22, 2020도16420 전원합의체). …… 이 사건 법률 개정으로 제6호의 내용이 추가된 법무사법 제2조는 이 부분 공소사실의 해당 형벌법규인 변호사법 제109조 제1호 또는 그로부터 수권 내지 위임을 받은 법령이 아닌 별개의 다른 법령에 불과하고, 법무사의 업무범위에 관한 규정으로서 기본적으로 형사법과 무관한 행정적 규율에 관한 내용이므로, 이는 타법에서의 비형사적 규율의 변경이 문제된 형벌법규의 가벌성에 간접적인 영향을 미치는 경우에 해당할 뿐이어서, 원칙적으로 형법 제1조 제2항과 형사소송법 제326조 제4호의 적용 대상인 형사법적 관점의 변화에 근거한 법령의 변경에 해당한다고 볼 수 없다. 또한 법무사법 제2조가 변호사법 제109조 제1호 위반죄와 불가분적으로 결합되어 그 보호목적과 입법취지 등을 같이한다고 볼 만한 특별한 사정도 인정하기 어렵다. 형법 제1조 제2항과 형사소송법 제326조 제4호를 적용하지 아니하고 유죄로 인정하는 것이 타당하다(대법원 2023.2.23, 2022도6434).

🔑 solution 적용되지 않는다.

---

050 전동킥보드와 같은 개인형 이동장치와 특가법상 '원동기장치자전거' 해당 여부

> [제1문] 구 특정범죄 가중처벌 등에 관한 법률(이하 '특가법') 제5조의11 제1항(위험운전치사상)의 '원동기장치자전거'에 전동킥보드와 같은 '개인형 이동장치'가 포함되는가?
>
> [제2문] 피고인은, '2020.10.9. 음주의 영향으로 정상적인 운전이 곤란한 상태에서 전동킥보드를 운전하여 사람을 상해에 이르게 하였다'는 특정범죄 가중처벌 등에 관한 법률 위

반(위험운전치상) 등의 공소사실로 기소되었다. 피고인의 위 범행 이후인 (2020.6.9. 개정되어) 2020.12.10. 시행된 개정 도로교통법은 전동킥보드와 같은 '개인형 이동장치'에 관한 규정을 신설하면서, 이를 원동기장치자전거가 포함된 제2조 제21호의 '자동차 등'이 아닌 동조 제21호의2의 '자전거 등'으로 분류하였다. 이렇게 개정 도로교통법이 전동킥보드와 같은 '개인형 이동장치'를 '자동차 등'이 아닌 '자전거 등'으로 분류하였는데, 특가법상 위험운전치사상죄에 관하여 형법 제1조 제2항의 '범죄 후 법률이 변경되어 그 행위가 범죄를 구성하지 아니하게 된 경우'로 볼 수 있는가?

`조문` 구 특가법(2022.12.27. 법률 제19104호로 개정되기 전의 것) 제5조의11(위험운전 등 치사상) ① 음주 또는 약물의 영향으로 정상적인 운전이 곤란한 상태에서 자동차(원동기장치자전거를 포함한다)를 운전하여 사람을 상해에 이르게 한 사람은 1년 이상 15년 이하의 징역 또는 1천만원 이상 3천만원 이하의 벌금에 처하고, 사망에 이르게 한 사람은 무기 또는 3년 이상의 징역에 처한다.

[제1문]

`판례` 구 특가법 제5조의11 제1항의 '원동기장치자전거'에는 전동킥보드와 같은 개인형 이동장치도 포함된다(대법원 2023.6.29, 2022도13430).

`보충` 개정 도로교통법 제2조 제19호의2는 "개인형 이동장치"란 제19호 나목의 원동기장치자전거 중 시속 25킬로미터 이상으로 운행할 경우 전동기가 작동하지 아니하고 차체 중량이 30킬로그램 미만인 것으로서 행정안전부령으로 정하는 것을 말한다고 규정함으로써 그 문언상 원동기장치자전거 내에 개인형 이동장치가 포함되어 있음을 알 수 있다. 또한 개정 도로교통법 제17조 제1항, 제50조 제3항 등 여러 규정을 보더라도 개인형 이동장치가 원동기장치자전거 내에 포함됨을 전제로 이를 위 각 규정의 적용대상에서 제외하는 방식을 취하고 있고, 개정 도로교통법 제13조의2, 제15조의2 등 기존의 자전거의 통행방법 등에 관한 규정에 개인형 이동장치까지 포함하도록 정하고 있다. 이러한 점을 고려하면 전동킥보드와 같은 개인형 이동장치는 원동기장치자전거와는 다른 별개의 개념이 아니라 원동기장치자전거에 포함되고, 다만, 개정 도로교통법은 통행방법 등에 관하여 개인형 이동장치를 자전거에 준하여 규율하면서 입법기술상의 편의를 위해 이를 "자전거 등"으로 분류하였다고 보는 것이 타당하다.

♀solution 포함된다.

[제2문]

`판례` 개정 도로교통법이 개인형 이동장치에 관한 규정을 신설하면서 이를 '자전거 등'으로 분류하였다고 하여 이를 형법 제1조 제2항의 '범죄 후 법률이 변경되어 그 행위가 범죄를 구성하지 아니하게 된 경우'라고 볼 수는 없다(대법원 2023.6.29, 2022도13430).

♀solution 볼 수 없다.

● ● ○

051 보이스피싱 처벌과 형법 제1조 제2항

`판례` 구 전기통신금융사기 피해 방지 및 피해금 환급에 관한 특별법(2023.5.16. 법률 제19418호로 개정되어 2023.11.17. 시행되기 전의 것, 이하 위와 같이 개정되기 전의 것을 '구법'이라 하고, 개정된 것을 '신법'이라 한다)은 제2조 제2호에서 전기통신금융사기란 '전기통신을 이용하여 타인을 기망·공갈함으로써 재산상의 이익을 취하거나 제3자에게 재산상의 이익을 취하게 하는 행위로서, 자금을 송금·이체하도록 하는 행위[(가)목] 및 개인정보를 알아내어 자금을 송금·이체하는 행위[(나)목]를 말한다.'고 규정하면서, 제15조의2 제1항에서 '전기통신금융사기를 목적으로, 타인으로 하여금 컴퓨터 등 정보처리장치에 정보 또는 명령을 입력하게 하는 행위(제1호, 이하 '제1호 행위'라 한다)를 하거나, 취득한 타인의 정보를 이용하여 컴퓨터 등 정보처리장치에 정보 또는 명령을 입력하는 행위(제2호, 이하 '제2호 행위'라 한다)를 한 자'를 '10년 이하의 징역 또는 1억원 이하의 벌금'에 처하고, 같은 조 제2항은 그 미수범을 처벌하도록

규정하고 있었다. 이후 전기통신금융사기의 처벌 범위를 확대하고 그 법정형을 강화하기 위하여 2023. 5.16. 법률 제19418호로 개정된 신법은 제2조 제2호에서 전기통신금융사기란 '전기통신을 이용하여 타인을 기망 · 공갈함으로써 자금 또는 재산상의 이익을 취하거나 제3자에게 자금 또는 재산상의 이익을 취하게 하는 행위로서, 위 (가)목, (나)목의 행위 및 자금을 교부받거나 교부하도록 하는 행위[(다)목], 자금을 출금하거나 출금하도록 하는 행위[(라)목]를 말한다.'고 정하여 대면편취형 · 출금형 등의 전기통신금융사기를 전기통신금융사기의 정의 규정에 포함하는 한편, 제15조의2 제1항에서 '전기통신금융사기'를 행한 자는 '1년 이상의 유기징역 또는 범죄수익의 3배 이상 5배 이하에 상당하는 벌금에 처하거나 이를 병과'할 수 있고, 같은 조 제2항에서 그 미수범을 처벌하도록 하는 규정을 두면서 처벌 수준을 구법보다 상향하고, 부칙에서 신법 시행 전에 이루어진 구법 위반행위에 대하여는 구법을 그대로 적용할 것인지에 관하여 별도의 경과규정을 두고 있지 않다. …… 전기통신을 이용하여 타인을 기망 · 공갈함으로써 자금을 송금 · 이체하거나 하도록 하는 행위 유형의 전기통신금융사기[구법과 신법의 각 제2조 제2호 (가)목, (나)목]를 행하기 위한 구체적 수단 중에 '컴퓨터 등 정보처리장치에 정보 또는 명령을 입력하거나 하게 하는 것(제1, 2호 행위)'이 당연히 포함되는 점 등을 종합적으로 고려해 보면, 구법 제15조의2 제1, 2항이 형사처벌 대상으로 정한 제1, 2호 행위나 그 미수 범행은 신법 제15조의2 제1, 2항이 형사처벌 대상으로 정한 전기통신금융사기 행위나 그 미수 범행에 충분히 포함된다. 따라서 구법 제15조의2 제1항이 신법 제15조의2 제1항으로 개정됨에 따라 구법에서 정한 제1, 2호 행위가 범죄를 구성하지 아니하게 된다고 보아 제1, 2호 행위에 관한 형이 폐지되었다고 할 수 없다. 다만 제1, 2호 행위에 관한 형이 구법보다 무거워진 경우에 해당하므로 신법 시행 전의 행위는 형법 제1조 제1항에 따라 행위 시의 법률인 구법에 따라 범죄가 성립하고 형사처벌할 수 있다(형법 제1조 제2항이 적용되지 않으므로 면소판결을 해서는 안 됨, 대법원 2024.9.27, 2024도7516).

052 내국인의 국외에서의 무면허의료행위 사례 ・국가7급 21

> 내국인이 대한민국 영역 외에서 의료행위를 하는 경우, 구 의료법 제87조 제1항 제2호, 제27조 제1항의 무면허의료행위의 구성요건에 해당하는가?

(판례) 의료법상 의료제도는 대한민국 영역 내에서 이루어지는 의료행위를 규율하기 위하여 체계화된 것으로 이해된다. 그렇다면 구 의료법 제87조 제1항 제2호, 제27조 제1항이 대한민국 영역 외에서 의료행위를 하려는 사람에게까지 보건복지부장관의 면허를 받을 의무를 부과하고 나아가 이를 위반한 자를 처벌하는 규정이라고 보기는 어렵다. 따라서 내국인이 대한민국 영역 외에서 의료행위를 하는 경우에는 구 의료법 제87조 제1항 제2호, 제27조 제1항의 구성요건 해당성이 없다(대법원 2020.4.29, 2019도19130).

보충 속인주의가 적용될 수 없다는 점을 주의하여야 하는 판례이다.

┃solution 해당하지 않는다.

CHAPTER 02 범죄론

1 범죄론의 일반이론

제1절 범죄의 본질·성립조건·처벌조건·소추조건

●●○○
053 주한미군의 기지에서 발생한 군인 사이의 폭행의 반의사불벌죄 여부

> 주한미군기지에서 발생한 대한민국 군인등 사이의 폭행에는 반의사불벌에 관한 형법 제260조 제3항이 적용되는가?

(조문) 군형법 제60조의6(군인등에 대한 폭행죄, 협박죄의 특례) 군인등이 다음 각 호의 어느 하나에 해당하는 장소에서 군인등을 폭행 또는 협박한 경우에는 「형법」 제260조 제3항 및 제283조 제3항을 적용하지 아니한다.
1. 「군사기지 및 군사시설 보호법」 제2조 제1호의 군사기지
제260조(폭행, 존속폭행) ③ 제1항 및 제2항의 죄는 피해자의 명시한 의사에 반하여 공소를 제기할 수 없다.
(판례) 군인등이 대한민국의 국군이 군사작전을 수행하기 위한 근거지에서 군인등을 폭행했다면 그곳이 대한민국의 영토 내인지, 외국군의 군사기지인지 등과 관계없이 군형법 제60조의6 제1호에 따라 **형법 제260조 제3항이 적용되지 않는다**(대법원 2023.6.15, 2020도927).

⑨solution 적용되지 않는다.

●●●
054 스토킹범죄 처벌규정의 법익 보호의 정도

(판례) 스토킹행위를 전제로 하는 스토킹범죄는 행위자의 어떠한 행위를 매개로 이를 인식한 상대방에게 불안감 또는 공포심을 일으킴으로써 그의 자유로운 의사결정의 자유 및 생활형성의 자유와 평온이 침해되는 것을 막고 이를 보호법익으로 하는 **위험범**이라고 볼 수 있으므로, 구 스토킹범죄의 처벌 등에 관한 법률(2023. 7. 11. 법률 제19518호로 개정되기 전의 것, 이하 '구 스토킹처벌법'이라 한다) 제2조 제1호 각 목의 행위가 객관적·일반적으로 볼 때 이를 인식한 상대방으로 하여금 불안감 또는 공포심을 일으키기에 충분한 정도라고 평가될 수 있다면 현실적으로 상대방이 불안감 내지 공포심을 갖게 되었는지 여부와 관계없이 '스토킹행위'에 해당하고, 나아가 그와 같은 일련의 스토킹행위가 지속되거나 반복되면 '스토킹범죄'가 성립한다. 이때 구 스토킹처벌법 제2조 제1호 각 목의 행위가 객관적·일반적으로 볼 때 상대방으로 하여금 불안감 또는 공포심을 일으키기에 충분한 정도인지는 행위자와 상대방의 관계·지위·성향, 행

위에 이르게 된 경위, 행위 태양, 행위자와 상대방의 언동, 주변의 상황 등 행위 전후의 여러 사정을 종합하여 객관적으로 판단하여야 한다(대법원 2023.9.27, 2023도6411).

055 개인정보 보호법의 양벌규정상의 '법인'에 공공기관이 포함되는지 여부 ㆍ경찰2차 22

(판례) 구「개인정보 보호법」제71조 제2호는 같은 법 제18조 제1항을 위반하여 이용범위를 초과하여 개인정보를 이용한 개인정보처리자를 처벌하도록 규정하고 있고, 같은 법 제74조 제2항에서는 법인의 대표자나 법인 또는 개인의 대리인, 사용인, 그 밖의 종업원이 그 법인 또는 개인의 업무에 관하여 같은 법 제71조에 해당하는 위반행위를 하면 그 행위자를 벌하는 외에 그 법인 또는 개인에게도 해당 조문의 벌금형을 과하도록 하는 양벌규정을 두고 있다. 위 법 제71조 제2호, 제18조 제1항에서 벌칙규정의 적용대상자를 개인정보처리자로 한정하고 있기는 하나, 위 양벌규정은 벌칙규정의 적용대상인 개인정보처리자가 아니면서 그러한 업무를 실제로 처리하는 자가 있을 때 벌칙규정의 실효성을 확보하기 위하여 적용대상자를 해당 업무를 실제로 처리하는 행위자까지 확장하여 그 행위자나 개인정보처리자인 법인 또는 개인을 모두 처벌하려는 데 그 취지가 있으므로, 위 양벌규정에 의하여 개인정보처리자 아닌 행위자도 위 벌칙규정의 적용대상이 된다(대법원 1999.7.15, 95도2870 전원합의체; 2017.12.5, 2017도11564 등). 그러나, 구「개인정보 보호법」은 제2조 제5호, 제6호에서 공공기관 중 법인격이 없는 '중앙행정기관 및 그 소속 기관' 등을 개인정보처리자 중 하나로 규정하고 있으면서도, 양벌규정에 의하여 처벌되는 개인정보처리자로는 같은 법 제74조 제2항에서 '법인 또는 개인'만을 규정하고 있을 뿐이고, 법인격 없는 공공기관에 대하여도 위 양벌규정을 적용할 것인지 여부에 대하여는 명문의 규정을 두고 있지 않으므로, 죄형법정주의의 원칙상 '법인격 없는 공공기관'을 위 양벌규정에 의하여 처벌할 수 없고, 그 경우 행위자 역시 위 양벌규정으로 처벌할 수 없다고 봄이 타당하다(대법원 2021.10.28, 2020도1942).

056 양벌규정의 법인의 대표자와 법인

> [제1문] 양벌규정 중 '법인의 대표자' 관련 부분으로 법인을 처벌하기 위해서는 대표자의 책임을 요건으로 하는가?
> [제2문] 양벌규정 중 '법인의 대표자' 관련 부분으로 법인을 처벌하기 위해서는 대표자의 처벌이 전제조건이 되는가?

(판례) 정보통신망 이용촉진 및 정보보호 등에 관한 법률 제75조 및 영화 및 비디오물의 진흥에 관한 법률 제97조는 법인의 대표자 등이 그 법인의 업무에 관하여 각 법규위반행위를 하면 그 행위자를 벌하는 외에 그 법인에도 해당 조문의 벌금을 과하는 양벌규정을 두고 있다. 위와 같이 양벌규정을 따로 둔 취지는, 법인은 기관을 통하여 행위 하므로 법인의 대표자의 행위로 인한 법률효과와 이익은 법인에 귀속되어야 하고, 법인 대표자의 범죄행위에 대하여는 법인 자신이 책임을 져야 하는바, **법인 대표자의 법규위반행위에 대한 법인의 책임은 법인 자신의 법규위반행위로 평가될 수 있는 행위에 대한 법인의 직접책임**이기 때문이다. 따라서 대표자의 고의에 의한 위반행위에 대하여는 법인 자신의 고의에 의한 책임을, 대표자의 과실에 의한 위반행위에 대하여는 법인 자신의 과실에 의한 책임을 져야 한다. 이처럼 **양벌규정 중 법인의 대표자 관련 부분은 대표자의 책임을 요건으로 하여 법인을 처벌하는 것이지 그 대표자의 처벌까지 전제조건이 되는 것은 아니다**(대법원 2022.11.17, 2021도701).

⸙solution [제1문] 대표자의 책임을 요건으로 한다.
　　　　　[제2문] 대표자의 처벌이 전제조건이 되는 것은 아니다.

057 양벌규정의 적용범위

(판례) 구 부정경쟁방지 및 영업비밀보호에 관한 법률(2019.1.8. 법률 제16204호로 개정되기 전의 것) 제19조는 '법인의 대표자나 법인 또는 개인의 대리인, 사용인, 그 밖의 종업원(이하 '사용인 등'이라 한다)이 그 법인 또는 개인의 업무에 관하여 제18조 제1항부터 제4항까지의 어느 하나에 해당하는 위반행위를 하면 그 행위자를 벌하는 외에 그 법인 또는 개인에게도 해당 조문의 벌금형을 과한다.'고 규정한다. 이에 따르면 위 양벌규정은 사용인 등이 영업비밀의 취득 및 부정사용에 해당하는 제18조 제1항부터 제4항까지의 위반행위를 한 경우에 적용될 뿐이고, 사용인 등이 영업비밀의 부정사용에 대한 미수범을 처벌하는 제18조의2에 해당하는 위반행위를 한 경우에는 위 양벌규정이 적용될 수 없다(대법원 2023.12.14, 2023도3509).

2 구성요건론

제1절 구성요건이론

058 '인간에 대한 폭력과 살인 거부'라는 윤리적 · 도덕적 · 철학적 신념 등을 이유로 예비군훈련과 병력동원훈련소집에 따른 입영을 거부하였다는 이유로 예비군법위반죄 등으로 기소된 사건

(판례) 병역법 제88조 제1항에서 정한 '정당한 사유'가 있는지를 판단할 때에는 병역법의 목적과 기능, 병역의무의 이행이 헌법을 비롯한 전체 법질서에서 가지는 위치, 사회적 현실과 시대적 상황의 변화 등은 물론 피고인이 처한 구체적이고 개별적인 사정도 고려해야 한다. 양심에 따른 병역거부, 이른바 양심적 병역거부는 종교적 · 윤리적 · 도덕적 · 철학적 또는 이와 유사한 동기에서 형성된 양심상 결정을 이유로 집총이나 군사훈련을 수반하는 병역의무의 이행을 거부하는 행위를 말한다. 양심적 병역거부자에게 병역의무의 이행을 일률적으로 강제하고 그 불이행에 대하여 형사처벌 등 제재를 하는 것은 양심의 자유를 비롯한 헌법상 기본권 보장체계와 전체 법질서에 비추어 타당하지 않을 뿐만 아니라 소수자에 대한 관용과 포용이라는 자유민주주의 정신에도 위배된다. 따라서 진정한 양심에 따른 병역거부라면, 이는 병역법 제88조 제1항의 '정당한 사유'에 해당한다고 보아야 한다. 이때 진정한 양심이란 그 신념이 깊고, 확고하며, 진실한 것을 말한다. 인간의 내면에 있는 양심을 직접 객관적으로 증명할 수는 없으므로 사물의 성질상 양심과 관련성이 있는 간접사실 또는 정황사실을 증명하는 방법으로 진정한 양심에 따른 병역거부인지 여부를 판단할 수 있다(대법원 2018.11.1, 2016도10912 전원합의체). 한편 구 「향토예비군 설치법」(2016.5.29. 법률 제14184호 예비군법으로 개정되어 2016.11.30. 시행되기 전의 것, 이하 '구 「향토예비군 설치법」') 내지 예비군법 제15조 제9항 제1호와 구 병역법(2019.12.31. 법률 제16852호로 개정되기 전의 것, 이하 '구 병역법') 제90조 제1항(이하 '이 사건 각 조항')은 병역법 제88조 제1항과 마찬가지로 국민의 국방의 의무를 구체화하기 위하여 마련된 것이고, 예비군훈련과 병력동원훈련소집에 따른 입영도 집총이나 군사훈련을 수반하는 병역의무의 이행이라는 점에서 병역법 제88조 제1항에서 정한 '정당한 사유'에 관한 위 전원합의체 판결의 법리에 따라 이 사건 각 조항에서 정한 '정당한 사유'를 해석함이 타당하다. 따라서 진정한 양심에 따른 예비군훈련과 병력동원훈련소집에 따른 입영을 거부한 경우 이 사건 각 조항에서 정한 '정당한 사유'에 해당한다고 보아야 한다(대법원 2021.1.28, 2018도8716; 2021.2.4, 2016도10532 등). 정당한 사유가 없다는 사실은 범죄구성요건이므로 검사가 증명하여야 한다. 다만 진정한 양심의 부존재를 증명한다는 것

은 마치 특정되지 않은 기간과 공간에서 구체화되지 않은 사실의 부존재를 증명하는 것과 유사하다. 위와 같은 불명확한 사실의 부존재를 증명하는 것은 사회통념상 불가능한 반면 그 존재를 주장 · 증명하는 것이 좀 더 쉬우므로, 이러한 사정은 검사가 증명책임을 다하였는지를 판단할 때 고려하여야 한다. 따라서 양심상의 이유로 예비군훈련과 병력동원훈련소집에 따른 입영을 거부하는 것이라고 주장하는 피고인은 자신의 예비군훈련거부와 병력동원훈련소집에 따른 입영거부가 그에 따라 행동하지 않고서는 인격적 존재가치가 파멸되고 말 것이라는 절박하고 구체적인 양심에 따른 것이며 그 양심이 깊고 확고하며 진실한 것이라는 사실의 존재를 수긍할 만한 소명자료를 제시하고, 검사는 제시된 자료의 신빙성을 탄핵하는 방법으로 진정한 양심의 부존재를 증명할 수 있다. 이때 예비군훈련과 병력동원훈련소집에 따른 입영을 거부하는 자가 제시하여야 할 소명자료는 적어도 검사가 그에 기초하여 정당한 사유가 없다는 것을 증명하는 것이 가능할 정도로 구체성을 갖추어야 한다(대법원 2018.11.1, 2016도10912 전원합의체; 2021.2.25, 2019도18442).

> **보충** 종교적 신념이 아닌 '인간에 대한 폭력과 살인 거부'라는 윤리적 · 도덕적 · 철학적 신념 등을 이유로 예비군훈련과 병력동원훈련소집에 따른 입영을 거부한 피고인에 대하여, 피고인이 이른바 '양심적 예비군훈련거부'에서 말하는 '진정한 양심'에 따라 예비군훈련과 병력동원소집에 따른 입영을 거부한 사실이 충분히 소명되었고, 검사가 제출한 증거만으로는 피고인의 진정한 양심의 부존재에 대한 증명이 부족하다고 보아 구「향토예비군 설치법」내지 예비군법 제15조 제9항 제1호, 구 병역법 제90조 제1항에서 정한 '정당한 사유'에 해당한다고 인정한 원심의 판단을 수긍한 사례이다.

● ● ●
059 여호와의 증인 신도가 종교적 신념을 이유로 사회복무요원의 복무를 이탈한 사건
[참고판례]

[판례] 구 병역법 제89조의2 제1호는 "사회복무요원 또는 예술 · 체육요원으로서 정당한 사유 없이 통틀어 8일 이상 복무를 이탈하거나 해당 분야에 복무하지 아니한 사람은 3년 이하의 징역에 처한다."라고 규정한다. …… 진정한 양심에 따른 병역거부라면, 이는 병역법 제88조 제1항의 '정당한 사유'에 해당한다(대법원 2018.11.1, 2016도10912 전원합의체). 이러한 법리는 이 사건 조항에서 정한 '정당한 사유'가 있는지를 판단할 때에도 적용될 수 있다. …… 국가기관 등의 공익목적 수행에 필요한 사회복지, 보건 · 의료, 교육 · 문화, 환경 · 안전 등의 사회서비스업무 및 행정업무 등의 지원을 하는 사회복무요원으로 하여금 집총이나 군사훈련을 수반하지 않는 복무의 이행을 강제하더라도 그것이 양심의 자유에 대한 과도한 제한이 되거나 본질적 내용에 대한 위협이 된다고 볼 수 없으므로, 종교적 신념 등 양심의 자유를 이유로 사회복무요원의 복무를 거부하는 경우 특별한 사정이 없는 한 이 사건 조항이 정한 '정당한 사유'에 해당하지 않는다(대법원 2023.3.16, 2020도15554).

제2절 결과반가치와 행위반가치

제3절 인과관계와 객관적 귀속

제4절 고 의

● ○ ○

060 위약금 조항에 따른 손해배상채권과의 상계처리로 임금을 지급하지 않은 데에 상당한 이유가 있다고 보기 어려워 근로기준법 위반의 고의를 인정한 사례

(판례) 임금 등 지급의무의 존부와 범위에 관하여 다툴 만한 근거가 있다면 사용자가 그 임금 등을 지급하지 않은 데에 상당한 이유가 있다고 보아야 하므로, 사용자에게 근로기준법 제109조 제1항, 제36조 위반의 고의가 있었다고 보기 어렵다. …… 근로기준법 제20조는 "사용자는 근로계약 불이행에 대한 위약금 또는 손해배상액을 예정하는 계약을 체결하지 못한다."라고 규정하고 있으므로, 이에 반하여 약정한 근무기간 이전에 퇴직할 경우 사용자에게 어떤 손해가 어느 정도 발생하였는지를 묻지 않고 곧바로 소정의 금액을 사용자에게 지급하기로 하는 약정의 효력을 인정할 수 없다. 그리고 근로자에 대한 임금은 직접 근로자에게 전액을 지급하여야 하므로 초과지급된 임금의 반환채권을 제외하고는 사용자가 근로자에 대하여 가지는 대출금이나 불법행위를 원인으로 한 채권으로써 근로자의 임금채권과 상계를 하지 못한다(대법원 1995.12.21, 94다26721 전원합의체; 2017.7.11, 2017도4343 등). …… 국어학원을 운영하는 원장인 피고인이 강사들의 급여에 관한 사업소득세 원천징수, 4대 보험 미가입, 자율권 부여 등을 들어 개인사업자로 인식하였다고 주장하며 근로자성을 인식하지 못하였고, 위약금 조항에 기하여 퇴직 전 마지막 달 급여를 상계처리하였다고 주장하는 이 사건에서, 피고인이 강사들을 근로기준법의 적용을 받는 근로자로 인식하지 않은 데에 정당한 이유가 있다고 보기 어렵고, 위약금 약정의 효력을 인정할 수 없고 사용자의 상계처리도 원칙적으로 허용되지 않으므로, 위약금 조항에 근거하여 임금을 지급하지 않은 데에 정당한 이유가 있다고 보기 어렵다. 따라서 피고인에게 근로기준법 위반의 고의가 있었다고 단정하기 어렵다는 이유로 공소사실을 무죄로 판단한 원심을 파기한다(대법원 2022.5.26, 2022도2188).

● ● ○

061 아동학대살해죄의 살인의 고의의 인정 기준과 살인죄의 고의의 인정 기준

> [제1문] 아동학대살해죄에서 살해의 범의의 인정 기준은 살인죄에서의 범의의 인정 기준과 같은가?
>
> [제2문] 피해아동 乙의 계모 甲은 乙을 지속적으로 학대하여 乙의 건강상태가 급격히 악화되었는데도, 3일에 걸쳐 피해아동을 폭행하고 결박하여 움직이지 못하게 한 후, 아무런 조치 없이 방치하여 乙을 사망에 이르게 하였다. 甲에게는 아동학대처벌법상 아동학대살해죄의 살인의 고의가 인정되는가?

(조문) 아동학대범죄의 처벌 등에 관한 특례법 제4조(아동학대살해 · 치사) ① 제2조 제4호 가목부터 다목까지의 아동학대범죄를 범한 사람이 아동을 살해한 때에는 사형, 무기 또는 7년 이상의 징역에 처한다.

[제1문]

(판례) 아동학대처벌법 제4조 제1항은 보호자(친권자, 후견인, 아동을 보호 · 양육 · 교육하거나 그러한 의무가 있는 자 또는 업무 · 고용 등의 관계로 사실상 아동을 보호 · 감독하는 자)에 의한 아동학대로서 형법 제257조 제1항(상해), 제260조 제1항(폭행), 제271조 제1항(유기), 제276조 제1항(체포, 감금) 등 일정한 아동학대범죄를 범한 사람이 아동을 살해한 때에는 사형, 무기 또는 7년 이상의 징역에 처하도록 규정하고 있다. 아동학대살해죄에서 살해의 범의의 인정 기준은 살인죄에서의 범의의 인정 기준과 같다고 보아야

한다. 아동학대살해의 범의는 반드시 살해의 목적이나 계획적인 살해의 의도가 있어야 인정되는 것은 아니고, 자기의 행위로 인하여 아동에게 사망이라는 결과가 발생할 가능성 또는 위험이 있음을 인식하거나 예견하면 족한 것이며, 그 인식이나 예견은 확정적인 것은 물론 불확정적인 것이라도 이른바 미필적 고의로서 살해의 범의가 인정된다(대법원 2024.7.11, 2024도2940).

♀solution 같다.

[제2문]
판례 피해아동은 이미 건강상태가 불량하게 변경되어 면역력, 회복력 등 생활기능의 장애가 심각한 수준에 이르렀으므로, 이에 피고인의 지속적이고 중한 학대행위가 다시 가해질 경우 피해아동에게 치명적인 결과가 발생할 가능성 내지 위험이 있음을 충분히 인식하거나 예견할 수 있었을 것으로 평가되는데도, 피고인은 이를 무시한 채 3일에 걸쳐 피해아동이 사망할 때까지 심한 구타와 결박을 반복하는 등 중한 학대행위를 계속하여 감행하고, 신속히 치료와 구호를 받아야 할 상황에 있던 피해아동을 아무런 조치 없이 방치하였으므로, 피고인에게 적어도 아동학대살해죄의 미필적 고의는 있었다고 볼 여지가 크다(대법원 2024.7.11, 2024도2940).

♀solution 인정된다.

062 미필적 고의 인정의 요건

> 고의의 일종인 미필적 고의는 중대한 과실과는 달리 범죄사실의 발생 가능성에 대한 인식이 있고 나아가 범죄사실이 발생할 위험을 용인하는 내심의 의사가 있어야 한다. 그렇다면 범죄 사실의 발생 가능성에 대한 인식 자체가 없는 경우 미필적 고의가 인정될 수 있는가?

판례 공직선거법 제250조 제1항에서 정한 허위사실공표죄에서는 행위자의 고의의 내용으로서 공표된 사실이 허위라는 점의 인식이 필요한데, 이러한 주관적 인식의 유무는 그 성질상 외부에서 이를 알거나 증명하기 어려운 이상 공표 사실의 내용과 구체성, 소명자료의 존재 및 내용, 피고인이 밝히는 사실의 출처 및 인지 경위 등을 토대로 피고인의 학력, 경력, 사회적 지위, 공표 경위, 시점 및 그로 말미암아 객관적으로 예상되는 파급효과 등 제반 사정을 모두 종합하여 규범적으로 이를 판단할 수밖에 없으며, 허위사실공표죄는 미필적 고의에 의하여도 성립된다(대법원 2015.5.29, 2015도1022). 고의의 일종인 미필적 고의는 중대한 과실과는 달리 범죄사실의 발생 가능성에 대한 인식이 있고 나아가 범죄사실이 발생할 위험을 용인하는 내심의 의사가 있어야 하므로(대법원 2004.5.14, 2004도74; 2024.4.4, 2021도15080), 범죄사실의 발생 가능성에 대한 인식 자체가 없다면 미필적 고의가 인정될 수 없다(대법원 2024.9.12, 2024도4824).

♀solution 인정될 수 없다.

3 위법성론

제1절 위법성의 일반이론

제2절 정당방위

●●●
063 정당방위의 침해의 현재성 판단 기준이 문제된 사건

> [제1문] 형법 제21조 제1항에 규정된 정당방위의 '침해의 현재성'이 침해행위가 형식적으로
> 기수에 이르렀는지에 따라 결정되는 것인가?
> [제2문] 포장부에서 근속한 甲을 비롯한 다수의 근로자들을 영업부로 전환배치하는 회사의 조
> 치에 따라 노사갈등이 격화되어 있던 중 사용자가 사무실에 출근하여 항의하는 근로자
> 중 1명의 어깨를 손으로 미는 과정에서 뒤엉켜 넘어져 근로자를 깔고 앉게 되었는데,
> 甲은 근로자를 깔고 있는 사용자의 어깨 쪽 옷을 잡고 사용자가 일으켜 세워진 이후에
> 도 그 옷을 잡고 흔들었다. 甲의 행위는 정당방위에 해당할 수 있는가?

[제1문]

(판례) 형법 제21조 제1항은 "현재의 부당한 침해로부터 자기 또는 타인의 법익을 방위하기 위하여 한 행위는 상당한 이유가 있는 경우에는 벌하지 아니한다"고 규정하여 정당방위를 위법성조각사유로 인정하고 있다. 이때 '침해의 현재성'이란 침해행위가 형식적으로 기수에 이르렀는지에 따라 결정되는 것이 아니라 자기 또는 타인의 법익에 대한 침해상황이 종료되기 전까지를 의미하는 것이므로 일련의 연속되는 행위로 인해 침해상황이 중단되지 아니하거나 일시 중단되더라도 추가 침해가 곧바로 발생할 객관적인 사유가 있는 경우에는 그중 일부 행위가 범죄의 기수에 이르렀더라도 전체적으로 침해상황이 종료되지 않은 것으로 볼 수 있다(대법원 2023.4.27, 2020도6874).

♀solution 형식적으로 기수에 이르렀는지에 따라 결정되는 것이 아니다.

[제2문]

(판례) 정당방위의 성립요건으로서의 방어행위에는 순수한 수비적 방어뿐 아니라 적극적 반격을 포함하는 반격방어의 형태도 포함된다. …… 사용자가 이미 넘어진 후 피고인이 사용자의 옷을 잡았고 자리에서 일어난 이후에도 사용자의 어깨를 흔들었으므로 가해행위가 이미 종료되었다고 볼 여지도 없는 것은 아니다. 그러나 당시 사용자는 근로자들과 장기간 노사갈등으로 마찰이 격화된 상태에서 사무실 밖으로 나가기 위하여 좁은 공간에서 다수의 근로자들을 헤치거나 피하면서 앞 쪽으로 움직이던 중 출입구 직전에서 공소외 2와 엉켜 넘어졌으므로 근로자들 중 일부인 공소외 1에 대한 가해행위만을 두고 침해상황의 종료를 판단하는 데에는 한계가 있다. 정당방위에서 방위행위의 상당성은 침해행위에 의해 침해되는 법익의 종류와 정도, 침해의 방법, 침해행위의 완급, 방위행위에 의해 침해될 법익의 종류와 정도 등 일체의 구체적 사정을 참작하여 종합적으로 판단하여야 한다. 피고인은 좁은 공간으로 사람들이 몰려드는 어수선한 상황에서 바닥에 깔려 있는 공소외 2를 구하기 위해 사용자를 일으켜 세울 필요가 있어 '내 몸에 손대지 마'라고 소리를 지르며 신체 접촉에 강하게 거부감을 보이는 사용자를 직접 일으켜 세우는 대신

손이 닿는 대로 어깨 쪽 옷을 잡아 올림으로써 무게를 덜고 사용자가 일어서도록 한 것으로 볼 여지가 있다(대법원 2023.4.27, 2020도6874).

┃solution 정당방위에 해당할 수 있다.

064 과잉방위 해당 여부가 문제된 사건
• 경찰2차 22

> 피고인이 피해자와 싸움 중 피해자를 가격하여 중상해를 입힌 행위는 과잉방위에 해당하는가?

[판례] 가해자의 행위가 피해자의 부당한 공격을 방위하기 위한 것이라기보다는 서로 공격할 의사로 싸우다가 먼저 공격을 받고 이에 대항하여 가해를 한 경우 가해행위는 방어행위인 동시에 공격행위의 성격을 가지므로 **과잉방위행위라고 볼 수 없다**(대법원 2000.3.28, 2000도228 등; 2021.6.10, 2021도4278).

[보충] 피고인이 피해자와 싸움 중 피해자를 가격하여 피해자에게 언어장애 및 우측 반신마비 등의 중상해를 입힌 사안에서, 피고인의 행위가 과잉방위에 해당한다는 주장을 배척하고 중상해 공소사실을 유죄로 판단한 원심을 수긍한 사례이다.

┃solution 해당하지 않는다.

제3절 긴급피난

제4절 자구행위

제5절 피해자의 승낙

제6절 정당행위

[1] 정당행위를 인정한 판례

065 쟁의행위의 목적을 알리는 등 적법한 쟁의행위에 통상 수반되는 부수적 행위 사례

> [판례] 근로자의 쟁의행위가 형법상 정당행위에 해당하려면, ① 주체가 단체교섭의 주체로 될 수 있는 자이어야 하고, ② 목적이 근로조건의 향상을 위한 노사 간의 자치적 교섭을 조성하는 데에 있어야 하며, ③ 사용자가

근로자의 근로조건 개선에 관한 구체적인 요구에 대하여 단체교섭을 거부하였을 때 개시하되 특별한 사정이 없는 한 조합원의 찬성결정 등 법령이 규정한 절차를 거쳐야 하고, ④ 수단과 방법이 사용자의 재산권과 조화를 이루어야 함은 물론 폭력의 행사에 해당되지 아니하여야 한다는 조건을 모두 구비하여야 한다. 이러한 기준은 쟁의행위의 목적을 알리는 등 적법한 쟁의행위에 통상 수반되는 부수적 행위가 형법상 정당행위에 해당하는지 여부를 판단할 때에도 동일하게 적용된다(대법원 2022.10.27, 2019도10516).

●●○

066 사내하청업체 소속 근로자들이 사용자인 하청업체를 상대로 한 쟁의행위의 일환으로 원청업체 사업장에서 집회·시위를 하고, 대체 투입된 근로자의 업무를 방해한 사건

• 경찰1차 21, 법원9급 21

> [제1문] 근로자의 쟁의행위가 사용자가 아닌 제3자의 법익을 침해한 경우에는 원칙적으로 정당행위에 해당하는가?
>
> [제2문] 수급인 소속 근로자의 쟁의행위가 도급인의 사업장에서 일어나 도급인의 형법상 보호되는 법익을 침해한 경우, 사용자인 수급인에 대한 관계에서 쟁의행위의 정당성을 갖추었다면 도급인에 대한 관계에서도 법령에 의한 정당한 행위에 해당하는가?
>
> [제3문] 수급인 소속 근로자들이 사용자인 수급인을 상대로 한 쟁의행위의 일환으로 도급인 사업장에서 한 집회·시위 등도 일정한 경우에 형법 제20조의 '사회상규에 위배되지 아니하는 행위'로서 위법성이 조각되는가?
>
> [제4문] 위법한 대체근로에 대한 대항행위는 정당행위에 해당하는가?

[제1문·제2문·제3문·제4문]

(판례) 단체행동권은 헌법 제33조 제1항에서 보장하는 기본권으로서 최대한 보장되어야 하지만 헌법 제37조 제2항에 의하여 국가안전보장, 질서유지 또는 공공복리 등의 공익상의 이유로 제한될 수 있고 그 권리의 행사가 정당한 것이어야 한다는 내재적인 한계가 있다(대법원 2011.3.17, 2007도482 전원합의체). 쟁의행위가 정당행위로 위법성이 조각되는 것은 사용자에 대한 관계에서 인정되는 것이므로, 제3자의 법익을 침해한 경우에는 원칙적으로 정당성이 인정되지 않는다(이상 제1문). 그런데 도급인은 원칙적으로 수급인 소속 근로자의 사용자가 아니므로, 수급인 소속 근로자의 쟁의행위가 도급인의 사업장에서 일어나 도급인의 형법상 보호되는 법익을 침해한 경우에는 사용자인 수급인에 대한 관계에서 쟁의행위의 정당성을 갖추었다는 사정만으로 사용자가 아닌 도급인에 대한 관계에서까지 법령에 의한 정당한 행위로서 법익 침해의 위법성이 조각된다고 볼 수는 없다(이상 제2문). 그러나 수급인 소속 근로자들이 집결하여 함께 근로를 제공하는 장소로서 도급인의 사업장은 수급인 소속 근로자들의 삶의 터전이 되는 곳이고, 쟁의행위의 주요 수단 중 하나인 파업이나 태업은 도급인의 사업장에서 이루어질 수밖에 없다. 또한 도급인은 비록 수급인 소속 근로자와 직접적인 근로계약관계를 맺고 있지는 않지만, 수급인 소속 근로자가 제공하는 근로에 의하여 일정한 이익을 누리고, 그러한 이익을 향수하기 위하여 수급인 소속 근로자에게 사업장을 근로의 장소로 제공하였으므로 그 사업장에서 발생하는 쟁의행위로 인하여 일정 부분 법익이 침해되더라도 사회통념상 이를 용인하여야 하는 경우가 있을 수 있다. 따라서 사용자인 수급인에 대한 정당성을 갖춘 쟁의행위가 도급인의 사업장에서 이루어져 형법상 보호되는 도급인의 법익을 침해한 경우, 그것이 항상 위법하다고 볼 것은 아니고, 법질서 전체의 정신이나 그 배후에 놓여 있는 사회윤리 내지 사회통념에 비추어 용인될 수 있는 행위에 해당하는 경우에는 형법 제20조의 '사회상규에 위배되지 아니하는 행위'로서 위법성이 조각된다(이상 제3문). 이러한 경우에 해당하는지 여부는 쟁의행위의 목적과 경위, 쟁의행위의 방식·기간과 행위 태양, 해당 사업장에서 수행되는 업무의 성격과 사업장의 규모, 쟁의행위에 참여하는 근로자의 수와 이들이 쟁의행위를 행한 장소 또는 시설의 규모·특성과 종래 이용관계, 쟁의행위로 인해 도급인의 시설

관리나 업무수행이 제한되는 정도, 도급인 사업장 내에서의 노동조합 활동 관행 등 여러 사정을 종합적으로 고려하여 판단하여야 한다. …… 사용자는 쟁의행위 기간 중 그 쟁의행위로 중단된 업무의 수행을 위하여 당해 사업과 관계없는 자를 채용 또는 대체할 수 없다(노동조합 및 노동관계조정법 제43조 제1항). 사용자가 당해 사업과 관계없는 자를 쟁의행위로 중단된 업무의 수행을 위하여 채용 또는 대체하는 경우, 쟁의행위에 참가한 근로자들이 위법한 대체근로를 저지하기 위하여 상당한 정도의 실력을 행사하는 것은 쟁의행위가 실효를 거둘 수 있도록 하기 위하여 마련된 위 규정의 취지에 비추어 정당행위로서 위법성이 조각된다(이상 제4문)(대법원 1992.7.14, 91다43800 등). 위법한 대체근로를 저지하기 위한 실력 행사가 사회통념에 비추어 용인될 수 있는 행위로서 정당행위에 해당하는지는 그 경위, 목적, 수단과 방법, 그로 인한 결과 등을 종합적으로 고려하여 구체적인 사정 아래서 합목적적·합리적으로 고찰하여 개별적으로 판단하여야 한다(대법원 2020.9.3, 2015도1927).

♀solution [제1문] 원칙적으로 정당행위에 해당하지 않는다.
[제2문] 법령에 의한 정당한 행위에 해당하지 않는다.
[제3문] 일정한 경우 사회상규에 위배되지 않는 행위로서 위법성이 조각된다.
[제4문] 정당행위에 해당한다.

● ● ● ○
067 감정평가업자가 아닌 피고인들이 법원 행정재판부로부터 수용 대상 토지상에 재배되고 있는 산양삼의 손실보상액 평가를 의뢰받고 감정서를 작성하여 제출한 사건 ・경찰간부 22

> 법원의 감정인 지정결정 또는 감정촉탁을 받아 감정평가업자가 아닌 사람이 토지 등에 대한 감정평가를 한 행위는 형법 제20조의 정당행위에 해당하는가?

〔판례〕 구「부동산 가격공시 및 감정평가에 관한 법률」(2016.1.19. 법률 제13796호로 개정되기 전의 것, 이하 '구 부동산공시법'이라고 한다) 제2조 제7호 내지 제9호, 제43조 제2호는 감정평가란 토지 등의 경제적 가치를 판정하여 그 결과를 가액으로 표시하는 것을 말하고, 감정평가업자란 제27조에 따라 신고를 한 감정평가사와 제28조에 따라 인가를 받은 감정평가법인을 말한다고 정의하면서, 감정평가업자가 아닌 자가 타인의 의뢰에 의하여 일정한 보수를 받고 감정평가를 업으로 행하는 것을 처벌하도록 규정하고 있다. 이와 같이 감정평가사 자격을 갖춘 사람만이 감정평가업을 독점적으로 영위할 수 있도록 한 취지는 감정평가업무의 전문성, 공정성, 신뢰성을 확보해서 재산과 권리의 적정한 가격형성을 보장하여 국민의 권익을 보호하기 위한 것이다(구 부동산공시법 제1조 참조). 한편, 소송의 증거방법 중 하나인 감정은 법관의 지식과 경험을 보충하기 위하여 특별한 학식과 경험을 가진 제3자에게 그 전문적 지식이나 이를 구체적 사실에 적용하여 얻은 판단을 법원에 보고하게 하는 것으로, 감정신청의 채택 여부를 결정하고 감정인을 지정하거나 단체 등에 감정촉탁을 하는 권한은 법원에 있고(민사소송법 제335조, 제341조 제1항 참조), 행정소송사건의 심리절차에서 토지보상법상 토지 등의 손실보상액에 관하여 감정을 명할 경우 그 감정인으로 반드시 감정평가사나 감정평가법인을 지정하여야 하는 것은 아니다(대법원 2002.6.14, 2000두3450 등). 법원은 소송에서 쟁점이 된 사항에 관한 전문성과 필요성에 대한 판단에 따라 감정인을 지정하거나 감정촉탁을 하는 것이고, 감정결과에 대하여 당사자에게 의견을 진술할 기회를 준 후 이를 종합하여 그 결과를 받아들일지 여부를 판단하므로, 감정인이나 감정촉탁을 받은 사람의 자격을 감정평가사로 제한하지 않더라도 이러한 절차를 통하여 감정의 전문성, 공정성 및 신뢰성을 확보하고 국민의 재산권을 보호할 수 있기 때문이다. 그렇다면 민사소송법 제335조에 따른 법원의 감정인 지정결정 또는 같은 법 제341조 제1항에 따른 법원의 감정촉탁을 받은 경우에는 감정평가업자가 아닌 사람이더라도 그 감정사항에 포함된

토지 등의 감정평가를 할 수 있고, 이러한 행위는 법령에 근거한 법원의 적법한 결정이나 촉탁에 따른 것으로 형법 제20조의 정당행위에 해당하여 위법성이 조각된다고 보아야 한다(대법원 2021.10.14, 2017도10634).

♀solution 해당한다.

068 위법한 아파트 입주자대표회의 소집 공고문을 입주자대표회의 회장이 제거한 사건
· 법원9급 22

(판례) 형법 제20조에 정하여진 '사회상규에 위배되지 아니하는 행위'라 함은, 법질서 전체의 정신이나 그 배후에 놓여 있는 사회윤리 내지 사회통념에 비추어 용인될 수 있는 행위를 말하므로, 어떤 행위가 그 행위의 동기나 목적의 정당성, 행위의 수단이나 방법의 상당성, 보호이익과 침해이익의 법익 균형성, 긴급성, 그 행위 이외의 다른 수단이나 방법이 없다는 보충성 등의 요건을 갖춘 경우에는 정당행위에 해당한다 할 것이다(대법원 1986.10.28, 86도1764; 2014.1.16, 2013도6761 등). 한편, 어떠한 행위가 범죄구성요건에 해당하지만 정당행위라는 이유로 위법성이 조각된다는 것은 그 행위가 적극적으로 용인, 권장된다는 의미가 아니라 단지 특정한 상황하에서 그 행위가 범죄행위로서 처벌대상이 될 정도의 위법성을 갖추지 못하였다는 것을 의미한다. 입주자대표회의 회장인 피고인이 정당한 소집권자인 회장의 동의나 승인 없이 위법하게 게시된 이 사건 공고문을 발견하고 이를 제거하는 방법으로 손괴한 조치는, 그에 선행하는 위법한 공고문 작성 및 게시에 따른 위법상태의 구체적 실현이 임박한 상황 하에 그 행위의 효과가 귀속되는 주체의 적법한 대표자 자격에서 그 위법성을 바로잡기 위한 조치의 일환으로 사회통념상 허용되는 범위를 크게 넘어서지 않는 행위라고 볼 수 있다. 나아가 이는 공동주택의 관리 또는 사용에 관하여 입주자 및 사용자의 보호와 그 주거생활의 질서유지를 위하여 구성된 입주자대표회의의 대표자로서 공동주택의 질서유지 및 입주자 등에 대한 피해방지를 위하여 필요한 합리적인 범위 내에서 사회통념상 용인될 수 있는 피해를 발생시킨 경우에 지나지 아니한다고도 볼 수 있다(대법원 2021.12.30, 2021도9680).

(보충) 이 사건 아파트의 입주자대표회의는 회장이 소집하도록 규정되어 있고, 이 사건 공고문이 계속 게시될 경우 적법한 소집권자가 작성한 진정한 공고문으로 오인될 가능성이 매우 높고, 게시판의 관리주체인 관리소장이 이 사건 공고문을 게시하였다고 하더라도 그러한 소집절차의 하자가 치유되지 아니하며, 다음날이 공고문에서 정한 입주자대표회의가 개최되는 당일이어서 시기적으로 달리 적절한 방안을 찾기 어려웠던 점 등을 고려할 때 정당행위의 성립이 인정된다는 이유로 원심판결을 파기한 사례이다.

069 한의사가 초음파 진단기기를 사용하여 한 한의학적 진단행위의 무면허의료행위 여부

(판례) 한의사가 의료공학 및 그 근간이 되는 과학기술의 발전에 따라 개발·제작된 진단용 의료기기를 사용하는 것이 한의사의 '면허된 것 이외의 의료행위'에 해당하는지는 관련 법령에 한의사의 해당 의료기기 사용을 금지하는 규정이 있는지, 해당 진단용 의료기기의 특성과 그 사용에 필요한 기본적·전문적 지식과 기술 수준에 비추어 한의사가 진단의 보조수단으로 사용하게 되면 의료행위에 통상적으로 수반되는 수준을 넘어서는 보건위생상 위해가 생길 우려가 있는지, 전체 의료행위의 경위·목적·태양에 비추어 한의사가 그 진단용 의료기기를 사용하는 것이 한의학적 의료행위의 원리에 입각하여 이를 적용 내지 응용하는 행위와 무관한 것임이 명백한지 등을 종합적으로 고려하여 사회통념에 따라 합리적으로 판단하여야 한다(이 전원합의체 판례가 제시한 새로운 판단기준). 이는 대법원 2014.2.13, 2010도10352 판결의 '종전 판단 기준'과 달리, 한방의료행위의 의미가 수범자인 한의사의 입장에서 명확하고 엄격하게 해석되어야 한다는 죄형법정주의 관점에서, 진단용 의료기기가 한의학적 의료행위 원리와 관련 없음이 명백한 경우가 아닌 한 형사처벌 대상에서 제외됨을 의미한다. …… 한의사가 진단용 의료기기를 사용하는 것이 한의사의

'면허된 것 이외의 의료행위'에 해당하는지에 관한 새로운 판단 기준에 따르면, 한의사가 초음파 진단기기를 사용하여 환자의 신체 내부를 촬영하여 화면에 나타난 모습을 보고 이를 한의학적 진단의 보조수단으로 사용하는 것은 한의사의 '면허된 것 이외의 의료행위'에 해당하지 않는다고 보는 것이 타당하다(대법원 2022.12.22, 2016도21314 전원합의체).

●●● 070 형법 제20조에서 정한 '사회상규에 위배되지 아니하는 행위'의 판단기준

• 경찰1차 24, 법원9급 24

[제1문] 형법 제20조는 '사회상규에 위배되지 아니하는 행위'를 정당행위로서 위법성이 조각되는 사유로 규정하고 있다. 위 규정에 따라 사회상규에 의한 정당행위를 인정하려면, 첫째 그 행위의 동기나 목적의 정당성, 둘째 행위의 수단이나 방법의 상당성, 셋째 보호이익과 침해이익과의 법익균형성, 넷째 긴급성, 다섯째로 그 행위 외에 다른 수단이나 방법이 없다는 보충성 등의 요건을 갖추어야 하는데, 위 요건 중 '행위의 긴급성과 보충성'은 ① 목적의 정당성, 수단의 상당성, 보호이익과 침해이익 사이의 법익균형성과 마찬가지로 사회상규에 위배되는지를 판단하기 위한 독립적인 요건인가, 아니면 ② 수단의 상당성을 판단할 때 고려요소의 하나인가? (①, ② 중 택일)

[제2문] 행위의 긴급성과 보충성의 내용은 ① 다른 실효성 있는 적법한 수단이 없는 경우를 의미하는가, 아니면 ② 일체의 법률적인 적법한 수단이 존재하지 않을 것을 의미하는가? (①, ② 중 택일)

[제3문] 부정입학과 관련된 금품수수 등의 혐의로 구속되었던 A 대학교 전 이사장 乙이 다시 총장으로 복귀함에 따라 학내 갈등이 악화되었고, A 대학교 총학생회는 대학교 교수협의회와 총장 퇴진운동을 벌이면서 총장과의 면담을 요구하였으나 면담이 실질적으로 성사되지 않아, 총학생회 간부인 甲 등은 총장실 입구에서 진입을 시도하거나 회의실에 들어가 총장 사퇴를 요구하다가 이를 막는 교직원들과 실랑이를 벌였다. 甲 등의 위력에 의한 업무방해 행위는 위법성이 조각되는가?

(판례) 형법 제20조는 '사회상규에 위배되지 아니하는 행위'를 정당행위로서 위법성이 조각되는 사유로 규정하고 있다. 위 규정에 따라 사회상규에 의한 정당행위를 인정하려면, 첫째 그 행위의 동기나 목적의 정당성, 둘째 행위의 수단이나 방법의 상당성, 셋째 보호이익과 침해이익과의 법익균형성, 넷째 긴급성, 다섯째로 그 행위 외에 다른 수단이나 방법이 없다는 보충성 등의 요건을 갖추어야 하는데(대법원 1983.3.8, 82도3248; 1992.9.25, 92도1520 등 다수의 판결들), 위 '목적·동기', '수단', '법익균형', '긴급성', '보충성'은 불가분적으로 연관되어 하나의 행위를 이루는 요소들로 종합적으로 평가되어야 한다. '목적의 정당성'과 '수단의 상당성' 요건은 행위의 측면에서 사회상규의 판단기준이 된다. 사회상규에 위배되지 아니하는 행위로 평가되려면 행위의 동기와 목적을 고려하여 그것이 법질서의 정신이나 사회윤리에 비추어 용인될 수 있어야 한다. 수단의 상당성·적합성도 고려되어야 한다. 또한 보호이익과 침해이익 사이의 법익균형은 결과의 측면에서 사회상규에 위배되는지를 판단하기 위한 기준이다. 이에 비하여 행위의 긴급성과 보충성은 수단의 상당성을 판단할 때 고려요소의 하나로 참작하여야 하고 이를 넘어 독립적인 요건으로 요구할 것은 아니다. 또한 그 내용 역시 다른 실효성 있는 적법한 수단이 없는 경우를 의미하고 '일체의 법률적인 적법한 수단이 존재하지 않을 것'을 의미하는 것은 아니라고 보아야 한다. 위 법리에 따라 판단건대, 피고인들

의 행위는 그 동기와 목적의 정당성, 행위의 수단이나 방법의 상당성, 법익균형성이 인정되고, 특히 학습권 침해가 예정된 이상 긴급성이 인정되고, 피고인들이 선택할 수 있는 법률적 수단이 더 이상 존재하지 않는다거나 다른 구제절차를 모두 취해본 후에야 면담 추진 등이 가능하다고 할 것은 아니어서 보충성도 인정되므로 정당행위 성립을 인정한 원심의 결론은 정당하다(대법원 2023.5.18, 2017도2760).

♀solution [제1문] ②
　　　　　[제2문] ①
　　　　　[제3문] 위법성이 조각된다.

● ● ○
071 공장 내 CCTV에 비닐봉지를 씌워 촬영하지 못하도록 한 사례 · 경찰2차 24

> [제1문] 회사가 근로자들의 동의 절차나 협의를 거치지 않고 설치된 공장 내 CCTV를 통하여 시설물 관리 업무를 하는 것은 업무방해죄의 보호대상인 업무에 해당하는가?
> [제2문] 그중 회사가 CCTV를 작동시키지 않았거나 시험가동만 한 상태에서 근로자가 CCTV 카메라에 비닐봉지를 씌워 촬영하지 못하도록 한 행위는 정당행위에 해당하는가?
> [제3문] 회사가 정식으로 CCTV 작동을 시작한 후 근로자가 CCTV 카메라에 비닐봉지를 씌워 촬영하지 못하도록 한 행위는 정당행위에 해당할 수 있는가?

[제1문]

(판례) 이 사건 회사는 시설물 보안 및 화재 감시라는 정당한 이익을 위하여 이 사건 CCTV를 설치한 것으로 볼 수 있으므로, 비록 그 설치 과정에서 근로자들의 동의 절차나 노사협의회의 협의를 거치지 아니하였다 하더라도 그 업무가 법률상 보호할 가치가 없다고 평가할 수 없다. 따라서 이 사건 CCTV의 설치 및 운영을 통한 시설물 관리 업무는 업무방해죄의 보호대상에 해당한다. 피고인들의 공소사실 기재 각 행위는 이 사건 CCTV 카메라의 촬영을 불가능하게 하는 물적 상태를 만든 것으로 위력에 해당하고, 시설물 관리 업무를 방해할 위험성도 인정되므로, 구성요건해당성이 인정된다(대법원 2023.6.29, 2018도1917).

♀solution 보호대상이다.

[제2문]

(판례) 회사가 CCTV를 작동시키지 않았거나 시험가동만 한 상태였으므로 근로자들의 권리가 실질적으로 침해되고 있었다고 단정하기 어려운 점, 피고인들이 공장부지의 외곽 울타리를 따라 설치되어 실질적으로 근로자를 감시하는 효과를 가진다고 보기 어려운 32대의 카메라를 포함하여 전체 CCTV의 설치 및 운영을 중단하라는 무리한 요구를 하고, 위 32대의 카메라에까지 검정색 비닐봉지를 씌웠던 점 등에 비추어 볼 때, 위 행위는 정당행위에 해당하지 않는다(대법원 2023.6.29, 2018도1917).

♀solution 해당하지 않는다.

[제3문]

(판례) 어떠한 행위가 범죄구성요건에 해당하지만 정당행위라는 이유로 위법성이 조각된다는 것은 그 행위가 적극적으로 용인·권장된다는 의미가 아니라 단지 특정한 상황하에서 그 행위가 범죄행위로서 처벌대상이 될 정도의 위법성을 갖추지 못하였다는 것을 의미한다(대법원 2021.12.30, 2021도9680 판결 참조). 이 사건 CCTV 카메라의 촬영을 불가능하게 한 각 행위들은 모두 위력에 의한 업무방해죄의 구성요건에 해당하고, 그중 회사가 CCTV를 작동시키지 않았거나 시험가동만 한 상태에서 촬영을 방해한 행위는 정당행위

로 볼 수 없으나, 정식으로 CCTV 작동을 시작한 후에는 회사의 정당한 이익 달성이 명백하게 정보주체의 권리보다 우선하는 경우에 해당한다고 보기 어려워 그 촬영을 방해한 행위는 정당행위에 해당할 여지가 있다(대법원 2023.6.29, 2018도1917).

> 보충 ① 「개인정보 보호법」 제15조 제1항의 일반적인 개인정보 수집 요건: 개인정보처리자가 개인정보를 수집 · 이용할 수 있는 경우로 '정보주체의 동의를 받은 경우'(제1호) 외에도 법률에 특별한 규정이 있거나 법령상 의무를 준수하기 위하여 불가피한 경우(제2호), 개인정보처리자의 정당한 이익을 달성하기 위하여 필요한 경우로 명백하게 정보주체의 권리보다 우선하는 경우로서 개인정보처리자의 정당한 이익과 상당한 관련이 있고 합리적인 범위를 초과하지 아니하는 경우(제6호) 등을 규정하고 있다. …… 개인정보처리자가 개인정보를 수집함에 있어서는 어디까지나 「개인정보 보호법」 제15조 제1항 제1호에 따른 정보주체의 동의를 받는 경우가 원칙적인 모습이 되어야 하고, 정보주체의 동의가 없는 개인정보의 수집은 예외적으로만 인정되어야 하므로 그 요건 또한 가급적 엄격히 해석되어야 한다. 따라서 제15조 제1항 제6호의 개인정보처리자의 정당한 이익을 달성하기 위하여 필요한 경우로서 '명백하게 정보주체의 권리보다 우선하는 경우'에 해당하는지 여부는, 개인정보처리자의 정당한 이익의 구체적인 내용과 성격, 권리가 제한되는 정보주체의 규모, 수집되는 정보의 종류 및 범위, 정보주체의 동의를 받지 못한 이유, 개인정보처리자의 이익을 달성하기 위해 대체가능한 적절한 수단이 있는지 등을 종합적으로 고려하여 신중하게 판단하여야 한다. ② 근로자참여법 제20조 제1항 제14호는 노사협의회가 협의하여야 할 사항: '사업장 내 근로자 감시 설비의 설치'는 노사협의회의 협의를 거쳐야 하는 사항이고, 여기서 말하는 '근로자 감시 설비'라 함은 사업장 내에 설치되어 실질적으로 근로자를 감시하는 효과를 갖는 설비를 의미하고, 설치의 주된 목적이 근로자를 감시하기 위한 것이 아니더라도 여기에 해당할 수 있다. 따라서 위 CCTV를 설치하는 것은 근로자참여법이 정한 노사협의회의 협의를 거쳐야 하는 것으로 볼 수 있다.

⚲solution 해당할 수 있다.

[2] 정당행위를 인정하지 않은 판례

● ● ● ◻

072 의사인 피고인이 한의사가 아님에도 내원 환자들의 허리 부위에 침을 꽂는 방법으로 시술한 이 사건 IMS 시술행위가 한방 의료행위인 침술행위에 해당한다는 이유로 의료법위반으로 기소된 사건

> 판례 의료인이 아니면 누구든지 의료행위를 할 수 없고 의료인도 면허를 받은 것 이외의 의료행위를 할 수 없으며(의료법 제27조 제1항 본문), 이를 위반한 사람은 형사처벌을 받는다(제87조 제1항). …… 의사나 한의사의 구체적인 의료행위가 '면허받은 것 외의 의료행위'에 해당하는지 여부는 구체적 사안에 따라 이원적 의료체계의 입법 목적, 관련 법령의 규정 및 취지, 기초가 되는 학문적 원리, 당해 의료행위의 경위 · 목적 · 태양, 의과대학 및 한의과대학의 교육과정이나 국가시험 등을 통한 전문성 확보 여부 등을 종합적으로 고려하여 사회통념에 비추어 합리적으로 판단하여야 한다(대법원 2014.2.13, 2010도10352; 2014.10.30, 2014도3285 등). 한편, **한방 의료행위**는 '우리 선조들로부터 전통적으로 내려오는 한의학을 기초로 한 질병의 예방이나 치료행위'로서 앞서 본 의료법의 관련 규정에 따라 **한의사만이 할 수 있고**, 이에 속하는 침술행위는 '침을 이용하여 질병을 예방, 완화, 치료하는 한방 의료행위'로서, 의사가 위와 같은 침술행위를 하는 것은 면허된 것 외의 의료행위를 한 경우에 해당한다(대법원 2011.5.13, 2007두18710; 2014.10.30, 2014도3285 등). 근육 자극에 의한 신경 근성 통증 치료법(Intramuscular Stimulation, 이하 'IMS') 시술이 침술행위인 한방 의료행위에 해당하는지 아니면 침술행위와 구별되는 별개의 시술에 해당하는지 여부를 가리기 위해서는 해당 시술행위의 구체적인 시술 방법, 시술 도구, 시술 부위 등을 면밀히 검토하여 개별 사안에 따라 이원적 의료체계의 입법목적 등에 부합하게끔 사회통념에 비추어 합리적으로 판단하여야 한다(대법원 2014.10.30, 2014도3285; 2021.12.30, 2016도928).

> 보충 의사인 피고인이 한의사가 아님에도 디스크, 어깨 저림 등으로 통증을 호소하며 치료를 요구하는 내원 환자들에게 허리 부위에 30mm부터 60mm 길이의 침을 꽂는 방법으로 시술한 행위('이 사건 IMS 시술행위')가 의료법위반에 해당하는 이유로 기소된 사안에서, 이 사건 IMS 시술행위는 IMS 시술의 특성을 고려하더라도 한방 의료행위인 침술행위와 본질적으로 다르다고 볼 만한 사정을 찾기 어렵고 오히려 그 유사성을 찾을 수 있을 뿐임에도, 피고인의 이 사건 시술행위가 시술 부위 및 시술 방법, 시술 도구 등에 있어서 침술행위와는 차이가 있어 한방 의료행위로 단정할 수 없다는 이유로 의료법위반에 대하여 무죄를 선고한 원심을 파기환송한 사례이다.

● ● ○

073 임시보호명령 위반으로 인한 가정폭력범죄의 처벌 등에 관한 특례법 위반죄가 문제된 사안

> 임시보호명령을 위반한 주거지 접근 등을 피해자가 양해·승낙한 경우라도 가정폭력범죄의 처벌 등에 관한 특례법(이하 '가정폭력처벌법'이라고 한다) 위반죄가 성립하는가?

[판례] ① 가정폭력처벌법 제55조의4에 따른 임시보호명령은 피해자의 양해 여부와 관계없이 행위자에게 접근금지, 문언송신금지 등을 명하는 점, ② 피해자의 양해만으로 임시보호명령 위반으로 인한 가정폭력처벌법 위반죄의 구성요건해당성이 조각된다면 개인의 의사로써 법원의 임시보호명령을 사실상 무효화하는 결과가 되어 법적 안정성을 훼손할 우려도 있으므로, 설령 피고인의 주장과 같이 이 사건 임시보호명령을 위반한 주거지 접근이나 문자메시지 송신을 피해자가 양해 내지 승낙했다고 할지라도 가정폭력처벌법 위반죄의 구성요건에 해당할뿐더러, ① 피고인이 이 사건 임시보호명령의 발령 사실을 알면서도 피해자에게 먼저 연락하였고 이에 피해자가 대응한 것으로 보이는 점, ② 피해자가 피고인과 문자메시지를 주고받던 중 수회에 걸쳐 '더 이상 연락하지 말라'는 문자메시지를 보내기도 한 점 등에 비추어 보면, 피고인이 이 사건 임시보호명령을 위반하여 피해자의 주거지에 접근하거나 문자메시지를 보낸 것을 형법 제20조의 정당행위로 볼 수도 없다(대법원 2022.1.4, 2021도14015).

♀solution 성립한다.

● ○ ○

074 공인노무사가 의뢰인을 대행하여 고소장을 작성·제출하거나 피고소사건에 대하여 의견서를 작성·제출하여 변호사법위반으로 기소된 사건

[판례] 근로감독관에 대하여 근로기준법 등 노동 관계 법령 위반 사실을 신고하는 행위라도 범인에 대한 처벌을 구하는 의사표시가 포함되어 있는 고소·고발은 노동 관계 법령이 아니라 형사소송법, 사법경찰직무법 등에 근거한 것으로서, 구 공인노무사법 제2조 제1항 제1호에서 공인노무사가 수행할 수 있는 직무로 정한 '노동 관계 법령에 따라 관계 기관에 대하여 행하는 신고 등의 대행 또는 대리'에 해당하지 아니하고, 고소·고발장의 작성을 위한 법률상담도 구 공인노무사법 제2조 제1항 제3호의 '노동 관계 법령과 노무관리에 관한 상담·지도'에 해당하지 않는다고 봄이 타당하다. 또한 근로기준법 제102조 제5항, 제105조에 따라 근로감독관이 노동 관계 법령 위반의 죄에 관하여 사법경찰관으로서 수행하는 수사 역시 개별 노동 관계 법령에 정해진 절차가 아니라 형사소송법상 수사절차의 일환이라고 할 것이므로, 노동조합법위반으로 고소당한 피고소인이 그 수사절차에서 근로감독관에게 답변서를 제출하는 행위 역시 구 공인노무사법 제2조 제1항 제1호에 따라 공인노무사가 대행 또는 대리할 수 있는 행위인 '노동 관계 법령에 따라 관계 기관에 대하여 행하는 진술'에 해당한다거나 그 답변서가 같은 항 제2호에 정한 '노동 관계 법령에 따른 모든 서류'에 해당한다고 볼 수 없다(대법원 2022.1.13, 2015도6329).

● ○ ○

075 아동복지법상 정서적 학대행위의 위법성 조각의 요건

[판례] 학교의 교사가 훈육 또는 지도의 목적으로 한 행위이더라도 정신적 폭력이나 가혹행위로서 아동인 학생의 정신건강 또는 복지를 해치거나 정신건강의 정상적 발달을 저해할 정도 혹은 그러한 결과를 초래할

위험을 발생시킬 정도에 이른다면, 초·중등교육 법령과 학칙이 허용하는 범위 내에서 그 요건과 절차를 준수하는 등으로 법령과 학칙의 취지를 따른 것이 아닌 이상, 구 아동복지법 제17조 제5호에서 금지하는 '정서적 학대행위'에 해당한다고 보아야 한다(대법원 2020.3.12, 2017도5769). 한편 교사의 위와 같은 행위도 사회상규에 위배되지 아니하는 경우에는 위법성이 조각될 수 있으나, 이에 해당하는지 여부를 판단함에 있어서는 교사의 학생에 대한 악의적·부정적 태도에서 비롯된 것이 아니라 교육상의 필요, 교육활동 보장, 학교 내 질서유지 등을 위한 행위였는지, 학생의 기본적 인권과 정신적·신체적 감수성을 존중·보호하는 범위 내에서 이루어졌는지, 동일 또는 유사한 행위의 반복성이나 지속시간 등에 비추어 교육의 필요성이 인정되는 합리적인 범위 내에서 이루어졌다고 평가되는지, 법령과 학칙의 취지를 준수하지 못할 긴급한 사정이 있었는지, 그 밖에 학생의 연령, 성향, 건강상태, 정신적 발달상태 등이 종합적으로 고려되어야 한다(대법원 2024.9.12, 2020도12920).

4 책임론

제1절 책임론의 일반이론

제2절 책임능력

076 지적장애 3급 진단을 받은 피고인에 대해 심신미약이 인정되는지 여부 • 변호사시험 22

참고판례

판례 ① 피고인이 지적장애 3급의 진단을 받은 것은 이 사건 범행으로부터 8년 전인 9세 무렵이고, 사회연령이 10세, 사회지수가 67로 측정된 것은 이 사건 범행으로부터 2년 전인 15세 무렵인바, 위 진단 시점과 이 사건 범행 시점과의 시간적 간격 및 피고인이 성장기에 있었던 점 등을 고려하면, 피고인이 이 사건 범행 당시에도 위와 같은 상태에 있었다고 보기는 어려운 점, ② 오히려 원심에서의 정신감정결과에 의하면, 피고인은 '경도 지적장애'로 진단되었고 지능지수가 62로 인지기능의 저하를 다소 보이기는 하나, 사회연령은 14세 7개월, 사회지수는 83으로 측정되어 일상생활에서의 현실 판단력은 대체로 건재한 것으로 평가된 점, ③ 이 사건 살인 범행 3일후 대구광역시발달장애인지원센터 권익옹호팀 소속 직원이 피고인을 면담한 결과 원심 감정결과와 부합하는 취지의 의견이 제출된 점, ④ 피고인은 가상의 인물을 내세우는 등 '1인 다역'으로 행세하면서 피해자에게 접근하였고, 살인을 결심하고서 미리 범행도구를 준비한 후, 피해자가 신뢰하는 '창은'으로 행세하면서 인적이 드물고 범행이 용이한 위 무태교 아래로 피해자를 유인한 점, ⑤ 피고인은 기존에 습득한 지식에 기초하여 범행 방법을 택하였으며, 범행 과정을 장악하고 통제한 점, ⑥ 피고인은 범행 직후 범행도구를 버리고 자신의 아버지를 안심시키는 문자메시지를 보냈을 뿐더러, 사망한 피해자의 상의를 갈아입히고 피해자를 병원으로 옮기려 하는 등 적극적인 행동을 하였으며, 최초 참고인 조사에서도 '창은'을 내세우면서 피해자가 사망한 이후 뒤늦게 범행 현장에 도착한 것처럼 거짓말을 한 점, ⑦ 이와 같이 피고인은 이 사건 살인 범행의 장소, 도구, 방법을 미리 정하는 등 사전에 범행을 치밀하게 계획하였고, 가상의 인물을 내세워 피해자를 기만하고 범행 장소로 유인하였으며, 범행 후에는 범행도구를 버리고 거짓말을 하는 등으로 범행을 은폐하려는 모습을 보였는바, 이는 '피고인이 일상생활에서의 현실 판단력이 대체로 건재하다'는 정신감정결과와도 부합하는 점 등을 비추어 보면, 피고인에게 이 사건 범행 당시 '경도 지적장애'가 있었다고 하더라도 그로 말미암아 사물에 대한 변별능력과 그에 따른 행위통제능력이 결여되거나 감소되었다고 볼 수 없으므로, 피고인이 심신장애의 상태였다고 볼 수 없다(대법원 2021.9.9, 2021도8657).

제3절 위법성의 인식

제4절 법률의 착오

077 저작권 침해 게시물 연결 링크 제공과 법률의 착오
• 법원9급 22

> 공중송신권을 침해하는 게시물인 영상저작물에 연결되는 링크를 자신이 운영하는 사이트에 영리적·계속적으로 게시한 행위는 공중송신권을 침해한 정범의 범죄를 방조한 행위에 해당하는바, 링크 저작권 침해 게시물 등으로 연결되는 링크 사이트 운영 도중 그 행위가 처벌대상이 되지 않는 것으로 해석되었던 적이 있었다는 사정이 있다면 정당한 이유가 있는 법률의 착오에 해당하는가?

(판례) 전송의 방법으로 공중송신권을 침해하는 게시물이나 그 게시물이 위치한 웹페이지 등에 연결되는 링크를 한 행위자가, 정범이 공중송신권을 침해한다는 사실을 충분히 인식하면서 그러한 링크를 인터넷 사이트에 영리적·계속적으로 게시하는 등으로 공중의 구성원이 개별적으로 선택한 시간과 장소에서 침해 게시물에 쉽게 접근할 수 있도록 하는 정도의 링크 행위를 한 경우에는, 침해 게시물을 공중의 이용에 제공하는 정범의 범죄를 용이하게 하므로 공중송신권 침해의 방조범이 성립한다. 이러한 링크 행위는 정범의 범죄행위가 종료되기 전 단계에서 침해 게시물을 공중의 이용에 제공하는 정범의 범죄 실현과 밀접한 관련이 있고 그 구성요건적 결과 발생의 기회를 현실적으로 증대함으로써 정범의 실행행위를 용이하게 하고 공중송신권이라는 법익의 침해를 강화·증대하였다고 평가할 수 있다. 링크 행위자에게 방조의 고의와 정범의 고의도 인정할 수 있다(대법원 2021.9.9, 2017도19025 전원합의체). …… 형법 제16조는 '법률의 착오'라는 제목으로 자기가 한 행위가 법령에 따라 죄가 되지 않는 것으로 오인한 행위는 그 오인에 정당한 이유가 있는 때에 한하여 벌하지 않는다고 정하고 있다. 이는 일반적으로 범죄가 성립하지만 자신의 특수한 사정에 비추어 법령에 따라 허용된 행위로서 죄가 되지 않는다고 그릇 인식하고 그러한 인식에 정당한 이유가 있는 경우에는 벌하지 않는다는 것이다. 이때 정당한 이유는 행위자에게 자기 행위의 위법 가능성에 대해 심사숙고하거나 조회할 수 있는 계기가 있어 자신의 지적 능력을 다하여 이를 회피하기 위한 진지한 노력을 다하였더라면 스스로의 행위에 대하여 위법성을 인식할 수 있는 가능성이 있었는데도 이를 다하지 못한 결과 자기 행위의 위법성을 인식하지 못한 것인지 여부에 따라 판단해야 한다. 이러한 위법성의 인식에 필요한 노력의 정도는 구체적인 행위정황과 행위자 개인의 인식능력 그리고 행위자가 속한 사회집단에 따라 달리 평가하여야 한다(대법원 2006.3.24, 2005도3717; 2017.3.15, 2014도12773). **법률 위반 행위 중간에 일시적으로 판례에 따라 그 행위가 처벌대상이 되지 않는 것으로 해석되었던 적이 있었다고 하더라도 그것만으로 자신의 행위가 처벌되지 않는 것으로 믿은 데에 정당한 이유가 있다고 할 수 없다**(대법원 2002.10.22, 2002도4260; 2021.11.25, 2021도10903).

(보충) 침해 게시물 등으로 연결되는 링크를 제공하는 행위가 공중송신권 침해 방조행위에 해당하고, 링크 사이트 운영 도중 링크 행위만으로 공중송신권 침해 방조행위에 해당하지 않는다는 대법원 2015.3.12, 2012도13748 판결이 선고되었다는 사정만으로 자신의 행위가 법령에 따라 죄가 되지 않는 것으로 오인하였다거나 오인한 데에 정당한 이유가 있다고 볼 수 없다는 사례이다.

§solution 정당한 이유가 있는 법률의 착오에 해당하지 않는다.

078 공무집행방해죄와 법률의 착오의 정당한 이유

> 甲은 2022.6.25. 00:00경 서울 용산구 ○○○파출소 앞 도로에서, '손님이 마음대로 타서
> 안 내린다'라는 취지의 방문신고를 받고 현장에 나온 경찰관으로부터 '승차거부와 관련하여서는
> 120번으로 민원을 접수하면 된다'라는 설명을 듣고도 사건을 접수해 달라고 항의하고, 갑자기
> "아이 씨 좀 다르잖아"라고 크게 소리치며 경찰관 B에게 몸을 들이밀어 경찰관 A로부터 이를
> 제지받자 화가 나, "왜 미는데 씹할"이라고 욕설하면서 손으로 경찰관 B의 몸을 4회 밀쳤다.
> [제1문] 甲에게는 위법성조각사유의 전제사실에 대한 착오가 있었다고 볼 수 있는가?
> [제2문] 甲에게 자신을 제지한 경찰관 A의 행위가 위법하다고 오인할 만한 정당한 이유가 인
> 정되는가?

[판례] 형법 제16조에서 자기가 행한 행위가 법령에 의하여 죄가 되지 아니한 것으로 오인한 행위는 그
오인에 정당한 이유가 있는 때에 한하여 벌하지 아니한다고 규정하고 있으므로 공무집행방해죄에서 공무
집행의 적법성에 관한 피고인의 잘못된 법적 평가로 인하여 자신의 행위가 금지되지 않는다고 오인한 경우
에는 그 오인에 정당한 이유가 있는지를 살펴보아야 한다. 이때 피고인의 오인에 정당한 이유가 있는지
여부는 구체적인 행위 정황, 오인에 이르게 된 계기나 원인, 행위자 개인의 인식 능력, 행위자가 속한 사
회집단에서 일반적으로 기대되는 오인 회피 노력의 정도와 회피 가능성 등을 고려할 때 피고인이 이러한
오인을 회피할 가능성이 있는지에 따라 판단하여야 한다(대법원 2013.1.31, 2012도3475; 2006.3.24, 2005도
3717). ① 피고인이 술에 취하여 항의를 계속하다가 갑자기 경찰관 B에게 고성을 지르고 몸을 들이밀면서
다가간 상황에서, 경찰관 A가 피고인을 급하게 밀쳐내는 방법으로 피고인과 경찰관 B를 분리한 조치는 경
찰관 직무집행법 제6조에서 정하는 '범죄의 예방과 제지'에 관한 적법한 공무에 해당하고, ② 피고인이 경찰
관 A를 밀친 행위로 나아가게 된 전제사실 자체에 관하여는 피고인의 인식에 어떠한 착오도 존재하지 않고,
다만 경찰관 A의 직무집행 적법성에 대한 주관적인 법적 평가가 잘못되었을 여지가 있을 뿐이므로 위법성
조각사유의 전제사실에 대한 착오가 있었다고 보기 어려우며, ③ 피고인에게 자신을 제지한 경찰관 A의 행위
가 위법하다고 오인할 만한 정당한 이유가 있다고 할 수도 없다(대법원 2024.7.25, 2023도16951).

°solution [제1문] 볼 수 없다.
[제2문] 인정되지 않는다.

079 위법성조각사유의 전제사실의 착오에 관하여 반복된 대법원의 위법성조각설

> [사례] 甲은 자신이 코치로 일하는 복싱클럽 관장 A와 회원인 B(17세)의 몸싸움을 지켜보던
> 중 B가 왼손을 주머니에 넣어 휴대용 녹음기를 꺼내어 움켜쥐는 것을 호신용 칼을 꺼내
> 는 것으로 오인하고 B의 왼손 주먹을 강제로 펴게 함으로써 약 4주간의 치료가 필요한
> 좌 제4수지 중위지골 골절에 이르게 하였다.
> [제1문] 형법 제20조의 사회상규에 의한 정당행위를 인정하기 위한 요건으로서 행위의 긴급성
> 과 보충성은 '일체의 법률적인 적법한 수단이 존재하지 않을 것'을 의미하는가?

[제2문] 검사의 공소사실에 甲(피고인)이 한 행위의 이유·동기에 관하여 '위험한 물건으로 착
각하여 빼앗기 위하여'라고 기재된 것이 수사기관의 인식으로 보인다면 이것은 당시
상황에 대한 객관적 평가이자 甲이 B(피해자)의 행동을 오인함에 정당한 이유가 있었
음을 뒷받침하는 사정에 해당하는가?
[제3문] 甲의 행위는 주관적으로는 그 정당성에 대한 인식하에 이루어진 것이라고 보기에 충분한가?
[제4문] 甲이 행위 당시 죄가 되지 않는 것으로 오인한 것에는 '정당한 이유'가 인정되는가?

[제1문]

(판례) 형법 제20조의 정당행위에 관한 판례의 법리, 즉 사회상규에 의한 정당행위를 인정하려면, 행위의
동기나 목적의 정당성, 행위의 수단이나 방법의 상당성, 보호이익과 침해이익과의 법익균형성, 긴급성, 그
행위 외에 다른 수단이나 방법이 없다는 보충성 등의 요건을 갖추어야 하는데, 위 '목적·동기', '수단', '법
익균형', '긴급성', '보충성'은 불가분적으로 연관되어 하나의 행위를 이루는 요소들로 종합적으로 평가되
어야 하고, 그중 행위의 긴급성과 보충성은 다른 실효성 있는 적법한 수단이 없는 경우를 의미하는 것이지
'일체의 법률적인 적법한 수단이 존재하지 않을 것'을 의미하는 것은 아니다(대법원 2023.5.18, 2017도2760;
2023.11.2, 2023도10768).

ℹsolution 의미하는 것이 아니다(다른 실효성 있는 적법한 수단이 없는 경우를 의미함).

[제2문]

(판례) 피해자가 진술한 바와 같이 당시 왼손으로 휴대용 녹음기를 움켜쥔 상태에서 이를 활용함에 별다
른 장애가 없었으므로 몸싸움을 하느라 신체적으로 뒤엉킨 상황에서 피해자가 실제로 위험한 물건을 꺼
내어 움켜쥐고 있었다면, 그 자체로 위 관장의 생명·신체에 관한 급박한 침해나 위험이 초래될 우려가
매우 높은 상황이었고, 수사기관도 이러한 정황을 고려하였기에 원심에서 공소장을 변경하기 전까지 공소
사실에 피고인이 한 행위의 이유·동기에 관하여 '위험한 물건으로 착각하여 빼앗기 위하여'라고 기재하였
는바, 이러한 수사기관의 인식이야말로 당시 상황에 대한 객관적 평가이자 피고인이 피해자의 행동을 오인
함에 정당한 이유가 있었음을 뒷받침하는 사정에 해당하며, 비록 원심에서 공소장변경을 통해 이 부분 기
재를 공소사실에서 삭제하였다고 하여 수사기관의 당초 인식 및 평가가 소급하여 달라질 수 없음에도,
원심이 마치 그 삭제만으로 처음부터 그러한 사정이 존재하지 않았던 것처럼 '피고인이 피해자의 손에
있는 물건이 흉기라고 오인할만한 별다른 정황도 보이지 않는다.'라고 단정한 것은 형사재판에서 범죄사
실에 대한 증명 및 유죄 인정의 첫 걸음에 해당하는 것이자 검사에게 증명책임과 작성권한이 있는 공소사
실 등에 대한 올바른 평가라고 보기 어렵다(대법원 2023.11.2, 2023도10768).

ℹsolution 해당한다.

[제3문]

(판례) 이 사건 당시 피고인의 행위는 적어도 주관적으로는 그 정당성에 대한 인식하에 이루어진 것이라고
보기에 충분하다(대법원 2023.11.2, 2023도10768).

ℹsolution 충분하다.

[제4문]

(판례) 원심은 피고인이 공소사실 기재 행위 당시 죄가 되지 않는 것으로 오인한 것에 대해 '정당한 이유'
를 부정하여 공소사실을 유죄로 판단하였는바, 이러한 원심의 판단에는 위법성조각사유의 전제사실에 관
한 착오, 정당한 이유의 존부에 관한 법리를 오해함으로써 판결에 영향을 미친 잘못이 있다(대법원
2023.11.2, 2023도10768).

참조 ① 당번병이 그 임무범위 내에 속하는 일로 오인하고 한 무단이탈 행위와 위법성: 소속 중대장의 당번병이 근무시간 중은 물론 근무시간 후에도 밤늦게 까지 수시로 영외에 있는 중대장의 관사에 머물면서 집안일을 도와주고 그 자녀들을 보살피며 중대장 또는 그 처의 심부름을 관사를 떠나서까지 시키는 일을 해오던 중 사건당일 중대장의 지시에 따라 관사를 지키고 있던 중 중대장과 함께 외출나간 그 처로부터 24:00경 비가 오고 밤이 늦어 혼자 귀가할 수 없으니 관사로부터 1.5킬로미터 가량 떨어진 지점까지 우산을 들고 마중을 나오라는 연락을 받고 당번병으로서 당연히 해야 할 일로 생각하고 그 지점까지 나가 동인을 마중하여 그 다음 날 01:00경 귀가하였다면 위와 같은 당번병의 관사이탈 행위는 중대장의 직접적인 허가를 받지 아니 하였다 하더라도 당번병으로서의 그 임무범위 내에 속하는 일로 오인하고 한 행위로서 그 오인에 정당한 이유가 있어 위법성이 없다고 볼 것이다(대법원 1986.10.28, 86도1406).
② 형법 제310조의 진실한 사실에 관한 착오와 위법성: 형법 제310조의 규정은 인격권으로서의 개인의 명예의 보호와 헌법 제21조에 의한 정당한 표현의 자유의 보장이라는 상충되는 두 법익의 조화를 꾀한 것이라고 보아야 할 것이므로, 두 법익간의 조화와 균형을 고려한다면 적시된 사실이 진실한 것이라는 증명이 없더라도 행위자가 진실한 것으로 믿었고 또 그렇게 믿을 만한 상당한 이유가 있는 경우에는 위법성이 없다고 보아야 할 것이다(대법원 1993.6.22, 92도3160; 2007.12.14, 2006도2074).

ꭲsolution 정당한 이유가 인정된다.

제5절 기대불가능성(책임조각사유)

---

5 미수론

제1절 장애미수

● ● ● ○
080 실행의 착수를 인정한 사례: 카메라등이용촬영죄
• 경찰2차 22

> 피고인이 카메라 기능이 켜진 휴대전화를 화장실 칸 너머로 향하게 하여 용변을 보던 피해자를 촬영하려 한 경우 카메라이용촬영죄의 실행의 착수가 인정되는가?

판례 성폭력처벌법위반(카메라등이용촬영)죄는 카메라 등을 이용하여 성적 욕망 또는 수치심을 유발할 수 있는 타인의 신체를 그 의사에 반하여 촬영함으로써 성립하는 범죄이고, 여기서 '촬영'이란 카메라나 그 밖에 이와 유사한 기능을 갖춘 기계장치 속에 들어 있는 필름이나 저장장치에 피사체에 대한 영상정보를 입력하는 행위를 의미한다(대법원 2011.6.9, 2010도10677). 따라서 ① 범인이 피해자를 촬영하기 위하여 육안 또는 캠코더의 줌 기능을 이용하여 피해자가 있는지 여부를 탐색하다가 피해자를 발견하지 못하고 촬영을 포기한 경우에는 촬영을 위한 준비행위에 불과하여 성폭력처벌법위반(카메라등이용촬영)죄의 실행에 착수한 것으로 볼 수 없다(대법원 2011.11.10, 2011도12415). 이에 반하여 ② 범인이 카메라 기능이 설치된 휴대전화를 피해자의 치마 밑으로 들이밀거나, 피해자가 용변을 보고 있는 화장실 칸 밑 공간 사이로 집어넣는 등 카메라 등 이용 촬영 범행에 밀접한 행위를 개시한 경우에는 성폭력처벌법위반(카메라등이용촬영)죄의 실행에 착수하였다고 볼 수 있다(대법원 2012.6.14, 2012도4449; 2014.11.13, 2014도8385 등; 2021.3.25, 2021도749; 2021.8.12, 2021도7035).

> **보충** ① 2021도749: 휴대전화를 든 피고인의 손이 피해자가 용변을 보고 있던 화장실 칸 너머로 넘어온 점, 카메라 기능이 켜진 위 휴대전화의 화면에 피해자의 모습이 보인 점 등에 비추어 카메라등이용촬영죄의 실행의 착수를 인정한 사례이다. ② 2021도7035: 편의점에서 카메라 기능이 설치된 휴대전화를 손에 쥔 채 치마를 입은 피해자들을 향해 쪼그려 앉아 피해자의 치마 안쪽을 비추는 등 행위를 한 피고인에 대해 카메라등이용촬영죄의 실행의 착수를 인정한 사례이다.

⚲solution 인정된다.

---

081 실행의 착수를 인정하지 않은 사례: 부작위에 의한 업무상배임죄
• 경찰승진 22

> 환지 방식에 의한 도시개발사업의 시행자인 피해자 乙 조합을 위해 환지계획수립 등의 업무를 수행하던 피고인 甲은 사업 실시계획의 변경에 따른 일부 환지예정지의 가치상승을 청산절차에 반영하려는 조치를 취하지 않은 채 대행회사 대표이사직을 사임하였다. 甲에게는 업무상배임죄의 미수범이 성립하는가?

> **판례** 업무상배임죄는 타인과의 신뢰관계에서 일정한 임무에 따라 사무를 처리할 법적 의무가 있는 자가 그 상황에서 당연히 할 것이 법적으로 요구되는 행위를 하지 않는 부작위에 의해서도 성립할 수 있다(대법원 2012.11.29, 2012도10139 등). 그러한 부작위를 실행의 착수로 볼 수 있기 위해서는 작위의무가 이행되지 않으면 사무처리의 임무를 부여한 사람이 재산권을 행사할 수 없으리라고 객관적으로 예견되는 등으로 구성요건적 결과 발생의 위험이 구체화한 상황에서 부작위가 이루어져야 한다. 그리고 행위자는 부작위 당시 자신에게 주어진 임무를 위반한다는 점과 그 부작위로 인해 손해가 발생할 위험이 있다는 점을 인식하였어야 한다(대법원 2021.5.27, 2020도15529).

> **보충** 대법원은 위 도시개발사업의 진행 경과 등 제반 사정을 위에서 본 법리에 비추어 살펴보면, 피해자 조합이 환지예정지의 가치상승을 청산절차에 반영하지 못할 위험이 구체화한 상황에서 피고인이 자신에게 부여된 작위의무를 위반하였다고 인정하기 어려워 피고인이 부작위로써 업무상배임죄의 실행에 착수하였다고 볼 수 없다고 본 것이다.

⚲solution 성립하지 않는다.

제2절 중지미수

제3절 불능미수

6 정범과 공범론

제1절 정범과 공범의 일반이론

●●○

082 피고인들이 쟁의행위 기간 중 중단된 업무의 수행을 위하여 채용된 피해자를 현행범으로 체포하는 과정에서 피해자가 넘어져 상해를 입은 사건 ·국가7급 20

> 쟁의행위로 중단된 업무의 수행을 위하여 채용된 자가 노동조합 및 노동관계조정법 제91조, 제43조 제1항의 공범으로 처벌되는가?

[판례] 사용자는 쟁의행위 기간 중 그 쟁의행위로 중단된 업무의 수행을 위하여 당해 사업과 관계없는 자를 채용 또는 대체할 수 없고, 이를 위반한 자는 1년 이하의 징역 또는 1천만원 이하의 벌금으로 처벌된다 [노동조합 및 노동관계조정법(이하 '노동조합법') 제91조, 제43조 제1항]. 여기서 처벌되는 '사용자'는 사업주, 사업의 경영담당자 또는 그 사업의 근로자에 관한 사항에 대하여 사업주를 위하여 행동하는 자를 말한다(제2조 제2호). 노동조합법 제91조, 제43조 제1항은 사용자의 위와 같은 행위를 처벌하도록 규정하고 있으므로, 사용자에게 채용 또는 대체되는 자에 대하여 위 법조항을 바로 적용하여 처벌할 수 없음은 문언상 분명하다. 나아가 채용 또는 대체하는 행위와 채용 또는 대체되는 행위는 2인 이상의 서로 대향된 행위의 존재를 필요로 하는 관계에 있음에도 채용 또는 대체되는 자를 따로 처벌하지 않는 노동조합법 문언의 내용과 체계, 법 제정과 개정 경위 등을 통해 알 수 있는 입법 취지에 비추어 보면, 쟁의행위 기간 중 그 쟁의행위로 중단된 업무의 수행을 위하여 당해 사업과 관계없는 자를 채용 또는 대체하는 사용자에게 채용 또는 대체되는 자의 행위에 대하여는 일반적인 형법 총칙상의 공범 규정을 적용하여 공동정범, 교사범 또는 방조범으로 처벌할 수 없다고 판단된다(이른바 대향범에 관한 대법원 1988.4.25, 87도2451; 2004.10. 28, 2004도3994; 2020.6.11, 2016도3048).

[보충] 대향범 관계에 있는 행위 중 '사용자'만 처벌하는 노동조합법 제91조, 제43조 제1항 위반죄의 단독정범이 될 수 없고, 형법 총칙상 공범 규정을 적용하여 공동정범 또는 방조범으로 처벌할 수도 없으므로 피해자는 노동조합법 제91조, 제43조 제1항 위반에 따른 현행범인이 아니고, 피고인들이 피해자를 체포하려던 당시 상황을 기초로 보더라도 현행범인 체포의 요건을 갖추고 있었다고 할 수 없다.

◦solution 처벌되지 않는다.

●●○

083 마약류거래방지법상 불법수익 출처 등 은닉 · 가장죄에 가담하는 행위에 '형법 총칙의 공범 규정' 적용 ·변호사시험 24

> 甲은 마약매도인 乙로부터 4회에 걸쳐 대마를 매수하면서, 乙의 요청에 따라 차명계좌(대포통장)에 제3자 A 명의로 대마 매매대금을 무통장입금하여, 정범인 마약매도인 乙이 마약류범죄의 발견에 관한 수사를 방해할 목적으로 불법수익 등의 출처와 귀속관계를 숨기는 행위를 방조하였다는 혐의로 공소가 제기되었다. 甲에게는 위와 같은 乙의 마약류거래방지법위반 범행(마

약류 불법거래 방지에 관한 특례법 제7조 제1항에서 정한 '불법수익 등의 출처 또는 귀속관계를 숨기거나 가장'하는 행위)에 대한 방조범의 죄책이 성립하는가?

판례 2인 이상의 서로 대향된 행위의 존재를 필요로 하는 대향범에 대하여 공범에 관한 형법 총칙 규정이 적용될 수 없다(대법원 2004.10.28, 2004도3994 등). 이러한 법리는 해당 처벌규정의 구성요건 자체에서 2인 이상의 서로 대향적 행위의 존재를 필요로 하는 필요적 공범인 대향범을 전제로 한다. 구성요건상으로는 단독으로 실행할 수 있는 형식으로 되어 있는데 단지 구성요건이 대향범의 형태로 실행되는 경우에도 대향범에 관한 법리가 적용된다고 볼 수는 없다. …… 처벌규정의 구성요건 자체에서 2인 이상의 서로 대향적 행위의 존재를 필요로 하는 필요적 공범인 대향범에 대하여 공범에 관한 형법 총칙 규정이 적용될 수 없으나, 마약류거래방지법 제7조 제1항의 '불법수익 등의 출처 또는 귀속관계 등을 숨기거나 가장하는 행위'는 처벌규정의 구성요건 자체에서 2인 이상의 서로 대향된 행위의 존재를 필요로 하지 않으므로 정범의 위 행위에 가담하는 행위에는 '형법 총칙의 공범 규정'이 적용된다(대법원 2022.6.30, 2020도7866).

solution 성립한다.

제2절 간접정범

제3절 공동정범

084 피고인들의 도로교통법위반(공동위험행위) 여부가 문제된 사건
참고판례

판례 도로교통법 제46조 제1항은 '자동차 등의 운전자는 도로에서 2명 이상이 공동으로 2대 이상의 자동차 등을 정당한 사유 없이 앞뒤로 또는 좌우로 줄지어 통행하면서 다른 사람에게 위해를 끼치거나 교통상의 위험을 발생하게 하여서는 아니 된다.'고 규정하고 있고, 제150조 제1호에서는 이를 위반한 사람에 대한 처벌규정을 두고 있다. 도로교통법 제46조 제1항에서 말하는 '공동 위험행위'란 2인 이상인 자동차 등의 운전자가 공동으로 2대 이상의 자동차 등을 정당한 사유 없이 앞뒤로 또는 좌우로 줄지어 통행하면서 신호위반, 통행구분위반, 속도제한위반, 안전거리확보위반, 급제동 및 급발진, 앞지르기금지위반, 안전운전의무위반 등의 행위를 하여 다른 사람에게 위해를 주거나 교통상의 위험을 발생하게 하는 것으로, 2인 이상인 자동차 등의 운전자가 함께 2대 이상의 자동차 등으로 위의 각 행위 등을 하는 경우에는 단독으로 한 경우와 비교하여 다른 사람에 대한 위해나 교통상의 위험이 증가할 수 있고 집단심리에 의해 그 위해나 위험의 정도도 가중될 수 있기 때문에 이와 같은 공동 위험행위를 금지하는 것이다(대법원 2007.7.12, 2006도5993). 위와 같은 도로교통법 위반(공동위험행위) 범행에서는 '2명 이상이 공동으로' 범행에 가담하는 것이 구성요건의 내용을 이루기 때문에 행위자의 고의의 내용으로서 '공동의사'가 필요하고, 위와 같은 공동의사는 반드시 위반행위에 관계된 운전자 전부 사이의 의사의 연락이 필요한 것은 아니고 다른 사람에게 위해를 끼치거나 교통상의 위험을 발생하게 하는 것과 같은 사태의 발생을 예견하고 그 행위에 가담할 의사로 족하다. 또한 그 공동의사는 사전 공모 뿐 아니라 현장에서의 공모에 의한 것도 포함된다(고의의 증명에 관한 대법원 2019.3.28, 2018도16002 전원합의체 등)(대법원 2021.10.14, 2018도10327).

●○○
085 표지갈이 저작권법위반 사건
참고판례

> 실제 저작자가 저작자 아닌 자를 저작자로 표시하여 저작물을 공표하는 범행에 가담한 경우 저작권법 제137조 제1항 제1호 위반죄의 공범으로 처벌할 수 있는가?

판례 저작권법 제137조 제1항 제1호는 저작자 아닌 자를 저작자로 하여 실명 · 이명을 표시하여 저작물을 공표한 자를 형사처벌한다고 정하고 있다. 이 규정은 자신의 의사에 반하여 타인의 저작물에 저작자로 표시된 저작자 아닌 자의 인격적 권리나 자신의 의사에 반하여 자신의 저작물에 저작자 아닌 자가 저작자로 표시된 데 따른 실제 저작자의 인격적 권리뿐만 아니라 저작자 명의에 관한 사회 일반의 신뢰도 보호하려는 데 그 목적이 있다. 이러한 입법 취지 등을 고려하면, 저작자 아닌 자를 저작자로 표시하여 저작물을 공표한 이상 위 규정에 따른 범죄는 성립하고, 사회통념에 비추어 사회 일반의 신뢰가 손상되지 않는다고 인정되는 특별한 사정이 있는 경우가 아닌 한 그러한 공표에 저작자 아닌 자와 실제 저작자의 동의가 있었다고 하더라도 달리 볼 것은 아니다(대법원 2017.10.26, 2016도16031). 또한 실제 저작자가 저작자 아닌 자를 저작자로 표시하여 저작물을 공표하는 범행에 가담하였다면 저작권법 제137조 제1항 제1호 위반죄의 공범으로 처벌할 수 있다(대법원 2021.7.15, 2018도144).

ⁱsolution 처벌할 수 있다.

●●●
086 폭력행위 등 처벌에 관한 법률상 공동폭행의 의미

> 피고인들 중 1인이 피해자를 폭행하고 나머지는 이를 휴대전화로 촬영하거나 지켜본 것은 폭력행위 등 처벌에 관한 법률상 2명 이상이 공동하여 폭행한 죄에 해당하는가?

조문 폭력행위 등 처벌에 관한 법률 제2조(폭행 등) ② 2명 이상이 공동하여 다음 각 호의 죄를 범한 사람은 「형법」 각 해당 조항에서 정한 형의 2분의 1까지 가중한다.
1. 「형법」 제260조 제1항(폭행), 제283조 제1항(협박), 제319조(주거침입, 퇴거불응) 또는 제366조(재물손괴 등)의 죄

판례 폭력행위 등 처벌에 관한 법률(이하 '폭처법') 제2조 제2항 제1호의 '2명 이상이 공동하여 폭행의 죄를 범한 때'라고 함은 그 수인 사이에 공범관계가 존재하고, 수인이 동일 장소에서 동일 기회에 상호 다른 자의 범행을 인식하고 이를 이용하여 폭행의 범행을 한 경우임을 요한다(대법원 1986.6.10, 85도119). 따라서 폭행 실행범과의 공모사실이 인정되더라도 그와 공동하여 범행에 가담하였거나 범행장소에 있었다고 인정되지 아니하는 경우에는 공동하여 죄를 범한 때에 해당하지 않고(대법원 1990.10.30, 90도2022), 여러 사람이 공동하여 범행을 공모하였다면 그중 2인 이상이 범행장소에서 실제 범죄의 실행에 이르렀어야 나머지 공모자에게도 공모공동정범이 성립할 수 있을 뿐이다(대법원 1994.4.12, 94도128). 피고인들 상호 간에 공동으로 피해자를 폭행하자는 공동가공의 의사를 인정할 증거가 없고, 피고인들 중 1인만 실제 폭행의 실행행위를 하였고 나머지는 이를 인식하고 이용하여 피해자의 신체에 대한 유형력을 행사하는 폭행의 실행행위에 가담한 것이 아니라 단순히 지켜보거나 동영상으로 촬영한 것에 불과하여 2명 이상이 공동하여 피해자를 폭행한 경우 성립하는 폭처법위반(공동폭행)죄의 죄책을 물을 수 없다(대법원 2023.8.31, 2023도6355).

ⁱsolution 해당하지 아니한다.

제4절 교사범

● ● ○
087 소유자가 타인에게 제3자의 권리의 목적인 물건을 손괴하도록 지시한 사건　　• 경찰승진 22

> A는 자신이 관리하는 건물 5층에 거주하는 B의 가족을 내쫓을 목적으로 A의 아들인 甲을 교사하여 그곳 현관문에 설치된 A 소유 디지털 도어락의 비밀번호를 변경하게 하였다. A에게는 권리행사방해죄의 교사범이 성립하는가?

〔판례〕 甲이 자기의 물건이 아닌 위 도어락의 비밀번호를 변경하였다고 하더라도 권리행사방해죄가 성립할 수 없고, 정범인 甲의 권리행사방해죄가 인정되지 않는 이상 교사자인 피고인에 대하여 권리행사방해교사죄도 성립할 수 없다(대법원 2022.9.15, 2022도5827).

〔보충〕 형법 제323조의 권리행사방해죄는 타인의 점유 또는 권리의 목적이 된 자기의 물건을 취거, 은닉 또는 손괴하여 타인의 권리행사를 방해함으로써 성립하므로 취거, 은닉 또는 손괴한 물건이 자기의 물건이 아니라면 권리행사방해죄가 성립할 수 없다. 물건의 소유자가 아닌 사람은 형법 제33조 본문에 따라 소유자의 권리행사방해 범행에 가담한 경우에 한하여 그의 공범이 될 수 있을 뿐이다(대법원 2017.5.30, 2017도4578).

ⓢsolution 성립하지 않는다.

제5절 종 범

● ● ●
088 방조범의 성립을 인정한 사례: 공중송신권 침해 게시물 연결 링크를 공중에게 제공한 사건　　• 경찰1차 22

> 공중송신권 침해 게시물로 연결되는 링크를 저작권 침해물 링크 사이트에서 공중의 구성원에게 제공하는 행위는 저작권법상 공중송신권 침해의 방조에 해당하는가?

〔판례〕 정범이 침해 게시물을 인터넷 웹사이트 서버 등에 업로드하여 공중의 구성원이 개별적으로 선택한 시간과 장소에서 접근할 수 있도록 이용에 제공하면, 공중에게 침해 게시물을 실제로 송신하지 않더라도 공중송신권 침해는 기수에 이른다. 그런데 정범이 침해 게시물을 서버에서 삭제하는 등으로 게시를 철회하지 않으면 이를 공중의 구성원이 개별적으로 선택한 시간과 장소에서 접근할 수 있도록 이용에 제공하는 가별적인 위법행위가 계속 반복되고 있어 공중송신권 침해의 범죄행위가 종료되지 않았으므로, 그러한 정범의 범죄행위는 방조의 대상이 될 수 있다. …… 방조범은 정범에 종속하여 성립하는 범죄이므로 방조행위와 정범의 범죄 실현 사이에는 인과관계가 필요하다. 방조범이 성립하려면 방조행위가 정범의 범죄 실현과 밀접한 관련이 있고 정범으로 하여금 구체적 위험을 실현시키거나 범죄 결과를 발생시킬 기회를 높이는 등으로 정범의 범죄 실현에 현실적인 기여를 하였다고 평가할 수 있어야 한다. 정범의 범죄 실현과 밀접한 관련이 없는 행위를 도와준 데 지나지 않는 경우에는 방조범이 성립하지 않는다. …… 최근 저작재산권자의 이용허락 없이 전송되는 방송프로그램, 영화, 만화 등 침해 게시물로 연결되는 링크를 공중에게 제공하면서 배너 광고를 통해 광고 수익을 얻는 등의 방식으로 링크를 온라인상 저작권 침해물의 유통 경로로 악용하는 이른바 '다시보기' 사이트 등의 링크 사이트(이하 '저작권 침해물 링크 사이트'라 한다)나 모바일 어플리케이션이 급속히 확산되었다. 비록 링크 자체는 연결 통로의 역할을 하는 것으로

서 중립적 기술이라고 할지라도 링크가 제공되는 환경, 링크의 게시 목적과 방법 등의 여러 사정을 고려하면 전송의 방법으로 저작재산권을 침해하는 정범의 범죄 실현에 조력하는 행위가 될 수 있다. …… 저작권 침해물 링크 사이트에서 침해 게시물에 연결되는 링크를 제공하는 경우 등과 같이, 링크 행위자가 정범이 공중송신권을 침해한다는 사실을 충분히 인식하면서 그러한 침해 게시물 등에 연결되는 링크를 인터넷 사이트에 영리적·계속적으로 게시하는 등으로 공중의 구성원이 개별적으로 선택한 시간과 장소에서 침해 게시물에 쉽게 접근할 수 있도록 하는 정도의 링크 행위를 한 경우에는 침해 게시물을 공중의 이용에 제공하는 정범의 범죄를 용이하게 하므로 공중송신권 침해의 방조범이 성립한다. …… 방조행위가 정범의 실행행위를 용이하게 하는 직·간접적인 모든 행위라는 이유만으로 링크를 통한 공중송신권 침해의 방조범 성립을 쉽게 인정할 경우 자칫 시민들이 인터넷 공간에서 링크 설정을 통해 자유롭게 정보를 교환하고 공유하는 일상적인 인터넷 이용 행위를 위축시킬 수 있다. 링크의 자유에 대한 제한은 엄격하게 인정할 필요가 있고, 링크 대상인 게시물이 저작재산권자로부터 이용허락을 받은 것이거나 저작물의 공정한 이용의 대상이 될 여지가 있으며, 빠른 속도로 다양한 정보의 연결과 공유가 이루어지는 인터넷 공간의 특성상 링크 대상이 공중송신권 침해 등으로 위법한 게시물인 경우와 그렇지 않은 경우의 구별이 언제나 명확한 것도 아니다. 불법성에 대한 피고인의 인식은 적어도 공중송신권 침해 게시물임을 명확하게 인식할 수 있는 정도가 되어야 한다. 검사는 링크를 한 행위자가 링크 대상인 게시물이 공중송신권을 침해하는 게시물 등으로서 불법성이 있다는 것을 명확하게 인식할 수 있는 정도에 이르렀다는 점을 엄격하게 증명하여야 한다. 침해 게시물 등에 연결되는 링크를 하였을 때 정범의 공중송신권 침해에 대한 방조행위가 성립하려면, 링크 행위가 정범의 범죄 실현과 밀접한 관련이 있고 공중송신권 침해의 기회를 현실적으로 증대시켜 정범의 범죄 실현에 현실적인 기여를 하였다고 평가할 수 있어야 한다. 위에서 보았듯이 저작권 침해물 링크 사이트에서 정범의 침해 게시물 등에 연결되는 링크를 영리적·계속적으로 게시하는 경우 등과 같이 공중의 구성원이 개별적으로 선택한 시간과 장소에서 그 공중송신권 침해 게시물에 쉽게 접근할 수 있도록 링크를 제공하는 행위가 이에 해당한다. 반면 위와 같은 정도에 이르지 않은 링크 행위는 정범의 공중송신권 침해와 밀접한 관련이 있고 그 법익침해를 강화·증대하는 등의 현실적인 기여를 하였다고 보기 어려운 이상 공중송신권 침해의 방조행위라고 쉽사리 단정해서는 안 된다. …… 이와 달리 저작권자의 공중송신권을 침해하는 웹페이지 등으로 링크를 하는 행위만으로는 어떠한 경우에도 공중송신권 침해의 방조행위에 해당하지 않는다는 취지로 판단한 종전 판례인 대법원 2015.3.12, 2012도13748 판결 등은 이 판결의 견해에 배치되는 범위에서 이를 변경하기로 한다(대법원 2021.9.9, 2017도19025 전원합의체).

유사) 전송의 방법으로 공중송신권을 침해하는 게시물이나 그 게시물이 위치한 웹페이지 등에 연결되는 링크를 한 행위자가, 정범이 공중송신권을 침해한다는 사실을 충분히 인식하면서 그러한 링크를 인터넷 사이트에 영리적·계속적으로 게시하는 등으로 공중의 구성원이 개별적으로 선택한 시간과 장소에서 침해 게시물에 쉽게 접근할 수 있도록 하는 정도의 링크 행위를 한 경우에는, 침해 게시물을 공중의 이용에 제공하는 정범의 범죄를 용이하게 하므로 공중송신권 침해의 방조범이 성립한다. 이러한 링크 행위는 정범의 범죄행위가 종료되기 전 단계에서 침해 게시물을 공중의 이용에 제공하는 정범의 범죄 실현과 밀접한 관련이 있고 그 구성요건적 결과 발생의 기회를 현실적으로 증대함으로써 정범의 실행행위를 용이하게 하고 공중송신권이라는 법익의 침해를 강화·증대하였다고 평가할 수 있다. 링크 행위자에게 방조의 고의와 정범의 고의도 인정할 수 있다(대법원 2021.9.30, 2016도8040).

ꀲsolution 해당한다.

●●●○
089 방조범의 성립요건으로서의 정범의 고의

• 변호사시험 22

> 누구든지 특정 금융거래정보의 보고 및 이용 등에 관한 법률(구 금융실명법)에 따른 불법재산의 은닉, 자금세탁행위 그 밖에 탈법행위를 목적으로 타인의 실명으로 금융거래를 하여서는 아니 되고, 위와 같은 목적으로 타인의 실명으로 금융거래를 하는 행위는 위 법률에 의하여 처벌된다. 그런데 甲은 성명불상자로부터 불법 환전 업무를 도와주면 대가를 지급하겠다는 제안을 받고 자신의 금융계좌번호를 알려주었는데, 성명불상자는 전기통신금융사기 편취금을 은닉하기 위하여 甲의 금융계좌로 편취금을 송금받았다. 다만 甲은 정범인 성명불상자가 목적으로 삼은 탈법행위의 구체적인 내용이 어떤 것인지를 정확히 인식하지 못하였다. 甲에게는 위 성명불상자의 위 법률위반죄에 대한 방조범이 성립하는가?

[판례] 형법상 방조행위는 정범이 범행을 한다는 정을 알면서 그 실행행위를 용이하게 하는 직접·간접의 행위를 말하므로, 방조범은 정범의 실행을 방조한다는 이른바 방조의 고의와 정범의 행위가 구성요건에 해당하는 행위인 점에 대한 정범의 고의가 있어야 하나, 방조범에서 정범의 고의는 정범에 의하여 실현되는 범죄의 구체적 내용을 인식할 것을 요하는 것은 아니고 미필적 인식 또는 예견으로 족하다(대법원 2005.4.29, 2003도6056). 구 금융실명법 제6조 제1항 위반죄는 이른바 초과주관적 위법요소로서 '탈법행위의 목적'을 범죄성립요건으로 하는 목적범이므로, 방조범에게도 정범이 위와 같은 탈법행위를 목적으로 타인 실명 금융거래를 한다는 점에 관한 고의가 있어야 하나, 그 목적의 구체적인 내용까지 인식할 것을 요하는 것은 아니다. …… 피고인은 정범인 성명불상자가 이 사건 규정에서 말하는 '탈법행위'에 해당하는 무등록 환전영업을 하기 위하여 타인 명의로 금융거래를 하려고 한다고 인식하였음에도 이러한 범행을 돕기 위하여 자신 명의의 금융계좌 정보를 제공하였고, 정범인 성명불상자는 이를 이용하여 전기통신금융사기 범행을 통한 편취금을 송금받아 탈법행위를 목적으로 타인 실명의 금융거래를 하였다면, 피고인에게는 구 금융실명법 제6조 제1항 위반죄의 방조범이 성립하고, 피고인이 정범인 성명불상자가 목적으로 삼은 탈법행위의 구체적인 내용이 어떤 것인지를 정확히 인식하지 못하였다고 하더라도 범죄 성립에는 영향을 미치지 않는다(대법원 2022.10.27, 2020도12563).

[조문] 구「금융실명거래 및 비밀보장에 관한 법률」(2020.3.24. 법률 제17113호로 개정되기 전의 것, 이하 '구 금융실명법'이라 한다)은 '실지명의(實地名義, 이하 '실명'이라 한다)에 의한 금융거래를 실시하고 그 비밀을 보장하여 금융거래의 정상화를 꾀함으로써 경제정의를 실현하고 국민경제의 건전한 발전을 도모함'을 목적으로 하는 것으로(제1조), 금융거래란 금융회사 등이 금융자산을 수입, 매매, 환매 등을 하는 행위를 말하며(제2조 제3호), 실명이란 주민등록표상의 명의, 사업자등록증상의 명의 등을 말한다고 규정하면서(제2조 제4호), 누구든지 구「특정 금융거래정보의 보고 및 이용 등에 관한 법률」(2020.3.24. 법률 제17113호로 개정되기 전의 것) 제2조 제3호에 따른 불법재산의 은닉, 제4호에 따른 자금세탁행위 또는 제5호에 따른 공중협박자금조달행위 및 강제집행의 면탈, 그 밖에 탈법행위를 목적으로 타인의 실명으로 금융거래를 하여서는 아니 되고(제3조 제3항), 위와 같은 목적으로 타인의 실명으로 금융거래를 하는 행위를 처벌하도록 규정하고 있다(제6조 제1항).

[보충] 전기통신금융사기의 범인이 사기 범행을 통한 편취금을 자신이 아닌 타인 명의 금융계좌로 송금받는 이유는 범죄수익을 은닉하고 범인의 신원을 은폐하기 위한 것으로, 타인 실명의 금융거래를 범죄의 수단으로 악용하는 전형적인 경우이므로 이 사건 규정이 말하는 '탈법행위'를 목적으로 한 타인 실명 금융거래에 해당한다. 한편, 외국환거래법은 외국환업무에 해당하는 환전 영업을 하기 위해서는 일정한 요건을 갖추어 등록을 하도록 하고(제8조), 등록을 하지 않고 외국환업무를 한 자를 처벌하도록 규정하고 있는바(제27조의2 제1항 제1호), 무등록 환전 영업은 그 자체로 범죄행위일 뿐 아니라 불법적인 자금의 세탁, 조세포탈, 횡령 등 다른 범죄의 수단이 되기도 하는 행위이므로, 무등록 환전 영업을 위하여 타인의 금융계좌를 이용하여 금융거래를 하는 것은 이 사건 규정이 말하는 '탈법행위'를 목적으로 한 타인 실명 금융거래에 해당한다.

⌀solution 방조범이 성립한다.

●●●
090 방조범의 성립을 인정하지 않은 사례: 농성현장 독려행위와 집회 참가 및 공문 전달 행위의 구분

> A노조 B자동차 비정규직지회 조합원들이 B자동차 생산라인을 점거하면서 쟁의행위를 한 것 (이는 업무방해죄에 해당함)과 관련하여, A노조 미조직비정규국장인 甲은 ① B자동차 정문 앞 집회에 참가하여 점거 농성을 지원하고, ② 점거 농성장에 들어가 비정규직지회 조합원들을 독려하고, ③ A노조 공문을 비정규직지회에 전달하였다. ①·②·③ 중 업무방해죄의 방조범 이 성립하는 것은?

판례 쟁의행위가 업무방해죄에 해당하는 경우 제3자가 그러한 정을 알면서 쟁의행위의 실행을 용이하게 한 경우에는 업무방해방조죄가 성립할 수 있다. 다만, 헌법 제33조 제1항이 규정하고 있는 노동3권을 실질적으로 보장하기 위해서는 근로자나 노동조합이 노동3권을 행사할 때 제3자의 조력을 폭넓게 받을 수 있도록 할 필요가 있고, 나아가 근로자나 노동조합에 조력하는 제3자도 헌법 제21조에 따른 표현의 자유나 헌법 제10조에 내재된 일반적 행동의 자유를 가지고 있으므로, 위법한 쟁의행위에 대한 조력행위가 업무방해방조에 해당하는지 판단할 때는 헌법이 보장하는 위와 같은 기본권이 위축되지 않도록 업무방해방조죄의 성립 범위를 신중하게 판단하여야 한다. 또한, 방조범은 정범에 종속하여 성립하는 범죄이므로 방조행위와 정범의 범죄 실현 사이에는 인과관계가 필요하다. 방조범이 성립하려면 방조행위가 정범의 범죄 실현과 밀접한 관련이 있고 정범으로 하여금 구체적 위험을 실현시키거나 범죄결과를 발생시킬 기회를 높이는 등으로 정범의 범죄 실현에 현실적인 기여를 하였다고 평가할 수 있어야 한다. 정범의 범죄 실현과 밀접한 관련이 없는 행위를 도와준 데 지나지 않는 경우에는 방조범이 성립하지 않는다(대법원 2021.9.9, 2017도19025 전원합의체). …… 피고인2의 농성현장 독려 행위는 정범의 범행을 더욱 유지·강화시킨 행위에 해당하여 업무방해방조로 인정할 수 있지만(위 ②는 방조범 인정), 집회 참가 및 공문 전달 행위는 업무방해 정범의 실행행위에 해당하는 생산라인 점거로 인한 범죄 실현과 밀접한 관련성이 있다고 단정하기 어려워 방조범의 성립을 인정할 정도로 업무방해행위와 인과관계가 있다고 보기 어려움에도(위 ①·③은 방조범 부정), 피고인2의 위 행위들을 모두 업무방해방조로 인정한 원심판결은 파기해야 한다(대법원 2021.9.16, 2015도12632).

Ⓘsolution ②

●○○
091 위법한 쟁의행위에 조력하는 행위와 업무방해방조 성립 여부

• 경찰2차 24

> 철도노조 조합원 2인은 높이 15m 가량의 조명탑 중간 대기장소에 올라가 점거 농성을 벌임으로써 한국철도공사로 하여금 위 조합원들의 안전을 위해 조명탑의 전원을 차단하게 하여 위력으로 한국철도공사의 야간 입환업무를 방해하였는데, 피고인들은 그 아래에 천막을 설치하여 지지 집회를 개최하고 음식물과 책 등 물품을 제공하였다. 피고인들의 행위는 업무방해죄의 방조범의 죄책이 성립하는가?

판례 형법 제32조 제1항은 "타인의 범죄를 방조한 자는 종범으로 처벌한다."라고 정하고 있다. 방조란 정범의 구체적인 범행준비나 범행사실을 알고 그 실행행위를 가능·촉진·용이하게 하는 지원행위 또는 정범의 범죄행위가 종료하기 전에 정범에 의한 법익 침해를 강화·증대시키는 행위로서, 정범의 범죄 실현과 밀접한 관련이 있는 행위를 말한다. 방조범은 정범에 종속하여 성립하는 범죄이므로 **방조행위와 정범의**

범죄 실현 사이에는 인과관계가 필요하다. 방조범이 성립하려면 방조행위가 정범의 범죄 실현과 밀접한 관련이 있고 정범으로 하여금 구체적 위험을 실현시키거나 범죄 결과를 발생시킬 기회를 높이는 등으로 정범의 범죄 실현에 현실적인 기여를 하였다고 평가할 수 있어야 한다. 정범의 범죄 실현과 밀접한 관련이 없는 행위를 도와준 데 지나지 않는 경우에는 방조범이 성립하지 않는다. (쟁의행위가 업무방해죄에 해당하는 경우 제3자가 그러한 정을 알면서 쟁의행위의 실행을 용이하게 한 경우에는 업무방해방조죄가 성립할 수 있다. 그러나) 피고인들이 조명탑 점거농성 개시부터 관여한 것으로는 보이지 않는 점, 회사 인사 방침에 대한 의견을 표현하는 집회의 개최 등은 조합활동에 속하고, 농성자들에게 제공한 음식물 등은 생존을 위해 요구되는 것인 점 등을 고려할 때, 피고인들의 행위가 전체적으로 보아 조명탑 점거에 일부 도움이 된 측면이 있었다고 하더라도, 행위의 태양과 빈도, 경위, 장소적 특성 등에 비추어 농성자들의 업무방해범죄 실현과 밀접한 관련이 있는 행위로 보기 어렵다(대법원 2023.6.29, 2017도9835).

◦solution 성립하지 않는다.

제6절 공범과 신분

●●●
092 아동학대처벌법 제4조가 정한 신분의 법적 성격

> 아동학대범죄의 처벌 등에 관한 특례법(이하 아동학대처벌법) 제4조, 제2조 제4호 가목 내지 다목은 '보호자에 의한 아동학대로서 형법 제257조 제1항(상해), 제260조 제1항(폭행), 제271조 제1항(유기), 제276조 제1항(체포, 감금) 등의 죄를 범한 사람이 아동을 사망에 이르게 한 때'에 '무기 또는 5년 이상의 징역'에 처하도록 규정하고 있다. 그런데 친모인 甲과 그 남자친구인 乙이 공모하여 甲의 아들 A를 학대하여 사망에 이르게 하였다. 甲에게는 아동학대처벌법위반(아동학대치사)죄가 성립한다. 그렇다면 乙은 아동학대처벌법상 아동학대치사죄의 공동정범의 형으로 처벌되는가, 형법상 상해치사죄의 형으로 처벌되는가?

[판례] 아동학대처벌법 제4조의 아동학대치사죄는 보호자가 구 아동학대처벌법 제2조 제4호 가목 내지 다목에서 정한 아동학대범죄를 범하여 그 아동을 사망에 이르게 한 경우를 처벌하는 규정으로 **형법 제33조** 본문의 '신분관계로 인하여 성립될 범죄'에 해당한다. 따라서 피고인들에 대하여 구 아동학대처벌법 제4조, 제2조 제4호 가목, 형법 제257조 제1항, 제30조로 공소가 제기된 이 사건에서 피고인2에 대해 **형법 제33조** 본문에 따라 아동학대처벌법 위반(아동학대치사)죄의 공동정범이 성립하고 구 아동학대처벌법 제4조에서 정한 형에 따라 과형이 이루어져야 한다(대법원 2021.9.16, 2021도5000).

[보충] 피고인2에 대하여 형법 제33조 단서를 적용하여 형법 제259조 제1항의 상해치사죄에서 정한 형으로 처단한 원심의 판단에 구 아동학대처벌법 제4조 및 형법 제33조에 관한 법리를 오해하여 판결에 영향을 미친 위법이 있다는 대법원의 파기환송 판결이다.

◦solution 아동학대처벌법상 아동학대치사죄의 공동정범의 형으로 처벌된다.

7 범죄의 특수한 출현형태론

제1절 과실범과 결과적 가중범

● ● ○

093 포클레인 기사의 업무상과실치상 여부가 문제된 사건

> 포클레인 기사 甲은 포클레인을 이용해 토사를 덤프트럭에 적재하는 작업을 하면서 작업범위 밖으로 토사 등이 떨어지지 않도록 충분한 주의를 기울여야 할 업무상 주의의무가 있음에도 이를 게을리한 채 포클레인으로 퍼서 올린 토사가 부근의 자전거도로로 떨어지게 하여 자전거를 타고 그곳을 지나던 乙이 떨어진 돌에 부딪혀 넘어지게 하여 상해를 입었다. 甲에게는 업무상 과실치상죄의 죄책이 인정되는가?

(판례) 공사현장에서 포클레인을 이용해 땅을 파서 흙을 트럭에 싣는 작업을 하는 경우 적재물이 낙하하여 사람이 다치거나 주변 통행에 방해가 되는 등의 사고가 발생할 수 있으므로 포클레인 기사는 낙하사고를 방지하기 위하여 필요한 조치를 취하여야 한다. 사람의 통행이 빈번한 산책로와 자전거도로 부근에서 적재 작업을 하는 피고인으로서는 작업 중 토사 등 적재물이 덤프트럭 적재함 밖으로 떨어지지 않도록 충분한 주의를 기울이거나 그것이 어려운 경우 작업의 중단 내지 안전펜스 설치나 신호수의 배치요구를 하는 등의 조치를 취하여야 할 업무상 주의의무가 있었다(대법원 2021.11.11, 2021도11547).

♀solution 인정된다.

● ○ ○

094 공사현장에서 중량물 취급 시에 필요한 안전조치의무 및 업무상 주의의무 위반이 문제된 사안

(판례) 공사 현장소장인 피고인이 25톤급 이동식 크레인을 사용하여 작업하기로 작업계획서를 작성하고도 실제 16톤급 이동식 크레인(이하 '이 사건 크레인')을 배치하고 피해자에게 적재하중을 초과하는 철근 인양작업을 지시하여 철근의 무게를 버티지 못한 이 사건 크레인이 전도되게 함으로써 사업주의 안전조치의무를 위반함과 동시에 업무상 과실로 피해자에게 상해를 입게 하였다는 공소사실로 기소된 경우, ① 피고인이 25톤급 크레인을 기준으로 한 작업계획서를 작성한 것만으로는 이 사건 크레인의 작업계획서를 작성하였다고 볼 수는 없으므로 작업계획서 미작성으로 인한 안전조치의무 위반 및 업무상 주의의무 위반이 인정되고, ② 피고인이 이 사건 작업이 이 사건 크레인의 적재하중을 초과할 수 있음을 충분히 인식할 수 있었음에도 크레인의 적재하중을 파악하기 위해 제원표를 확인하는 등의 조치도 취하지 않은 채 인양이 가능하다는 피해자 등의 말만 믿고서 작업을 지시한 점 등에 비추어, 피고인의 적재하중을 초과한 중량물 취급으로 인한 안전조치의무 위반 및 업무상 주의의무 위반도 인정되며, ③ 그 판시와 같은 사정에 비추어 피고인의 업무상 과실과 사고 사이에 인과관계도 인정된다(산업안전보건법위반죄 · 업무상과실치상죄, 대법원 2022.1.14, 2021도15004).

● ○ ○
095 횡단보행자용 신호기가 설치되어 있지 않은 횡단보도를 통과한 직후 발생한 교통사고

> 甲은 맑은 날씨의 오후에 트럭을 운전하여 횡단보행자용 신호기가 설치되어 있지 않은 횡단보도를 통과한 직후 그 부근에서 도로를 횡단하려는 乙(만 9세, 여)을 뒤늦게 발견하고 급제동 조치를 취하였으나, 차량 앞 범퍼 부분으로 피해자의 무릎을 충격하여 약 2주간의 치료를 요하는 상해를 입혔다. 甲에게는 업무상 과실치상죄의 주의의무 위반이 인정되는가?

(조문) 형법 제14조(과실) 정상적으로 기울여야 할 주의(注意)를 게을리하여 죄의 성립요소인 사실을 인식하지 못한 행위는 법률에 특별한 규정이 있는 경우에만 처벌한다.

제17조(인과관계) 어떤 행위라도 죄의 요소되는 위험발생에 연결되지 아니한 때에는 그 결과로 인하여 벌하지 아니한다.

(판례) 피고인으로서는 횡단보도 부근에서 도로를 횡단하려는 보행자가 흔히 있을 수 있음을 충분히 예상할 수 있었으므로, 보행자를 발견한 즉시 안전하게 정차할 수 있도록 제한속도 아래로 속도를 더욱 줄여 서행하고 전방과 좌우를 면밀히 주시하여 안전하게 운전함으로써 사고를 미연에 방지할 업무상 주의의무가 있었음에도 이를 위반하였고, 횡단보도 부근에서 안전하게 서행하였더라면 사고 발생을 충분히 피할 수 있었을 것이므로, 피고인의 업무상 주의의무 위반과 사고 발생 사이의 상당인과관계가 인정된다(대법원 2022.6.16, 2022도1401).

(유사) 도로교통법 제27조 제5항은 '모든 차의 운전자는 보행자가 횡단보도가 설치되어 있지 아니한 도로를 횡단하고 있을 때에는 안전거리를 두고 일시정지하여 보행자가 안전하게 횡단할 수 있도록 하여야 한다'고 규정하고 있다. 따라서 자동차의 운전자는 횡단보행자용 신호기가 설치되지 않은 횡단보도를 횡단하는 보행자가 있을 경우에 그대로 진행하더라도 보행자의 횡단을 방해하지 않거나 통행에 위험을 초래하지 않을 경우를 제외하고는, 횡단보도에 먼저 진입하였는지 여부와 관계없이 차를 일시정지하는 등의 조치를 취함으로써 보행자의 통행이 방해되지 않도록 할 의무가 있다(대법원 2020.12.24, 2020도8675; 2022. 4.14, 2020도17724 참조).

♀solution 인정된다.

● ○ ○
096 횡단보행자용 신호기가 설치되지 않은 횡단보도와 보행자 보호의무

> 피해자보다 먼저 횡단보도에 진입한 차량운전자에게도 도로교통법 제27조 제1항에 따른 '횡단보도에서의 보행자 보호의무' 위반을 인정할 수 있는가?

(판례) 모든 차의 운전자는 보행자보다 먼저 횡단보행자용 신호기가 설치되지 않은 횡단보도에 진입한 경우에도, 보행자의 횡단을 방해하지 않거나 통행에 위험을 초래하지 않을 상황이 아니고서는, 차를 일시정지하는 등으로 보행자의 통행이 방해되지 않도록 할 의무가 있다(대법원 2020.12.24, 2020도8675). 피고인이 운전한 화물차가 보행인인 피해자보다 먼저 횡단보행자용 신호기가 없는 횡단보도에 진입하였더라도 화물차를 일시정지하지 않은 채 횡단보도를 통과한 행위는 도로교통법 제27조 제1항에 따른 '횡단보도에서의 보행자 보호의무'를 위반한 경우로서 이는 「교통사고처리 특례법」 제3조 제2항 단서 제6호에 해당한다(대법원 2022.4.14, 2020도17724).

(비교) 자동차의 운전자는 ① 횡단보행자용 신호기의 지시에 따라 횡단보도를 횡단하는 보행자가 있을 때에는 횡단보도에의 진입 선후를 불문하고 일시정지하는 등의 조치를 취함으로써 보행자의 통행이 방해되지 않도록 하여야 하고, ② 다만 자동차가 횡단보도에 먼저 진입한 경우로서 그대로 진행하더라도 보행자의 횡단을 방해하지 않거나 통행에 위험을 초래하지 않을 상황이라면 그대로 진행할 수 있는 것으로 해석된다(대법원 2020.12.24, 2020도8675).

♀solution 인정할 수 있다.

097 골프장 경기보조원의 업무상 주의의무

(판례) 업무상과실치상죄의 '업무'란 사람의 사회생활면에서 하나의 지위로서 계속적으로 종사하는 사무로, 수행하는 직무 자체가 위험성을 갖기 때문에 안전배려를 의무의 내용으로 하는 경우는 물론 사람의 생명 · 신체의 위험을 방지하는 것을 의무의 내용으로 하는 업무도 포함한다. 골프와 같은 개인 운동경기에서, 경기에 참가하는 자는 자신의 행동으로 인해 다른 사람이 다칠 수도 있으므로 경기규칙을 준수하고 주위를 살펴 상해의 결과가 발생하는 것을 미연에 방지해야 할 주의의무가 있고, 경기보조원은 그 업무의 내용상 기본적으로는 골프채의 운반 · 이동 · 취급 및 경기에 관한 조언 등으로 골프경기 참가자를 돕는 역할을 수행하면서 아울러 경기 진행 도중 위와 같이 경기 참가자의 행동으로 다른 사람에게 상해의 결과가 발생할 위험성을 고려해 예상할 수 있는 사고의 위험을 미연에 방지하기 위한 조치를 취함으로써 경기참가자들의 안전을 배려하고 그 생명 · 신체의 위험을 방지할 업무상 주의의무를 부담한다(대법원 2022.12.1, 2022도11950).

098 의사에게 의료행위로 인한 업무상과실치사상죄를 인정하기 위해서 증명해야 할 내용과 증명의 정도

(판례) 의사에게 의료행위로 인한 업무상과실치사상죄를 인정하기 위해서는, 의료행위 과정에서 공소사실에 기재된 업무상과실의 존재는 물론 그러한 업무상과실로 인하여 환자에게 상해 · 사망 등 결과가 발생한 점에 대하여도 엄격한 증거에 따라 합리적 의심의 여지가 없을 정도로 증명이 이루어져야 한다. 설령 의료행위와 환자에게 발생한 상해 · 사망 등 결과 사이에 인과관계가 인정되는 경우에도, 검사가 공소사실에 기재한 바와 같은 업무상과실로 평가할 수 있는 행위의 존재 또는 그 업무상과실의 내용을 구체적으로 증명하지 못하였다면, 의료행위로 인하여 환자에게 상해 · 사망 등 결과가 발생하였다는 사정만으로 의사의 업무상과실을 추정하거나 단순한 가능성 · 개연성 등 막연한 사정을 근거로 함부로 이를 인정할 수는 없다(대법원 2023.1.12, 2022도11163).

●○○
099 내과 외래에서 염증수치(CRP) 검사결과를 확인하지 아니하고 환자를 귀가조치한 의사 사례

참고판례

(판례) 내과 외래 진료를 하고 있는 내과의사인 피고인이 피해자를 급성 장염으로 진단하고 그 증상을 완화하기 위해 시행한 대증적 조치나 C-반응성단백질 수치 결과가 확인된 이후 피해자에 대한 입원조치를 하지 않은 것에 의료상 과실이 있다고 보기 어렵고, 피해자에게 패혈증, 패혈증 쇼크 등의 증상이 발현되어 하루 만에 사망에 이를 정도로 급격하게 악화될 것을 예견할 수 있었다고 보기도 어렵다(대법원 2024.10.25, 2023도13950).

●●●
100 내과 교수와 전공의 간의 신뢰의 원칙의 적용 여부

[제1문] 의사들 사이의 분업적인 진료행위에 있어서 서로 대등한 지위에서 각자의 의료영역을 나누어 환자 진료의 일부를 분담한 경우, 진료를 분담받은 다른 의사의 전적인 과실로 환자에게 발생한 결과에 대하여 주된 의사의 지위에서 환자를 진료하는 의사에게 책임을 인정할 수 있는가?

[제2문] 수련병원의 전문의와 전공의 등의 관계처럼 의료기관 내의 직책상 주된 의사의 지위에서 지휘·감독 관계에 있는 다른 의사에게 특정 의료행위를 위임하는 수직적 분업의 경우, 주된 지위에서 진료하는 의사가 설명의무의 이행을 다른 의사에게 원칙적으로 위임할 수 있는가?

[제3문] 수련병원의 전문의와 전공의 등의 관계처럼 의료기관 내의 직책상 주된 의사의 지위에서 지휘·감독 관계에 있는 다른 의사에게 특정 의료행위를 위임하는 수직적 분업의 경우, 그 다른 의사에게 전적으로 위임된 것에 해당하는 의료행위의 경우에도 주된 의사는 자신이 주로 담당하는 환자에 대하여 다른 의사가 하는 의료행위의 내용이 적절한 것인지 여부를 확인하고 감독하여야 할 업무상 주의의무가 있는가?

[제4문] 장폐색이 있는 피해자의 치료를 담당하였던 대학병원 내과 교수의 대장내시경 준비지시를 받은 내과 전공의 2년차가 대장내시경을 위해 투여하는 장정결제를 감량하지 않고 일반적인 용법으로 투여하며 별도로 배변양상을 관찰할 것을 지시하지 않고 관련 설명을 제대로 하지 않은 업무상과실로 피해자의 장이 파열되고 결국 사망하였다. 이 경우 특별한 사정이 없는 한 위 내과 교수에게도 책임을 물을 수 있는가?

[제1문]

(판례) 어떠한 의료행위가 의사들 사이의 분업적인 진료행위를 통하여 이루어지는 경우에도 그 의료행위 관련 임상의학 분야의 현실과 수준을 포함하여 구체적인 진료환경 및 조건, 해당 의료행위의 특수성 등을 고려한 규범적인 기준에 따라 해당 의료행위에 필요한 주의의무의 준수 내지 위반이 있었는지 여부가 판단되어야 함은 마찬가지이다. 따라서 의사가 환자에 대하여 주된 의사의 지위에서 진료하는 경우라도, 자신은 환자의 수술이나 시술에 전념하고 마취과 의사로 하여금 마취와 환자 감시 등을 담당토록 하거나, 특정 의료영역에 관한 진료 도중 환자에게 나타난 문제점이 자신이 맡은 의료영역 내지 전공과목에 관한 것이 아니라 그에 선행하거나 병행하여 이루어진 다른 의사의 의료영역 내지 전공과목에 속하는 등의 사유로 다른 의사에게 그 관련된 협의진료를 의뢰한 경우처럼 서로 대등한 지위에서 각자의 의료영역을

나누어 환자 진료의 일부를 분담하였다면, 진료를 분담받은 다른 의사의 전적인 과실로 환자에게 발생한 결과에 대하여는 책임을 인정할 수 없다(대법원 2003.1.10, 2001도3292; 2022.12.1, 2022도1499).

♀solution 책임을 인정할 수 없다.

[제2문 · 제3문]

(판례) ① 수련병원의 전문의와 전공의 등의 관계처럼 의료기관 내의 직책상 주된 의사의 지위에서 지휘 · 감독 관계에 있는 다른 의사에게 특정 의료행위를 위임하는 수직적 분업의 경우에는, 그 다른 의사에게 전적으로 위임된 것이 아닌 이상 주된 의사는 자신이 주로 담당하는 환자에 대하여 다른 의사가 하는 의료 행위의 내용이 적절한 것인지 여부를 확인하고 감독하여야 할 업무상 주의의무가 있고, 만약 의사가 이와 같은 업무상 주의의무를 소홀히 하여 환자에게 위해가 발생하였다면 주된 의사는 그에 대한 과실 책임을 면할 수 없다(대법원 2007.2.22, 2005도9229; 2022.12.1, 2022도1499). ② 이때 그 의료행위가 지휘 · 감독 관계에 있는 다른 의사에게 전적으로 위임된 것으로 볼 수 있는지 여부는 위임받은 의사의 자격 내지 자질과 평소 수행한 업무, 위임의 경위 및 당시 상황, 그 의료행위가 전문적인 의료영역 및 해당 의료기관의 의료 시스템 내에서 위임하에 이루어질 수 있는 성격의 것이고 실제로도 그와 같이 이루어져 왔는지 여부 등 여러 사정에 비추어 해당 의료행위가 위임을 통해 분담 가능한 내용의 것이고 실제로도 그에 관한 위임이 있었다 면, 그 위임 당시 구체적인 상황 하에서 위임의 합리성을 인정하기 어려운 사정이 존재하고 이를 인식하였 거나 인식할 수 있었다고 볼 만한 다른 사정에 대한 증명이 없는 한, 위임한 의사는 위임받은 의사의 과실로 환자에게 발생한 결과에 대한 책임이 있다고 할 수 없다(대법원 2022.12.1, 2022도1499).

♀solution [제2문] 원칙적으로 위임할 수 있다.
        [제3문] 업무상 주의의무가 없다.

[제4문]

(판례) 전공의가 분담한 의료행위에 관하여 내과 교수에게도 주의의무 위반에 따른 책임을 인정하려면, 부분 장폐색 환자에 대한 장정결 시행의 빈도와 처방 내용의 의학적 난이도, 내과 2년차 전공의임에도 소화기내과 위장관 부분 업무를 담당한 경험이 미흡하였거나 기존 경력에 비추어 보아 적절한 업무수행을 기대하기 어렵다는 등의 특별한 사정이 있었는지 여부 등을 구체적으로 심리하여 전공의에게 장정결 처방 및 그에 관한 설명을 위임한 것이 합리적이지 않았다는 사실에 대한 증명이 있었는지를 판단하였어야 한다. 내과 교수가 전공의를 지휘 · 감독하는 지위에 있다는 사정만으로 직접 수행하지 않은 장정결제 처방 과 장정결로 발생할 수 있는 위험성에 관한 설명에 대하여 책임이 있다고 단정한 원심에는 의사의 의료행 위 분담에 관한 법리를 오해하고 필요한 심리를 제대로 하지 아니함으로써 판결에 영향을 미친 잘못이 있다(대법원 2022.12.1, 2022도1499).

♀solution 특별한 사정이 없는 한 책임을 물을 수 없다.

●●○

101 형사재판의 인과관계의 증명과 동일 사안의 민사재판의 차이
•국가9급 24

> 형사재판에서는 인과관계 증명에 있어서 '합리적인 의심이 없을 정도'의 증명을 요하므로 그에 관한 판단이 동일 사안의 민사재판과 달라질 수 있는가?

판례 의사에게 의료행위로 인한 업무상과실치사상죄를 인정하기 위해서는, 의료행위 과정에서 공소사실에 기재된 업무상과실의 존재는 물론 그러한 업무상과실로 인하여 환자에게 상해·사망 등 결과가 발생한 점에 대하여도 엄격한 증거에 따라 합리적 의심의 여지가 없을 정도로 증명이 이루어져야 한다(대법원 2023.1.12, 2022도11163). 따라서 검사는 공소사실에 기재한 업무상과실과 상해·사망 등 결과 발생 사이에 인과관계가 있음을 합리적인 의심의 여지가 없을 정도로 증명하여야 하고, 의사의 업무상 과실이 증명되었다는 사정만으로 인과관계가 추정되거나 증명 정도가 경감되는 것은 아니다. 이처럼 형사재판에서는 인과관계 증명에 있어서 '합리적인 의심이 없을 정도'의 증명을 요하므로 그에 관한 판단이 동일 사안의 민사재판과 달라질 수 있다(대법원 2011.4.28, 2010도14102; 2023.8.31, 2021도1833).

보충 마취통증의학과 의사인 피고인은 수술실에서 환자 피해자 甲(73세)에게 마취시술을 시행한 다음 간호사 乙에게 환자의 감시를 맡기고 수술실을 이탈하였는데, 이후 甲에게 저혈압이 발생하고 혈압 회복과 저하가 반복됨에 따라 乙이 피고인을 수회 호출하자, 피고인은 수술실에 복귀하여 甲이 심정지 상태임을 확인하고 마취해독제 투여, 심폐소생술 등의 조치를 취하였으나, 甲이 심정지 등으로 사망에 이르게 되었다. 검사가 제출한 증거만으로는 피고인이 직접 피해자를 관찰하거나 간호사의 호출을 받고 신속히 수술실에 가서 대응하였다면 구체적으로 어떤 조치를 더 할 수 있는지, 그러한 조치를 취하였다면 피해자가 심정지에 이르지 않았을 것인지 알기 어려운 점, 피해자에게 심정지가 발생하였을 때 피고인이 피해자를 직접 관찰하고 있다가 심폐소생술 등의 조치를 하였더라면 피해자가 사망하지 않았을 것이라는 점에 대한 증명도 부족한 점, 피해자의 부검이 이루어졌음에도 피해자의 사인이 명확히 밝혀지지 않은 사정 등을 고려하면 피고인의 업무상 과실로 피해자가 사망하게 되었다는 점이 합리적인 의심의 여지가 없을 정도로 증명되었다고 보기는 어렵다. 반면, 같은 날 선고된 동일 사안 민사사건(2022다219427)에서는 진료상 과실과 환자 사망 사이의 인과관계가 인정되어 손해배상 책임이 인정되었다.

solution 달라질 수 있다.

제2절 부작위범

●●○

102 병원장과 병원 소속 전문의의 부작위범의 공동정범 성부

> 구 정신보건법 제24조 제1항은 "정신의료기관 등의 장은 정신질환자의 보호의무자 2인의 동의(보호의무자가 1인인 경우에는 1인의 동의로 한다)가 있고 정신건강의학과 전문의가 입원 등이 필요하다고 판단한 경우에 한하여 당해 정신질환자를 입원 등을 시킬 수 있으며, 입원 등을 할 때 당해 보호의무자로부터 보건복지부령으로 정하는 입원 등의 동의서 및 보호의무자임을 확인할 수 있는 서류를 받아야 한다."라고 정하고, 제57조 제2호는 제24조 제1항을 위반하여 입원동의서 또는 보호의무자임을 확인할 수 있는 서류를 받지 아니한 자를 처벌한다고 정하고 있다. 그런데 정신병원 소속 봉직의인 피고인들이 보호의무자에 의한 입원 시 보호의무자 확인 서류를 수수하지 않았다. 그렇다면 이 위반행위에 관하여 피고인들은 정신병원의 장과 부작위범의 공동정범이 성립하는가?

판례 보호의무자 확인 서류 등 수수 의무 위반으로 인한 구 정신보건법 위반죄는 구성요건이 부작위에 의해서만 실현될 수 있는 진정부작위범에 해당한다. 진정부작위범인 위 수수 의무 위반으로 인한 구 정신보건법 위반죄의 공동정범은 그 의무가 수인에게 공통으로 부여되어 있는데도 수인이 공모하여 전원이 그 의무를 이행하지 않았을 때 성립할 수 있다. 그리고 위 규정에 따르면 보호의무자 확인 서류 등의 수수 의무는 '정신의료기관 등의 장'에게만 부여되어 있고, 정신의료기관 등의 장이 아니라 그곳에 근무하고 있을 뿐인 정신건강의학과 전문의는 위 규정에서 정하는 보호의무자 확인 서류 등의 수수 의무를 부담하지 않는다고 보아야 한다(대법원 2021.5.7, 2018도12973).

♀solution 성립하지 않는다.

● ● ● ○
103 과실에 의한 부진정부작위범 사건
• 국가9급 24

> 甲과 乙은 담배를 피우고 나서 분리수거장 방향으로 담배꽁초를 던져 버리는 한편, 각자 본인 및 상대방이 버린 담배꽁초 불씨가 살아 있는지를 확인하여 이를 완전히 제거하지 않고 현장을 떠나 화재가 발생하였다. 甲과 乙에게는 실화죄가 성립하는가?

[판례] 형법이 금지하고 있는 법익침해의 결과발생을 방지할 법적인 작위의무를 지고 있는 자가 그 의무를 이행함으로써 결과발생을 쉽게 방지할 수 있는데도 결과발생을 용인하고 방관한 채 의무를 이행하지 아니한 것이 범죄의 실행행위로 평가될 만한 것이라면 부작위범으로 처벌할 수 있다(대법원 2016.4.15, 2015도15227). 실화죄에 있어서 공동의 과실이 경합되어 화재가 발생한 경우 적어도 각 과실이 화재의 발생에 대하여 하나의 조건이 된 이상은 그 공동적 원인을 제공한 사람들은 각자 실화죄의 책임을 면할 수 없다(대법원 1983.5.10, 82도2279). 피고인들의 행위 모두 이 사건 화재 발생에 공동의 원인이 되었고, 피고인들 각각의 행위와 이 사건 화재 발생 사이에 상당인과관계가 인정되므로, 피고인들 각자의 과실이 경합하여 이 사건 화재를 일으켰다고 보아 피고인 각자에게 실화죄의 죄책이 인정된다(대법원 2023.3.9, 2022도16120).

♀solution 성립한다.

8 ## 죄수론

제1절 일 죄

● ○ ○
104 거짓신고에 의한 경범죄처벌법위반죄와 위계에 의한 공무집행방해죄의 죄수관계: 허위 화재 신고 사건

[판례] 경범죄처벌법 제3조 제3항 제2호의 거짓신고로 인한 경범죄처벌법위반죄는 '있지 아니한 범죄나 재해 사실을 공무원에게 거짓으로 신고'하는 경우에 성립하고, 형법 제137조의 위계에 의한 공무집행방해죄는 상대방의 오인, 착각, 부지를 일으키고 이를 이용하는 위계에 의하여 상대방으로 하여금 그릇된 행위나 처분을 하

게 함으로써 공무원의 구체적이고 현실적인 직무집행을 방해하는 경우에 성립하는바(대법원 2016.1.28, 2015도 17297), 전자는 사회공공의 질서유지를 보호법익으로 하는 반면, 후자는 국가기능으로서의 공무 그 자체를 보호법익으로 하는 등 양 죄는 직접적인 보호법익이나 규율대상 및 구성요건 등을 달리한다. 따라서 **경범죄처벌법 제3조 제3항 제2호에서 정한 거짓신고 행위가 원인이 되어 상대방인 공무원이 범죄가 발생한 것으로 오인함으로 인하여 공무원이 그러한 사정을 알았더라면 하지 않았을 대응조치를 취하기에 이르렀다면, 이로써 구체적이고 현실적인 공무집행이 방해되어 위계에 의한 공무집행방해죄가 성립하지만**(대법원 2016.10.13, 2016도9958), 이와 같이 경범죄처벌법 제3조 제3항 제2호의 거짓신고가 '위계'의 수단·방법·태양의 하나가 된 경우에는 거짓신고로 인한 경범죄처벌법위반죄가 위계에 의한 공무집행방해죄에 흡수되는 법조경합 관계에 있으므로, 위계에 의한 공무집행방해죄만 성립할 뿐 이와 별도로 거짓신고로 인한 경범죄처벌법위반죄가 성립하지는 않는다(대법원 2022.10.27, 2022도10402).

105 유사수신행위법위반죄와 사기죄의 죄수

(판례) 「유사수신행위의 규제에 관한 법률」 제6조 제1항, 제3조를 위반한 행위는 그 자체가 사기행위에 해당한다거나 사기행위를 반드시 포함한다고 할 수 없고, 유사수신행위법위반죄가 형법 제347조 제1항의 사기죄와 구성요건을 달리하는 별개의 범죄로서 서로 보호법익이 다른 이상, 유사수신행위를 한 자가 출자자에게 별도의 기망행위를 하여 유사수신행위로 조달받은 자금의 전부 또는 일부를 다시 투자받는 행위는 유사수신행위법위반죄와 다른 새로운 보호법익을 침해하는 것으로서 유사수신행위법위반죄의 불가벌적 사후행위가 되는 것이 아니라 별죄인 사기죄를 구성한다(대법원 2023.11.16, 2023도12424).

(조문) 유사수신행위의 규제에 관한 법률 제2조(정의) 이 법에서 "유사수신행위"란 다른 법령에 따른 인가·허가를 받지 아니하거나 등록·신고 등을 하지 아니하고 불특정 다수인으로부터 자금을 조달하는 것을 업(業)으로 하는 행위로서 다음 각 호의 어느 하나에 해당하는 행위를 말한다.
1. 장래에 출자금의 전액 또는 이를 초과하는 금액을 지급할 것을 약정하고 출자금을 받는 행위
2. 장래에 원금의 전액 또는 이를 초과하는 금액을 지급할 것을 약정하고 예금·적금·부금·예탁금 등의 명목으로 금전을 받는 행위
3. 장래에 발행가액(發行價額) 또는 매출가액 이상으로 재매입(再買入)할 것을 약정하고 사채(社債)를 발행하거나 매출하는 행위
4. 장래의 경제적 손실을 금전이나 유가증권으로 보전(補塡)하여 줄 것을 약정하고 회비 등의 명목으로 금전을 받는 행위

106 같은 날 저녁 식사 전후에 이루어진 제1 무면허운전과 제2 무면허운전의 죄수와 동일성

• 경찰간부 22, 국가7급 23, 경찰1차 24

甲은 저녁 시간에 회사에서 퇴근하면서 무면허인 상태로 차량을 운전하여 인근 식당까지 이동하고(제1 무면허운전 혐의), 약 3시간이 경과한 후 식당 인근에서 시동이 켜진 위 차량에서 술에 취해 잠이 든 상태로 발견되어 경찰에 의해 음주측정을 받았다(제2 무면허운전 및 음주운전 혐의). 甲의 무면허운전죄의 죄수는 일죄인가, 수죄인가?

(판례) 무면허운전으로 인한 도로교통법 위반죄에 관해서는 어느 날에 운전을 시작하여 다음 날까지 동일한 기회에 일련의 과정에서 계속 운전을 한 경우 등 특별한 경우를 제외하고는 **사회통념상 운전한 날을 기준으로 운전한 날마다 1개의 운전행위가 있다고 보는 것**이 상당하므로 운전한 날마다 무면허운전으로 인한 도로교통법 위반의 1죄가 성립한다고 보아야 한다(대법원 2002.7.23, 2001도6281). 한편, 같은 날 무면허운전 행위를 여러 차례 반복한 경우라도 그 범의의 단일성 내지 계속성이 인정되지 않거나 범행 방법 등이 동일하지 않은 경우 각 무면허운전 범행은 실체적 경합 관계에 있다고 볼 수 있으나, 그와 같은 특별한 사정이 없다면 각 무면허운전 행위는 동일 죄명에 해당하는 수 개의 동종 행위가 동일한 의사에 의하여 반복되거나 접속 · 연속하여 행하여진 것으로 봄이 상당하고 그로 인한 피해법익도 동일한 이상, 각 무면허운전 행위를 통틀어 **포괄일죄**로 처단하여야 한다(대법원 2022.10.27, 2022도8806).

> (보충) 검사가 공소장변경으로 철회하려는 공소사실(제2 무면허운전 혐의)과 추가하려는 공소사실(제1 무면허운전 혐의)은 시간 및 장소에 있어 일부 차이가 있으나, 같은 날 동일 차량을 무면허로 운전하려는 단일하고 계속된 범의 아래 동종 범행을 같은 방법으로 반복한 것으로 포괄하여 일죄에 해당하고 그 기초가 되는 사회적 사실관계도 기본적인 점에서 동일하여 그 공소사실이 동일하다고 보아, 공소장변경신청은 허가됨이 타당하다.

♀solution 일죄

---

107 단일한 범의하의 수뢰 후 부정처사 이후의 뇌물수수가 포괄일죄를 구성하는가의 사건

• 법원9급 22, 변호사시험 22

> 공무원 甲이 단일하고도 계속된 범의하에 뇌물을 여러 차례 수수하면서 일련의 부정한 행위를 저지른 경우, 시간적으로 제일 마지막에 저질러진 부정한 행위 이후의 뇌물수수 행위도 위 부정한 행위 이전의 뇌물수수 행위와 마찬가지로 형법 제131조 제1항에 따른 수뢰후부정처사죄의 포괄일죄를 구성할 수 있는가?

(판례) 수뢰후부정처사죄를 정한 형법 제131조 제1항은 공무원 또는 중재인이 형법 제129조(수뢰, 사전수뢰) 및 제130조(제3자뇌물제공)의 죄를 범하여 부정한 행위를 하는 것을 구성요건으로 하고 있다. 여기에서 '형법 제129조 및 제130조의 죄를 범하여'란 반드시 뇌물수수 등의 행위가 완료된 이후에 부정한 행위가 이루어져야 함을 의미하는 것은 아니고, 결합범 또는 결과적 가중범 등에서의 기본행위와 마찬가지로 뇌물수수 등의 행위를 하는 중에 부정한 행위를 한 경우도 포함하는 것으로 보아야 한다. 따라서 단일하고도 계속된 범의 아래 일정 기간 반복하여 일련의 뇌물수수 행위와 부정한 행위가 행하여졌고 그 뇌물수수 행위와 부정한 행위 사이에 인과관계가 인정되며 피해법익도 동일하다면, 최후의 부정한 행위 이후에 저질러진 뇌물수수 행위도 최후의 부정한 행위 이전의 뇌물수수 행위 및 부정한 행위와 함께 수뢰후부정처사죄의 포괄일죄로 처벌함이 타당하다(대법원 2021.2.4, 2020도12103).

> (보충) 원심은 수뢰후부정처사죄가 포괄일죄로 성립하는 경우라 할지라도 뇌물수수 행위가 부정한 행위보다 개별적으로도 반드시 선행하여야 한다는 전제 하에 원심 판시 범죄일람표 (1) 기재 순번 16, 17번의 뇌물수수 행위가 마지막 부정한 행위보다 시간적으로 나중에 저질러졌다는 이유만으로 위 뇌물수수 행위에 관한 수뢰후부정처사의 점을 무죄로 판단하였으나, 이러한 원심의 판단에는 수뢰후부정처사죄의 구성요건 및 포괄일죄 등에 관한 법리를 오해한 잘못이 있다는 이유로 원심판결 전부를 파기환송한 사안이다.

♀solution 수뢰후부정처사죄의 포괄일죄를 구성할 수 있다.

●●●
108 국군기무사령관의 온라인 여론조작 활동 지시 사건

> 공무원이 동일한 사안에 관한 일련의 직무집행 과정에서 단일하고 계속된 범의로 일정 기간 계속하여 저지른 직권남용행위에 대하여는 그 상대방이 여러 명이더라도 포괄일죄가 성립할 수 있는가?

(판례) 직권남용권리행사방해죄는 국가기능의 공정한 행사라는 국가적 법익을 보호하는 데 주된 목적이 있으므로, 공무원이 동일한 사안에 관한 일련의 직무집행 과정에서 단일하고 계속된 범의로 일정 기간 계속하여 저지른 직권남용행위에 대하여는 설령 그 상대방이 여러 명이더라도 포괄일죄가 성립할 수 있다. 다만 개별 사안에서 포괄일죄의 성립 여부는 직무집행 대상의 동일 여부, 범행의 태양과 동기, 각 범행 사이의 시간적 간격, 범의의 단절이나 갱신 여부 등을 세밀하게 살펴 판단하여야 한다(직권남용으로 인한 국가정보원법 위반죄에 관한 대법원 2021.3.11, 2020도12583). 피고인의 관련 행위(온라인 여론조작 활동 지시 또는 불법 신원조회 활동 지시)는 동일한 사안에 관한 일련의 직무집행 과정에서 단일하고 계속된 범의로 일정 기간 계속하여 저지른 직권남용행위에 해당하므로 그 전체 범행에 대하여 포괄하여 하나의 직권남용죄가 성립한다. 따라서 직권남용행위의 상대방별로 별개의 죄가 성립함을 전제로 일부 상대방에 대한 범행에 대하여 별도로 공소시효가 완성되었다고 판단한 원심판결에는 직권남용죄의 죄수에 관한 법리를 오해한 잘못이 있다(대법원 2021.9.9, 2021도2030).

♀solution 성립할 수 있다.

●●○
109 적법하게 개설되지 않은 의료기관의 연속적인 요양급여비용 · 의료급여비용 편취 사건

> [제1문] 적법하게 개설되지 아니한 의료기관의 실질 개설 · 운영자가 적법하게 개설된 의료기관인 것처럼 의료급여비용의 지급을 청구하여 이에 속은 국민건강보험공단으로부터 의료급여비용 명목의 금원을 지급받아 편취한 경우, 피해자는 개별 지방자치단체인가, 국민건강보험공단인가?
> [제2문] 적법하게 개설되지 않은 의료기관의 실질 개설 · 운영자의 수회에 걸친 요양급여비용 및 의료급여비용 편취 범행이 있는 경우 그 죄수는 포괄일죄인가, 수죄인가?

(조문) 특정경제범죄 가중처벌 등에 관한 법률(이하 '특경법') 제3조(특정재산범죄의 가중처벌) ① 「형법」 제347조(사기), 제347조의2(컴퓨터등 사용사기), 제350조(공갈), 제350조의2(특수공갈), 제351조(제347조, 제347조의2, 제350조 및 제350조의2의 상습범만 해당한다), 제355조(횡령 · 배임) 또는 제356조(업무상의 횡령과 배임)의 죄를 범한 사람은 그 범죄행위로 인하여 취득하거나 제3자로 하여금 취득하게 한 재물 또는 재산상 이익의 가액(이하 이 조에서 "이득액"이라 한다)이 5억원 이상일 때에는 다음 각 호의 구분에 따라 가중처벌한다.
1. 이득액이 50억원 이상일 때: 무기 또는 5년 이상의 징역
2. 이득액이 5억원 이상 50억원 미만일 때: 3년 이상의 유기징역

[제1문]
(판례) 적법하게 개설되지 아니한 의료기관의 실질 개설 · 운영자가 적법하게 개설된 의료기관인 것처럼

의료급여비용의 지급을 청구하여 이에 속은 국민건강보험공단으로부터 의료급여비용 명목의 금원을 지급받아 편취한 경우, **국민건강보험공단을 피해자로 보아야** 한다(대법원 2023.10.26, 2022도90).

§solution 국민건강보험공단

[제2문]

판례 적법하게 개설되지 않은 의료기관의 실질 개설·운영자인 공동피고인의 의료급여비용 편취 범행 피해자는 개별 지방자치단체가 아닌 국민건강보험공단이므로, 공동피고인의 요양급여비용 및 의료급여비용 편취 범행 전체는 **포괄하여 피해자 국민건강보험공단에 대한 하나의 특경법상 사기죄를 구성한다**(대법원 2023.10.26, 2022도90).

§solution [전체가 포괄하여 피해자 국민건강보험공단에 대한 하나의 특정경제범죄가중처벌등에관한법률위반(사기)죄의] 포괄일죄

110 부부를 피해자로 하는 사기죄의 죄수

> 부부인 피해자들의 피해법익이 동일한 경우 부부인 피해자에 대하여 단일한 범의, 동일한 방법으로 각 피해자별로 기망행위를 한 경우 사기죄의 죄수는 일죄인가, 수죄인가?

판례 다수의 피해자에 대하여 각각 기망행위를 하여 각 피해자로부터 재물을 편취한 경우에는 범의가 단일하고 범행방법이 동일하더라도 각 피해자의 피해법익은 독립한 것이므로 이를 포괄일죄로 파악할 수 없고 **피해자별로 독립한 사기죄가 성립된다**(대법원 1989.6.13, 89도582; 2003.4.8, 2003도382). **다만 피해자들의 피해법익이 동일하다고 볼 수 있는 사정이 있는 경우에는 이들에 대한 사기죄를 포괄하여 일죄로 볼 수 있다**(대법원 2015.4.23, 2014도16980; 2023.12.21, 2023도13514).

보충 각 피해자 명의의 예금계좌에 예치된 금전에 관한 권리는 특별한 사정이 없는 한 각 피해자에게 별도로 귀속되므로 민사상 권리 귀속관계의 면에서는 각 피해자가 피고인의 기망행위로 별도의 재산상 법익을 침해당하였다고 볼 수도 있다. 그러나 포괄일죄를 판단하는 기준 중 하나인 피해법익의 동일성은 민사상 권리 귀속관계 외에 해당 사건에 나타난 다른 사정도 함께 고려하여 판단하여야 한다.

비교 사기죄 피해자들의 피해 법익이 동일하다고 볼 근거가 없는데도, 위 피해자들이 부부라는 사정만으로 이들에 대한 각 사기 행위가 포괄하여 일죄에 해당한다고 보아 특정경제범죄 가중처벌 등에 관한 법률을 적용한 원심판결에는 **죄수에 관한 심리미진 또는 법리오해의 위법**이 있다(대법원 2011.4.14, 2011도769).

§solution (피해자 부부에 대한 사기죄가 포괄하여) 일죄이다.

111 임대차계약의 방법으로 장소제공의 성매알선행위를 수회 한 경우 포괄일죄인지 실체적 경합범인지에 관한 판단기준

판례 포괄일죄의 관계에 있는 범행 일부에 대하여 판결이 확정된 경우에는 사실심 판결선고 시를 기준으로 그 이전에 이루어진 범행에 대하여는 확정판결의 기판력이 미쳐 면소의 판결을 선고하여야 할 것인데, 동일 죄명에 해당하는 여러 개의 행위 혹은 연속된 행위를 단일하고 계속된 범의하에 일정 기간 계속

하여 행하고 그 피해법익도 동일한 경우에는 이들 각 행위를 통틀어 포괄일죄로 처단하여야 할 것이나, 범의의 단일성과 계속성이 인정되지 아니하거나 범행방법 및 장소가 동일하지 않은 경우에는 각 범행은 실체적 경합범에 해당한다(대법원 2013.5.24, 2011도9549 등). …… 확정된 위 각 약식명령은 영업이 아닌 단순 성매매장소 제공행위 범행으로 처벌된 것이고, 이 사건 역시 영업이 아닌 단순 성매매장소 제공행위 범행으로 기소된 것이어서 그 구성요건의 성질상 동종 행위의 반복이 예상되는 경우라고 볼 수 없다. 또한 성매매장소 제공행위와 성매매알선행위의 경우 성매매알선행위가 장소제공행위의 필연적 결과라거나 반대로 장소제공행위가 성매매알선행위에 수반되는 필연적 수단이라고 볼 수도 없다. …… 확정된 위 각 약식명령과 이 사건 범행의 장소제공행위는, 장소를 제공받은 성매매업소 운영주가 성매매알선 등 행위로 단속되어 기소·처벌을 받는 과정에서 함께 처벌을 받게 된 것으로, 피고인은 그때마다 새로운 성매매업소 운영주와 사이에 다시 임대차계약을 체결하여 온 것으로 보인다. 위와 같이 피고인이 수사기관의 단속 등으로 인해 새로운 임대차계약을 체결하여 온 것으로 보이는 이상, 그와 같이 성매매장소를 제공한 수개의 행위가 동일한 범죄사실이라고 쉽게 단정하여 포괄일죄로 인정을 하면, 자칫 범행 중 일부만 발각되어 그 부분만 공소가 제기되어 확정판결을 받게 된 후에는 나중에 발각된 부분을 처벌하지 못하여 그 행위에 합당한 기소와 양형이 불가능하게 될 수 있는 불합리가 나타나 이 사건 처벌규정을 둔 입법취지가 훼손될 여지도 있다(대법원 2020.5.14, 2020도1355).

제2절 수 죄

●●○
112 상표법위반죄의 죄수관계가 문제된 사건
• 경찰2차 22

> 하나의 유사상표 사용행위로 수 개의 등록상표를 동시에 침해한 경우의 죄수 관계는 포괄일죄, 상상적 경합, 실체적 경합 중 어느 것에 해당하는가?

[판례] 수 개의 등록상표에 대하여 상표법 제230조의 상표권 침해 행위가 계속하여 이루어진 경우에는 등록상표마다 포괄하여 1개의 범죄가 성립한다(대법원 2011.7.14, 2009도10759 참조). 그러나 하나의 유사상표 사용행위로 수개의 등록상표를 동시에 침해하였다면 각각의 상표법 위반죄는 상상적 경합의 관계에 있다(대법원 2020.11.12, 2019도11688).

보충 이 사건 공소사실 중 이 사건 제1 등록상표의 침해로 인한 상표법 위반죄와 이 사건 제2 등록상표의 침해로 인한 상표법 위반죄는 각각 포괄일죄의 관계에 있고, 피고인은 하나의 유사상표 사용행위로 이 사건 제1 등록상표와 이 사건 제2 등록상표를 동시에 침해하였으므로, 이들 포괄일죄 상호간에는 형법 제40조의 상상적 경합범 관계에 있다.

보충 따라서 원심이 각 등록상표에 대한 침해행위를 포괄하여 하나의 죄가 성립하는 것으로 본 것은 잘못이나, 형법 제40조에 따라 각 상표법 위반죄 중 가장 중한 죄에 정한 형으로 처벌을 한다고 하더라도, 원심이 정한 처단형과 결과적으로 처단형의 범위에 아무런 차이가 없으므로, 원심의 이러한 죄수 평가의 잘못이 판결 결과에 영향을 미쳤다고 보기 어려워 상고를 기각한다.

∮solution 상상적 경합

113 폭력행위처벌법 위반(단체 등의 구성·활동)의 공소사실과 범죄집단의 개별적 범행에 해당하는 폭력행위처벌법 위반(단체 등의 공동강요)의 죄수

(판례) 범죄집단의 조직원의 범죄집단활동죄와 그 범죄집단에서 활동하면서 저지르는 개별적 범행들은 범행 목적이나 행위 등이 일부 중첩되는 부분이 있더라도 범행의 상대방, 범행 수단·방법, 결과, 보호법익, 실체적 경합 관계 등을 고려할 경우 각 공소사실이 동일하다고 볼 수 없어 공소장변경을 허가할 수 없고 그 죄수관계는 실체적 경합관계에 있다(대법원 2022.9.7, 2022도6993).

(비교) '폭력행위 등 처벌에 관한 법률' 제4조 제1항은 그 법에 규정된 범죄행위를 목적으로 하는 단체를 구성하거나 이에 가입하는 행위 또는 구성원으로 활동하는 행위를 처벌하도록 정하고 있는데, 이는 구체적인 범죄행위의 실행 여부를 불문하고 그 범죄행위에 대한 예비·음모의 성격이 있는 범죄단체의 생성 및 존속 자체를 막으려는 데 입법 취지가 있다(대법원 2009.6.11, 2009도2337 참조). 또한 위 조항에서 말하는 범죄단체 구성원으로서의 활동이란 범죄단체의 내부 규율 및 통솔 체계에 따른 조직적·집단적 의사 결정에 기초하여 행하는 범죄단체의 존속·유지를 지향하는 적극적인 행위를 일컫는다(대법원 2009.9.10, 2008도10177 등). 그런데 범죄단체의 구성이나 가입은 범죄행위의 실행 여부와 관계없이 범죄단체 구성원으로서의 활동을 예정하는 것이고, 범죄단체 구성원으로서의 활동은 범죄단체의 구성이나 가입을 당연히 전제로 하는 것이므로, 양자는 모두 범죄단체의 생성 및 존속·유지를 도모하는, 범죄행위에 대한 일련의 예비·음모 과정에 해당한다는 점에서 그 범의의 단일성과 계속성을 인정할 수 있을 뿐만 아니라 피해법익도 다르지 않다. 따라서 범죄단체를 구성하거나 이에 가입한 자가 더 나아가 구성원으로 활동하는 경우 이는 포괄일죄의 관계에 있다고 봄이 타당하다(대법원 2015.9.10, 2015도7081).

114 범죄집단활동죄와 개별 마약류관리에관한법률위반(향정)죄의 죄수

> 범죄집단에 가입하여 함께 마약류 판매 등 범행을 저지르면서 범죄집단의 구성원으로 활동하였다면, 범죄집단활동죄와 개별 마약류관리에관한법률위반(향정)죄의 죄수관계는 포괄일죄, 상상적 경합, 실체적 경합 중 어떠한 관계에 있는가?

(판례) 범죄집단이란 특정 다수인이 사형, 무기 또는 장기 4년 이상의 범죄를 수행한다는 공동목적 아래 구성원들이 정해진 역할분담에 따라 행동함으로써 범죄를 반복적으로 실행할 수 있는 조직체계를 갖춘 계속적인 결합체를 의미한다. 다만 그 단체를 주도하거나 내부의 질서를 유지하는 '최소한의 통솔체계'가 요구되는 '범죄단체'와 달리, 범의의 계획과 실행을 용이하게 할 정도의 조직적 구조를 갖추어야 한다(대법원 2008.5.29, 2008도1857; 2020.8.20, 2019도16263). ······ 범죄집단 구성원으로서의 '활동'이란 범죄집단의 조직구조에 따른 조직적·집단적 의사결정에 기초하여 행하는 범죄집단의 존속·유지를 지향하는 적극적인 행위를 일컫는다. 특정한 행위가 범죄집단의 구성원으로서의 '활동'에 해당하는지 여부는 당해 행위가 행해진 일시, 장소 및 그 내용, 행위가 이루어지게 된 동기 및 경위, 목적, 의사 결정자와 실행 행위자 사이의 관계 및 그 의사의 전달 과정 등의 구체적인 사정을 종합하여 실질적으로 판단하여야 한다(대법원 2009.9.10, 2008도10177; 2013.10.17, 2013도6401). 범죄집단활동죄와 개별 마약류관리에관한법률위반(향정)죄는 그 구성요건, 보호법익 및 입법취지가 다르므로 위 두 죄는 실체적 경합관계에 있다(범죄단체 구성원으로서 활동하는 행위와 집단감금 또는 집단상해행위는 각각 별개의 범죄구성요건을 충족하는 독립된 행위라고 본 대법원 2008.5.29, 2008도1857)(대법원 2024.7.25, 2024도6909).

ǫsolution 실체적 경합

●●○
115 중소기업협동조합법위반죄와 업무상 배임죄의 죄수

〔판례〕 피고인이 특정인을 중소기업중앙회장으로 당선되도록 할 목적으로 선거인에게 재산상 이익을 제공하면서 그 비용을 자신이 이사장으로 있었던 협동조합의 법인카드로 결제한 행위는 선거인에 대한 재산상 이익 제공으로 인한 중소기업협동조합법 위반죄와 협동조합에 재산상 손해를 가한 것으로 인한 업무상배임죄의 실체적 경합에 해당한다(대법원 2023.2.23, 2020도12431).

●●○
116 운행정지명령위반으로 인한 자동차관리법위반죄와 의무보험미가입자동차운행으로 인한 자동차손해배상보장법위반죄의 죄수

〔판례〕 운행정지명령위반으로 인한 자동차관리법위반죄와 의무보험미가입자동차운행으로 인한 자동차손해배상보장법위반죄는 자동차의 운행이라는 행위가 일부 중첩되기는 하나 법률상 1개의 행위로 평가되는 경우에 해당한다고 보기 어렵고, 또 구성요건을 달리하는 별개의 범죄로서 보호법익을 달리하고 있으므로 상상적 경합관계로 볼 것이 아니라 실체적 경합관계로 봄이 타당하다(대법원 2023.4.27, 2020도17883).

●●○
117 스토킹처벌법상 감정조치 불이행죄와 스토킹범죄의 죄수관계

〔판례〕 피고인이 전화를 걸어 피해자 휴대전화에 부재중 전화 문구, 수신차단기호 등이 표시되도록 하였다면 실제 전화통화가 이루어졌는지 여부와 상관없이 '피해자의 휴대전화로 유선·무선·광선 및 기타의 전자적 방식에 의하여 부호·문언을 송신하지 말 것'을 명하는 잠정조치를 위반하였다고 보아야 한다. 피고인이 피해자에게 접근하거나 전화를 건 행위가 스토킹범죄를 구성하는 스토킹행위에 해당하고 구 스토킹처벌법 제9조 제1항 제2호, 제3호의 잠정조치를 위반한 행위에도 해당하는 경우, '스토킹범죄로 인한 구 스토킹처벌법위반죄'와 '잠정조치 불이행으로 인한 구 스토킹처벌법위반죄'는 사회관념상 1개의 행위로 성립하는 수 개의 죄에 해당하므로 형법 제40조의 상상적 경합관계에 있다(대법원 2024.9.27, 2024도7832).

●○○
118 예비후보자공약집도 기부행위의 객체라는 사례

참고판례

〔판례〕 공직선거법에서의 기부행위는 원칙적으로 당사자 일방이 상대방에게 무상으로 금전·물품 기타 재산상 이익의 제공, 이익제공의 의사표시 또는 그 제공을 약속하는 행위를 말한다(공직선거법 제112조 제1항). …… 예비후보자공약집은 예비후보자의 정책 등을 홍보하기 위한 것으로서 그 예비후보자의 지지기반을 조성하는 데에 기여하는 가치가 있는 물건이다. 공직선거법 제59조 단서 제1호 및 제60조의3 제1항 제2호, 제4호는 등록한 예비후보자에게 사전선거운동으로 명함을 교부하거나 예비후보자홍보물을 우편발송하는 행위 등을 허용하는데, 공직선거법 제60조의4 제1항에서 규율하는 예비후보자공약집은 명함이나 예비후보자홍보물과는 달리 상당한 비용을 들여 도서의 형태로 발간되는 것이어서 이를 무상으로 배부하게 되면 자금력을 기반으로 상대적으로 우월한 홍보활동과 효과적인 선거운동이 가능하게 되므로, 결국 후보자의 자금력이 유권자의 후보자 선택에 관한 의사결정에 영향을 미칠 우려가 있다. 따라서 예비

후보자공약집 배부방법 위반으로 인한 공직선거법 위반죄와 별도로 기부행위제한 위반으로 인한 공직선거법 위반죄가 성립하고 양자는 상상적 경합관계에 있다(대법원 2024.4.4, 2023도18846).

119 특가법의 세 번 이상 징역형을 받은 사람의 의미

【참고판례】

• 법원행시 20

> 특정범죄 가중처벌 등에 관한 법률 제5조의4 제5항 제1호 중 '세 번 이상 징역형을 받은 사람'의 의미와 관련하여, 전범 중 일부가 나머지 전범과 사이에 형법 제37조 후단 경합범의 관계에 있는 경우, 이를 위 조항에 규정된 처벌받은 형의 수를 산정할 때 제외하여야 하는가?

[판례] 특정범죄 가중처벌 등에 관한 법률 제5조의4 제5항 제1호(이하 '처벌조항'이라 한다)는 '형법 제329조부터 제331조까지의 죄 또는 그 미수죄로 세 번 이상 징역형을 받은 사람이 다시 이들 죄(미수범을 포함한다)를 범하여 누범으로 처벌하는 경우에는 2년 이상 20년 이하의 징역에 처한다.'라고 규정하고 있다. …… 특가법상 '처벌조항'의 문언 내용 및 입법 취지, 형법 제37조 후단과 제39조 제1항의 규정은 법원이 형법 제37조 후단 경합범(이하 '후단 경합범'이라고 한다)인 판결을 받지 아니한 죄에 대한 판결을 선고할 경우 판결이 확정된 죄와 동시에 판결할 경우와의 형평을 고려하여야 한다는 형의 양정(형법 제51조)에 관한 추가적인 고려사항과 형평에 맞지 않는다고 판단되는 경우에는 형의 임의적 감면을 할 수 있음을 제시한 것일 뿐 판결이 확정된 죄에 대한 형의 선고와 그 판결확정 전에 범한 죄에 대한 형의 선고를 하나의 형의 선고와 동일하게 취급하라는 것이 아닌 점 등을 고려하면, 처벌조항 중 '세 번 이상 징역형을 받은 사람'은 그 문언대로 형법 제329조 등의 죄로 세 번 이상 징역형을 받은 사실이 인정되는 사람으로 해석하면 충분하고, 전범 중 일부가 나머지 전범과 사이에 후단 경합범의 관계에 있다고 하여 이를 처벌조항에 규정된 처벌받은 형의 수를 산정할 때 제외할 것은 아니다(대법원 2020.3.12, 2019도17381).

♀solution 제외하여야 하는 것은 아니다.

120 경합범의 요건

> [제1문] 재심의 대상이 된 범죄에 관한 유죄 확정판결에 대하여 재심이 개시되어 재심판결에서 다시 금고 이상의 형이 확정되었다면, 재심대상판결 이전 범죄와 재심대상판결 이후 범죄 사이에는 형법 제37조 전단의 경합범 관계가 성립하는가?
> [제2문] 재심의 대상이 된 범죄에 관한 유죄 확정판결에 대하여 재심이 개시되어 재심판결에서 다시 금고 이상의 형이 확정되었다면, 재심대상판결 이전 범죄와 재심대상판결 이후 범죄는 하나의 형을 선고할 수 있는가?

[조문] 형법 제37조(경합범) 판결이 확정되지 아니한 수개의 죄 또는 금고 이상의 형에 처한 판결이 확정된 죄와 그 판결확정 전에 범한 죄를 경합범으로 한다.
제39조(판결을 받지 아니한 경합범, 수개의 판결과 경합범, 형의 집행과 경합범) ① 경합범 중 판결을 받지 아니한 죄가 있는 때에는 그 죄와 판결이 확정된 죄를 동시에 판결할 경우와 형평을 고려하여 그 죄에

대하여 형을 선고한다. 이 경우 그 형을 감경 또는 면제할 수 있다.

[제1문 · 제2문]

판례 형법 제37조 후단 경합범은 금고 이상의 형에 처한 판결이 확정되기 이전에 범한 죄가 이미 판결이 확정된 죄와 동시에 판결을 받아 하나의 형을 선고받을 수 있었던 경우에 한하여 성립하고, 그에 대하여는 형법 제39조 제1항에 따라 판결이 확정된 죄와 동시에 판결할 경우와의 형평을 고려하여 하나의 형이 선고되어야 한다(대법원 2011.10.27, 2009도9948; 2012.9.27, 2012도9295). ① 재심대상판결 이전 범죄는 재심판결이 확정(금고 이상의 형에 처한 판결 확정, 이하 '재심대상판결')되기 이전에 범한 죄일 뿐만 아니라 재심대상판결이 확정되기 이전까지 재심의 대상이 된 범죄(이하 '선행범죄')와 함께 기소되거나 이에 병합되어 동시에 판결을 받아 하나의 형을 선고받을 수 있었다. 따라서 재심대상판결 이전 범죄는 재심의 대상이 된 범죄(이하 '선행범죄')와 형법 제37조 후단의 경합범 관계에 있고, 형법 제39조 제1항에 따라 하나의 형이 선고되어야 한다. ② 반면, 재심대상판결 이후 범죄는 비록 재심판결 확정 전에 범하여졌더라도 재심판결이 확정된 선행범죄와 사이에 형법 제37조 후단의 경합범이 성립하지 않는다. 재심대상판결 이후 범죄가 종료하였을 당시 선행범죄에 대하여 이미 재심대상판결이 확정되어 있었고, 그에 관한 비상구제절차인 재심심판절차에서는 별개의 형사사건인 재심대상판결 이후 범죄 사건을 병합하여 심리하는 것이 허용되지 아니하여, 재심대상판결 이후 범죄는 처음부터 선행범죄와 함께 심리하여 동시에 판결을 받음으로써 하나의 형을 선고받을 수 없기 때문이다(대법원 2019.6.20, 2018도20698 전원합의체). 결국 재심대상판결 이전 범죄는 선행범죄와 형법 제37조 후단의 경합범 관계에 있지만, 재심대상판결 이후 범죄는 선행범죄와 형법 제37조 후단의 경합범 관계에 있지 아니하므로, **재심대상판결 이전 범죄와 재심대상판결 이후 범죄는 형법 제37조 전단의 경합범 관계로 취급할 수 없어 형법 제38조가 적용될 수 없는 이상 별도로 형을 정하여 선고하여야 한다**(대법원 2023.11.16, 2023도10545).

요약 재심의 대상이 된 범죄('선행범죄')에 관한 유죄 확정판결('재심대상판결')에 대하여 재심이 개시되어 재심판결에서 다시 금고 이상의 형이 확정되었다면, 재심대상판결 이전 범죄와 재심대상판결 이후 범죄 사이에는 형법 제37조 전단의 경합범 관계가 성립하지 않으므로, 그 각 범죄에 대해 별도로 형을 정하여 선고하여야 한다.

보충 [또다른 논점] 한편, 재심대상판결이 '금고 이상의 형에 처한 판결'이었더라도, 재심판결에서 무죄 또는 금고 미만의 형이 확정된 경우에는, 재심대상판결 이전 범죄가 더 이상 '금고 이상의 형에 처한 판결'의 확정 이전에 범한 죄에 해당하지 않아 선행범죄와 사이에 형법 제37조 후단 경합범에 해당하지 않는다. 이 경우에는 재심대상판결 이전 범죄와 재심대상판결 이후 범죄 중 어느 것도 이미 재심판결이 확정된 선행범죄와 사이에 형법 제37조 후단 경합범 관계에 있지 않아 형법 제37조 전단의 '판결이 확정되지 아니한 수개의 죄'에 해당하므로, 형법 제38조의 경합범 가중을 거쳐 하나의 형이 선고되어야 한다(대법원 2023.11.16, 2023도10545).

Ⓢ solution [제1문] 성립하지 않는다.

[제2문] 하나의 형을 선고할 수 없다(각 범죄에 대하여 별도로 형을 정하여 선고하여야 함).

● ● ○
121 아동 · 청소년의성보호에관한법률위반(음란물제작 · 배포 등) 등 사건

참고판례

판례 구 아청법 제11조 제5항 위반(음란물소지)죄는 아동 · 청소년이용음란물임을 알면서 이를 소지하는 행위를 처벌함으로써 아동 · 청소년이용음란물의 제작을 근원적으로 차단하기 위한 처벌규정이다. 그리고 구 아청법 제11조 제1항 위반(음란물제작 · 배포 등)죄의 법정형이 무기징역 또는 5년 이상의 유기징역인 반면, 음란물소지죄의 법정형이 1년 이하의 징역 또는 2천만원 이하의 벌금형이고, 아동 · 청소년이용음란물 제작행위에 아동 · 청소년이용음란물 소지행위가 수반되는 경우 아동 · 청소년이용음란물을 제작한 자에 대하여 자신이 제작한 아동 · 청소년이용음란물을 소지하는 행위를 별도로 처벌하지 않더라도 정의 관념에 현저히 반하거나 해당 규정의 기본취지에 반한다고 보기 어렵다. 따라서 ① 아동 · 청소년이용음란물을 제작한 자가 그 음란물을 소지하게 되는 경우 청소년성보호법 위반(음란물소지)죄는 청소년성보호법 위반(음란물제작 · 배포 등)죄에 흡수된다고 봄이 타당하다. 다만 ② 아동 · 청소년이용음란물을 제작한 자가 제작에 수반된 소지행위를 벗어나 사회통념상 새로운 소지가 있었다고 평가할 수 있는 별도의 소지행위를 개시하였다면 이는 청소년성보호법 위반(음란물제작·배포 등)죄와 별개의 청소년성보호법 위반(음란물소지)죄에 해당한다(대법원 2021.7.8, 2021도2993).

○○○
122 공직선거법에 따라 분리 선고되어야 하는 공직선거법 위반죄와 사후적 경합범
참고판례

> 피고인에 관하여 이미 판결이 확정된 죄가 공직선거법 제18조 제3항에 따라 분리 선고되어야 하는 공직선거법 위반죄인 경우, 형법 제39조 제1항에 따라 동시에 판결할 경우와 형평을 고려하여 형을 선고하거나 형을 감경 또는 면제할 수 있는가?

판례 형법 제37조 후단 및 제39조 제1항의 문언, 입법 취지 등에 비추어 보면, 아직 판결을 받지 아니한 죄가 이미 판결이 확정된 죄와 동시에 판결할 수 없었던 경우에는 형법 제39조 제1항에 따라 동시에 판결할 경우와 형평을 고려하여 형을 선고하거나 그 형을 감경 또는 면제할 수 없다(대법원 2011.10.27, 2009도9948; 2012.9.27, 2012도9295; 2014.3.27, 2014도469 등). 한편 공직선거법 제18조 제1항 제3호에서 '선거범'이라 함은 공직선거법 제16장 벌칙에 규정된 죄와 국민투표법 위반의 죄를 범한 자를 말하는데(공직선거법 제18조 제2항), 공직선거법 제18조 제1항 제3호에 규정된 죄와 다른 죄의 경합범에 대하여는 이를 분리 선고하여야 한다(공직선거법 제18조 제3항 전단). 따라서 판결이 확정된 선거범죄와 확정되지 아니한 다른 죄는 동시에 판결할 수 없었던 경우에 해당하므로 형법 제39조 제1항에 따라 동시에 판결할 경우와의 형평을 고려하여 형을 선고하거나 그 형을 감경 또는 면제할 수 없다고 해석함이 타당하다(대법원 2021.10.14, 2021도8719).

보충 [조문] 공직선거법 제18조(선거권이 없는 자) ① 선거일 현재 다음 각 호의 어느 하나에 해당하는 사람은 선거권이 없다. 3. 선거범, 「정치자금법」 제45조(정치자금부정수수죄) 및 제49조(선거비용관련 위반행위에 관한 벌칙)에 규정된 죄를 범한 자 또는 대통령·국회의원·지방의회의원·지방자치단체의 장으로서 그 재임중의 직무와 관련하여 「형법」(「특정범죄가중처벌 등에 관한 법률」 제2조에 의하여 가중처벌되는 경우를 포함한다) 제129조(수뢰, 사전수뢰) 내지 제132조(알선수뢰)·「특정범죄가중처벌 등에 관한 법률」 제3조(알선수재)에 규정된 죄를 범한 자로서, 100만원 이상의 벌금형의 선고를 받고 그 형이 확정된 후 5년 또는 형의 집행유예의 선고를 받고 그 형이 확정된 후 10년을 경과하지 아니하거나 징역형의 선고를 받고 그 집행을 받지 아니하기로 확정된 후 또는 그 형의 집행이 종료되거나 면제된 후 10년을 경과하지 아니한 자(刑이 失效된 者도 포함한다) ③ 「형법」 제38조에도 불구하고 제1항 제3호에 규정된 죄와 다른 죄의 경합범에 대하여는 이를 분리 선고 …… 하여야 한다.

ᵠsolution 할 수 없다.

CHAPTER 03 형벌론

1 형벌의 의의와 종류

●●○
123 성매매 알선 영업에 사용한 오피스텔의 임대차보증금반환채권에 대한 몰수 사건

[판례] 피고인들이 각자 역할을 분담하여 성매매 알선 영업을 하고 전체 업소 수익금을 나누어 가지기로 한 다음 2018.12.경부터 2019.7.25.경까지 오피스텔 호실 여러 개를 임차한 후 여성 종업원을 고용하여 영업으로 성매매를 알선하였다는 공소사실 등으로 기소된 경우, 검사는 피고인들의 행위를 성매매처벌법 제2조 제1항 제2호 (가)목에 해당하는 행위(성매매를 알선하는 행위)로 기소하였지만 피고인들의 행위가 성매매처벌법 제2조 제1항 제2호 (다)목의 행위(성매매에 제공되는 사실을 알면서 자금을 제공하는 행위)로도 인정되는 이상 이 부분 공소사실은 범죄수익은닉규제법에 따른 몰수의 대상이 되는 성매매처벌법 제2조 제1항 제2호 (다)목의 행위와 관련성이 인정되므로, 이 사건 임대차보증금반환채권은 범죄수익은닉규제법 제2조 제2호 (나)목 1)에서 범죄수익으로 정한 '성매매에 제공되는 사실을 알면서 자금을 제공하는 행위에 관계된 자금 또는 재산'으로 범죄수익은닉규제법 제8조 제1항 제1호에 따라 범죄수익으로 몰수될 수 있다(대법원 2020.10.15, 2020도960).

●○○
124 웹사이트 매각대금의 추징 여부 사건

> 범죄행위에 이용한 웹사이트 매각대금을 형법 제48조 제1항 제2호, 제2항에 따라 추징할 수 있는가?

[판례] 형법 제48조 제1항은 '범죄행위로 인하여 생(生)하였거나 이로 인하여 취득한 물건'으로서 범인 이외의 자의 소유에 속하지 아니하거나 범죄 후 범인 이외의 자가 정을 알면서 취득한 물건의 전부 또는 일부를 몰수할 수 있다고 규정하면서(제2호), 제2항에서는 제1항에 기재한 물건을 몰수하기 불능한 때에는 그 가액을 추징하도록 규정하고 있다. 이와 같이 형법 제48조는 몰수의 대상을 '물건'으로 한정하고 있다. 이는 범죄행위에 의하여 생긴 재산 및 범죄행위의 보수로 얻은 재산을 범죄수익으로 몰수할 수 있도록 한 「범죄수익은닉의 규제 및 처벌 등에 관한 법률」이나 범죄행위로 취득한 재산상 이익의 가액을 추징할 수 있도록 한 형법 제357조 등의 규정과는 구별된다. 민법 제98조는 물건에 관하여 '유체물 및 전기 기타 관리할 수 있는 자연력'을 의미한다고 정의하는데, 형법이 민법이 정의한 '물건'과 다른 내용으로 '물건'의 개념을 정의하고 있다고 볼 만한 사정도 존재하지 아니한다. …… 피고인이 범죄행위에 이용한 웹사이트는 형법 제48조 제1항 제2호에서 몰수의 대상으로 정한 '범죄행위로 인하여 생(生)하였거나 이로 인하여 취득한 물건'에 해당하지 않으므로, 그 웹사이트 매각을 통해 취득한 대가는 형법 제48조 제1항 제2호, 제2항이 규정한 추징의 대상에 해당하지 않는다(대법원 2021.10.14, 2021도7168).

(유사) 피고인이 2013.4.15.부터 2014.1.30.까지의 기간 동안 질병의 예방 및 치료에 효능 · 효과가 있거나 의약품 또는 건강기능식품으로 오인 · 혼동할 우려가 있는 내용의 광고를 통해 식품을 판매한 대가 중 상당 부분을 은행 계좌로 송금 · 이체 받거나 신용카드결제의 방법으로 수령한 경우(식품위생법위반), 피고인은 은행에 대한 예금채권이나 신용카드회사에 대한 신용판매대금지급채권을 취득할 뿐이어서 이를 범죄수익은닉규제법에서 정한 '범죄수익'에는 해당한다고 볼 수 있으나 형법 제48조 제1항 각호의 '물건'에 해당한다고 보기는 어렵다. 따라서 피고인이 계좌이체나 신용카드결제를 통해 취득한 식품 등의 판매 대가는 형법 제48조 제1항 제2호, 제2항이 규정한 추징의 대상에 해당하지 아니한다(대법원 2021.1.28, 2016도11877).

ϙsolution 추징할 수 없다.

●●●
125 휴대전화 몰수가 비례의 원칙에 위반되는지 여부

> 제1심 법원은 피고인이 대마 관련 범행 시 문자메시지를 몇 차례 주고받고 필로폰 관련 범행 시 통화를 1회 할 때 사용한 휴대전화를 '범죄행위에 제공된 물건'에 해당된다고 보아 몰수를 명하였다. 이러한 몰수는 적법한가?

(판례) 구 형법(2020.12.8. 법률 제17571호로 일부 개정되기 전의 것) 제48조 제1항 제1호의 '범죄행위에 제공한 물건'은 범죄의 실행행위 자체에 사용한 물건만 의미하는 것이 아니라 실행행위 착수 전 또는 실행행위 종료 후 행위에 사용한 물건 중 범죄행위의 수행에 실질적으로 기여하였다고 인정되는 물건까지도 포함한다(대법원 2006.9.14, 2006도4075 등). …… 전자기록은 일정한 저장매체에 전자방식이나 자기방식에 의하여 저장된 기록으로서 저장매체를 매개로 존재하는 물건이므로 위 조항에 정한 사유가 있는 때에는 이를 몰수할 수 있는바, 가령 휴대전화의 동영상 촬영기능을 이용하여 피해자를 촬영한 행위 자체가 범죄에 해당하는 경우, 휴대전화는 '범죄행위에 제공된 물건', 촬영되어 저장된 동영상은 휴대전화에 저장된 전자기록으로서 '범죄행위로 인하여 생긴 물건'에 각각 해당하고 이러한 경우 법원이 휴대전화를 몰수하지 않고 동영상만을 몰수하는 것도 가능하다(대법원 2017.10.23, 2017도5905). …… 마약 등의 수수 및 흡연(투약)을 본질로 하는 이 사건 범죄의 실행행위 자체 또는 범행의 직접적 도구로 사용된 것은 아닌 점, 이 사건 범행으로 체포되기까지 약 1년 6개월 동안 이 사건 휴대전화를 일상적인 생활도구로 사용하던 중 이 사건 범죄사실과 관련하여 상대방과의 연락 수단으로 일시적으로 이용한 것일 뿐 이 사건 범행의 직접적이고 실질적인 목적 · 수단 · 도구로 사용하기 위하여 또는 그 과정에서 범행 · 신분 등을 은폐하기 위한 부정한 목적으로 타인 명의로 개통하여 사용한 것으로 보이지는 않는 등 이 사건 범죄와의 상관성은 매우 낮은 편이어서 …… 이 사건 휴대전화는 비록 최초 압수 당시에는 몰수 요건에 형식적으로 해당한다고 볼 수 있었다 하더라도 몰수로 인하여 피고인에게 미치는 불이익의 정도가 지나치게 큰 편이라는 점에서 비례의 원칙상 몰수가 제한되는 경우에 해당한다고 볼 여지가 많다(대법원 2024.1.4, 2021도5723).

ϙsolution 적법하지 않다.

126 외화차용행위로 인하여 취득한 카지노 칩은 외국환거래법상 몰수·추징의 대상이 아니라는 사례

> 외국환거래 신고 없이 미국 호텔 카지노 운영진으로부터 미화 100만 달러 상당의 칩을 대여받아 신고의무를 위반한 경우 칩 대금 상당액을 외국환거래법에 따라 추징할 수 있는가?

(판례) 외국환거래법상의 대외지급수단으로 인정되기 위해서는 현실적으로 대외거래에서 채권·채무의 결제 등을 위한 지급수단으로 사용할 수 있고 그 사용이 보편성을 가지고 있어야 할 것인데 피고인이 미국 호텔 카지노에서 외화차용행위로 인하여 취득한 '칩'에는 미화로 표시된 금액과 호텔의 로고가 기재되어 있을 뿐 지급받을 수 있는 내용이 표시된 문구는 전혀 기재되어 있지 않으므로, 이는 단순히 '칩'에 표시된 금액 상당을 카지노에서 보관하고 있다는 증표에 지나지 않는다. 따라서 이 사건 '칩'은 외국환거래법상의 몰수·추징의 대상이 되는 대외지급수단으로 볼 수 없다(대법원 2022.5.26, 2022도2570).

> 보충 피고인의 행위는 미신고 자본거래로 인한 외국환거래법위반죄에 해당하지만, 그 범행으로 취득한 카지노 칩 상당액은 동법이 정한 추징 대상에 해당하지 않는다는 취지이다.

♀solution 추징할 수 없다.

127 방조범에 대한 추징방법 및 추징액

> 마약류 불법거래 방지에 관한 특례법(이하 마약거래방지법) 위반죄의 정범에게 유상으로 필로폰을 공급한 방조범이 정범과 공동으로 취득하였다고 평가할 수 없는 경우에도 방조범을 정범과 같이 추징할 수 있는가?

(판례) 마약거래방지법 제6조를 위반하여 마약류를 수출입·제조·매매하는 행위 등을 업으로 하는 범죄 행위의 정범이 그 범죄행위로 얻은 수익은 마약거래방지법 제13조부터 제16조까지의 규정에 따라 몰수·추징의 대상이 된다. 그러나 위 정범으로부터 대가를 받고 판매할 마약을 공급하는 방법으로 위 범행을 용이하게 한 방조범은 정범의 위 범죄행위로 인한 수익을 정범과 공동으로 취득하였다고 평가할 수 없다면 위 몰수·추징 규정에 의하여 정범과 같이 추징할 수는 없고, 그 방조범으로부터는 방조행위로 얻은 재산 등에 한하여 몰수, 추징할 수 있다고 보아야 한다(대법원 2021.4.29, 2020도16369).

♀solution 정범과 같이 추징할 수는 없다.

128 필로폰을 무상으로 교부받아 수수한 후 그중 일부를 투약, 매도, 무상교부한 경우 마약류관리법에 따른 추징액 산정의 방법
(참고판례)

(판례) 마약류 관리에 관한 법률 제67조에 따른 추징에서 추징할 메스암페타민의 가액은 매매알선 범행에 대하여는 실제 거래된 가격을, 교부범행에 대하여는 소매가격을, 투약범행에 대하여는 1회 투약분 가격을 기준으로 삼아 산정하는 것이 타당하다(대법원 2013.7.25, 2013도5971; 2021.4.29, 2021도1946).

129 수인이 공동으로 의료법상 불법 리베이트를 수수하여 이익을 얻은 사안에서 개별적 이득액을 확정할 수 없는 경우, 추징액의 산정방법

〔판례〕 구 의료법 제88조 제2호의 규정에 의한 추징은 구 의료법 제23조의3에서 금지한 불법 리베이트 수수행위의 근절을 위하여 그 범죄행위로 인한 부정한 이익을 필요적으로 박탈하여 이를 보유하지 못하게 하는 데 목적이 있는 것이므로, 수인이 공동으로 불법 리베이트를 수수하여 이익을 얻은 경우 그 범죄로 얻은 금품 그 밖의 경제적 이익을 몰수할 수 없을 때에는 공범자 각자가 실제로 얻은 이익의 가액, 즉 실질적으로 귀속된 이익만을 개별적으로 추징하여야 한다. 만일 개별적 이득액을 확정할 수 없다면 전체 이득액을 평등하게 분할하여 추징하여야 한다(대법원 2001.3.9, 2000도794; 2018.7.26, 2018도8657; 2022.9.7, 2022도7911).

130 도박공간개설죄와 도박죄의 추징

> [제1문] 형법 제49조 단서에 근거하여 몰수·추징을 선고하려면 몰수·추징의 요건이 공소가 제기된 공소사실과 관련되어 있어야 하는가?
> [제2문] 공소가 제기되지 아니한 별개의 범죄사실을 법원이 인정하여 그에 관하여 몰수·추징을 선고할 수 있는가?
> [제3문] 도박공간을 개설한 자가 도박에 참가하여 얻은 수익을 도박공간개설로 얻은 범죄수익으로 몰수하거나 추징할 수 있는가?

〔판례〕 형법 제49조 단서는 '행위자에게 유죄의 재판을 하지 아니할 때에도 몰수의 요건이 있는 때에는 몰수만을 선고할 수 있다.'고 규정하고 있으므로, 몰수는 물론 이에 갈음하는 추징도 위 규정에 근거하여 선고할 수 있으나, 우리 법제상 공소제기 없이 별도로 몰수·추징만을 선고할 수 있는 제도가 마련되어 있지 아니하므로, 위 규정에 근거하여 몰수·추징을 선고하려면 몰수·추징의 요건이 공소가 제기된 공소사실과 관련되어 있어야 하고, 공소가 제기되지 아니한 별개의 범죄사실을 법원이 인정하여 그에 관하여 몰수·추징을 선고하는 것은 불고불리의 원칙에 위배되어 허용되지 않는다. 이러한 법리는 형법 제48조의 몰수·추징 규정에 대한 특별규정인 범죄수익은닉의 규제 및 처벌 등에 관한 법률 제8조 내지 제10조의 규정에 따른 몰수·추징의 경우에도 마찬가지로 적용된다(대법원 2022.11.17, 2022도8662). 피고인이 영리의 목적으로 도박공간을 개설하였다는 공소사실이 제1심 및 원심에서 유죄로 인정되었는데, 그로 인한 범죄수익의 추징과 관련하여 피고인이 직접 도박에 참가하여 얻은 수익 부분에 대한 추징 여부가 문제 된 사안에서, 형법 제247조의 도박개장죄는 영리의 목적으로 스스로 주재자가 되어 그 지배 아래 도박장소를 개설함으로써 성립하는 범죄로서 도박죄와 별개의 독립된 범죄이고, 도박공간을 개설한 자가 도박에 참가하여 얻은 수익은 도박공간개설을 통하여 간접적으로 얻은 이익에 당연히 포함된다고 보기도 어려워 도박공간을 개설한 자가 도박에 참가하여 얻은 수익을 도박공간개설로 얻은 범죄수익으로 몰수하거나 추징할 수 없다. 따라서 전체 범죄수익 중 피고인이 직접 도박에 참가하여 얻은 수익을 도박공간개설의 범죄로 인한 추징 대상에서 제외하고 그 차액만을 추징한 원심의 판단은 정당하다(대법원 2022.12.29, 2022도8592).

ꝑsolution [제1문] 공소사실과 관련되어 있어야 한다.
[제2문] 몰수·추징을 선고할 수 없다.
[제3문] 몰수하거나 추징할 수 없다.

●○○
131 성매매처벌법상 추징과 범죄수익은닉규제법상 추징
참고판례

판례 「성매매알선 등 행위의 처벌에 관한 법률」(이하 '성매매처벌법') 제19조 제2항 제1호를 위반한 범죄로 인하여 얻은 금품이나 그 밖의 재산은 성매매처벌법 제25조 후단에 의하여 추징의 대상이 되고, 위 추징은 부정한 이익을 박탈하여 이를 보유하지 못하게 함에 그 목적이 있는 것이라 할 것이므로, 수인이 공동으로 성매매알선 등 행위를 하여 이익을 얻은 경우에는 각자에게 실질적으로 귀속된 이익금을 개별적으로 추징하여야 한다. 한편 범죄수익을 얻기 위해 범인이 지출한 비용은 그것이 범죄수익으로부터 지출되었다 하더라도 범죄수익을 소비하는 방법에 지나지 않으므로 추징할 범죄수익에서 공제할 것은 아니다. 따라서 성매매알선 등 행위를 한 주범이 공범인 직원에게 급여를 지급한 경우, 주범이 이를 범죄수익 분배의 일환으로 지급한 것이 아니라 단순히 범죄수익을 얻기 위하여 비용 지출의 일환으로 공범인 직원에게 급여를 지급한 것에 불과하다면 공범인 직원에 대하여 위 규정에 의한 추징은 허용될 수 없다(대법원 2018.7.11, 2018도6163). 그러나 구 「범죄수익은닉의 규제 및 처벌 등에 관한 법률」(이하 '범죄수익은닉규제법') 제2조 제1호 [별표] 제13호는 성매매처벌법 제19조 제2항(성매매알선 등 행위 중 성매매에 제공되는 사실을 알면서 자금·토지 또는 건물을 제공하는 행위는 제외한다)의 죄를 '중대범죄'로 규정하고 있고, 구 범죄수익은닉규제법 제2호 가목은 중대범죄에 해당하는 범죄행위에 의하여 생긴 재산뿐만 아니라, 그 '범죄행위의 보수로 얻은 재산'도 '범죄수익'으로 규정하고 있으며, 위 '범죄수익'은 구 범죄수익은닉규제법 제10조 제1항, 제8조 제1항 제1호에 의하여 추징의 대상이 된다. 따라서 공범인 직원이 성매매알선 등 행위(성매매에 제공되는 사실을 알면서 자금·토지 또는 건물을 제공하는 행위는 제외한다)를 하여 그 범죄행위의 보수 명목으로 급여 등을 받아 실질적으로 귀속된 이익금이 있다면, 이에 대하여 성매매처벌법 제25조 후단에 의한 추징은 허용될 수 없다 하더라도, 구 범죄수익은닉규제법 제10조 제1항, 제8조 제1항 제1호에 의하여 공범인 직원으로부터 급여 등의 이익금을 추징할 수 있다(대법원 2024.9.27, 2024도8707).

2 형의 경중

3 형의 양정

●●○
132 임의적 감경에 관한 현재 실무 및 대법원 판례의 유지 여부(적극) • 경찰2차 22, 법원9급 22

판례 형의 양정은 법정형 확인, 처단형 확정, 선고형 결정 등 단계로 구분된다. 법관은 형의 양정을 할 때 법정형에서 형의 가중·감경 등을 거쳐 형성된 처단형의 범위 내에서만 양형의 조건을 참작하여 선고형을 결정해야 한다(대법원 2008.9.11, 2006도8376 등). 형법 제25조는 범죄의 실행에 착수하여 행위를 종료하지 못하였거나 결과가 발생하지 아니한 때에는 미수범으로 처벌하고(제1항), 미수범의 형은 기수범보다 감경할 수 있다(제2항)고 규정하고 있다. 형법 제25조 제2항에 따른 형의 감경은 법률상 감경의 일종으로서 재판상 감경인 작량감경(형법 제53조)과 구별된다. 법률상 감경에 관하여 형법 제55조 제1항은 형벌의 종류에 따른 감경의 방법을 규정하고 있다. 법률상 감경사유가 무엇인지와 그 사유가 인정될 때 반드시 감경을 하여야 하는지는 형법과 특별법에 개별적이고 구체적으로 규정되어 있다. 이와 같은 감경 규정들은 법문상 형을 '감경한다'라거나 형을 '감경할 수 있다'라고 표현되어 있는데, '감경한다'라고 표현된 경우를 필요적 감경, '감경할 수 있다'라고 표현된 경우를 임의적 감경이라 한다. 형법 제25조 제2항에 따른 형의 감경은 임의적 감경에 해당한다. 필요적 감경의 경우에는 감경사유의 존재가 인정되면 반드시 형법 제55조 제1항에 따른 법률상 감경을 하여야 함에 반해, 임의적 감경의 경우에는 감경사유의 존재가 인정되더라도 법관이 형법 제55조 제1항에 따른 법률상 감경을 할 수도 있고 하지 않을 수도 있다. 나아가 임의적 감경사유의 존재가 인정되고 법관이 그에 따라 징역형에 대해 법률상 감경을 하는 이상 형법 제55조 제1항 제3호에 따라 상한과 하한을 모두 2분의 1로 감경한다. 이러한 현재 판례와 실무의 해석은 여전히 타당하다 (대법원 2021.1.21, 2018도5475 전원합의체).

> **보충** 피고인은 '2016.12.23.경 피해자 공소외 1을 폭행하고, 같은 날 위험한 물건인 식칼로 피해자 공소외 2의 가슴을 찔렀으나 피해자 공소외 2가 손으로 피고인의 손을 밀쳐 피해자 공소외 2의 옷만 찢어지게 하고 미수에 그쳤다'는 폭행 및 특수상해미수의 공소사실로 공소가 제기되었다. 제1심은 피고인에 대한 위 공소사실 중 폭행의 점에 대해서는 형법 제260조 제1항을 적용하여 유죄로 인정하면서 징역형을 선택하였고, 특수상해미수의 점에 대해서는 형법 제258조의2 제3항, 제1항, 제257조 제1항을 적용하여 유죄로 인정하였다. 제1심이 선택한 폭행죄의 법정형은 '2년 이하의 징역'이고, 특수상해미수죄의 법정형은 '1년 이상 10년 이하의 징역'이다. 이어 제1심은 특수상해미수죄에 대해 형법 제25조 제2항, 제55조 제1항 제3호에 따라 감경한 뒤(특수상해미수죄의 형기가 징역 6월 이상 5년 이하로 되었다). 형이 더 높은 특수상해미수죄에 정한 형에 경합범가중을 하되 특수상해미수죄의 장기의 2분의 1을 가중한 형기(7년6월)보다 특수상해미수죄와 폭행죄의 장기를 합산한 형기(7년)가 낮으므로 합산한 범위 내에서 처단형(징역 6월 이상 7년 이하)을 결정하였다. 그리고 처단형의 범위 내에서 피고인에게 징역 8월, 집행유예 2년을 선고하면서, 보호관찰 및 120시간의 사회봉사를 명하였다. 제1심판결에 대해 피고인이 양형부당을 이유로 항소하였다. 원심은 피고인의 항소를 기각하였고, 대법원도 원심의 판단에 잘못이 없다고 보아 피고인의 상고를 기각한 것이다.

> **보충** 이러한 다수의견에 대하여, 임의적 감경의 처단형은 형을 감경한 범위와 감경하지 않은 범위를 모두 합한 범위로 봄이 타당하고, 이는 결국 법정형의 하한만 2분의 1로 감경한 것으로 '당연확정' 된다는 대법관 이기택의 별개의견과 별개의견에 대한 대법관 이기택의 보충의견이 있음.

④ 누범

● ● ● ○
133 특가법상 누범과 형법상 누범과의 관계
• 경찰2차 21

> 피고인이 절도범행으로 3차례 징역형을 받고 다시 누범기간에 동종 절도범행을 저질러 특정범죄 가중처벌 등에 관한 법률 제5조의4 제5항 제1호 위반죄가 적용되는데, 여기에 다시 형법 제35조(누범)를 적용할 수 있는가?

판례 2016.1.6. 법률 제13717호로 개정·시행된 특정범죄 가중처벌 등에 관한 법률(이하 '특정범죄가중법' 이라고 한다) 제5조의4 제5항은 "형법 제329조부터 제331조까지, 제333조부터 제336조까지 및 제340조·제362조의 죄 또는 그 미수죄로 세 번 이상 징역형을 받은 사람이 다시 이들 죄를 범하여 누범으로 처벌하는 경우에는 다음 각 호의 구분에 따라 가중처벌한다."라고 규정하면서, 같은 항 제1호(이하 '이 사건 법률규정'이라고 한다)는 '형법 제329조부터 제331조까지의 죄(미수범을 포함한다)를 범한 경우에는 2년 이상 20년 이하의 징역에 처한다'고 규정하고 있다. …… 이 사건 법률 규정은 형법 제35조(누범) 규정과는 **별개로** '형법 제329조부터 제331조까지의 죄(미수범 포함)를 범하여 세 번 이상 징역형을 받은 사람이 그 누범 기간 중에 다시 해당 범죄를 저지른 경우에 형법보다 무거운 법정형으로 처벌한다'는 내용의 새로운 구성요건을 창설한 것으로 해석해야 한다. 따라서 이 사건 법률 규정에 정한 형에 다시 형법 제35조의 누범가중한 형기범위 내에서 처단형을 정하여야 한다(대법원 2020.5.14, 2019도18947).

◦solution 적용할 수 있다.

● ● ●
134 세 번 이상 징역형을 받은 사람이 다시 절도죄 등을 범하여 누범으로 처벌하는 규정인 특정 범죄 가중처벌 등에 관한 법률 제5조의4 제5항으로 기소된 사건

> 甲은 ① 구 특정범죄가중법 제5조의4 제1항, 형법 제329조 등을 적용한 공소가 제기되어, 1997.9.12. 서울중앙지방법원에서 징역 2년에 집행유예 3년을 선고받아 1997.9.20. 위 판결이 확정되었고('이 사건 재심대상판결'), 그 선고의 취소 또는 실효 없이 유예기간이 경과되었다. 이후 ② 甲은 2010.1.14. 서울중앙지방법원에서 특정범죄가중법위반(절도)죄 등으로 징역 3년을 선고받았고, ③ 2016.3.25. 서울북부지방법원에서 상습절도죄 등으로 징역 4년 6월을 선고받아 2017.10.10. 형의 집행을 마쳤다.
> 그런데 헌법재판소가 구 특정범죄가중법 제5조의4 제1항 중 형법 제329조에 관한 부분 등이 헌법에 위반된다고 결정하자(헌법재판소 2015.2.26, 2014헌가16,19,23), 피고인은 이 사건 재심대상판결(위 ①)에 대한 재심을 청구하여, 서울중앙지방법원은 2016.10.26. 위헌결정의 취지에 따라 재심개시결정을 한 후 2017.2.9. 피고인에게 상습절도죄 등으로 징역 2년에 집행유예 3년을 선고하였고('이 사건 재심판결'), 그 판결은 2017.2.17. 확정되었다.
> 그런데 甲은 2020.1.7. 00:01경 피해자 소유의 현금 약 2,770만원이 들어있는 200만원 상당의 손가방을 절취함으로써 특정범죄가중법 제5조의4 제5항 제1호의 절도죄 등으로 세 번 이상 징역형을 받고 누범기간에 다시 피해자의 재물을 절취한 사실로 공소가 제기되었다. 甲의 위 네 번째 절도범행은 위 특정범죄가중법위반죄에 해당하는가?

조문 특정범죄 가중처벌 등에 관한 법률 제5조의4(상습 강도 · 절도죄 등의 가중처벌) ⑤ 「형법」 제329조부터 제331조까지, 제333조부터 제336조까지 및 제340조 · 제362조의 죄 또는 그 미수죄로 세 번 이상 징역형을 받은 사람이 다시 이들 죄를 범하여 누범(累犯)으로 처벌하는 경우에는 다음 각 호의 구분에 따라 가중처벌한다.

1. 「형법」 제329조부터 제331조까지의 죄(미수범을 포함한다)를 범한 경우에는 2년 이상 20년 이하의 징역에 처한다.
2. 「형법」 제333조부터 제336조까지의 죄 및 제340조 제1항의 죄(미수범을 포함한다)를 범한 경우에는 무기 또는 10년 이상의 징역에 처한다.
3. 「형법」 제362조의 죄를 범한 경우에는 2년 이상 20년 이하의 징역에 처한다.

판례 (원심은 이 사건 재심대상판결의 형이 유예기간의 경과로 실효되었더라도, 그 후 이 사건 재심판결이 선고되어 확정된 이상 그 전과는 특정범죄가중법 제5조의4 제5항에서 정한 '징역형을 받은 경우'에 해당한다는 이유로 이 사건 공소사실을 유죄로 판단하였다. 그러나) 특정범죄가중법 제5조의4 제5항은 "「형법」 제329조부터 제331조까지, 제333조부터 제336조까지 및 제340조 · 제362조의 죄 또는 그 미수죄로 세 번 이상 징역형을 받은 사람이 다시 이들 죄를 범하여 누범으로 처벌하는 경우에는 다음 각 호의 구분에 따라 가중처벌한다."라고 규정하고, 같은 항 제1호는 "「형법」 제329조부터 제331조까지의 죄(미수범을 포함한다)를 범한 경우에는 2년 이상 20년 이하의 징역에 처한다."라고 규정한다. 형의 집행을 유예하는 판결을 선고받아 선고의 실효 또는

취소 없이 유예기간을 도과함에 따라 특정범죄가중법 제5조의4 제5항의 구성요건인 "징역형"에 해당하지 않게 되었음에도(대법원 2010.9.9, 2010도8021), 그 확정판결에 적용된 형벌 규정에 대한 위헌결정에 따른 재심절차에서 다시 징역형의 집행유예가 선고되었다는 우연한 사정변경만으로 위 조항의 구성요건에 해당한다거나 그 입법취지에 저촉되는 불법성 · 비난가능성이 새로 발생하였다고 볼 수는 없다. 만일 특정범죄가중법 제5조의4 제5항의 구성요건에 포함되지 않던 징역형의 집행유예 전과가 재심절차를 거쳤다는 이유만으로 특정범죄가중법 제5조의4 제5항의 "징역형"을 받은 경우에 포함된다면, 헌법에 위반된 형벌 규정으로 처벌받은 피고인으로 하여금 재심청구권의 행사를 위축시키게 되거나 검사의 청구로 인하여 재심절차가 개시된 피고인에게 예상치 못한 부당한 결과를 초래하게 될 것이고, 이로 인해 위헌 법령이 적용된 부당한 상태를 사실상 존속시키거나 이를 강제하게 될 여지도 있다. …… 이 사건 재심대상판결에서 징역 2년에 집행유예 3년을 선고받은 후 선고의 실효 또는 취소됨이 없이 유예기간이 경과하였으므로, 이 사건 재심대상판결에 적용된 구 특정범죄가중법 제5조의4 제1항 중 형법 제329조에 관한 위헌결정의 취지를 반영하여 이 사건 재심판결에서 다시 징역 2년에 집행유예 3년을 선고받고 유예기간이 경과하지 않았더라도, 이는 특정범죄가중법 제5조의4 제5항의 "징역형을 받은 경우"에 해당하지 않는다(대법원 2022.7.28, 2020도13705).

ℓsolution 해당하지 않는다.

5 선고유예 · 집행유예 · 가석방

●●●○
135 사회봉사명령의 특별준수사항의 범위

> 사회봉사명령의 특별준수사항으로 "2017년 말까지 이 사건 개발제한행위 위반에 따른 건축물 등을 모두 원상복구할 것"을 부과할 수 있는가?

(판례) 우리 헌법 제12조 제1항은 "모든 국민은 신체의 자유를 가진다. 누구든지 … 법률과 적법한 절차에 의하지 아니하고는 처벌 · 보안처분 또는 강제노역을 받지 아니한다."라고 규정하여 처벌, 보안처분, 강제노역에 관한 법률주의 및 적법절차원리를 선언하고 있다. 이에 따라 범죄인에 대한 사회 내 처우의 한 유형으로 도입된 사회봉사명령 등에 관하여 구체적인 사항을 정하고 있는 형법 제62조의2 제1항은 "형의 집행을 유예하는 경우에는 보호관찰을 받을 것을 명하거나 사회봉사 또는 수강을 명할 수 있다."라고 규정하고 있다. 나아가 「보호관찰 등에 관한 법률」(이하 '보호관찰법') 제59조 제1항은 "법원은 형법 제62조의2에 따른 사회봉사를 명할 때에는 500시간 … 의 범위에서 그 기간을 정하여야 한다. 다만, 다른 법률에 특별한 규정이 있는 경우에는 그 법률에서 정한 바에 따른다."라고 규정하고 있다. 위 각 규정을 종합하면, 법원이 형의 집행을 유예하는 경우 명할 수 있는 사회봉사는 다른 법률에 특별한 규정이 없는 한 500시간 내에서 시간 단위로 부과될 수 있는 일 또는 근로활동을 의미하는 것으로 해석된다(대법원 2008.4.11, 2007도8373; 2008.4.24, 2007도8116 등). 한편 보호관찰, 사회봉사명령 · 수강명령은 당해 대상자의 교화 · 개선 및 범죄예방을 위하여 필요하고도 상당한 한도 내에서 이루어져야 하고, 당해 대상자의 연령 · 경력 · 심신상태 · 가정환경 · 교우관계 기타 모든 사정을 충분히 고려하여 가장 적합한 방법으로 실시되어야 하므로, 법원은 특별준수사항을 부과하는 경우 대상자의 생활력, 심신의 상태, 범죄 또는 비행의 동기, 거주지의 환경 등 대상자의 특성을 고려하여 대상자가 준수할 수 있다고 인정되고 자유를 부당하게 제한하지 아니하는 범위 내에서 개별화하여 부과하여야 한다는 점, 보호관찰의 기간은 집행을 유예한 기간으로 하고 다만 법원

은 유예기간의 범위 내에서 보호관찰기간을 정할 수 있는 반면, 사회봉사명령·수강명령은 집행유예기간 내에 이를 집행하되 일정한 시간의 범위 내에서 그 기간을 정하여야 하는 점, 보호관찰명령이 보호관찰기간 동안 바른 생활을 영위할 것을 요구하는 추상적 조건의 부과이거나 악행을 하지 말 것을 요구하는 소극적인 부작위조건의 부과인 반면, 사회봉사명령·수강명령은 특정시간 동안의 적극적인 작위의무를 부과하는 데 그 특징이 있다는 점 등에 비추어 보면, 사회봉사명령·수강명령 대상자에 대한 특별준수사항은 보호관찰 대상자에 대한 것과 같을 수 없고, 따라서 보호관찰 대상자에 대한 특별준수사항을 사회봉사명령·수강명령 대상자에게 그대로 적용하는 것은 적합하지 않다(대법원 2009.3.30, 2008모1116). 보호관찰법 제32조 제3항은 법원 및 보호관찰 심사위원회가 판결의 선고 또는 결정의 고지를 할 때 보호관찰 대상자에게 "범죄행위로 인한 손해를 회복하기 위하여 노력할 것(제4호)" 등 같은 항 제1호부터 제9호까지 정한 사항과 "그 밖에 보호관찰 대상자의 재범 방지를 위하여 필요하다고 인정되어 대통령령으로 정하는 사항(제10호)"을 특별준수사항으로 따로 과할 수 있다고 규정하고 있다. 이에 따라 보호관찰법 시행령 제19조는 보호관찰 대상자에게 과할 수 있는 특별준수사항을 제1호부터 제7호까지 규정한 데 이어, 제8호에서 "그 밖에 보호관찰 대상자의 생활상태, 심신의 상태, 범죄 또는 비행의 동기, 거주지의 환경 등으로 보아 보호관찰 대상자가 준수할 수 있고 자유를 부당하게 제한하지 아니하는 범위에서 개선·자립에 도움이 된다고 인정되는 구체적인 사항"을 규정하고 있다. 나아가 보호관찰법 제62조는 제2항에서 사회봉사명령·수강명령 대상자가 일반적으로 준수하여야 할 사항을 규정하는 한편, 제3항에서 "법원은 판결의 선고를 할 때 제2항의 준수사항 외에 대통령령으로 정하는 범위에서 본인의 특성 등을 고려하여 특별히 지켜야 할 사항을 따로 과할 수 있다."라고 규정하고 있다. 이에 따라 보호관찰법 시행령 제39조 제1항은 사회봉사명령·수강명령 대상자에 대한 특별준수사항으로 위 보호관찰법 시행령 제19조를 준용하고 있다. 위 각 규정을 종합하면, 보호관찰법 제32조 제3항이 보호관찰 대상자에게 과할 수 있는 특별준수사항으로 정한 "범죄행위로 인한 손해를 회복하기 위하여 노력할 것(제4호)" 등 같은 항 제1호부터 제9호까지의 사항은 보호관찰 대상자에 한해 부과할 수 있을 뿐, 사회봉사명령·수강명령 대상자에 대해서는 부과할 수 없다. 한편 보호관찰법 제32조 제3항 제4호는 보호관찰 대상자에게 과할 수 있는 특별준수사항으로 '범죄행위로 인한 손해를 회복하기 위해 노력할 것'을 정하고 있는데, 이 사건 특별준수사항은 범죄행위로 인한 손해를 회복하기 위하여 노력할 것을 넘어 일정 기간 내에 원상회복할 것을 명하는 것으로서 보호관찰법 제32조 제3항 제4호를 비롯하여 같은 항 제1호부터 제9호까지 정한 보호관찰의 특별준수사항으로도 허용될 수 없음을 밝혀 둔다(대법원 2020.11.5, 2017도18291).

> **보충** 대법원은 사회봉사명령의 특별준수사항으로 위와 같은 내용을 부과할 수 없다고 보아 파기환송한 것이다. 나아가 대법원은 보호관찰의 특별준수사항으로도 위와 같은 내용을 부과할 수 없음도 밝히고 있다.

ᵠsolution 부과할 수 없다.

●●●○
136 집행유예기간의 경과시 집행유예 취소의 가능 여부

> 검사는 사회봉사를 명한 집행유예를 선고받은 재항고인이 사회봉사명령 대상자의 준수사항이나 명령을 위반하였고 그 위반의 정도가 무겁다는 이유로 재항고인에 대한 위 집행유예 취소청구를 하였고, 제1심은 검사의 청구를 받아들여 집행유예의 선고를 취소하는 결정을 하였는데, 제1심결정이 재항고인의 즉시항고와 이를 기각한 원심결정에 대한 재항고로 인하여 아직 확정되기 전에 대법원에 재항고기록이 접수된 날 위 집행유예 기간이 경과하였다. 이렇게 집행유예 취소결정에 대한 즉시항고 또는 재항고로 인하여 집행유예 취소결정이 아직 확정되기 전에 집행유예 기간이 경과하였다면 집행유예의 선고를 취소할 수 있는가?

판례 검사는 보호관찰이나 사회봉사 또는 수강을 명한 집행유예를 받은 자가 준수사항이나 명령을 위반하고 그 정도가 무거운 경우 보호관찰소장의 신청을 받아 집행유예의 선고 취소청구를 할 수 있는데(보호관찰 등에 관한 법률 제47조 제1항, 형법 제64조 제2항), 그 심리 도중 집행유예 기간이 경과하면 형의 선고는 효력을 잃기 때문에 더 이상 집행유예의 선고를 취소할 수 없고 취소청구를 기각할 수밖에 없다. 집행유예의 선고 취소결정에 대한 즉시항고 또는 재항고 상태에서 집행유예 기간이 경과한 때에도 같다(대법원 2005.8.23, 2005모444; 2016.6.9, 2016모1567). 이처럼 집행유예의 선고 취소는 '집행유예 기간 중'에만 가능하다는 시간적 한계가 있다(대법원 2023.6.29, 2023모1007).

보충 법원은 집행유예 취소 청구서 부본을 지체없이 집행유예를 받은 자에게 송달하여야 하고(형사소송규칙 제149조의3 제2항), 원칙적으로 집행유예를 받은 자 또는 그 대리인의 의견을 물은 후에 결정을 하여야 한다(형사소송법 제335조 제2항). 항고법원은 항고인이 그의 항고에 관하여 이미 의견진술을 한 경우 등이 아니라면 원칙적으로 항고인에게 소송기록접수통지서를 발송하고 그 송달보고서를 통해 송달을 확인한 다음 항고에 관한 결정을 하여야 한다(대법원 1993.12.15, 93모73; 2003.6.23, 2003모172; 2006.7.25, 2006모389). 이와 같이 집행유예 선고 취소 결정이 가능한 시간적 한계와 더불어 제1심과 항고심 법원은 각기 당사자에게 의견 진술 및 증거제출 기회를 실질적으로 보장하여야 한다는 원칙이 적용되는 결과, 법원은 관련 절차를 신속히 진행함으로써 당사자의 절차권 보장과 집행유예 판결을 통한 사회 내 처우의 실효성 확보 및 적정한 형벌권 행사를 조화롭게 달성하도록 유의할 필요가 있다.

solution 취소할 수 없다.

6 형의 시효 · 소멸 · 기간

137 검사가 추징형의 집행을 위하여 예금채권에 대하여 채권압류 · 추심명령을 받았다면 압류금지채권이라 하더라도 추징형의 시효는 중단된다는 사례

판례 추징형의 시효는 강제처분을 개시함으로써 중단되는데(형법 제80조), 추징형은 검사의 명령에 의하여 민사집행법을 준용하여 집행하거나 국세징수법에 따른 국세체납처분의 예에 따라 집행한다(형사소송법 제477조). 추징형의 집행을 채권에 대한 강제집행의 방법으로 하는 경우에는 검사가 집행명령서에 기하여 법원에 채권압류명령을 신청하는 때에 강제처분인 집행행위의 개시가 있는 것이므로 특별한 사정이 없는 한 그때 시효중단의 효력이 발생한다. 시효중단의 효력이 발생하기 위하여 집행행위가 종료하거나 성공할 필요는 없으므로 수형자의 재산이라고 추정되는 채권에 대하여 압류신청을 한 이상 피압류채권이 존재하지 않거나 압류채권을 환가하여도 집행비용 외에 잉여가 없다는 이유로 집행불능이 되었다고 하더라도 이미 발생한 시효중단의 효력이 소멸하지 않는다(대법원 2009.6.25, 2008모1396). 또한 채권압류가 집행된 후 해당 채권에 대한 압류가 취소되더라도 이미 발생한 시효중단의 효력이 소멸하지 않는다(대법원 2001.7.27, 2001두3365; 2017.7.12, 2017모648). 채권에 대한 압류의 효력은 압류채권자가 압류명령의 신청을 취하하거나 압류명령이 즉시항고에 의하여 취소되는 경우 또는 채권압류의 목적인 현금화절차가 종료할 때(추심채권자가 추심을 완료한 때 등)까지 존속한다. 이처럼 채권압류의 집행으로 압류의 효력이 유지되고 있는 동안에는 특별한 사정이 없는 한 추징형의 집행이 계속되고 있는 것으로 보아야 한다(대법원 2017.7.12, 2017모648). 한편 피압류채권이 법률상 압류금지채권에 해당하더라도 재판으로서 압류명령이 당연무효는 아니므로 즉시항고에 의하여 취소되기 전까지는 역시 추징형의 집행이 계속되고 있는 것으로 보아야 한다(대법원 2023.2.23, 2021모3227).

조문 형법 제80조(시효의 중단) 시효는 사형, 징역, 금고와 구류에 있어서는 수형자를 체포함으로, 벌금, 과료, 몰수와 추징에 있어서는 강제처분을 개시함으로 인하여 중단된다.

7 보안처분

138 전자장치 부착명령의 요건으로서 '재범의 위험성'

참고판례

판례 원심은, ① 피고인 겸 피부착명령청구자(이하 '피고인')가 군 복무 중 아동과 SNS로 음란한 이야기를 주고받은 사건으로 벌금형을 선고받았고, 제대 후에도 SNS에서 알게 된 2명의 아동에게 음부 사진 등을 보내게 하는 범행을 저질러 보호관찰이 부과된 징역형의 집행유예를 선고받았고 그 집행유예 기간에 보호관찰을 받던 중 다시 이 사건 각 범행을 저지른 점, ② 피고인은 채팅 등으로 미성년자와 친분을 쌓은 후 성폭력범죄를 저지르는 경향성을 보이고 있고, 이 사건의 경우에도 성인인 피고인이 인터넷 채팅에서 만난 12세의 피해자를 상대로 세 차례 간음과 함께 가학적인 성적 행위를 하였을 뿐 아니라 그 가학성의 정도가 심해졌던 점, ③ 피고인에 대한 성범죄자 위험성 평가도구(K-SORAS) 평가 결과 총점 14점으로 성범죄 재범 위험성이 '높음' 수준으로 평가되었던 점 등을 종합하여, 재범의 위험성이 있다고 보아 15년간 위치추적 전자장치 부착을 명하고 준수사항을 부과하였다. 원심판결 이유를 적법하게 채택한 증거에 비추어 살펴보면, 원심판단에 상고이유 주장과 같은 잘못이 없다(대법원 2021.2.25, 2020도17070, 2020전도171 병합).

보충 전자장치 부착명령 요건으로서 재범의 위험성을 판단함에 있어, 피고인의 전과가 이 사건과 동일한 범죄는 아니지만, 피고인의 유사 범죄전력과 집행유예 및 보호관찰 기간 중 이 사건 재범, 피고인이 보이는 성폭력범죄 경향성과 이 사건 범행의 경향성 발현 등을 종합하여 재범의 위험성을 인정하고, 15년의 전자장치 부착을 명한 원심을 수긍한 사례이다.

139 가정폭력처벌법상 피해자보호명령 발령의 요건과 절차

참고판례

판례 가정폭력범죄의 처벌 등에 관한 특례법은 종래 가정폭력범죄(제2조 제3호)에 대해서 검사가 가정보호사건으로 처리하고 관할 법원에 송치하거나(제11조) 법원이 가정폭력행위자에 대한 피고사건을 심리한 결과 관할 법원에 송치한 사건(제12조)을 전제로 판사가 심리를 거쳐 하는 보호처분(제40조 제1항)만을 규정하고 있었다. 그러나 2011.7.25. 법률 제10921호로 도입된 피해자보호명령 제도는 피해자가 가정폭력행위자와 시간적·공간적으로 밀착되어 즉시 조치를 취하지 않으면 피해자에게 회복할 수 없는 피해를 입힐 가능성이 있을 때 수사기관과 소추기관을 거치지 않고 스스로 안전과 보호를 위하여 직접 법원에 보호를 요청할 수 있도록 하는 한편 그러한 명령을 위반한 경우에는 형사처벌을 함으로써 피해자 보호를 강화하려는 취지에서 도입되었다. 이처럼 가정폭력처벌법상 가정보호처분과 피해자보호명령은 절차와 결정의 내용 등에서 차이가 있으나, 가정폭력처벌법에서 피해자보호명령의 발령 요건으로 가정폭력행위자일 것을 정하고 있고(제55조의2 제1항), 피해자보호명령을 위반한 가정폭력행위자에 대하여 형사처벌을 예정하고 있는 점을 감안하면(제63조 제1항 제2호), 피해자보호명령청구의 전제가 되는 가정폭력행위가 특정되지 아니하거나 행위자가 그러한 행위를 한 사실이 인정되지 않는 경우, 또는 행위자의 행위가 가정폭력처벌법 제2조 제3호 각 목에서 정한 죄를 구성하지 아니하는 경우에는 행위자에 대하여 피해자보호명령을 발령할 수 없다. 가정폭력범죄의 처벌 등에 관한 특례법에 의하면 피해자보호명령사건을 담당한 판사는 심리기일을 지정하고 가정폭력행위자를 소환하여야 하며, 이 경우 판사는 피해자보호명령사건의 요지 및 보조인을 선임할 수 있다는 취지를 미리 고지하여야 한다(제55조의7, 제30조 제1항). 가정폭력처벌법에 위와 같은 규정을 둔 취지는, 피해자보호명령 제도의 성격(제1조), 피해자보호명령을 위반한 가정폭력행위자에 대하여 형사처벌을 예정하고 있고, 피해자보호명령이 내려진 후 행위자가 불복하더라도 집행정지의 효력이 없는 점(제55조의8 제3항, 제53조), 가정폭력행위자로 인정되어 피해자보호명령을 받고 이를 이행하지 않은 이상 피해자보호명령의 전제가 된 가정폭력행위에 대하여 무죄판결을 선고받아 확정되더라도 가정폭력처벌법 제63조 제1항 제2호의 보호처분 등의 불이행죄 성립에 영향이 없는 점 등에 비추어 피해자보호명령의 심리절차에서 행위자의 방어권을 보장할 필요가 있기 때문이다. 이에 따라 가정보호심판규칙에서는, 행위자 등의 소환은 소환장의 송달에 의하고(제67조의13 제1항), 소환장에는 사건명, 피해자와 행위자의 성명 및 소환되는 사람의 성명, 피해자보호명령사건에 관하여 소환되는 뜻, 출석할 일시와 장소 등을 기재하고 판사가 기명날인하여야 하며(같은 조 제2항), 행위자에게 제1회 심리기일소환장을 송달할 때에는 피해자보호명령 청구서 부본을 함께 송달해야 하는 것으로 정하고 있다(같은 조 제3항 본문). 위와 같은 피해자보호명령사건 심리기일의 지정 및 고지에 관한 법규의 내용과 취지에 비추어 보면, 행위자에게 피해자보호명령사건의 요지를 미리 고지하거나 피해자보호명령 청구서 부본을 송달하고, 보조인을 선임할 수 있다는 취지를 미리 고지하지 않은 채 심리절차를 진행한 후 피해자보호명령을 발령하였다면, 심리 과정에서 행위자의 방어권이 본질적으로 침해되지 않았다고 볼 만한 특별한 사정이 없는 한 법원의 이러한 잘못은 재판에 영향을 미친 법령 위반에 해당한다(대법원 2024.3.29, 2024터2).

정리 ① 피해자보호명령 청구서에 가정폭력범죄가 특정되어 있지 않고, 원심이 발령 근거로 든 사실은 이를 인정할 구체적 자료가 없으며, 문제된 행위가 가정폭력범죄에 해당한다고 보기 어렵거나 추가 심리 없이 가정폭력범죄 중 폭행죄, 학대죄, 협박죄, 모욕죄 등의 구성요건을 충족한다고 단정하기 어려우므로 이 사건 피해자보호명령의 발령 요건에 관한 법령을 위반하였고, ② 제1심 법원의 조치가 행위자의 방어권을 본질적으로 침해한 것으로 볼 여지가 있어 피해자보호명령사건의 심리절차에 관한 법령을 위반하였다.

형법각론

CHAPTER

01 개인적 법익에 대한 죄

1 생명과 신체에 대한 죄

제1절 살인의 죄

제2절 상해와 폭행의 죄

● ● ○
140 특수범죄의 위험한 물건의 휴대의 의미

> [제1문] 행위자가 위험한 물건을 '휴대하여' 피해자를 협박하고 상해를 가하였는지 여부가 문제되는 경우, 행위자가 범행 현장에서 범행에 사용하려는 의도 아래 위험한 물건을 소지하거나 몸에 지닌 상태에서 나아가 이를 실제로 범행에 사용하였을 것까지 요구되는가?
> [제2문] 위험한 물건을 휴대하였다고 하기 위하여는 행위자가 그 물건을 현실적으로 손에 쥐고 있는 등 그 물건이 행위자와 물리적으로 부착되어 있어야 하는가?

조문 형법 제258조의2(특수상해) ① 단체 또는 다중의 위력을 보이거나 위험한 물건을 휴대하여 제257조 제1항 또는 제2항의 죄를 범한 때에는 1년 이상 10년 이하의 징역에 처한다.
제284조(특수협박) 단체 또는 다중의 위력을 보이거나 위험한 물건을 휴대하여 전조 제1항, 제2항의 죄를 범한 때에는 7년 이하의 징역 또는 1천만원 이하의 벌금에 처한다.

판례 형법 제258조의2 제1항, 제257조 제1항, 제284조, 제283조 제1항은 위험한 물건을 휴대하여 사람의 신체를 상해한 자를 특수상해죄로, 사람을 협박한 자를 특수협박죄로 각 처벌하도록 규정하고 있다. 여기서 위험한 물건을 '휴대하여'는 범행 현장에서 사용하려는 의도 아래 위험한 물건을 소지하거나 몸에 지니는 경우를 의미한다(대법원 2017.3.30, 2017도771). 범행 현장에서 위험한 물건을 사용하려는 의도가 있었는지는 피고인의 범행 동기, 위험한 물건의 휴대 경위 및 사용 방법, 피고인과 피해자와의 인적 관계, 범행 전후의 정황 등 모든 사정을 합리적으로 고려하여 판단하여야 한다(대법원 2002.6.14, 2002도1341). 피고인이 범행 현장에서 범행에 사용하려는 의도 아래 위험한 물건을 소지하거나 몸에 지닌 이상 피고인이 이를 실제로 범행에 사용하였을 것까지 요구되지는 않는다(대법원 2004.6.11, 2004도2018). 또한 위험한 물건을 휴대하였다고 하기 위하여는, 피고인이 범행 현장에 있는 위험한 물건을 사실상 지배하면서 언제든지 그 물건을 곧바로 범행에 사용할 수 있는 상태에 두면 충분하고, 피고인이 그 물건을 현실적으로 손에 쥐고 있는 등 피고인과 그 물건이 반드시 물리적으로 부착되어 있어야 하는 것은 아니다(대법원 2024.6.13, 2023도18812).

♀solution [제1문] 요구되지 않는다.

　　　　　[제2문] 물리적으로 부착되어 있어야 하는 것은 아니다.

141 특가법상 운전자폭행: 정차 중인 버스의 운전사를 폭행한 사건
참고판례

판례 피고인이 정차한 버스 안에서 버스운전사인 피해자를 폭행한 경우,「특정범죄 가중처벌 등에 관한 법률」제5조의10 제1항의 '운행 중'에 '여객자동차운송사업을 위하여 사용되는 자동차를 운행하는 중 운전자가 여객의 승차·하차 등을 위하여 일시 정차한 경우를 포함한다'고 규정되어 있는 점, 피고인이 피해자를 폭행한 시각은 귀가 승객이 몰리는 퇴근시간 무렵이었고 피해자가 이 사건 버스를 정차한 곳은 ○○경찰서 버스정류장으로서, 공중의 교통안전과 질서를 저해할 우려가 있는 장소였던 점, 당시 이 사건 버스의 승객이 적지 않았던 점, 피고인은 이 사건 버스가 정차하고 2분이 채 지나지 않은 시점에 피해자를 폭행하였고 피해자는 피고인만 하차하면 즉시 버스를 출발할 예정이었는바, 피해자에게는 버스에 관한 계속적인 운행의사가 있었던 점 등에 비추어 보면, 이 사건 범행은 운행 중인 자동차 운전자에 대한 폭행에 해당된다(대법원 2021.10.14, 2021도10243).

보충 [조문] 특가법 제5조의10(운행 중인 자동차 운전자에 대한 폭행 등의 가중처벌) ① 운행 중(「여객자동차 운수사업법」제2조 제3호에 따른 여객자동차운송사업을 위하여 사용되는 자동차를 운행하는 중 운전자가 여객의 승차·하차 등을 위하여 일시 정차한 경우를 포함한다)인 자동차의 운전자를 폭행하거나 협박한 사람은 5년 이하의 징역 또는 2천만원 이하의 벌금에 처한다.

제3절　과실치사상의 죄

제4절　낙태의 죄

제5절　유기와 학대의 죄

142 친자녀를 방임한 아동복지법위반(아동유기·방임) 사건
• 경찰2차 22

판례 아동복지법은 아동학대의 의미를 정의하면서 아동의 보호자와 그 외의 성인을 구분하여, 아동의 보호자가 아닌 성인에 관해서는 신체적·정신적·성적 폭력이나 가혹행위를 아동학대행위로 규정하는 것에 비하여 아동의 보호자에 관해서는 위 행위들에 더하여 아동을 유기하거나 방임하는 행위까지 포함시키고 있다(제3조 제7호). 자신의 보호·감독을 받는 아동에 대하여 의식주를 포함한 기본적 보호·양육·치료 및 교육을 소홀히 하는 방임행위를 하여서는 아니 되고(제17조 제6호), 이를 위반하면 5년 이하의 징역 또는 5천만원 이하의 벌금에 처해진다(제71조 제1항 제2호). …… 친아버지인 피고인은 피해자 공소외 2(피고인의 첫째 아이, 1세)를 양육하면서 집안 내부에 먹다 남은 음식물 쓰레기, 소주병, 담배꽁초가 방치된 상태로 청소를 하지 않아 악취가 나는 비위생적인 환경에서 위 피해자에게 제대로 세탁하지 않아 음식물이 묻어있는 옷을 입히고, 목욕을 주기적으로 시키지 않아 몸에서 악취를 풍기게 하는 등으로 ……
비위생적인 환경에서 위 피해자를 양육하였고 피해자의 의복과 몸을 청결하게 유지해 주지 않았으며 피
해자를 집에 두고 외출하기도 하는 등 의식주를 포함한 기본적인 보호·양육·치료 및 교육을 소홀히 하
는 방임행위를 하였다고 판단된다(대법원 2020.9.3, 2020도7625).

> **보충** 이외에도 피고인에게는 자신의 둘째 아이(생후 3개월)에 대한 유기에 의한 아동학대치사죄의 죄책도 인정되었다(아동학대범죄의
> 처벌 등에 관한 특례법 제4조).

● ● ○
143 장애인에 대한 정서적 학대행위가 문제된 사건
참고판례

(판례) 사회복지사로 근무하는 피고인이 장애인보호작업장에서 지적장애 3급인 피해자의 머리에 쇼핑백
끈 다발을 올려놓고 다른 장애인 근로자들이 피해자를 보고 웃게 하고 피해자의 사진을 찍고, 피해자에게
눈을 찌르고 우는 시늉을 하도록 지시하여 피해자가 어쩔 수 없이 이를 따르도록 하여 피해자로 하여금
수치심을 느끼게 하였다면 장애인복지법상 정서적 학대행위를 한 것으로 인정된다(대법원 2021.4.8, 2021도
1083).

● ○ ○
144 사회복지시설 원장인 피고인이 5세 여자아이의 옷을 잡고 들어 올려 식당 밖으로 데려가 맨
발로 세워둔 채 훈계한 행동을 아동학대처벌법상 정서적 학대행위로 인정할 수 있는지 여부

(판례) 사회복지법인이 운영하는 복지시설의 원장인 피고인이 원생인 피해아동(5살 여자아이)이 대답을 하지
않았다는 이유로, 식당으로 따라 들어가 다수의 사람들이 지켜보는 상황에서 피해아동이 입고 있던 도복의 허리
끈 부위를 뒤에서 잡아 들어 올린 상태로 10m 가량을 걸어 식당 건물 밖까지 나가서 피해아동을 상당 시간 화강
암 또는 시멘트 재질의 바닥에 맨발로 세워둔 채 훈계한 행위는 정당한 훈육의 범위나 수단, 방식을 벗어난 것으
로서 아동의 정신건강 및 발달에 해를 끼치는 '정서적 학대행위'에 해당한다(대법원 2021.11.11, 2021도10679).

---

② **자유에 대한 죄**

제1절 협박과 강요의 죄

● ● ○
145 문화계 블랙리스트 사건의 강요죄 부분
· 법원행시 20, 경찰1차 21, 법원9급 21

(판례) [다수의견] 대통령비서실장을 비롯한 피고인들 등은 문화체육관광부(이하 '문체부') 공무원들을 통
하여 문화예술진흥기금 등 정부의 지원을 신청한 개인·단체의 이념적 성향이나 정치적 견해 등을 이유로
한국문화예술위원회·영화진흥위원회·한국출판문화산업진흥원(이하 각각 '예술위', '영진위', '출판진흥

원'이라 한다)이 수행한 각종 사업에서 이른바 좌파 등에 대한 지원배제에 이르는 과정에서, **공무원 甲 및 지원배제 적용에 소극적인 문체부 1급 공무원 乙 등에 대하여 사직서를 제출하도록 요구하고, 예술위 · 영진위 · 출판진흥원 직원들로 하여금 지원심의 등에 개입하도록 지시함으로써 업무상 · 신분상 불이익을 당할 위험이 있다는 위구심을 일으켜 의무 없는 일을 하게 하였다는 강요의 공소사실로 기소되었는바,** 사직 요구 또는 지원배제 지시를 할 당시의 구체적인 상황과 요구 경위 및 발언의 내용, 요구자와 상대방의 직위 · 경력, 사직 또는 지원배제에 이르게 된 경위, 일부 사업에서 특정인 또는 특정단체가 지원배제 지시에도 불구하고 지원 대상자로 선정되기도 한 사정 등을 종합할 때, 피고인들이 상대방의 의사결정의 자유를 제한하거나 의사실행의 자유를 방해할 정도로 겁을 먹게 할 만한 해악을 고지하였다는 점에 대한 증명은 부족하다고 해야 한다(대법원 2020.1.30, 2018도2236 전원합의체).

146 민사적 법률관계에서의 당사자 사이의 불이익 · 해악의 고지의 협박죄의 성부

판례 ① 협박죄에서 '협박'은 일반적으로 보아 사람으로 하여금 공포심을 일으킬 수 있는 정도의 해악을 고지하는 것을 의미하고, 주관적 구성요건으로서의 고의는 행위자가 그러한 정도의 해악을 고지한다는 것을 인식 · 용인하는 것을 내용으로 하는바, 협박죄가 성립되려면 **고지된 해악의 내용이 행위자와 상대방의 성향, 고지 당시의 주변 상황, 행위자와 상대방 사이의 친숙의 정도 및 지위 등의 상호관계 등 행위 전후의 여러 사정을 종합하여 볼 때에 일반적으로 사람으로 하여금 공포심을 일으키기에 충분한 것이어야 한다.** ② 권리행사의 일환으로 상대방에게 일정한 해악을 고지한 경우에도, 그러한 해악의 고지가 사회의 관습이나 윤리관념 등에 비추어 사회통념상 용인할 수 있는 정도이거나 정당한 목적을 위한 상당한 수단에 해당하는 등 사회상규에 반하지 아니하는 때에는 협박죄가 성립하지 아니한다. 따라서 민사적 법률관계하에서 이해관계가 상충되는 당사자 사이에 권리의 실현 · 행사 과정에서 이루어진 상대방에 대한 불이익이나 해악의 고지가 일반적으로 보아 공포심을 일으킬 수 있는 정도로서 협박죄의 '협박'에 해당하는지 여부와 그것이 사회상규에 비추어 용인할 수 있는 정도를 넘어선 것인지 여부를 판단할 때에는, **행위자와 상대방의 관계 및 사회경제적 위상의 차이, 고지된 불이익이나 해악의 내용이 당시 상황에 비추어 이해관계가 대립되는 당사자의 권리 실현 · 행사의 내용으로 통상적으로 예견 · 수용할 수 있는 범위를 현저히 벗어난 정도에 이르렀는지, 해악의 고지 방법과 그로써 추구하는 목적 사이에 합리적 관련성이 존재하는지** 등 여러 사정을 세심히 살펴보아야 한다(대법원 2022.12.15, 2022도9187).

보충 피고인들을 비롯한 직원들의 임금이 체불되고 사무실 임대료를 내지 못할 정도로 재정 상태가 좋지 않는 등의 이유로 이 사건 회사의 경영상황이 우려되고 대표이사 겸 최대주주인 피해자의 경영능력이 의심받던 상황에서, 직접적 이해당사자인 피고인들이 동료 직원들과 함께 피해자를 만나 '사임제안서'만 전달하였을 뿐 별다른 말을 하지 않았고, 피해자도 약 5분 동안 이를 읽은 후 바로 그 자리를 떠났다. …… 경영위기에 놓인 회사의 직원 중 일부가 동료 직원 및 주요 투자자와 협의를 거쳐 회사 갱생을 위한 자구책으로 마련한 '사임제안서'를 대표이사에게 전달한 행위는 '협박'으로 볼 수 없고, 이에 해당하더라도 사회통념상 용인할 수 있는 정도이거나 회사의 경영 정상화라는 정당한 목적을 위한 상당한 수단에 해당하여 사회상규에 반하지 아니한다.

147 사람에 대한 간접적인 유형력의 행사를 강요죄의 폭행으로 인정하기 위한 요건

> 甲은 乙의 주택 대문 바로 앞에 차량을 주차하여 乙이 차량을 주차장에 출입할 수 없도록 하였다. 甲의 행위는 강요죄의 폭행에 해당하는가?

판례 강요죄는 폭행 또는 협박으로 사람의 권리행사를 방해하거나 의무 없는 일을 하게 하는 범죄이다(형법 제324조 제1항). 여기에서 폭행은 사람에 대한 직접적인 유형력의 행사뿐만 아니라 간접적인 유형력의 행사도 포함하며, 반드시 사람의 신체에 대한 것에 한정되지 않는다. 사람에 대한 간접적인 유형력의 행사를 강요죄의 폭행으로 평가하기 위해서는 피고인이 유형력을 행사한 의도와 방법, 피고인의 행위와 피해자의 근접성, 유형력이 행사된 객체와 피해자의 관계 등을 종합적으로 고려해야 한다. 피고인은 이 사건 도로의 소유자인데, 피해자를 포함한 이 사건 도로 인접 주택 소유자들에게 도로 지분을 매입할 것을 요구하였음에도 피해자 등이 이를 거부하자, 피해자 주택 대문 바로 앞에 피고인의 차량을 주차하여 피해자가 자신의 차량을 주차장에 출입할 수 없도록 한 경우, 피고인은 피해자에 대하여 어떠한 유형력을 행사하였다고 보기 어려울 뿐만 아니라, 피해자는 주택 내부 주차장에 출입하지 못하는 불편을 겪는 외에는 차량을 용법에 따라 정상적으로 사용할 수 있었다. 따라서 강요죄는 성립하지 않는다(대법원 2021.11.25, 2018도1346).

◦solution 해당하지 않는다.

제2절 체포와 감금의 죄

●●●
148 체포미수죄 사례

판례 체포죄는 사람의 신체에 대하여 직접적이고 현실적인 구속을 가하여 신체활동의 자유를 박탈하는 죄로서, 그 실행의 착수 시기는 체포의 고의로 타인의 신체적 활동의 자유를 현실적으로 침해하는 행위를 개시한 때이다. 체포죄는 계속범으로서 체포의 행위에 확실히 사람의 신체의 자유를 구속한다고 인정할 수 있을 정도의 시간적 계속이 있어야 기수에 이르고, 신체의 자유에 대한 구속이 그와 같은 정도에 이르지 못하고 일시적인 것으로 그친 경우에는 체포죄의 미수범이 성립할 뿐이다(대법원 2020.3.27, 2016도18713).

보충 체포치상죄의 상해는 피해자 신체의 건강상태가 불량하게 변경되고 생활기능에 장애가 초래되는 것을 말한다. 피해자가 입은 상처가 극히 경미하여 굳이 치료할 필요가 없고 치료를 받지 않더라도 일상생활을 하는 데 아무런 지장이 없으며 시일이 경과함에 따라 자연적으로 치유될 수 있는 정도라면, 그로 인하여 피해자의 신체의 건강상태가 불량하게 변경되었다거나 생활기능에 장애가 초래된 것으로 보기 어려워 체포치상죄의 상해에 해당한다고 할 수 없다.

제3절 약취, 유인 및 인신매매의 죄

●○○
149 면접교섭권과 미성년자약취죄
• 법원9급 22

> 양육친 乙(여, 프랑스인)과 이혼소송 중인 비양육친 甲(남, 한국인)은 면접교섭권을 행사하기 위하여 프랑스에서 乙과 함께 살던 아동 丙(5세)을 대한민국으로 데려온 후 면접교섭 기간이 종료하였음에도 丙을 프랑스로 데려다 주지 않았다. 甲에게는 미성년자약취죄가 성립하는가?

판례 미성년자를 보호·감독하는 사람이라고 하더라도 다른 보호감독자의 보호·양육권을 침해하거나 자신의 보호·양육권을 남용하여 미성년자 본인의 이익을 침해하는 때에는 미성년자에 대한 약취죄의 주체가 될 수 있으므로(대법원 2008.1.31, 2007도8011 등), 부모가 이혼하였거나 별거하는 상황에서 미성년의 자녀를 부모의 일방이 평온하게 보호·양육하고 있는데, 상대방 부모가 폭행, 협박 또는 불법적인 사실상의 힘을 행사하여 그 보호·양육 상태를 깨뜨리고 자녀를 자기 또는 제3자의 사실상 지배하에 옮긴 경우 그와 같은 행위는 특별한 사정이 없는 한 미성년자에 대한 약취죄를 구성한다(대법원 2017.12.13, 2015도10032). …… 면접교섭 기간이 종료하였음에도 프랑스에 있는 양육친에게 데려다 주지 않고 양육친과 연락을 두절한 후 가정법원의 유아인도명령 등에도 불응한 피고인의 행위는 그 목적과 의도, 행위 당시의 정황과 피해자의 상태, 결과적으로 피해아동의 자유와 복리를 침해한 점, 법원의 확정된 심판 등의 실효성을 확보할 수 없도록 만든 점 등을 종합해 보면, 불법적인 사실상의 힘을 수단으로 피해아동을 그 의사와 복리에 반하여 자유로운 생활 및 보호관계로부터 이탈시켜 자기의 사실상 지배하에 옮긴 적극적 행위와 형법적으로 같은 정도의 행위로 평가할 수 있으므로, 형법 제287조 미성년자약취죄의 약취행위에 해당한다(대법원 2021.9.9, 2019도16421).

§solution 성립한다.

제4절 강간과 추행의 죄

● ● ○
150 아동이 성적 자기결정권을 행사하였는지 판단함에 있어 고려할 사항

• 경찰1차 21, 경찰2차 21, 국가7급 21, 법원9급 21, 국가9급 22

> [제1문] 15세의 중학생인 피해자가 피고인과 성관계를 할 당시 외관상 성적 동의로 보이는 언동을 하였는데, 성관계 도중 피해자의 중단 요구를 무시하고 계속 성관계를 한 피고인의 행위는 아동복지법이 처벌하는 성적 학대행위에 해당하는가?
> [제2문] 신체 노출 사진 인터넷 게시 등으로 피해자를 협박한 행위는 강간의 실행의 착수로 인정될 수 있는가?

[제1문]

판례 아동·청소년이 외관상 성적 결정 또는 동의로 보이는 언동을 하였다 하더라도, 그것이 타인의 기망이나 왜곡된 신뢰관계의 이용에 의한 것이라면, 이를 아동·청소년의 온전한 성적 자기결정권의 행사에 의한 것이라고 평가하기 어렵다(대법원 2020.8.27, 2015도9436 전원합의체). 성적 자기결정권은 스스로 선택한 인생관 등을 바탕으로 사회공동체 안에서 각자가 독자적으로 성적 관념을 확립하고 이에 따라 사생활의 영역에서 자기 스스로 내린 성적 결정에 따라 자기책임 하에 상대방을 선택하고 성관계를 가질 권리로 이해된다(헌법재판소 2002.10.31, 99헌바40 등 참조). 여기에는 자신이 하고자 하는 성행위를 결정할 권리라는 적극적 측면과 함께 원치 않는 성행위를 거부할 권리라는 소극적 측면이 함께 존재하는데, 위계에 의한 간음죄를 비롯한 강간과 추행의 죄는 소극적 성적 자기결정권을 침해하는 것을 내용으로 한다(대법원 2020.8.27, 2015도9436 전원합의체; 2019.6.13, 2019도3341). [원심은 피고인이 아동·청소년인 피해자1(여, 15세)과 성관계를 하던 중 피해자가 중단을 요구하는데도 계속 성관계를 하여 성적 학대행위를 하였다는 아동복지법위반(아동에 대한 음행강요·매개·성희롱 등)으로 기소되었고, 원심은 만 15세인 피해자의 경우 일반적으로 미숙하나마 자발적인 성적 자기결정권을 행사할 수 있는 연령대로 보이는 점, 피고인이 피해자와 성관계를 가진 자체에 대하여는 학대행위로 기소하지 아니한 점 등을 들어 성적 학대행위에 해당하지 않는다는 이유로 무죄로 판단하였으나] 피해자가 성적 자기결정권을 제대로 행사할 수 있을 정도의 성적 가치관과 판단능력을 갖추었는지 여부 등을 신중하게 판단하였어야 한다는 점에서 원심을 파기한다(대법원 2020.10.29, 2018도16466).

§solution 해당한다.

[제2문]

(판례) 피고인은 아동·청소년인 피해자2(여, 15세)의 신체 노출 사진을 받아낸 다음 성관계를 하지 않으면 위 사진을 인터넷에 올린다는 등으로 협박하여 강간하려고 하였으나 미수에 그쳤다는 아동·청소년의성보호에관한법률 위반으로 기소되었는데, [원심은 협박을 인정하면서도 피고인이 계획한 간음 행위 시기와 2달 정도의 간격이 있고, 간음 행위에 대한 구체적인 계획까지 드러내지 않았다는 이유 등을 들어 피고인이 협박을 간음행위에 사용하려는 고의를 가지고 있었다거나 협박이 간음행위의 수단으로 이루어진 것이라는 점이 합리적인 의심의 여지없이 증명되었다고 보기 어렵다는 보아 협박에 의한 강간의 점 및 위력에 의한 간음의 점을 모두 무죄로 판단하였으나] 피고인이 페이스북에 3개의 계정을 만들어 1인 3역을 하면서 복잡하고 교묘한 방법을 사용한 이유는 상대여성의 경계심을 풀고 용이하게 성관계에 나아가기 위한 것이므로 그 일련의 과정에서 상대여성에게 한 위협적 언동은 모두 간음의 목적을 달성하기 위한 수단으로 볼 수 있는 점, 이 사건에서도 피해자가 피고인의 협박에 못 이겨 피고인과 접촉하기에 이른 이상 피해자가 성관계를 결심하기만 하면 다른 특별한 사정이 없는 한 피고인의 간음행위를 실행할 수 있는 단계에 이른 것으로 볼 수 있고, 협박에 의한 강간 및 위력에 의한 간음의 실행에 착수한 것으로 볼 수 있다(대법원 2020.10.29, 2018도16466).

⎰solution 인정될 수 있다.

●●● 151 폭행·협박 선행형의 강제추행죄에서 '폭행 또는 협박'의 의미 • 경찰1차 24, 법원9급 24

> 강제추행죄의 '폭행 또는 협박'은 상대방의 항거를 곤란하게 할 정도일 것이 요구되는가?

(판례) 형법 제298조(강제추행)는 "폭행 또는 협박으로 사람에 대하여 추행을 한 자는 10년 이하의 징역 또는 1천 500만원 이하의 벌금에 처한다."라고 규정하고 있다. 「성폭력범죄의 처벌 등에 관한 특례법」(이하 '성폭력처벌법'이라 한다) 제5조 제2항은 "친족관계인 사람이 폭행 또는 협박으로 사람을 강제추행한 경우에는 5년 이상의 유기징역에 처한다."라고 규정하여 가중처벌하고 있다. 이와 같이 형법 및 성폭력처벌법은 강제추행죄의 구성요건으로 '폭행 또는 협박'을 규정하고 있는데, 대법원은 강제추행죄의 '폭행 또는 협박'의 의미에 관하여 이를 두 가지 유형으로 나누어, 폭행행위 자체가 곧바로 추행에 해당하는 경우(이른바 기습추행형)에는 상대방의 의사를 억압할 정도의 것임을 요하지 않고 상대방의 의사에 반하는 유형력의 행사가 있는 이상 그 힘의 대소강약을 불문한다고 판시하는 한편(대법원 1983.6.28, 83도399; 2002.4.26, 2001도2417 등), 폭행 또는 협박이 추행보다 시간적으로 앞서 그 수단으로 행해진 경우(이른바 폭행·협박 선행형)에는 상대방의 항거를 곤란하게 하는 정도의 폭행 또는 협박이 요구된다고 판시하여 왔다(대법원 2007.1.25, 2006도5979; 2012.7.26, 2011도8805 등, 이하 폭행·협박 선행형 관련 판례 법리를 '종래의 판례 법리'라 한다). 이 사건의 쟁점은 폭행·협박 선행형의 강제추행죄에서 '폭행 또는 협박'의 의미를 위와 같이 제한 해석한 종래의 판례 법리를 유지할 것인지 여부이다. 강제추행죄의 범죄구성요건과 보호법익, 종래의 판례 법리의 문제점, 성폭력범죄에 대한 사회적 인식, 판례 법리와 재판 실무의 변화에 따라 해석기준을 명확히 할 필요성 등에 비추어 강제추행죄의 '폭행 또는 협박'의 의미는 다시 정의될 필요가 있다. 강제추행죄의 '폭행 또는 협박'은 상대방의 항거를 곤란하게 할 정도로 강력할 것이 요구되지 아니하고, 상대방의 신체에 대하여 불법한 유형력을 행사(폭행)하거나 일반적으로 보아 상대방으로 하여금 공포심을 일으킬 수 있는 정도의 해악을 고지(협박)하는 것이라고 보아야 한다. 어떠한 행위가 강제추행죄의 '폭행 또는 협박'에 해당하는지 여부는 행위의 목적과 의도, 구체적인 행위태양과 내용, 행위의 경위와 행위 당시의 정황, 행위자와 상대방과의 관계, 그 행위가 상대방에게 주는 고통의 유무와 정도 등을 종합하여 판단하여야 한다. 이와 달리 강제추행죄의 폭행 또는 협박이 상대방의 항거를 곤란하게 할 정도일 것을 요한다고

본 대법원 2012.7.26, 2011도8805 판결을 비롯하여 같은 취지의 종전 대법원판결은 이 판결의 견해에 배치되는 범위 내에서 모두 변경하기로 한다(대법원 2023.9.21, 2018도13877 전원합의체).

solution 요구되지 않는다.

보충 [다수의견의 판결이유] 구체적인 이유는 다음과 같다.

1) 강제추행죄에서 추행의 수단이 되는 '폭행 또는 협박'에 대해 피해자의 항거가 곤란할 정도일 것을 요구하는 종래의 판례 법리는 아래에서 보는 바와 같이 강제추행죄의 범죄구성요건이나 자유롭고 평등한 개인의 성적 자기결정권이라는 보호법익과 부합하지 아니한다.

　가) 형법 제298조 및 성폭력처벌법 제5조 제2항 등 강제추행죄에 관한 현행 규정은 '폭행 또는 협박으로 사람에 대하여 추행을 한 자' 또는 '폭행 또는 협박으로 사람을 강제추행한 경우' 이를 처벌한다고 정하고 있을 뿐, 폭행·협박의 정도를 명시적으로 한정하고 있지 아니하다. '강제추행'에서 '강제(強制)'의 사전적 의미는 '권력이나 위력으로 남의 자유의사를 억눌러 원하지 않는 일을 억지로 시키는 것'으로서, 반드시 상대방의 항거가 곤란할 것을 전제로 한다고 볼 수 없고, 폭행·협박을 수단으로 또는 폭행·협박의 방법으로 동의하지 않는 상대방에 대하여 추행을 하는 경우 그러한 강제성은 구현된다고 보아야 한다.

　나) 강제추행죄는 개인의 성적 자기결정권을 보호법익으로 한다. 1953.9.18. 제정 형법(법률 제293호)은 제298조(강제추행)를 담고 있는 제2편 제32장의 제목을 '정조에 관한 죄'라고 정하고 있었는데, 1995.12.29. 형법이 개정(법률 제5057호)되면서 제목이 '강간과 추행의 죄'로 바뀌었다. 이러한 형법의 개정은 강제추행죄의 보호법익이 여성의 정조나 성적 순결이 아니라, 자유롭고 평등한 개인으로서 사람이 가지는 성적 자기결정권임을 분명히 한 것으로 볼 수 있다(대법원 2013.5.16, 2012도14788 전원합의체 판결 등 참조).　모든 국민은 인간으로서의 존엄과 가치를 가지며, 행복을 추구할 권리를 가진다(헌법 제10조). 헌법 제10조가 보장하는 인격권 및 행복추구권은 자기운명결정권을 전제로, 그에서 파생되는 성적 자기결정권은 개인의 인격과 불가분적으로 연결되어 있는 것으로서, 스스로 선택한 인생관 등을 바탕으로 사회공동체 안에서 각자가 독자적으로 성적 관념을 확립하고 이에 따라 사생활 영역에서 자기 스스로 내린 성적 결정에 따라 자기책임 하에 상대방을 선택하고 성적 행위를 할 권리로 이해된다[헌법재판소 2002.10.31, 99헌바40, 2002헌바50(병합) 결정, 헌법재판소 2006.12.28, 2005헌바 85 결정 등 참조]. 여기에는 자신이 하고자 하는 성적 행위를 결정할 권리라는 적극적 측면과 함께 원하지 않는 성적 행위를 거부할 권리라는 소극적 측면이 함께 존재하는데, 강제추행죄를 비롯한 강간과 추행의 죄는 소극적 성적 자기결정권을 침해하는 것을 내용으로 한다(대법원 2020.8.27, 2015도9436 전원합의체 판결 등 참조). 원하지 않는 성적 행위를 폭행·협박을 수단으로 또는 폭행·협박의 방법으로 하는 경우 그로써 강제추행죄의 보호법익인 소극적 성적 자기결정권은 침해된다. 그런데 종래의 판례 법리는 피해자의 '항거곤란'이라는 상태적 개념을 범죄구성요건에 포함시켜 폭행 또는 협박의 정도가 일반적인 그것보다 더 높은 수준일 것을 요구하였다. 그에 따라 강제추행죄가 성립하기 위해서는 높은 수준의 의사 억압 상태가 필요하다고 보게 되고, 이는 피해자가 실제로 어떠한 항거를 하였는지 살펴보게 하였으며, 반대로 항거가 없었던 경우에는 그러한 사정을 이유로 성적 자기결정권의 침해를 부정하는 결과를 초래하기도 하였다. 하지만 이와 같이 피해자의 '항거곤란'을 요구하는 것은 여전히 피해자에게 '정조'를 수호하는 태도를 요구하는 입장을 전제로 있다고 볼 수 있고, 개인의 성적 자유 내지 성적 자기결정권을 보호법익으로 하는 현행법의 해석으로 더 이상 타당하다고 보기 어렵다.

2) 강제추행죄에서 '폭행 또는 협박'은 형법상 폭행죄 또는 협박죄에서 정한 '폭행 또는 협박'을 의미하는 것으로 분명히 정의되어야 하고, 이는 아래에서 보는 바와 같은 판례 법리와 재판 실무의 변화에 비추어 볼 때 법적 안정성 및 판결에 대한 예측가능성을 높이기 위하여도 필요하다. 그동안 대법원은 개별적·구체적인 사건에서 강제추행죄의 성립요건이나 피해자 진술의 신빙성 등을 심리하면서 고려해야 할 판단기준과 방법에 관하여 판시하여 왔다. 즉, 대법원은 피해자가 처하여 있는 특별한 사정을 충분히 고려하지 않거나 피해자의 태도 중 '마땅히 그러한 반응을 보여야만 하는 피해자'로 보이지 않는 사정이 존재한다는 이유만으로 피해자 진술이 경험칙에 반한다거나 합리성이 없다고 판단해서는 안 되며, 폭행·협박의 내용만으로 피해자의 항거를 곤란하게 할 정도에 이르지 않는다고 단정할 것이 아니라 그것이 피해자에게 미칠 수 있는 심리적 압박의 내용과 정도 등을 포함한 모든 사정을 종합하여 신중하게 판단해야 한다고 판시하였다(위 대법원 2006도5979; 2022.8.19, 2021도3451 등 참조). 또한 근래의 재판 실무는 종래의 판례 법리에도 불구하고 가해자의 행위가 폭행죄에서 정한 폭행이나 협박죄에서 정한 협박의 정도에 해당된다면 사실상 상대방의 항거를 곤란하게 할 정도라고 해석하는 방향으로 변화하여 왔다. 예를 들어, 과거 대법원은 피고인이 노래방에서 술에 취해 있던 피해자의 허리와 등을 잡고 가슴을 만지려고 한 행위에 대해 피해자가 거부하자 그만두었다거나 구호요청이 가능했음에도 구호요청을 하지 않았다는 등의 사정을 들어 강제추행으로 보기에 미흡하다고 판단한 바 있으나(대법원 2000. 10.13, 2000도3199 참조), 이후 대법원은 혼인 외 성관계를 폭로하겠다고 협박하여 추행한 경우에도 강제추행죄가 성립할 수 있다고 보고, 이와 달리 혼인 외 성관계의 폭로 외에는 별다른 폭행이나 협박이 없었다는 등의 이유로 그와 같은 협박은 피해자의 의사에 반하는 정도라고 볼 수 있을지언정 피해자의 항거를 곤란하게 할 정도의 것으로는 보기 어렵다고 본 원심판결을 파기하였다(위 대법원 2006도5979 참조). 또한 대법원은 여종업원인 피해자의 거절에도 불구하고 대표자와의 친분관계를 내세워 피해자에게 어떠한 신분상의 불이익을 가할 것처럼 행동하여 피해자의 목 뒤로 팔을 감아 돌리는 이른바 러브샷을 한 행위에 대해서도 강제추행죄의 성립을 인정하였다(대법원 2008.3.13, 2007도10050 참조). 이러한 법원의 판례와 재판 실무는 강제추행죄의 보호법익의 변화를 반영함과 아울러, 종래의 판례 법리에 따른 현실의 수사나 재판 과정에서 자칫 성폭력범죄의 피해자에게 '피해자다움'을 요구하거나 2차 피해를 야기할 수 있다는 문제 인식을 토대로 형평과 정의에 합당한 형사재판을 실현하기 위한 것인바, 한편 그로 인하여 강제추행죄의 구성요건으로 피해자의 항거가 곤란할 정도의 폭행 또는 협박을 요구하는 종래의 판례 법리는 그 의미가 상당 부분 퇴색하였다. 그렇다면 이제 범죄구성요건의 해석기준을 명확히 함으로써 사실상 변화된 기준을 적용하고 있는 현재의 재판 실무와 종래의 판례 법리 사이의 불일치를 해소하고, 오해의 소지와 혼란을 방지할 필요가 있다.

3) 강제추행죄의 '폭행 또는 협박'의 의미를 위와 같이 정의한다고 하여 위력에 의한 추행죄와 구별이 불분명해지는 것은 아니다. 위력에 의한 추행죄에서 '위력'이라 함은 사람의 자유의사를 제압하거나 혼란하게 할 만한 일체의 세력을 말하는 것으로, 유형적이든 무형적이든 묻지 아니하는바(대법원 2005.7.29, 2004도5868; 2013.1.16, 2011도7164 등 참조), 이는 앞서 본 강제추행죄에서의 '폭행 또는 협박'과 개념적으로 구별된다. 그리고 형법 및 성폭력처벌법 등은 미성년자, 심신미약자, 신체적인 또는 정신적인 장애가

있는 사람, 피보호자·피감독자, 아동·청소년을 위력으로 추행한 사람을 처벌하는 규정[형법 제302조, 성폭력처벌법 제6조 제6항, 제7조 제5항, 제10조 제1항, 「아동·청소년의 성보호에 관한 법률」(이하 '청소년성보호법'이라 한다) 제7조 제5항]을 두고 있는바, 위력에 의한 추행죄는 성폭력 범행에 특히 취약한 사람을 보호대상으로 하여 강제추행죄의 '폭행 또는 협박'과 다른 '위력'을 범행 수단으로 한 성적 침해 또는 착취행위를 범죄로 규정하여 처벌하려는 것이다. 이러한 위력과 폭행·협박의 개념상 차이, 위력에 의한 추행죄와 강제추행죄의 구성요건, 각 보호법익과 체계 등을 고려하면, 위력에 의한 추행죄에서 '위력'은 유형력의 대상이나 내용 등에 비추어 강제추행죄의 '폭행 또는 협박'에 해당하지 아니하는 폭행·협박은 물론, 상대방의 자유의사를 제압하거나 혼란하게 할 만한 사회적·경제적·정치적인 지위나 권세를 이용하는 것을 포함한다. 따라서 강제추행죄의 폭행 또는 협박의 의미를 종래의 판례 법리와 같이 제한 해석하여야만 위력과 구별이 용이해진다고 볼 수는 없다.

152 기습추행 사례

• 법원행시 20, 법원9급 21

미용업체인 甲 주식회사를 운영하는 피고인이 甲 회사의 가맹점에서 근무하는 乙(여, 27세)을 비롯한 직원들과 노래방에서 회식을 하던 중 乙을 자신의 옆자리에 앉힌 후 갑자기 乙의 볼에 입을 맞추고, 이에 乙이 '하지 마세요'라고 하였음에도 계속하여 오른손으로 乙의 오른쪽 허벅지를 쓰다듬었다. 피고인의 행위는 강제추행에 해당하는가?

판례 강제추행죄는 상대방에 대하여 폭행 또는 협박을 가하여 항거를 곤란하게 한 뒤에 추행행위를 하는 경우뿐만 아니라 폭행행위 자체가 추행행위라고 인정되는 이른바 기습추행의 경우도 포함된다. 특히 기습추행의 경우 추행행위와 동시에 저질러지는 폭행행위는 반드시 상대방의 의사를 억압할 정도의 것임을 요하지 않고 상대방의 의사에 반하는 유형력의 행사가 있기만 하면 그 힘의 대소강약을 불문한다는 것이 일관된 판례의 입장이다. 이에 따라 대법원은, 피해자의 옷 위로 엉덩이나 가슴을 쓰다듬는 행위, 피해자의 의사에 반하여 그 어깨를 주무르는 행위, 교사가 여중생의 얼굴에 자신의 얼굴을 들이밀면서 비비는 행위나 여중생의 귀를 쓸어 만지는 행위 등에 대하여 피해자의 의사에 반하는 유형력의 행사가 이루어져 기습추행에 해당한다고 판단한 바 있다. …… 원심이 공소사실 전부를 무죄로 판단한 사안에서, 공소사실 중 피고인이 乙의 허벅지를 쓰다듬은 행위로 인한 강제추행 부분에 대하여는, 乙은 본인의 의사에 반하여 피고인이 자신의 허벅지를 쓰다듬었다는 취지로 일관되게 진술하였고, 당시 현장에 있었던 증인들의 진술 역시 피고인이 乙의 허벅지를 쓰다듬는 장면을 목격하였다는 취지로서 乙의 진술에 부합하는 점, 여성인 乙이 성적 수치심이나 혐오감을 느낄 수 있는 부위인 허벅지를 쓰다듬은 행위는 乙의 의사에 반하여 이루어진 것인 한 乙의 성적 자유를 침해하는 유형력의 행사에 해당할 뿐 아니라 일반인에게도 성적 수치심이나 혐오감을 일으키게 하는 추행행위라고 보아야 하는 점, 원심은 무죄의 근거로서 피고인이 乙의 허벅지를 쓰다듬던 당시 乙이 즉시 피고인에게 항의하거나 반발하는 등의 거부의사를 밝히는 대신 그 자리에 가만히 있었다는 점을 중시한 것으로 보이나, 성범죄 피해자의 대처 양상은 피해자의 성정이나 가해자와의 관계 및 구체적인 상황에 따라 다르게 나타날 수밖에 없다는 점에서 위 사정만으로는 강제추행죄의 성립이 부정된다고 보기 어려운 점 등을 종합할 때 기습추행으로 인한 강제추행죄의 성립을 부정적으로 볼 수 없을 뿐 아니라, 피고인이 저지른 행위가 자신의 의사에 반하였다는 乙 진술의 신빙성에 대하여 합리적인 의심을 가질 만한 사정도 없으므로, 이와 달리 보아 이 부분에 대하여도 범죄의 증명이 없다고 본 원심의 판단에는 기습추행 내지 강제추행죄의 성립에 관한 법리를 오해한 잘못이 있다(대법원 2020.3.26, 2019도15994).

solution 해당한다.

153 추행 해당 여부 및 명예훼손의 공연성이 문제되는 사건

> [제1문] 피고인이 피해자와만 있는 간부연구실에서 업무 대화 중 '피해자의 손목을 잡고 끌어 당긴 행위', '피고인의 다리로 피해자의 다리에 접촉한 행위', '피고인의 팔로 피해자의 어깨에 접촉한 행위'를 한 것은 추행행위에 해당하는가?
>
> [제2문] 공개된 식당에서 부대 동료에게 피해자에 대한 명예훼손적 발언을 한 경우 공연성이 인정되는가?

[제1문]

판례 '추행'이란 일반인을 기준으로 객관적으로 성적 수치심이나 혐오감을 일으키게 하고 선량한 성적 도덕관념에 반하는 행위로서 피해자의 성적 자기결정권을 침해하는 것을 말한다. 이에 해당하는지는 피해자의 성별, 연령, 행위자와 피해자의 관계, 그 행위에 이르게 된 경위, 구체적 행위 모습, 주위의 객관적 상황과 그 시대의 성적 도덕관념 등을 종합적으로 고려하여 신중히 결정해야 한다(대법원 2019.6.13, 2019도 3341; 2020.6.25, 2015도7102 등). 성적 자기결정 능력은 피해자의 나이, 성장과정, 환경 등 개인별로 차이가 있으므로 성적 자기결정권이 침해되었는지 여부를 판단함에 있어서도 구체적인 범행 상황에 놓인 피해자의 입장과 관점이 충분히 고려되어야 한다(대법원 2020.8.27, 2015도9436 전원합의체 판결의 취지). 여성에 대한 추행에 있어 신체 부분에 따라 본질적인 차이가 있다고 볼 수는 없다(대법원 2004.4.16, 2004도52; 2020.12.10, 2019도12282).

보충 피고인의 행위는 피해자의 의사에 반하여 이루어진 것일 뿐만 아니라 피해자의 성적 자유를 침해하는 유형력의 행사에 해당하고, 일반인에게도 성적 수치심을 일으키게 할 수 있는 추행으로 볼 수 있으며, 피해자가 군대조직에서 일하는 여군으로서 공개된 장소에서 상관과 동료들에게 활달하고 적극적인 모습을 보여주는 과정에서 피고인과 손을 잡는 등의 신체접촉을 하였다는 사정은 위와 같은 판단에 지장이 없다.

♀solution 해당한다.

[제2문]

판례 명예훼손죄의 구성요건으로서 공연성은 '불특정 또는 다수인이 인식할 수 있는 상태'를 의미하고, 개별적으로 소수의 사람에게 사실을 적시하였더라도 그 상대방이 불특정 또는 다수인에게 적시된 사실을 전파할 가능성이 있는 때에도 공연성이 인정된다. 그리고 명예훼손죄는 추상적 위험범으로 불특정 또는 다수인이 적시된 사실을 실제 인식하지 못하였다고 하더라도 인식할 수 있는 상태에 놓인 것으로도 명예가 훼손된 것으로 보아야 한다(대법원 2020.11.19, 2020도5813 전원합의체; 2020.12.10, 2019도12282).

보충 피고인이 음식점에서 창밖으로 지나가는 피해자를 보며 A에게 "내가 새벽에 운동을 하고 나오면 헬스장 근처에 있는 모텔에서 피해자가 남자 친구와 나오는 것을 몇 번 봤다. 나를 봤는데 얼마나 창피했겠냐."라고 말하여 공연히 사실을 적시하여 피해자의 명예를 훼손하였다.

♀solution 인정된다.

154 회사 대표가 회식 장소에서 여성 직원에게 헤드락을 한 사안

판례 추행이라 함은 객관적으로 일반인에게 성적 수치심이나 혐오감을 일으키게 하고 선량한 성적 도덕관념에 반하는 행위로서 피해자의 성적 자유를 침해하는 것이라고 할 것이고, 이에 해당하는지 여부는 피해자의 의사, 성별, 연령, 행위자와 피해자의 이전부터의 관계, 그 행위에 이르게 된 경위, 구체적 행위 태양, 주위의 객관적 상황과 그 시대의 성적 도덕관념 등을 종합적으로 고려하여 신중히 결정되어야 한다. 그리고 강제추행죄의 성립에 필요한 주관적 구성요건요소는 고의만으로 충분하고, 그 외에 성욕을 자극·흥분·만족시키려는 주관적 동기나 목적까지 있어야 하는 것은 아니다(대법원 2015.7.23, 2014도 17879). 회사 대표인 피고인(남, 52세)이 직원인 피해자(여, 26세)를 포함하여 거래처 사람들과 함께 회식을 하던 중 피고인의 왼팔로 피해자의 머리를 감싸고 피고인의 가슴 쪽으로 끌어당기는 일명 '헤드락' 행위를 하고 손가락이 피해자의 두피에 닿도록 피해자의 머리카락을 잡고 흔드는 등 행위를 한 경우, ① 기습추행에서 공개된 장소라는 점이 추행 여부 판단의 중요한 고려요소가 될 수 없고, ② 그 접촉부위 및 방법에 비추어 객관적으로 일반인에게 성적 수치심을 일으키게 할 수 있는 행위이며, ③ 피고인의 행위 전후의 언동에 비추어 성적 의도를 가지고 한 행위로 보이고, ④ 피해자의 피해감정은 사회통념상 인정되는 성적 수치심에 해당하며, ⑤ 동석했던 사람이 피고인의 행위를 말린 것으로 보아 제3자에게도 선량한 성적 도덕관념에 반하는 행위로 인식되었다고 보이므로, 피고인의 행위는 강제추행죄의 추행에 해당하고, 추행의 고의도 인정된다(대법원 2020.12.24, 2020도7981).

155 동성 사이의 강제추행 여부가 문제된 사건

> 여성인 피고인이 직장에서 함께 근무하는 여성 피해자의 가슴을 움켜쥐거나 엉덩이를 만지는 등의 신체접촉을 한 행위는 강제추행에 해당하는가?

판례 피고인과 피해자가 모두 여성으로서 동성인 점을 고려하더라도 피고인이 이 사건 한의원에서 거부 의사를 밝히는 피해자의 가슴을 움켜쥐거나 엉덩이를 만지고 피고인의 볼을 피해자의 볼에 가져다 대는 등의 행동을 한 것은 피해자로 하여금 성적 수치심을 느끼게 할 만한 행위로서 강제추행에 해당된다(대법원 2021.7.21, 2021도6112).

solution 해당한다.

156 강제추행에 있어서 피해자의 성적 수치심이나 혐오감의 발생 여부

> 甲은 놀이터 의자에 앉아 통화를 하고 있는 乙의 뒤로 몰래 다가가 乙의 등 쪽에 소변을 보았다. 甲의 행위는 강제추행에 해당하는가?

판례 추행이라 함은 객관적으로 일반인에게 성적 수치심이나 혐오감을 일으키게 하고 선량한 성적 도덕관념에 반하는 행위로서 피해자의 성적 자유를 침해하는 것으로, …… 성적 자유를 침해당했을 때 느끼는 성적 수치심은 부끄럽고 창피한 감정만으로 나타나는 것이 아니라 다양한 형태로 나타날 수 있다(대법원 2020. 12.24, 2019도16258). 추행 행위에 해당하기 위해서는 객관적으로 일반인에게 성적 수치심이나 혐오감을 일으키게 할 만한 행위로서 선량한 성적 도덕관념에 반하는 행위를 행위자가 대상자를 상대로 실행하는 것으로 충분하고, 그 행위로 말미암아 대상자가 성적 수치심이나 혐오감을 반드시 실제로 느껴야 하는 것은 아니다(공중밀집장소추행죄에 관한 대법원 2020.6.25, 2015도7102 참조; 2021.10.28, 2021도7538).

보충 피고인의 행위가 객관적으로 추행행위에 해당한다면 그로써 행위의 대상이 된 피해자의 성적 자기결정권은 침해되었다고 보아야 하며, 행위 당시에 피해자가 이를 인식하지 못하였다고 하여 추행에 해당하지 않는다고 볼 것은 아니라는 사례이다.

solution 해당한다.

157 강제추행죄의 고의

> 甲은 운전 연수 차량 안에서 운전 연수를 받던 乙(女)의 운전이 미숙하다는 이유로 乙의 오른쪽 허벅지를 1회 밀쳤다. 甲에게는 강제추행죄의 고의가 인정되는가?

(판례) 강제추행죄에서의 추행은 객관적으로 일반인에게 성적 수치심이나 혐오감을 일으키게 하고 선량한 성적 도덕관념에 반하는 행위로서 피해자의 성적 자기결정권을 침해하는 것을 의미한다. …… 강제추행죄는 특별한 사정이 없는 한 행위마다 1개의 범죄가 성립하고, 강제추행죄가 성립되기 위해서는 문제가 되는 행위마다 폭행 또는 협박외에 추행 행위 및 그에 대한 범의가 인정되어야 한다. 형사재판에서 유죄의 인정은 법관으로 하여금 합리적인 의심을 할 여지가 없을 정도로 공소사실이 진정하다는 확신을 가지게 할 수 있는 증명력을 가진 증거에 의하여야 하므로, 추행의 범의에 대한 증명이 부족하다면 설령 피고인에게 유죄의 의심이 간다고 하더라도 강제추행죄의 유죄로 판단할 수는 없다(대법원 2014.10.15, 2014도4447; 2024.8.1, 2024도3061).

(보충) ① 피고인과 피해자의 관계, 피해자가 피고인에게서 운전 연수를 받던 과정에서 있었던 일들도 추행행위 해당 여부와 피고인의 추행의 고의 유무를 판단함에 있어 고려의 대상이 되고, ② 피해자는 수사기관 및 법정에서 피고인이 주먹으로 피해자의 오른쪽 허벅지를 1회 소리가 날 정도로 세게 때렸다고 하면서 그 이유에 관하여 운전 연수 중 피해자가 피고인의 지시대로 운전을 하지 못했을 때 피고인이 화가 나서 때린 것이라고 진술하였으며, ③ 피고인이 그 무렵 운전 연수를 받던 피해자나 제3자에 대해 보인 동일한 행위 태양을 고려하면 피고인이 주먹으로 피해자의 허벅지 부위를 밀친 행위에 대해 피고인의 폭행 가능성 내지 폭행의 고의를 배제한 채 곧바로 추행의 고의를 추단하기는 어렵고, ④ 피해자는 제1심법정에서 '피고인이 피해자의 허벅지를 때린 느낌이었는지 피해자의 신체에 손을 대고 싶었던 느낌이었는지'를 묻는 판사의 질문에 대하여 '알지 못한다'는 취지로 대답한 점에 비추어 보면, 이 부분 범행이 추행행위에 해당한다는 점 및 당시 피고인에게 추행의 고의가 있었다는 점이 합리적인 의심을 할 여지가 없을 정도로 확신을 갖게 할 만큼 증명되었다고 단정하기 어렵다.

♀solution 인정되지 않는다.

158 준강제추행죄와 블랙아웃 사건

• 국가9급 22

> [제1문] 범행 당시 피해자가 알코올이 기억형성의 실패를 야기한 알코올 블랙아웃 상태에 있었다면, 이는 준강제추행죄의 심신상실 상태에 해당하는가?
> [제2문] 피해사실 전후의 객관적 정황상 피해자가 심신상실 등이 의심될 정도로 비정상적인 상태에 있었음이 밝혀진 경우 혹은 피해자와 피고인의 관계 등에 비추어 피해자가 정상적인 상태하에서라면 피고인과 성적 관계를 맺거나 이에 수동적으로나마 동의하리라고 도저히 기대하기 어려운 사정이 인정되는 경우, 피해자의 단편적인 모습으로 피해자가 단순히 '알코올 블랙아웃'에 해당하여 심신상실 상태에 있지 않았다고 볼 수 있는가?

[제1문]

(판례) 형법 제299조는 '사람의 심신상실 또는 항거불능의 상태를 이용하여 추행을 한 자'를 처벌하도록 규정한다. 이러한 준강제추행죄는 정신적 · 신체적 사정으로 인하여 성적인 자기방어를 할 수 없는 사람의 성적 자기결정권을 보호해 주는 것을 보호법익으로 하며, 그 성적 자기결정권은 원치 않는 성적 관계를 거부할 권리라는 소극적 측면을 말한다(대법원 2020.8.27, 2015도9436 전원합의체). 준강간죄에서 '심신상실'이란 정신기능의 장애로 인하여 성적 행위에 대한 정상적인 판단능력이 없는 상태를 의미하고, '항거불능'

의 상태라 함은 심신상실 이외의 원인으로 심리적 또는 물리적으로 반항이 절대적으로 불가능하거나 현저히 곤란한 경우를 의미한다(대법원 2006.2.23, 2005도9422; 2012.6.28, 2012도2631 등). 이는 준강제추행죄의 경우에도 마찬가지이다. 피해자가 깊은 잠에 빠져 있거나 술·약물 등에 의해 일시적으로 의식을 잃은 상태 또는 완전히 의식을 잃지는 않았더라도 그와 같은 사유로 정상적인 판단능력과 대응·조절능력을 행사할 수 없는 상태에 있었다면 준강간죄 또는 준강제추행죄에서의 심신상실 또는 항거불능 상태에 해당한다. 의학적 개념으로서의 '알코올 블랙아웃(black out)'은 중증도 이상의 알코올 혈중농도, 특히 단기간 폭음으로 알코올 혈중농도가 급격히 올라간 경우 그 알코올 성분이 외부 자극에 대하여 기록하고 해석하는 인코딩 과정(기억형성에 관여하는 뇌의 특정 기능)에 영향을 미침으로써 행위자가 일정한 시점에 진행되었던 사실에 대한 기억을 상실하는 것을 말한다. 알코올 블랙아웃은 인코딩 손상의 정도에 따라 단편적인 블랙아웃과 전면적인 블랙아웃이 모두 포함한다. 그러나 알코올의 심각한 독성화와 전형적으로 결부된 형태로서의 의식상실의 상태, 즉 알코올의 최면진정작용으로 인하여 수면에 빠지는 의식상실(passing out)과 구별되는 개념이다. 따라서 음주 후 준강간 또는 준강제추행을 당하였음을 호소한 피해자의 경우, 범행 당시 알코올이 위의 기억형성의 실패만을 야기한 알코올 블랙아웃 상태였다면 피해자는 기억장애 외에 인지기능이나 의식 상태의 장애에 이르렀다고 인정하기 어렵지만, 이에 비하여 피해자가 술에 취해 수면 상태에 빠지는 등 의식을 상실한 패싱아웃 상태였다면 심신상실의 상태에 있었음을 인정할 수 있다. 또한 '준강간죄 또는 준강제추행죄에서의 심신상실·항거불능'의 개념에 비추어, 피해자가 의식상실 상태에 빠져 있지는 않지만 알코올의 영향으로 의사를 형성할 능력이나 성적 자기결정권 침해행위에 맞서려는 저항력이 현저하게 저하된 상태였다면 '항거불능'에 해당하여, 이러한 피해자에 대한 성적 행위 역시 준강간죄 또는 준강제추행죄를 구성할 수 있다(대법원 2021.2.4, 2018도9781).

🔑solution 해당하지 않는다.

[제2문]

(판례) 법의학 분야에서는 알코올 블랙아웃이 '술을 마시는 동안에 일어난 중요한 사건에 대한 기억상실'로 정의되기도 하며, 일반인 입장에서는 '음주 후 발생한 광범위한 인지기능 장애 또는 의식상실'까지 통칭하기도 한다. 따라서 음주로 심신상실 상태에 있는 피해자에 대하여 준강간 또는 준강제추행을 하였음을 이유로 기소된 피고인이 '피해자가 범행 당시 의식상실 상태가 아니었고 그 후 기억하지 못할 뿐이다.'라는 취지에서 알코올 블랙아웃을 주장하는 경우, 법원은 피해자의 범행 당시 음주량과 음주 속도, 경과한 시간, 피해자의 평소 주량, 피해자가 평소 음주 후 기억장애를 경험하였는지 여부 등 피해자의 신체 및 의식상태가 범행 당시 알코올 블랙아웃인지 아니면 패싱아웃 또는 행위통제능력이 현저히 저하된 상태였는지를 구분할 수 있는 사정들과 더불어 CCTV나 목격자를 통하여 확인되는 당시 피해자의 상태, 언동, 피고인과의 평소 관계, 만나게 된 경위, 성적 접촉이 이루어진 장소와 방식, 그 계기와 정황, 피해자의 연령·경험 등 특성, 성에 대한 인식 정도, 심리적·정서적 상태, 피해자와 성적 관계를 맺게 된 경위에 대한 피고인의 진술 내용의 합리성, 사건 이후 피고인과 피해자의 반응을 비롯한 제반 사정을 면밀하게 살펴 범행 당시 피해자가 심신상실 또는 항거불능 상태에 있었는지 여부를 판단해야 한다. 또한 피해사실 전후의 객관적 정황상 피해자가 심신상실 등이 의심될 정도로 비정상적인 상태에 있었음이 밝혀진 경우 혹은 피해자와 피고인의 관계 등에 비추어 피해자가 정상적인 상태하에서라면 피고인과 성적 관계를 맺거나 이에 수동적으로나마 동의하리라고 도저히 기대하기 어려운 사정이 인정되는데도, 피해자의 단편적인 모습만으로 피해자가 단순히 '알코올 블랙아웃'에 해당하여 심신상실 상태에 있지 않았다고 단정하여서는 안 된다(대법원 2021.2.4, 2018도9781).

> **보충** 피해자와 일면식 없던 28세의 피고인이 술에 취한 18세의 피해자를 모텔에 데리고 가 추행을 한 사안이다. ① 원심의 판단: CCTV상 당시 피해자가 몸을 가누지 못할 정도로 비틀거리지는 않았고, 모텔 인터폰을 통해 자신의 이름을 또박또박 말하였으며, 피해자가 의식이 있는 상태에서 스스로 행동한 부분도 기억하지 못할 가능성이 있다는 등의 이유로 준강제추행죄를 유죄로 인정한 제1심을 파기하고 무죄를 선고하였음. ② 대법원의 판단: 위와 같은 법리 및 ⊙ 피해자가 '음주 후 필름이 끊겼다.'고 진술한 경우 음주량과 음주속도 등 앞서 본 사정들을 심리하지 않은 채 알코올 블랙아웃의 가능성을 쉽사리 인정하여서는 안 되고, ⓒ 알코올의 영향은 개인적 특성 및 상황에 따라 다르게 나타날 수 있으므로, 피해자가 어느 순간 몸을 가누지 못할 정도로 비틀거리지는 않고 스스로 걸을 수 있다거나, 자신의 이름을 대답하는 등의 행동이 가능하였다는 점만을 들어 범행 당시 심신상실 등 상태에 있지 않았다고 섣불리 단정할 것은 아니며, ⓒ 피해자와 피고인의 관계, 연령 차이, 피해자가 피고인을 만나

기 전까지의 상황, 함께 모텔에 가게 된 경위 등 사정에 비추어 볼 때 피해자가 피고인과 성적 관계를 맺는 것에 동의하였다고 볼 정황을 확인할 수 없고, 이러한 제반 사정에 대한 고려 없이, 블랙아웃이 발생하여 피해자가 당시 상황을 기억하지 못한다는 이유만으로 바로 피해자가 동의를 하였을 가능성이 있다고 보아 이를 합리적 의심의 근거로 삼는 것은 타당하지 않다는 등의 이유를 들어 법리오해 및 심리미진 취지로 원심을 파기하였음

♀solution 심신상실 상태에 있지 않았다고 볼 수 없다.

● ● ●
159 미성년자에 대한 위계에 의한 간음죄에서 위계의 의미
• 경찰2차 21, 국가7급 21, 법원9급 21, 경찰1차 21·22, 경찰승진 22

> 甲(36세, 피고인)은 자신을 고등학교 2학년으로 가장하여 14세의 피해자와 온라인으로 교제하던 중, 교제를 지속하고 스토킹하는 여자를 떼어내려면 자신의 선배와 성관계하여야 한다는 취지로 피해자에게 거짓말을 하고, 이에 응한 피해자를 그 선배로 가장하여 간음하였다. 甲에게는 아동·청소년에 대한 위계에 의한 간음죄의 죄책이 인정되는가?

판례 '위계'라 함은 행위자의 행위목적을 달성하기 위하여 피해자에게 오인, 착각, 부지를 일으키게 하여 이를 이용하는 것을 말한다. 행위자가 간음의 목적으로 피해자에게 오인, 착각, 부지를 일으키고 피해자의 그러한 심적 상태를 이용하여 간음의 목적을 달성하였다면 위계와 간음행위 사이의 인과관계를 인정할 수 있고, 따라서 위계에 의한 간음죄가 성립한다. 왜곡된 성적 결정에 기초하여 성행위를 하였다면 왜곡이 발생한 지점이 성행위 그 자체인지 성행위에 이르게 된 동기인지는 성적 자기결정권에 대한 침해가 발생한 것은 마찬가지라는 점에서 핵심적인 부분이라고 하기 어렵다. 피해자가 오인, 착각, 부지에 빠지게 되는 대상은 간음행위 자체일 수도 있고, 간음행위에 이르게 된 동기이거나 간음행위와 결부된 금전적·비금전적 대가와 같은 요소일 수도 있다. 다만 행위자의 위계적 언동이 존재하였다는 사정만으로 위계에 의한 간음죄가 성립하는 것은 아니므로 위계적 언동의 내용 중에 피해자가 성행위를 결심하게 된 중요한 동기를 이룰 만한 사정이 포함되어 있어 피해자의 자발적인 성적 자기결정권의 행사가 없었다고 평가할 수 있어야 한다. 이와 같은 인과관계를 판단함에 있어서는 피해자의 연령 및 행위자와의 관계, 범행에 이르게 된 경위, 범행 당시와 전후의 상황 등 여러 사정을 종합적으로 고려하여야 한다. …… 이와 달리 위계에 의한 간음죄에서 행위자가 간음의 목적으로 상대방에게 일으킨 오인, 착각, 부지는 간음행위 자체에 대한 오인, 착각, 부지를 말하는 것이지 간음행위와 불가분적 관련성이 인정되지 않는 다른 조건에 관한 오인, 착각, 부지를 가리키는 것은 아니라는 취지의 종전 판례인 대법원 2001.12.24, 2001도5074; 2002.7.12, 2002도2029; 2007.9.21, 2007도6190; 2012.9.27, 2012도9119; 2014.9.4, 2014도8423,2014전도151 판결 등은 이 판결과 배치되는 부분이 있으므로 그 범위에서 이를 **변경하기로 한다**(대법원 2020.8.27, 2015도9436 전원합의체).

보충 원심은, 위계에 의한 간음죄에서 행위자가 간음의 목적으로 상대방에게 일으킨 오인, 착각, 부지는 간음행위 자체에 대한 오인, 착각, 부지를 말하는 것이지 간음행위와 불가분적 관련성이 인정되지 않는 다른 조건에 관한 오인, 착각, 부지를 가리키는 것은 아니라고 보아야 한다는 종전 판례에 따라 이 사건 공소사실을 무죄로 판단하였으나, 대법원은 행위자가 간음의 목적으로 피해자에게 오인, 착각, 부지를 일으키고 피해자의 그러한 심적 상태를 이용하여 간음의 목적을 달성하였다면 위계와 간음행위 사이의 인과관계를 인정할 수 있다고 보아 이와 다른 취지의 종전 판례를 변경하고, 이 사건 공소사실을 무죄로 판단한 원심판결을 파기하였다(대법원 2020.8.27, 2015도9436 전원합의체).

♀solution 인정된다.

160 청소년에 대한 위계에 의한 간음 사건

(판례) 법원은 공소사실의 동일성이 인정되는 범위 내에서 심리의 경과에 비추어 피고인의 방어권 행사에 실질적인 불이익을 초래할 염려가 없다고 인정되는 때에는, 공소장이 변경되지 않았더라도 직권으로 **공소장에 기재된 공소사실과 다른 범죄사실을 인정할 수 있고**(대법원 2007.9.6, 2006도3583), 이와 같은 경우 공소가 제기된 범죄사실과 대비하여 볼 때 실제로 인정되는 **범죄사실의 사안이 가볍지 아니하여** 공소장이 변경되지 않았다는 이유로 **이를 처벌하지 않는다면** 적정절차에 의한 신속한 실체적 진실의 발견이라는 형사소송의 목적에 비추어 현저히 정의와 형평에 반하는 것으로 인정되는 경우라면 법원으로서는 **직권으로 그 범죄사실을 인정하여야 한다**(축소사실의 인정은 예외적으로는 의무에 해당함, 대법원 2005.1.27, 2004도7537; 2006.4.13, 2005도9268 등). 피고인이 연예기획사 매니저와 사진작가의 1인 2역을 하면서 청소년인 피해자에게 거짓말을 하여 피해자로 하여금 모델이 되기 위한 연기 연습 등의 일환으로 성관계를 한다는 착각에 빠지게 하여 위계로써 피해자를 간음하였다는 공소사실에 대하여, (원심은 피해자가 간음행위 자체에 대한 착오에 빠져 성관계를 하였다는 점의 증명이 부족하다고 보아 무죄로 판단하였으나) 피고인이 '간음행위에 이르게 된 동기' 내지 '간음행위와 결부된 비금전적 대가'에 관한 위계로 피해자를 간음한 것으로 볼 수 있는데, 이는 공소사실에 적시된 위계의 내용과 정확히 일치하지는 않으나, 공소사실의 동일성의 범위 내에 있고, 피고인의 방어권 행사에 실질적인 불이익을 초래할 염려도 없을 뿐더러, 원심이 대법원 2020.8.27, 2015도9436 전원합의체 판결의 결과를 장기간 기다려 왔고 위 2015도9436 판결의 법리에 따르면 피고인의 행위는 위계에 의한 간음죄를 구성하는 것이므로 원심의 결론은 법원의 직권심판의무에 반한다(대법원 2022.4.28, 2021도9041).

161 채용절차에서 구직자를 추행한 사건

• 경찰2차 21, 국가9급 22

> 채용절차에 있는 구직자는 성폭력범죄의 처벌 등에 관한 특례법 제10조 제1항의 '업무, 고용이나 그 밖의 관계로 자기의 보호, 감독을 받는 사람'에 해당하는가?

(판례) 성폭력범죄의 처벌 등에 관한 특례법 제10조는 '업무상 위력 등에 의한 추행'에 관한 처벌 규정인데, 제1항에서 "업무, 고용이나 그 밖의 관계로 인하여 자기의 보호, 감독을 받는 사람에 대하여 위계 또는 위력으로 추행한 사람은 3년 이하의 징역 또는 1천 500만원 이하의 벌금에 처한다."라고 정하고 있다. '업무, 고용이나 그 밖의 관계로 인하여 자기의 보호, 감독을 받는 사람'에는 직장 안에서 보호 또는 감독을 받거나 사실상 보호 또는 감독을 받는 상황에 있는 사람(형법 제303조의 '업무상 위력 등에 의한 간음'에 관한 대법원 1976.2.10, 74도1519; 2001.10.30, 2001도4085)뿐만 아니라 채용절차에서 영향력의 범위 안에 있는 사람도 포함된다(대법원 2020.7.9, 2020도5646).

♀solution 해당한다.

162 유사강간죄의 실행행위에 착수한 이후 타인의 주거 또는 방실에 침입한 사건 •경찰2차 22

> 성폭력범죄의 처벌 등에 관한 특례법(이하 성폭력처벌법) 제3조 제1항에서는 형법 제319조 제
> 1항의 주거침입죄를 범한 자가 같은 법 제297조의2의 유사강간죄를 범한 경우에는 무기징역
> 또는 7년 이상의 징역에 처한다. 그렇다면 甲이 피해자 乙에 대하여 유사강간 등 성범죄를 하
> 기로 의욕하고 주점의 여자화장실로 끌고 가 여자화장실의 문을 잠근 후 강제로 입맞춤을 하고
> 유사강간하려고 하였으나 미수에 그친 경우, 성폭력처벌법 제3조 제1항의 주거침입유사강간죄
> 의 미수범에 해당하는가?

〔판례〕 성폭력처벌법상 주거침입강간등죄는 사람의 주거 등을 침입한 자가 피해자를 간음하는 등 성폭력
을 행사한 경우에 성립하는 것으로서, 주거침입죄를 범한 후에 사람을 강간하는 등의 행위를 하여야 하는
일종의 신분범이다. 따라서 선후가 바뀌어 강간죄 등을 범한 자가 그 피해자의 주거에 침입한 경우에는
이에 해당하지 않고 강간죄 등과 주거침입죄 등의 실체적 경합범이 된다. 따라서 성폭력처벌법상 주거침
입강간등죄의 실행의 착수시기는 주거침입 행위 후 강간죄 등의 실행행위에 나아간 때이다. 한편, 강간죄
는 사람을 강간하기 위하여 피해자의 항거를 불능하게 하거나 현저히 곤란하게 할 정도의 폭행 또는 협박을
개시한 때에 그 실행의 착수가 있다고 보아야 할 것이지(대법원 2000.6.9, 2000도1253 등), 실제 간음행위가
시작되어야만 그 실행의 착수가 있다고 볼 것은 아니다(대법원 2003.4.25, 2003도949; 2005.5.27, 2004도7892 등).
유사강간죄의 경우도 이와 같다. 피해자를 주점의 여자화장실로 끌고 가 여자화장실의 문을 잠근 후 강제
로 입맞춤을 하고 유사강간하려고 하였으나 미수에 그친 이 사안에서 피고인은 여자화장실에 들어가기
전에 이미 유사강간죄의 실행행위에 착수하였으므로(피고인은 피해자를 화장실로 끌고 들어갈 때 이미 피
해자에게 유사강간 등의 성범죄를 의욕한 것임) 주거침입유사강간죄를 범할 수 있는 지위 즉, '주거침입죄
를 범한 자'에 해당되지 아니한다(대법원 2021.8.12, 2020도17796).

♀solution 해당되지 않는다.

163 성폭력범죄의 처벌 등에 관한 특례법 제6조 제4항에서 정한 '신체적인 또는 정신적인 장애로 항거불능 또는 항거곤란 상태에 있음'의 의미

〔판례〕 성폭력범죄의 처벌 등에 관한 특례법(이하 '성폭력처벌법'이라고 한다) 제6조 제4항은 "신체적인
또는 정신적인 장애로 항거불능 또는 항거곤란 상태에 있음을 이용하여 사람을 간음하거나 추행한 사람
은 제1항부터 제3항까지의 예에 따라 처벌한다."라고 규정한다. …… '신체적인 또는 정신적인 장애로
항거불능 또는 항거곤란 상태에 있음'이란 신체적인 또는 정신적인 장애 그 자체로 항거불능 또는 항거곤
란의 상태에 있는 경우뿐 아니라 신체적인 또는 정신적인 장애가 주된 원인이 되어 심리적 또는 물리적으
로 반항이 불가능하거나 곤란한 상태에 이른 경우를 포함하는 것으로 보아야 하며, 이를 판단함에 있어서
는 피해자의 신체적 또는 정신적 장애의 정도뿐 아니라 피해자와 가해자의 신분을 비롯한 관계, 주변의
상황 내지 환경, 가해자의 행위 내용과 방법, 피해자의 인식과 반응의 내용 등을 종합적으로 검토해야
한다. 특히 '정신적인 장애로 항거불능 또는 항거곤란 상태'에 있었는지 여부를 판단할 때에는 피해자가
정신적 장애인이라는 사정이 충분히 고려되어야 하므로, 외부적으로 드러나는 피해자의 지적 능력 이외
에 정신적 장애로 인한 사회적 지능·성숙의 정도, 이로 인한 대인관계에서 특성이나 의사소통 능력 등을
전체적으로 살펴 피해자가 범행 당시에 성적 자기결정권을 실질적으로 표현·행사할 수 있었는지를 신중

히 판단하여야 한다. 이와 같이 피해자가 피고인을 상대로 성적 자기결정권을 행사할 수 없거나 행사하기 곤란한 항거불능 또는 항거곤란 상태에 있었는지 여부는 피해자의 장애 정도와 함께 다른 여러 사정들을 종합하여 범행 당시를 기준으로 판단해야 하는 것이고, 피해자의 장애가 성적 자기결정권을 행사하지 못할 정도인지 여부가 절대적인 기준이 되는 것은 아니다. 그리고 이를 판단함에 있어서는 장애와 관련된 피해자의 상태는 개인별로 그 모습과 정도에 차이가 있다는 점에 대한 이해를 바탕으로 해당 피해자의 상태를 충분히 고려하여야 하고 비장애인의 시각과 기준에서 피해자의 상태를 판단하여 '장애로 인한 항거불능 또는 항거곤란 상태'에 해당하지 않는다고 쉽게 단정해서는 안 된다(대법원 2022.11.10, 2020도13672).

164 성폭력처벌법 제6조의 '정신적인 장애가 있는 사람'의 의미

(판례) 「성폭력범죄의 처벌 등에 관한 특례법」(이하 '성폭력처벌법') 제6조에서 정하는 '정신적인 장애가 있는 사람'이란 '정신적인 기능이나 손상 등의 문제로 일상생활이나 사회생활에서 상당한 제약을 받는 사람'을 가리킨다(대법원 2021.2.25, 2016도4404). 장애인복지법에 따른 장애인 등록을 하지 않았다거나 그 등록기준을 충족하지 못하더라도 여기에 해당할 수 있다(대법원 2021.10.28, 2021도9051).

165 피고인이 공중밀집장소인 지하철 전동차 안에서 피해자를 추행한 사건

> 피고인이 지하철에서 추행했으나 대상자가 성적 수치심이나 혐오감을 느끼지 못한 경우에도 성폭력범죄의 처벌 등에 관한 특례법 위반(공중밀집장소에서의 추행)죄의 기수범이 성립하는가?

(판례) 구 성폭력범죄의 처벌 등에 관한 특례법(2020.5.19. 법률 제17264호로 개정되기 전의 것, 이하 '성폭력처벌법'이라 한다) 제11조는 '대중교통수단, 공연·집회 장소, 그 밖에 공중이 밀집하는 장소에서 사람을 추행한 사람'을 1년 이하의 징역 또는 300만원 이하의 벌금에 처하도록 하고 있다. …… 성폭력처벌법 위반(공중밀집장소에서의추행)죄가 기수에 이르기 위해서는 객관적으로 일반인에게 성적 수치심이나 혐오감을 일으키게 할 만한 행위로서 선량한 성적 도덕관념에 반하는 행위를 행위자가 대상자를 상대로 실행하는 것으로 충분하고, 행위자의 행위로 말미암아 대상자가 성적 수치심이나 혐오감을 반드시 실제로 느껴야 하는 것은 아니다(대법원 2020.6.25, 2015도7102).

solution 성립한다.

166 청바지를 입은 여성의 뒷모습을 찍은 것이 카메라등이용촬영죄에 해당하는지 여부

(판례) 성폭력처벌법 제14조 제1항은 '카메라나 그 밖에 이와 유사한 기능을 갖춘 기계장치를 이용하여 성적 욕망 또는 수치심을 유발할 수 있는 다른 사람의 신체를 그 의사에 반하여 촬영'하는 행위를 처벌하도록 규정한다. …… 촬영한 대상이 '성적 욕망 또는 수치심을 유발할 수 있는 다른 사람의 신체'에 해당하는지는 객관

적으로 피해자와 같은 성별, 연령대의 일반적이고 평균적인 사람들의 관점에서 성적 욕망 또는 수치심을 유발할 수 있는 신체에 해당하는지를 고려함과 아울러, 피해자의 옷차림, 노출의 정도 등은 물론, 촬영자의 의도와 촬영에 이르게 된 경위, 촬영 장소와 촬영 각도 및 촬영 거리, 촬영된 원판의 이미지, 특정 신체 부위의 부가 여부 등을 종합적으로 고려하여 **구체적 · 개별적으로 결정하여야 한다**(대법원 2008.9.25, 2008도7007 등). …… 피고인이 유사한 옷차림을 한 여성에 대한 촬영을 오랜 기간 지속한 경우에도 피고인의 행위가 카메라등이용촬영죄에 해당하는지 여부는 개개의 촬영행위별로 구체적·개별적으로 결정되어야 하고, 이 사건 엑셀 파일 중 **엉덩이를 부각하여 촬영한 경우는 성적 수치심을 유발할 수 있다고 볼 여지가 있으나 특별히 엉덩이를 부각하지 않고 일상복인 청바지를 입은 여성의 뒷모습 전신을 어느 정도 떨어진 거리에서 촬영하였을 뿐이라면 카메라등이용촬영죄 성립을 단정하기 어렵다.** 따라서 원심으로서는 공소제기의 대상을 명확히 한 다음, 피고인의 그와 같은 촬영이 성적 욕망 또는 수치심을 유발할 수 있는 신체를 촬영한 경우에 해당하는지 여부를 구체적·개별적으로 심리·판단하였어야 하므로 원심을 전부 파기하고 환송한다(대법원 2022.3.17, 2021도13203).

167 성폭력처벌법상 촬영대상자의 의사에 반하는 촬영물 · 복제물의 반포 • 국가7급 23

[판례] 성폭력처벌법 제14조 제2항 위반죄는 반포 등 행위시를 기준으로 촬영대상자의 의사에 반하여 그 행위를 함으로써 성립하고, 촬영이 촬영대상자의 의사에 반하지 아니하였더라도 그 성립에 지장이 없다(대법원 2023.6.15, 2022도15414).

[조문] 성폭력처벌법 제14조(카메라 등을 이용한 촬영) ② 제1항에 따른 촬영물 또는 복제물(복제물의 복제물을 포함한다. 이하 이 조에서 같다)을 반포·판매·임대·제공 또는 공공연하게 전시·상영(이하 "반포등"이라 한다)한 자 또는 제1항의 촬영이 촬영 당시에는 촬영대상자의 의사에 반하지 아니한 경우(자신의 신체를 직접 촬영한 경우를 포함한다)에도 사후에 그 촬영물 또는 복제물을 촬영대상자의 의사에 반하여 반포등을 한 자는 7년 이하의 징역 또는 5천만원 이하의 벌금에 처한다.

168 동성인 군인들이 영외의 사적 공간에서 자발적 의사 합치에 따라 항문성교를 비롯한 성행위를 한 경우에는 군형법 제92조의6 규정이 적용되지 않는다는 사례 • 경찰2차 22

[판례] 군형법 제92조의6의 문언(군인 등에 대하여 항문성교나 그 밖의 추행을 한 사람은 2년 이하의 징역에 처한다), 개정 연혁, 보호법익과 헌법 규정을 비롯한 전체 법질서의 변화를 종합적으로 고려하면, 위 규정은 동성인 군인 사이의 항문성교나 그 밖에 이와 유사한 행위가 사적 공간에서 자발적 의사 합치에 따라 이루어지는 등 군이라는 공동사회의 건전한 생활과 군기를 직접적, 구체적으로 침해한 것으로 보기 어려운 경우에는 적용되지 않는다고 봄이 타당하다(판례변경, 대법원 2022.4.21, 2019도3047 전원합의체).

169 피고인이 사설 인터넷 도박사이트를 운영하면서 이를 홍보하기 위하여 카카오톡 오픈채팅방을 개설하여 아동 · 청소년이용음란물을 게시한 사건
[참고판례]

[판례] 구 아동 · 청소년의 성보호에 관한 법률(2020.6.2. 법률 제17338호로 개정되기 전의 것) 제11조 제

2항은 영리를 목적으로 아동·청소년이용음란물을 공연히 전시한 자는 10년 이하의 징역에 처한다고 규정한다. 위 조항에서 규정하는 '영리의 목적'이란 위 법률이 정한 구체적 위반행위를 함에 있어서 재산적 이득을 얻으려는 의사 또는 이윤을 추구하는 의사를 말하며(대법원 2004.3.26, 2003도8003 등), 이는 널리 경제적인 이익을 취득할 목적을 말하는 것으로서 반드시 아동·청소년이용음란물 배포 등 위반행위의 직접적인 대가가 아니라 위반행위를 통하여 간접적으로 얻게 될 이익을 위한 경우에도 영리의 목적이 인정된다(향정신성의약품관리법위반죄에 관한 대법원 1997.12.12, 97도2368, 도박개장죄에 관한 대법원 2008.10.23, 2008도3970, 의료법 위반죄에 관한 대법원 2017.8.18, 2017도7134 등). 따라서 사설 인터넷 도박사이트를 운영하는 사람이, 먼저 카카오톡 오픈채팅방을 개설하여 아동·청소년이용음란 동영상을 게시하고 1:1대화를 통해 불특정 다수를 위 오픈채팅방 회원으로 가입시킨 다음, 그 오픈채팅방에서 자신이 운영하는 도박사이트를 홍보하면서 회원들이 가입 시 입력한 이름, 전화번호 등을 이용하여 전화를 걸어 위 도박사이트 가입을 승인해주는 등의 방법으로 가입을 유도하고 그 도박사이트를 이용하여 도박을 하게 하였다면, 영리를 목적으로 도박공간을 개설한 행위가 인정됨은 물론, 나아가 영리를 목적으로 아동·청소년이용음란물을 공연히 전시한 행위도 인정된다고 할 것이다(대법원 2020.9.28, 2020도8978).

170 양형기준상 특별감경인자인 '처벌불원'의 의미(친딸 강간 사건)

(판례) 대법원 양형위원회 제정 양형기준상 특별감경인자인 '처벌불원'이란 피고인이 자신의 범행에 대하여 진심으로 뉘우치고 합의를 위한 진지한 노력을 기울여 피해에 대한 상당한 보상이 이루어졌으며, 피해자가 처벌불원의 법적·사회적 의미를 정확히 인식하면서 이를 받아들여 피고인의 처벌을 원하지 않는 경우를 의미한다(대법원 2020.8.20, 2020도6965,2020전도74).

(보충) 피해자가 제1심 법정에서 증언을 할 때까지만 하더라도 피고인의 처벌을 원하는 의사를 표시하였다가 불과 약 2달 만에 특별한 사정변경이 없는 상태에서 피고인에 대한 선처를 탄원하는 서면을 제출하였으나, 위와 같은 피해자의 태도 변화는 자신의 신고로 인하여 아버지인 피고인이 처벌받고 가정에 경제적 어려움이 발생하게 된 것으로 인한 고립감, 부담감, 죄책감의 발로로 보여지고, 피해자는 원심 법정에 출석하여 처벌불원서 제출이 가족 등의 지속적 회유에 의한 것으로 진심이 아니었고 피고인에 대한 처벌을 원한다는 의사를 분명히 하였으므로, 피해자가 제출한 탄원서 및 처벌불원서에도 불구하고 이를 특별감경인자인 '처벌불원'에 해당하지 않는다고 판단한 것은 정당하다.

171 아동에 대한 성적 학대행위를 처벌하는 아동복지법 제17조, 제71조 제1항의 수범자가 성인으로 제한되는지 여부(소극)

(참고판례)   • 경찰2차 22

(판례) 아동복지법은 제17조 제2호에서 '아동에게 음란한 행위를 시키거나 이를 매개하는 행위 또는 아동에게 성적 수치심을 주는 성희롱 등의 성적 학대행위'를 금지행위로 규정하고, 제71조 제1항에서 '제17조를 위반한 자를 처벌한다'고 규정하고 있다. 따라서 누구든지 제17조 제2호에서 정한 금지행위를 한 경우 제71조 제1항에 따라 처벌되는 것이고, 성인이 아니라고 하여 위 금지행위규정 및 처벌규정의 적용에서 배제된다고 할 수는 없다(대법원 2020.10.15, 2020도6422).

(보충) 원심이 미성년자인 피고인이 13세 미만인 피해자를 유사강간, 강제추행함과 동시에 성적 학대행위를 하였다는 공소사실에 대하여 아동복지법 제17조 제2호, 제71조 제1항을 적용하여 유죄를 인정한 사건에서, 아동복지법 제3조 제7호에서 정의하는 '아동학대'는 '보호자를 포함하는 성인'으로 주체가 제한되어 있으므로 아동에 대한 성적 학대행위를 금지하는 제17조 제2호 또한 그 주체가 성인으로 제한되어야 한다는 취지의 피고인의 상고이유 주장을 배척하고 상고를 기각한 사례이다.

(참고) 2020.5.19. 개정형법 제305조 및 제305조의3
형법 제305조(미성년자에 대한 간음, 추행) ① 13세 미만의 사람에 대하여 간음 또는 추행을 한 자는 제297조, 제297조의2, 제298조, 제301조 또는 제301조의2의 예에 의한다.

② 13세 이상 16세 미만의 사람에 대하여 간음 또는 추행을 한 19세 이상의 자는 제297조, 제297조의2, 제298조, 제301조 또는 제301조의2의 예에 의한다.
제305조의3(예비, 음모) 제297조, 제297조의2, 제299조(준강간죄에 한정한다). 제301조(강간 등 상해죄에 한정한다) 및 제305조의 죄를 범할 목적으로 예비 또는 음모한 사람은 3년 이하의 징역에 처한다.

172 피해아동과의 영상통화 중 행위가 성적 학대행위에 해당할 수 있다는 사건

참고판례

판례 공소사실은 피고인이 2018.3.14.경 피해아동(여, 14세)과 휴대전화로 영상통화를 하던 중 피해아동에게 '네 가슴을 보고 싶다'고 말하여 피해아동으로 하여금 영상통화 화면에 가슴을 보이도록 하고 이를 보면서 피고인이 자위행위를 하는 장면을 보여준 것을 비롯하여 그 무렵부터 2018. 4.경까지 사이에 총 5회에 걸쳐 같은 방법으로 피해아동에게 성적 학대행위를 하였다는 것이다. …… 국가와 사회는 아동 · 청소년에 대하여 다양한 보호의무를 부담한다. 법원은 아동 · 청소년이 피해자인 사건에서 아동 · 청소년이 특별히 보호되어야 할 대상임을 전제로 판단해왔다. 아동복지법상 아동에 대한 성적 학대행위에 해당하는지 판단함에 있어 아동이 명시적인 반대의사를 표시하지 아니하였더라도 성적 자기결정권을 행사하여 자신을 보호할 능력이 부족한 상황에 기인한 것인지 가려보아야 하고(대법원 2015.7.9, 2013도7787 등), 아동복지법상 아동매매죄에 있어서 설령 아동 자신이 동의하였더라도 유죄가 인정된다(대법원 2015.8.27, 2015도6480 참조). 아동 · 청소년이 자신을 대상으로 음란물을 제작하는 데에 동의하였더라도 원칙적으로 「아동 · 청소년의성보호에 관한 법률」상 아동 · 청소년이용 음란물 제작죄를 구성한다(대법원 2015.2.12, 2014도11501,2014전도197 참조). …… 따라서 **아동 · 청소년이 외관상 성적 결정 또는 동의로 보이는 언동을 하였다 하더라도, 그것이 타인의 기망이나 왜곡된 신뢰관계의 이용에 의한 것이라면, 이를 아동 · 청소년의 온전한 성적 자기결정권의 행사에 의한 것이라고 평가하기 어렵다**(대법원 2020.8.27, 2015도9436 전원합의체). 원심으로서는 위와 같은 법리를 기초로 피해아동이 성적 자기결정권을 제대로 행사할 수 있을 정도의 성적 가치관과 판단능력을 갖추었는지 여부 등을 신중하게 판단하였어야 하는데도, 그 판시와 같은 사정만을 들어 성적 자기결정권을 행사하였음을 전제로 성적 학대행위에 해당하지 않는다고 판단하였으니 원심의 판단에는 아동복지법 제17조 제2호가 정한 성적 학대행위에 관한 법리를 오해한 잘못 등이 있다(대법원 2022.7.28, 2020도12419).

조문 **아동복지법 제17조(금지행위)** 누구든지 다음 각 호의 어느 하나에 해당하는 행위를 하여서는 아니된다.
2. 아동에게 음란한 행위를 시키거나 이를 매개하는 행위 또는 아동을 대상으로 하는 성희롱 등의 성적 학대행위

3 명예와 신용에 대한 죄

제1절 명예에 대한 죄

173 카카오톡 계정 프로필 상태메시지 게시 명예훼손 사건

• 경찰간부 22

판례 정보통신망 이용촉진 및 정보보호 등에 관한 법률 제70조 제1항은 "사람을 비방할 목적으로 정보통신

망을 통하여 공공연하게 사실을 드러내어 다른 사람의 명예를 훼손한 자는 3년 이하의 징역 또는 3천만원 이하의 벌금에 처한다."라고 정하고 있다. 이 규정에 따른 범죄가 성립하기 위해서는 피해자가 특정된 사실을 드러내어 명예를 훼손하여야 한다. 여기에서 사실을 드러낸다는 것은 이로써 특정인의 사회적 가치나 평가가 침해될 가능성이 있을 정도로 구체성을 띠는 사실을 드러낸다는 것을 뜻하는데, 그러한 요건이 충족되기 위해서 반드시 구체적인 사실이 직접적으로 명시되어 있어야 하는 것은 아니지만, 적어도 특정 표현에서 그러한 사실이 곧바로 유추될 수 있을 정도는 되어야 한다. 그리고 피해자가 특정되었다고 하기 위해서는 표현의 내용을 주위사정과 종합하여 볼 때, 그 표현이 누구를 지목하는가를 알아차릴 수 있을 정도가 되어야 한다. 학교폭력 피해학생의 모(母)인 피고인이 자신의 카카오톡 계정 프로필 상태메시지에 '학교폭력범은 접촉금지!!!'라는 글과 주먹 모양의 그림말 세 개를 게시한 것이 학교폭력 가해학생인 피해자에 대한 정보통신망 이용촉진 및 정보보호 등에 관한 법률 위반(명예훼손)으로 기소된 경우, 피고인은 이 사건 상태메시지를 통해 피해자의 학교폭력 사건이나 그 사건으로 피해자가 받은 조치에 대해 기재함으로써 피해자의 사회적 가치나 평가를 저하시키기에 충분한 구체적인 사실을 드러냈다고 볼 수 없다(대법원 2020.5.28, 2019도12750).

174 대통령의 업무수행과 관련한 의견을 표명하는 과정에서 의혹을 제기한 것이 허위사실 적시에 의한 명예훼손죄를 구성하는지 문제된 사안
• 법원9급 22

> 피고인 甲은 세월호 참사 국민대책회의 공동위원장이자 '4월 16일의 약속 국민연대'(이하 '4·16 연대') 상임운영위원으로서 언론사 기자와 시민 등을 상대로 기자회견을 하던 중 '세월호 참사 당일 7시간 동안 대통령 B가 마약이나 보톡스를 했다는 의혹이 사실인지 청와대를 압수·수색해서 확인했으면 좋겠다.'는 취지로 발언하였다. 甲에게는 명예훼손죄가 성립하는가?

판례 정부 또는 국가기관의 정책결정 또는 업무수행과 관련된 사항을 주된 내용으로 하는 발언으로 정책결정이나 업무수행에 관여한 공직자에 대한 사회적 평가가 다소 저하될 수 있더라도, 발언 내용이 공직자 개인에 대한 악의적이거나 심히 경솔한 공격으로서 현저히 상당성을 잃은 것으로 평가되지 않는 한, 그 발언은 여전히 공공의 이익에 관한 것으로서 공직자 개인에 대한 명예훼손이 된다고 할 수 없다(대법원 2006.10.13, 2005도3112; 2011.9.2, 2010도17237 등; 2021.3.25, 2016도14995).

보충 위 발언은 피고인 박○○과 4·16 연대 사무실에 대한 압수수색의 부당성과 피해자의 행적을 밝힐 필요성에 관한 의견을 표명하는 과정에서 세간에 널리 퍼져 있는 의혹을 제시한 것으로 '피해자가 마약을 하거나 보톡스 주사를 맞고 있어 직무 수행을 하지 않았다.'는 구체적인 사실을 적시하였다고 단정하기 어렵고, 피고인 박○○이 공적 인물과 관련된 공적 관심사항에 대한 의혹을 제기하는 방식으로 표현행위를 한 것으로서 대통령인 피해자 개인에 대한 악의적이거나 심히 경솔한 공격으로서 현저히 상당성을 잃은 것으로 평가할 수 없으므로, 명예훼손죄로 처벌할 수 없다고 한 사례이다.

⌀solution 성립하지 않는다.

175 전파가능성 법리에 관한 대법원 판례의 유지 여부(적극)
• 경찰1차 21, 경찰2차 21, 국가9급 22, 법원9급 21·22, 변호사시험 22

판례 대법원은 명예훼손죄의 공연성에 관하여 개별적으로 소수의 사람에게 사실을 적시하였더라도 그 상대방이 불특정 또는 다수인에게 적시된 사실을 전파할 가능성이 있는 때에는 공연성이 인정된다고 일관되게 판시하여, 이른바 전파가능성 이론은 공연성에 관한 확립된 법리로 정착되었다. **공연성에 관한 전파가능성 법리는 대법원이 오랜 시간에 걸쳐 발전시켜 온 것으로서 현재에도 여전히 법리적으로나 현실적인 측면에 비추어 타당하므로 유지되어야 한다.** 대법원 판례와 재판 실무는 전파가능성 법리를 제한 없이 적용할 경우 공연성 요건이 무의미하게 되고 처벌이 확대되게 되어 표현의 자유가 위축될 우려가 있다는 점을 고려하여, 전파가능성의 구체적 · 객관적인 적용 기준을 세우고, 피고인의 범의를 엄격히 보거나 적시의 상대방과 피고인 또는 피해자의 관계에 따라 전파가능성을 부정하는 등 판단기준을 사례별로 유형화하면서 전파가능성에 대한 인식이 필요함을 전제로 전파가능성 법리를 적용함으로써 공연성을 엄격하게 인정하여 왔다. 따라서 전파가능성 법리에 따르더라도 위와 같은 객관적 기준에 따라 전파가능성을 판단할 수 있고, 행위자도 발언 당시 공연성 여부를 충분히 예견할 수 있으며, 상대방의 전파의사만으로 전파가능성을 판단하거나 실제 전파되었다는 결과를 가지고 책임을 묻는 것이 아니다. 추상적 위험범으로서 명예훼손죄는 개인의 명예에 대한 사회적 평가를 진위에 관계없이 보호함을 목적으로 하고, 적시된 사실이 특정인의 사회적 평가를 침해할 가능성이 있을 정도로 구체성을 띠어야 하나(대법원 1994.10.25, 94도1770; 2000.2.25, 98도2188 등), 위와 같이 침해할 위험이 발생한 것으로 족하고 침해의 결과를 요구하지 않으므로, **다수의 사람에게 사실을 적시한 경우뿐만 아니라 소수의 사람에게 발언하였다고 하더라도 그로 인해 불특정 또는 다수인이 인식할 수 있는 상태를 초래한 경우에도 공연히 발언한 것으로 해석할 수 있다.** 전파가능성 법리는 정보통신망 등 다양한 유형의 명예훼손 처벌규정에서의 공연성 개념에 부합한다고 볼 수 있다. 인터넷, 스마트폰과 같은 모바일 기술 등의 발달과 보편화로 SNS, 이메일, 포털사이트 등 정보통신망을 통해 대부분의 의사표현이나 의사전달이 이루어지고 있고, 그에 따라 정보통신망을 이용한 명예훼손도 급격히 증가해 가고 있다. 이러한 정보통신망과 정보유통과정은 비대면성, 접근성, 익명성 및 연결성 등을 그 본질적 속성으로 하고 있어서, 정보의 무한 저장, 재생산 및 전달이 용이하여 정보통신망을 이용한 명예훼손은 '행위 상대방' 범위와 경계가 불분명해지고, 명예훼손 내용을 소수에게만 보냈음에도 행위 자체로 불특정 또는 다수인이 인식할 수 있는 상태를 형성하는 경우가 다수 발생하게 된다. 특히 정보통신망에 의한 명예훼손의 경우 행위자가 적시한 정보에 대한 통제가능성을 쉽게 상실하게 되고, 빠른 전파가능성으로 인하여 피해자의 명예훼손의 침해 정도와 범위가 광범위하게 되어 표현에 대한 반론과 토론을 통한 자정작용이 사실상 무의미한 경우도 적지 아니하다. 따라서 정보통신망을 이용한 명예훼손행위에 대하여, 상대방이 직접 인식하여야 한다거나, 특정된 소수의 상대방으로는 공연성을 충족하지 못한다는 법리를 내세운다면 해결기준으로 기능하기 어렵게 된다. **오히려 특정 소수에게 전달한 경우에도 그로부터 불특정 또는 다수인에 대한 전파가능성 여부를 가려 개인의 사회적 평가가 침해될 일반적 위험성이 발생하였는지를 검토하는 것이 실질적인 공연성 판단에 부합되고, 공연성의 범위를 제한하는 구체적인 기준이 될 수 있다**(대법원 2020.11.19, 2020도5813 전원합의체).

보충 피고인이 피해자 외 2명이 듣는 자리에서 피해자가 전과자라는 사실을 공연히 적시하여 피해자의 명예를 훼손하였다는 공소사실에 대하여 원심은 전파가능성 법리를 인용하여 공연성을 긍정하였고, 피고인은 공연성이 없다고 상고하였으나, 대법원은 전파가능성 법리에 관한 기존의 대법원 판례가 여전히 타당하고, 피고인의 발언 내용, 경위 및 장소와 피고인 또는 피해자와 상대방과의 관계 등을 고려할 때 피고인의 발언에 공연성이 인정되고 위와 같은 취지의 원심을 수긍하여 피고인의 상고를 기각한 사건이다.

보충 이러한 다수의견에 대하여, 전파가능성 법리는 명예훼손죄의 가벌성 범위를 지나치게 확대하여 죄형법정주의에서 금지하는 유추해석에 해당하고, 수범자의 예견가능성을 침해하여 행위자에 대한 결과책임을 묻게 된다는 등의 이유로 전파가능성 법리를 적용하여 공연성을 긍정해 온 기존의 대법원 판례 전부 폐기되어야 한다는 대법관 김재형, 대법관 안철상, 대법관 김선수의 반대의견과 다수의견에 대한 대법관 박상옥, 대법관 민유숙의 보충의견이 있음

보충 대법원 2020.11.19, 2020도5813 전원합의체
대법원 1968.12.24, 68도1569 판결에서 '비밀이 잘 보장되어 외부에 전파될 염려가 없는 경우가 아니면 비록 개별적으로 한 사람에 대하여 사실을 유포하였더라도 연속하여 수인에게 사실을 유포하여 그 유포한 사실이 외부에 전파될 가능성이 있는 이상 공연성이 있다.'고 최초로 판시한 후 대법원 1981.10.27, 81도1023 판결에서 '비록 개별적으로 한 사람에 대하여 사실을 유포하였다고 하여도 이로부터 불특정 또는 다수인에게 전파될 가능성이 있다면 공연성의 요건을 충족하는 것이나, 이와 반대의 경우라면 특정한 한 사람에 대한 사실의 유포는 공연성을 결여한 것이다.'고 판시하였고, 최근의 대법원 2018.6.15, 2018도4200 판결에서도 위 법리가 유지되었다.

  1) 대법원 판례의 법리

   가) 전파가능성 및 인식 등에 관한 증명

    (1) 검사의 엄격한 증명책임: 공연성은 명예훼손죄의 구성요건으로서, 특정 소수에 대한 사실적시의 경우 공연성이 부정

되는 유력한 사정이 될 수 있으므로, 전파될 가능성에 관하여는 검사의 엄격한 증명이 필요하다(대법원 1997.2.14, 96도2234; 2006.4.14, 2004도207 등 참조). 나아가 대법원은 '특정의 개인이나 소수인에게 개인적 또는 사적으로 정보를 전달하는 것과 같은 행위는 공연하다고 할 수 없고, 다만 특정의 개인 또는 소수인이라고 하더라도 불특정 또는 다수인에게 전파 또는 유포될 개연성이 있는 경우라면 공연하다고 할 수 있다.'고 판시하여 전파될 가능성에 대한 증명의 정도로 단순히 '가능성'이 아닌 '개연성'을 요구하였다(대법원 1982.3.23, 81도2491; 1989.7.11, 89도886 등 참조).

(2) 전파가능성에 관한 인식과 위험을 용인하는 내심의 의사: 대법원은 '전파가능성을 이유로 명예훼손죄의 공연성을 인정하는 경우에는 적어도 범죄구성요건의 주관적 요소로서 미필적 고의가 필요하므로 전파가능성에 대한 인식이 있음은 물론 나아가 그 위험을 용인하는 내심의 의사가 있어야 하고, 행위자가 전파가능성을 용인하고 있었는지 여부는 외부에 나타난 행위의 형태와 상황 등 구체적인 사정을 기초로 일반인이라면 그 전파가능성을 어떻게 평가할 것인가를 고려하면서 행위자의 입장에서 그 심리상태를 추인하여야 한다.'고 판시하여(대법원 2004.4.9, 2004도340 등 참조), 행위자의 고의를 인정함에 있어 신중할 필요가 있음을 강조하였다. 이에 따라 대법원 2018.6.15, 2018도4200 판결은 피고인이 불미스러운 소문의 진위를 확인하고자 하는 질문 중 타인의 명예를 훼손하는 발언을 한 사안에서 명예훼손의 고의를 부정하였고, 대법원 2020.1.30, 2016도21547 판결은 적시의 상대방이 피고인이나 피해자들과 별다른 친분관계가 없더라도 발언의 경위와 내용에 비추어 피고인에게 전파가능성에 대한 인식과 위험을 용인하는 의사가 없었다고 보기도 하였다. 한편 대법원 2001.4.10, 2000도5711 판결은 피고인이 경찰서에서 피해자와의 다툼 경위에 관한 조사 과정에서 피해자에 대한 명예훼손 발언을 한 경우 공연성을 부정한 원심을 수긍하였고, 대법원 1990.4.27, 89도1467 판결은 조합장인 피고인이 전 조합장인 피해자의 측근에게 조합운영의 협조를 구하기 위하여 피해자의 불신임사유를 설명하는 과정에서 피해자의 명예를 훼손하는 발언을 한 경우 공연성을 부인하였다. 이를 종합하면, 친밀하고 사적인 관계뿐만 아니라 공적인 관계에 있어서도 조직 등의 업무와 관련하여 사실의 확인 또는 규명 과정에서 발언하게 된 것이거나, 상대방의 가해에 대하여 대응하는 과정에서 발언하게 된 경우 및 수사·소송 등 공적인 절차에서 그 당사자들 사이에 공방을 하던 중 발언하게 된 경우 등이라면 그 발언자의 전파가능성에 대한 인식과 위험을 용인하는 내심의 의사를 인정하는 것은 신중하여야 한다. 그렇지 않으면 명예훼손죄가 사실의 확인 또는 규명, 가해에 대한 대응, 수사·소송 등의 정당한 행위를 막는 봉쇄 수단으로 이용될 수 있기 때문이다.

나) 구체적인 판단기준

공연성의 존부는 발언자와 상대방 또는 피해자 사이의 관계나 지위, 대화를 하게 된 경위와 상황, 사실적시의 내용, 적시의 방법과 장소 등 행위 당시의 객관적 제반 사정에 관하여 심리한 다음, 그로부터 상대방이 불특정 또는 다수인에게 전파할 가능성이 있는지 여부를 검토하여 종합적으로 판단하여야 한다(대법원 2008.2.14, 2007도8155 등 참조). 발언 이후 실제 전파되었는지 여부는 전파가능성 유무를 판단하는 고려요소가 될 수 있으나, 발언 후 실제 전파 여부라는 우연한 사정은 공연성 인정 여부를 판단함에 있어 소극적 사정으로만 고려되어야 한다(대법원 1981.10.27, 81도1023; 1998.9.8, 98도1949; 2000.2.11, 99도4579 등 참조). 따라서 전파가능성 법리에 따르더라도 위와 같은 객관적 기준에 따라 전파가능성을 판단할 수 있고, 행위자도 발언 당시 공연성 여부를 충분히 예견할 수 있으며, 상대방의 전파의사만으로 전파가능성을 판단하거나 실제 전파되었다는 결과를 가지고 책임을 묻는 것이 아니다. 특히 발언 상대방이 발언자나 피해자의 배우자, 친척, 친구 등 사적으로 친밀한 관계에 있는 경우, 직무상 비밀유지의무 또는 이를 처리해야 할 공무원이나 이와 유사한 지위에 있는 경우에는 그러한 관계나 신분으로 인하여 비밀의 보장이 상당히 높은 정도로 기대되는 경우로서 공연성이 부정된다(대법원 1978.4.25, 78도473; 1984.3.27, 84도86; 1981.10.27, 81도1023; 2000.2.11, 99도4579; 2002.11.26, 2002도4800 등 참조). 위와 같이 발언자와 상대방 및 피해자와 상대방이 특수한 관계에 있는 경우, 상대방이 직무상 특수한 지위 내지 신분을 가지고 있는 경우에는 그 상대방에 대한 사실적시행위에 관하여 공연성을 인정하기 위해서는 그러한 관계나 신분에도 불구하고 불특정 또는 다수인에게 전파될 수 있다고 볼 만한 특별한 사정이 존재하여야 한다.

다) 소결론

대법원 판례는 그 동안 전파가능성 여부에 관한 구체적 판단기준을 발전시켜오면서 한편으로는 특정 소수에 대한 사실적시와 관련하여 다양한 제한 법리를 확립해 왔다. 그 핵심은 개별적인 소수에 대한 발언을 불특정 또는 다수인에게 전파될 가능성을 이유로 공연성을 인정하기 위해서는 막연히 전파될 가능성이 있다는 것만으로 부족하고, 고도의 가능성 내지 개연성이 필요하며, 이에 대한 검사의 엄격한 증명을 요한다는 것이다.

2) 명예를 해할 위험성의 발생과 공연성의 해석

명예훼손죄 규정이 '명예를 훼손한'이라고 규정되어 있음에도 이를 침해범이 아니라 추상적 위험범으로 보는 것은 명예훼손이 갖는 행위반가치와 결과반가치의 특수성에 있다. 즉 명예훼손죄의 보호법익인 명예에 대한 침해가 객관적으로 확인될 수 없고 이를 증명할 수도 없기 때문이다. 따라서 불특정 또는 다수인이 적시된 사실을 실제 인식하지 못하였다고 하더라도 그러한 상태에 놓인 것만으로도 명예가 훼손된 것으로 보아야 하고 이를 불능범이나 미수로 평가할 수 없다. 공연성에 관한 위와 같은 해석은 불특정 또는 다수인이 인식할 수 있는 가능성의 측면을 말하는 것이고, 죄형법정주의에서 허용되는 해석이며, 그와 같은 행위에 대한 형사처벌의 필요성이 있다. 추상적 위험범으로서 명예훼손죄는 개인의 명예에 대한 사회적 평가를 진위에 관계없이 보호함을 목적으로 하고, 적시된 사실이 특정인의 사회적 평가를 침해할 가능성이 있을 정도로 구체성을 띠어야 하나(대법원 1994.10.25, 94도1770; 2000.2.25, 98도2188 등 참조). 위와 같이 침해할 위험이 발생한 것으로 족하고 침해의 결과를 요구하지 않으므로, 다수의 사람에게 사실을 적시한 경우뿐만 아니라 소수의 사람에게 발언하였다고 하더라도 그로 인해 불특정 또는 다수인이 인식할 수 있는 상태를 초래한 경우에도 공연히 발언한 것으로 해석할 수 있다. 우리 형사법에서는 공연성을 성립요건으로 규정함으로써, 명예훼손죄의 공연성을 처벌의 가중요건으로 보는 독일 등과 차이가 있으므로, 해석 또한 우리의 형사법 체계에 맞도록 이루어져야 할 것이다. 나아가 외국 입법례를 이유로 공연성 요건을 법문과 달리 지나치게 좁게 해석한다면, 표현의 자유를 위해 개인의 인격권을 등한시하는 결과를 가져 올 수 있다. 특히 인터넷과 각종 정보통신 기술 발달로 인해 개인에 대한 정보와 사생활이 쉽게 노출되고 개인정보의 자기결정권이 상실되는 사례가 빈발하는 현실에서 개인의 사생활 비밀과 관련된 영역은 엄격히 보호되어야 하고, 표현의 자유를 이유로 이를 침범하는 것이 허용되어서는 아니 된다. 개인의 인격권, 사생활 보호와 표현의 자유는 모두 헌법상 보장되는 기본권으로서 서로 긴장관계를 갖고 대립하는 과정에서 각자의 영역 내에서 보호되어야 하는 것이지, 한 쪽을 보호하기 위하여 다른 쪽을 희생시킬 수 없다.

3) 의사소통 방법과 구조의 변화에 따른 공연성의 의미와 내용

공연성의 의미는 고정된 것이 아니므로 시대 변화나 정보통신망 발달에 따라 그 개념과 내용이 달라질 수 있다. 우리 사회에서는 아직도 인터넷 등 정보통신망을 이용하여 다른 사람의 신분적 · 사회적 지위나 활동 등을 둘러싸고 근거가 희박한 의혹을 제기하거나 소문을 적시하는 경우도 비일비재하다. 비록 적시된 사실이 허위사실이 아닌 경우라고 하더라도 그 사실에 기초하여 왜곡된 의혹 제기 · 편파적 의견 또는 부당한 평가를 추가로 적시하는 방법으로 실제로는 허위사실을 적시하여 다른 사람의 명예를 훼손하는 경우와 다를 바 없거나 적어도 다른 사람의 사회적 평가를 심대하게 훼손하는 경우도 적지 않게 발생하고 있다. 더욱이 명예와 체면을 중시하는 우리 사회의 전통적 가치관의 영향으로, 인터넷 등 정보통신망에서의 명예훼손, 비방 글들로 인하여 사회적 피해가 이미 심각한 상황에 이르고 있다. 따라서 표현의 자유를 보장하는 경우에도 위와 같은 현재의 명예훼손의 양상과 우리 사회의 특수성을 고려하여, 이러한 명예훼손적인 표현을 규제함으로써 인격권을 보호해야 할 필요성은 매우 크다[헌법재판소 2016.2.25, 2013헌바105,2015헌바234(병합) 등 참조]. 전파가능성 법리는 정보통신망 등 다양한 유형의 명예훼손 처벌규정에서의 공연성 개념에 부합한다고 볼 수 있다. 인터넷, 스마트폰과 같은 모바일 기술 등의 발달과 보편화로 SNS, 이메일, 포털사이트 등 정보통신망을 통해 대부분의 의사표현이나 의사전달이 이루어지고 있고, 그에 따라 정보통신망을 이용한 명예훼손도 급격히 증가해 가고 있다. 이러한 정보통신망과 정보유통과정은 비대면성, 접근성, 익명성 및 연결성 등을 그 본질적 속성으로 하고 있어서, 정보의 무한 저장, 재생산 및 전달이 용이하여 정보통신망을 이용한 명예훼손은 '행위 상대방' 범위와 경계가 불분명해지고, 명예훼손내용을 소수에게만 보냈음에도 행위 자체로 불특정 또는 다수인이 인식할 수 있는 상태를 형성하는 경우가 다수 발생하게 된다. 특히 정보통신망에 의한 명예훼손의 경우 행위자가 적시한 정보에 대한 통제가능성을 쉽게 상실하게 되고, 빠른 전파성으로 인하여 피해자의 명예훼손의 침해 정도와 범위가 광범위하게 되어 표현에 대한 반론과 토론을 통한 자정작용이 사실상 무의미한 경우도 적지 아니하다. 따라서 현재의 명예훼손의 방식과 양상을 고려할 때 공연성을 해석함에 있어서도 위와 같은 정보통신망의 특성이 고려되어야 한다. 대법원 판례도 위와 같은 정보통신망의 특성을 고려하여 이를 이용한 명예훼손의 경우 공연성 판단에서 전파가능성 유무를 그 기준으로 적용해 왔다. 즉 대법원 2009.11.12, 2009도9396 판결은 피고인이 직장 상사에게 직장 동료인 피해자에 관한 허위내용이 담긴 이메일을 보낸 사안에서 피고인이 이메일을 보낸 경위와 내용 등에 비추어 전파될 가능성이 있다는 이유로 공연성을 수긍하였고, 대법원 2019.7.5, 2019도6916 결정은 피고인이 오피스텔 관리인 후보로 출마한 피해자에 대한 비위사실을 같은 관리인 후보로 출마한 후보자의 지지자에게 카카오톡 메시지를 보낸 사안에서 분쟁 상황이나 그 상대방의 지위를 고려해 볼 때 상대방이 그 내용을 불특정 또는 다수인에게 알릴 수 있다는 점이 충분히 예상된다는 이유로 공연성을 인정한 원심을 수긍하였다. 또한 대법원 2019.2.22, 2019도790 결정은 피고인이 페이스북 메신저를 통해 피해자에 대한 허위사실을 적시한 사안에서 그 상대방이 페이스북 등에서 상당한 수의 팔로워가 있는 점과 적시내용 등에 비추어 공연성을 인정한 원심을 수긍하였다. 반면 대법원 2018.3.29, 2017도20409 판결은 피고인이 지인에게 피해자에 대한 허위내용이 담긴 카카오톡 메시지를 보낸 사안에서 대화 경위와 이후 사정 등에 비추어 사적 대화에 불과하다는 이유로 공연성을 부정한 원심을 수긍하였다. 정보통신망을 이용한 명예훼손 행위에 대하여, 상대방이 직접 인식하여야 한다거나, 특정된 소수의 상대방으로는 공연성을 충족하지 못한다는 법리를 내세운다면 해결기준으로 기능하기 어렵게 된다. 오히려 특정 소수에게 전달한 경우에도 그로부터 불특정 또는 다수인에 대한 전파가능성 여부를 가려 개인의 사회적 평가가 침해될 일반적 위험성이 발생하였는지를 검토하는 것이 실질적인 공연성 판단에 부합하고, 공연성의 범위를 제한하는 구체적인 기준이 될 수 있다. 이러한 공연성의 의미는 형법과 정보통신망법 등의 특별법에서 동일하게 적용되어야 한다.

● ● ●
176 명예훼손죄의 공연성이 부정되는 경우 1: 상대방이 특수한 관계에 있는 경우의 전파가능성 제한의 법리

판례 공연성은 명예훼손죄의 구성요건으로서, 특정 소수에 대한 사실적시의 경우 공연성이 부정되는 유력한 사정이 있다고 볼 수 있으므로, 전파가능성에 관해서는 검사의 엄격한 증명이 필요하다. 발언 상대방이 발언자나 피해자의 배우자, 친척, 친구 등 사적으로 친밀한 관계에 있는 경우 또는 직무상 비밀유지의무 또는 이를 처리해야 할 공무원이나 이와 유사한 지위에 있는 경우에는 그러한 관계나 신분으로 비밀의 보장이 상당히 높은 정도로 기대되는 경우로서 공연성이 부정된다. 위와 같이 발언자와 상대방, 그리고 피해자와 상대방이 특수한 관계에 있는 경우 또는 상대방이 직무상 특수한 지위나 신분을 가지고 있는 경우에 공연성을 인정하려면 그러한 관계나 신분에도 불구하고 불특정 또는 다수인에게 전파될 수 있다고 볼 만한 특별한 사정이 존재하여야 한다(대법원 2020.11.19, 2020도5813 전원합의체). 피고인이 사무실에서 이 사건 발언을 할 당시 甲만 있었는데, 이는 공연성이 부정될 유력한 사정이므로, 피고인의 발언이 전파될 가능성에 대해서는 검사의 엄격한 증명이 필요하다. 또한 피고인과 甲의 친밀 관계를 고려하면 비밀보장이 상당

히 높은 정도로 기대되기 때문에 공연성을 인정하려면 그러한 관계에도 불구하고 불특정 또는 다수인에게 전파될 수 있다고 볼 만한 특별한 사정이 있어야 한다. 피고인이 甲 앞에서 한 발언 경위와 내용 등을 보면 위 발언이 불특정 또는 다수인에게 전파될 가능성이 있다고 보기 어렵거나 피고인에게 전파가능성에 대한 위험을 용인하는 내심의 의사가 있었다고 보기 어렵다. 따라서 이 사건 공소사실의 유·무죄를 판단하기 위해서는 피고인이 甲에게 발언을 한 경위와 내용, 발언의 방법과 장소 등 여러 사정을 심리하여 피고인의 발언이 특정 소수 앞에서 한 것인데도 불특정 또는 다수인에게 전파될 고도의 가능성이 있었는지 여부를 신중하게 가려야 한다(대법원 2020.12.30, 2015도12933).

보충 (1) 공소외 2는 피고인과 초등학교 동창으로서 친한 사이였고, 피고인이 운영하는 관광버스회사의 운전기사였던 공소외 1을 만난 적은 없었던 것으로 보이며, 피해자를 전혀 알지 못하였다. 피고인도 이 사건 발언 이전에 공소외 1과 사실혼 관계에 있었던 피해자와 몇 차례 전화통화를 했을 뿐 피해자를 직접 알지 못하였다.
(2) 피해자는 공소외 1로부터 돈을 받기 위하여 피고인에게 직접 전화를 하여 공소외 1에게 임금을 가불해 달라는 요청을 했지만, 피고인은 이를 거절하였다. 피고인은 이 사건 발언 당시에도 피해자로부터 같은 취지의 전화를 받았고, 피해자와 대화를 마친 다음 옆에 있던 공소외 2가 통화상대방이 누구인지 질문하자 이에 답변하는 과정에서 공소외 1로부터 전해들은 내용을 기초로 이 사건 발언을 하였다(피고인은 2014.5.14. 08:41경 피고인의 사무실에서 사실은 피해자가 이혼하기는 했지만 아들이 장애인이 아니고, 피해자와 사실혼관계에 있던 공소외 1이 피고인으로부터 임금을 가불하여 피해자에게 가져다준 것이 아닌데도, 피고인의 친구 공소외 2가 있는 자리에서 피해자에 관하여 "신랑하고 이혼했는데, 아들이 하나가 장애인이래, 그런데 공소외 1이 그래도 살아보겠다고 돈 갖다 바치는 거지, 그런데 이년이."라고 말하였다).
(3) 이 사건 발언 장소는 피고인의 사무실로서 공소외 2 외에 다른 사람은 없었다. 이 사건 발언 시간은 얼마 되지 않았고, 이후 피고인과 공소외 2는 피해자에 대한 별다른 언급 없이 다른 주제에 관한 이야기를 바로 이어 나갔다.
(4) 공소외 2는 법정에서 이 사건 발언을 다른 사람에게 말한 적이 없다고 진술하였다. 피해자는 피고인과의 통화가 끊어지지 않은 상태로 이 사건 발언을 녹음하였다.

위와 같은 사실관계를 위에서 본 법리에 비추어 살펴보면, 피고인이 사무실에서 이 사건 발언을 할 당시 공소외 2만 있었는데, 이는 공연성이 부정될 유력한 사정이므로, 피고인의 발언이 전파될 가능성에 대해서는 검사의 엄격한 증명이 필요하다. 또한 피고인과 공소외 2의 친밀 관계를 고려하면 비밀보장이 상당히 높은 정도로 기대되기 때문에 공연성을 인정하려면 그러한 관계에도 불구하고 불특정 또는 다수인에게 전파될 수 있다고 볼 만한 특별한 사정이 있어야 한다. 피고인이 공소외 2 앞에서 한 발언 경위와 내용 등을 보면 위 발언이 불특정 또는 다수인에게 전파될 가능성이 있다고 보기 어렵거나 피고인에게 전파가능성에 대한 위험을 용인하는 내심의 의사가 있었다고 보기 어렵다. 따라서 이 사건 공소사실의 유·무죄를 판단하기 위해서는 피고인이 공소외 2에게 발언을 한 경위와 내용, 발언의 방법과 장소 등 여러 사정을 심리하여 피고인의 발언이 특정 소수 앞에서 한 것인데도 불특정 또는 다수인에게 전파될 고도의 가능성이 있었는지 여부를 신중하게 가려야 한다.

177 명예훼손죄의 공연성이 부정되는 경우 2: 상대방이 직무상 비밀유지의무 등이 있는 경우

[제1문] 골프장 경기도우미들이 자율규정을 위반한 경기도우미를 징계하였으니 처리하여 달라는 취지가 기재된 요청서를 절차에 따라 골프장 운영 회사의 담당자에게 전달한 행위는 명예훼손죄의 공연성이 인정되는가?
[제2문] 피고인들이 피해자에 대한 허위사실을 적시한 서명자료를 만들어 다수의 동료들에게 읽고 서명하게 하였는데, 특히 그 내용을 동료들이 알고 있는 경우 명예훼손죄의 공연성이 인정되는가?

[제1문]

판례 명예훼손죄의 구성요건으로서 공연성은 '불특정 또는 다수인이 인식할 수 있는 상태'를 의미하고, 개별적으로 소수의 사람에게 사실을 적시하였더라도 그 상대방이 불특정 또는 다수인에게 적시된 사실을 전파할 가능성이 있는 때에도 공연성이 인정된다. 개별적인 소수에 대한 발언을 불특정 또는 다수인에게 전파될 가능성을 이유로 공연성을 인정하기 위해서는 막연히 전파될 가능성이 있다는 것만으로 부족하고, 고도의 가능성 내지 개연성이 필요하며, 이에 대한 검사의 엄격한 증명을 요한다. 특히 발언 상대방이 직무상 비밀유지의무 또는 이를 처리해야 할 공무원이나 이와 유사한 지위에 있는 경우에는 그러한 관계나 신분으로 인하여 비밀의 보장이 상당히 높은 정도로 기대되는 경우로서 공연성이 부정되고, 공연성을 인정하기 위해서는 그러한 관계나 신분에도 불구하고 불특정 또는 다수인에게 전파될 수 있다고 볼 만한 특별한 사정이 존재하여야 한다(대법원 2020.11.19, 2020도5813 전원합의체; 2021.4.29, 2021도1677). 징계 처리 요청서 부분 명예훼손의 점의 요지는 피고인들이 피해자가 자율규정을 위반하여 징계하였으니 골프장 출입을 금지시켜 달라는 내용의 요청서를 작성하여 골프장 운영 회사 담당자를 통하여 위 회사에 제출하였다는 것인데, 피고인들과 피해자는 골프장의 경기도우미(캐디)인데 경기도우미들은 자율규정을 위반한 경기도우미에 대한 징계를 스스로 결정한 후 골프장 운영 회사의 접수 직원에게 전달하고, 위 회사 내부의 검토 · 보고를 거쳐 시행하는 점, 이 부분에서 문제된 요청서는 절차에 따라 접수 직원에게 전달되어 위 회사에 의해 피해자에 대한 출입금지조치가 있었던 점을 인정한 다음 피고인들이 피해자에 대한 출입금지처분을 요청하기 위하여 그 담당자에게 요청서를 제출한 것이어서 담당자를 통하여 불특정 또는 다수인에게 전파될 가능성이 있다고 보이지 않는다(대법원 2020.12.30, 2015도15619).

◍solution 인정되지 않는다.

[제2문]

판례 명예훼손죄는 추상적 위험범으로 불특정 또는 다수인이 적시된 사실을 실제 인식하지 못하였다고 하더라도 인식할 수 있는 상태에 놓인 것으로도 명예가 훼손된 것으로 보아야 한다(위 2020도5813 전원합의체). 발언 상대방이 이미 알고 있는 사실을 적시하였더라도 공연성 즉 전파될 가능성이 없다고 볼 수 없다(대법원 1993.3.23, 92도455 등). 서명자료 부분 명예훼손의 점의 요지는 피고인들이 허위사실을 적시한 서명자료를 만들어 동료 여러 명에게 읽고 서명하게 하였다는 것임. 원심은 피고인들의 행위는 불특정 또는 다수인이 인식할 수 있는 상태에 해당하고, 설령 그 내용이 동료들 사이에 만연한 소문이었다고 하더라도 공연성이 인정된다(대법원 2020.12.30, 2015도15619).

◍solution 인정된다.

●●●○
178 명예훼손죄의 공연성이 부정되는 경우 3: 전파성 내지 고의를 부정한 경우

판례 공연성은 명예훼손죄의 구성요건으로서, 특정 소수에 대한 사실적시의 경우 공연성이 부정되는 유력한 사정이 될 수 있으므로, 전파될 가능성에 관하여는 검사의 엄격한 증명이 필요하다. 전파가능성을 이유로 명예훼손죄의 공연성을 인정하는 경우에는 적어도 범죄구성요건의 주관적 요소로서 미필적 고의가 필요하므로 전파가능성에 대한 인식이 있음은 물론 나아가 그 위험을 용인하는 내심의 의사가 있어야 하고, 행위자가 전파가능성을 용인하고 있었는지 여부는 외부에 나타난 행위의 형태와 상황 등 구체적인 사정을 기초로 일반인이라면 그 전파가능성을 어떻게 평가할 것인가를 고려하면서 행위자의 입장에서 그 심리상태를 추인하여야 한다. 친밀하고 사적인 관계뿐만 아니라 공적인 관계에 있어서도 조직 등의 업무와 관련하여 사실의 확인 또는 규명 과정에서 발언하게 된 것이거나, 상대방의 가해에 대하여 대응하는 과정에서 발언하게 된 경우 및 수사 · 소송 등 공적인 절차에서 그 당사자들 사이에 공방을 하던 중 발언하게 된 경우 등이라면 그 발언자의 전파가능성에 대한 인식과 위험을 용인하는 내심의 의사를 인정하는 것은 신중하여야 한다. 공연성의 존부는 발언자와 상대방 또는 피해자 사이의 관계나 지위, 대화를 하게 된 경위와 상황, 사실적시의 내용, 적시의 방법과 장소 등 행위 당시의 객관적 제반 사정에 관하여 심리한 다음, 그로부터 상대방이 불특정 또는 다수인에게 전파할 가능성이 있는지 여부를 검토하여 종합적으로 판단하여야 한다(대법원 2020.11.19, 2020도5813 전원합의체 참조). …… 피고인이 관련 민사소송에서 피해자의 주장에 부합하는 확인서를 작성해 준 甲을 찾아가 방문 경위를 설명하고 甲으로부터 기존 확인서와 상반되는 취지의 사실확인서를 다시금 교부받는 과정에서 이 사건 발언을 하였고, 실제 이 사건 발언을 들은 상대방은 甲이 유일하며, 이 사건 발언이 달리 전파된 바 없는 경우, 명예훼손죄의 공연성이 인정되지 아니한다(대법원 2021.10.14, 2020도11004).

●●○
179 명예훼손죄의 공연성과 관련해 전파가능성 등이 문제된 사건

비교판례

(판례) 도급인인 피고인이 수급인인 피해자의 소개로 공사현장에서 일한 상대방에게 '지급할 노임 일부를 피해자가 수령한 후 유용하였다'는 문자메시지를 보내 명예훼손죄로 기소된 사안에서, 전파가능성 및 그에 대한 피고인의 인식을 섣불리 부정할 수 없다고 판단한 사례(대법원 2021.4.8, 2020도18437)

●●○
180 명예훼손죄 및 모욕죄의 전파가능성 – 명예훼손죄·모욕죄의 확대를 경계하는 최근 판례의 경향

> 甲 등은 수원시 이 사건 빌라의 소유자를 대리하여 이 사건 빌라를 관리하는 사람들인데, 甲 등은 이 사건 빌라의 누수 문제로 그 아랫집에 거주하는 A로부터 공사 요청을 받게 되자, (공사가 신속히 진행되지 못하는 이유를 이 사건 빌라를 임차하여 거주하는 가족인 피해자들의 탓으로 돌려 책임추궁을 피하려는 의도로) A와 전화통화를 하면서 乙 등에 대하여 '무식한 것들', '이중인격자' 등이라 표현하면서 누수 공사 협조의 대가로 과도하고 부당한 요구를 하거나 막말과 욕설을 하였다고 말했다. 甲 등의 행위에는 명예훼손죄나 모욕죄의 공연성이 인정되는가?

(판례) 공연성은 명예훼손죄와 모욕죄의 구성요건으로서, 명예훼손이나 모욕에 해당하는 표현을 특정 소수에게 한 경우 공연성이 부정되는 유력한 사정이 될 수 있으므로, 전파될 가능성에 관해서는 검사의 엄격한 증명이 필요하다. 친밀하고 사적인 관계뿐만 아니라 공적인 관계에서도 조직 등의 업무와 관련하여 사실의 확인 또는 규명 과정에서 발언하게 된 것이거나, 상대방의 가해에 대하여 대응하는 과정에서 발언하게 된 경우와 수사·소송 등 공적인 절차에서 당사자 사이에 공방을 하던 중 발언하게 된 경우 등이라면 발언자의 전파가능성에 대한 인식과 위험을 용인하는 내심의 의사를 인정하는 것은 신중하여야 한다(대법원 2020.11.19, 2020도5813 전원합의체). 이 사건 각 발언은 피고인들이 각자 공소외 1 한 사람에게만 한 것이다. 이 사건 각 발언은 신속한 누수 공사 진행을 요청하는 공소외 1에게 임차인인 피해자들의 협조 문제로 공사가 지연되는 상황을 설명하는 과정에서 나온 것으로서, 이에 관한 피고인들의 진술내용을 종합해 보더라도 피고인들이 전파가능성에 대한 인식과 위험을 용인하는 내심의 의사에 기하여 이 사건 각 발언을 하였다고 단정하기 어렵다(대법원 2022.7.28, 2020도8336).

보충 공소외 1(A)이 자신의 형과 변호사에게 이 사건 각 발언의 녹음 사실을 알려주었다. 그러나 이는 이 사건 빌라의 누수에 관하여 피고인들을 상대로 한 민사소송에서 이 사건 각 발언이 자료로 제출되도록 하기 위한 것일 뿐이므로, 이를 들어 이 사건 각 발언이 불특정인 또는 다수인에게 전파되었다고 볼 수 없다. 이 사건 각 발언이 불특정인 또는 다수인에게 전파되지 않은 것은 비록 위 각 발언 이후의 사정이기는 하지만 공연성 여부를 판단할 때 소극적 사정으로 고려될 수 있다.

solution 인정되지 않는다.

181 '이혼한 피해자가 왜 마을제사에 왔는지 모르겠다'는 발언 사건: 명예훼손죄에서 사실의 적시와 의견표현의 구별이 문제된 사건
• 법원9급 23

〔판례〕 명예훼손죄가 성립하려면 사실의 적시가 있어야 하고 적시된 사실은 특정인의 사회적 가치나 평가가 침해될 가능성이 있을 정도로 구체성을 띠어야 한다(대법원 2000.2.25, 98도2188 등). 사실의 적시란 가치판단이나 평가를 내용으로 하는 의견표현에 대치되는 개념으로서 시간과 공간적으로 구체적인 과거 또는 현재의 사실관계에 관한 보고나 진술을 뜻하며, 표현내용이 증거에 의한 증명이 가능한 것을 말한다. 판단할 진술이 사실인지 아니면 의견인지를 구별할 때에는 언어의 통상적 의미와 용법, 증명가능성, 문제 된 말이 사용된 문맥, 표현이 이루어진 사회적 상황 등 전체적 정황을 고려하여 판단해야 한다(대법원 2018.9.28, 2018도11491 등). 부산 ○○구 ○○동장인 피고인이 ○○구 주민자치위원인 A에게 전화를 걸어 "어제 열린 ○○동 마을제사 행사에 남편과 이혼한 피해자도 참석을 하여, 이에 대해 행사에 참여한 사람들 사이에 안 좋게 평가하는 말이 많았다."고 말하고, ○○동 주민들과 함께한 저녁식사 자리에서 "피해자는 이혼했다는 사람이 왜 마을제사에 왔는지 모르겠다."고 말하여 공연히 사실을 적시하여 피해자의 명예를 훼손하였다고 기소된 경우, ① 피고인이 피해자의 이혼 경위나 사유, 혼인관계 파탄의 책임 유무를 언급하지 않고 이혼 사실 자체만을 언급한 것은 피해자의 사회적 가치나 평가를 떨어뜨린다고 볼 수 없고, ② 이 사건 발언 배경과 내용 등에 비추어 보면, 이 사건 발언은 피해자에 관한 과거의 구체적인 사실을 진술하기 위한 것이 아니라 피해자의 당산제 참석에 대한 부정적인 가치판단이나 평가를 표현하고 있을 뿐이므로, 이 사건 발언은 피해자의 사회적 가치나 평가를 침해하는 구체적인 사실의 적시에 해당하지 않고 피해자의 마을제사 참여에 관한 의견표현에 지나지 않아 명예훼손죄의 '사실의 적시'에 해당하지 않는다(대법원 2022.5.13, 2020도15642).

182 명예훼손에 해당하는 발언인가의 문제

> 아파트 관리소장인 甲은 오피스텔 관리소장인 乙이 개인적인 이익을 위해 아파트 관리업무에 관해 과다한 민원을 제기하여 아파트 관리업무를 방해한다고 생각하던 차에 乙의 민원으로 과태료까지 부과받게 되자, 乙이 관리소장으로 근무하는 오피스텔의 입주자대표회의 회장 등이 있는 가운데 "여기 소장인 乙은 낮에 근무하면서 경매를 받으러 다닌다. 구청에 사적으로 일보러 다닌다."는 취지의 발언을 하였다. 甲에게는 명예훼손죄가 성립하는가?

〔판례〕 명예훼손죄가 성립하기 위해서는 피해자의 사회적 가치나 평가가 침해될 가능성이 있어야 하므로, 어떤 표현이 명예훼손적인지는 그 표현에 대한 사회통념에 따른 객관적 평가에 따라 판단하여야 하고(대법원 2008.11.27, 2008도6728 등), 명예훼손죄가 성립하기 위해서는 주관적 구성요소로서 타인의 명예를 훼손한다는 고의를 가지고 사람의 사회적 평가를 저하시키는 데 충분한 구체적 사실을 적시하는 행위를 할 것이 요구된다(대법원 2018.6.15, 2018도4200 등). 이 사건 발언은 피고인과 피해자 및 상대방의 관계, 표현 정도와 방법, 발언에 이르게 된 경위, 발언의 의미와 전체적인 맥락, 발언 이후의 정황 등에 비추어, 피고인의 발언이 사회통념상 피해자의 명예를 훼손할 정도에 이르렀다고 보기 어렵고, 명예훼손의 고의도 인정되지 않는다(대법원 2022.4.28, 2021도1089).

solution 성립하지 않는다.

●●●
183 학문적 표현과 학문의 자유의 보호영역과 명예훼손죄의 성부

> [제1문] 학문적 표현을 그 자체로 이해하지 않고, 표현에 숨겨진 배경이나 배후를 섣불리 단정
>   하는 방법으로 암시에 의한 명예훼손적 사실 적시를 인정할 수 있는가?
> [제2문] 학문적 표현이 학문의 자유로서 보호되는 영역에 속하지 않는다는 점에 대한 증명책임
>   의 소재는 누구에게 있는가?

[제1문]

(판례) 정신적 자유의 핵심인 학문의 자유는 기존의 인식과 방법을 답습하지 아니하고 끊임없이 문제를 제기하거나 비판을 가함으로써 새로운 인식을 얻기 위한 활동을 보장하는 데에 그 본질이 있다(대법원 2018.7.12, 2014도3923). 학문적 표현의 자유는 학문의 자유의 근간을 이룬다. 학문적 표현행위는 연구 결과를 대외적으로 공개하고 학술적 대화와 토론을 통해 새롭고 다양한 비판과 자극을 받아들여 연구 성과를 발전시키는 행위로서 그 자체가 진리를 탐구하는 학문적 과정이며 이러한 과정을 자유롭게 거칠 수 있어야만 궁극적으로 학문이 발전할 수 있다. 헌법 제22조 제1항이 학문의 자유를 특별히 보호하는 취지에 비추어 보면, 학문적 표현의 자유에 대한 제한은 필요 최소한에 그쳐야 한다. 따라서 학문적 표현행위는 기본적 연구윤리를 위반하거나 해당 학문 분야에서 통상적으로 용인되는 범위를 심각하게 벗어나 학문적 과정이라고 보기 어려운 행위의 결과라거나, 논지나 맥락과 무관한 표현으로 타인의 권리를 침해하는 등의 특별한 사정이 없는 한 원칙적으로 학문적 연구를 위한 정당한 행위로 보는 것이 타당하다. …… 대법원은 명예훼손죄에서 '사실의 적시'에 관하여, 객관적으로 피해자의 사회적 평가를 저하시키는 사실에 관한 발언이 보도, 소문이나 제3자의 말을 인용하는 방법으로 단정적인 표현이 아닌 전문 또는 추측의 형태로 표현되었더라도, 표현 전체의 취지로 보아 사실이 존재할 수 있다는 것을 암시하는 방식으로 이루어진 경우에는 사실의 적시로 인정하여 왔다(대법원 2008.11.27, 2007도5312). 하지만 학문적 표현의 자유를 실질적으로 보장하기 위해서는, 학문적 연구 결과 발표에 사용된 표현의 적절성은 형사 법정에서 가려지기보다 자유로운 공개토론이나 학계 내부의 동료평가 과정을 통하여 검증되는 것이 바람직하다. 그러므로 학문적 연구에 따른 의견 표현을 명예훼손죄에서 사실의 적시로 평가하는 데에는 신중할 필요가 있다. 역사학 또는 역사적 사실을 연구 대상으로 삼는 학문 영역에서의 '역사적 사실'과 같이, 그것이 분명한 윤곽과 형태를 지닌 고정적인 사실이 아니라 사후적 연구, 검토, 비판의 끊임없는 과정 속에서 재구성되는 사실인 경우에는 더욱 그러하다. 이러한 점에서 볼 때, 학문적 표현을 그 자체로 이해하지 않고, 표현에 숨겨진 배경이나 배후를 섣불리 단정하는 방법으로 암시에 의한 사실 적시를 인정하는 것은 허용된다고 보기 어렵다(대법원 2023.10.26, 2017도18697).

♀solution 인정할 수 없다.

[제2문]

(판례) 형사재판에서 공소가 제기된 범죄의 구성요건을 이루는 사실은 그것이 주관적 요건이든 객관적 요건이든 그 증명책임이 검사에게 있으므로, 해당 표현이 학문의 자유로서 보호되는 영역에 속하지 않는다는 점은 검사가 증명하여야 한다(대법원 2023.10.26, 2017도18697).

♀solution 검사

184 회의에서 상급자의 책임추궁형 질문에 대답하면서 명예훼손적 발언을 한 사건

(판례) 회의 자리에서 상급자로부터 책임을 추궁당하며 질문을 받게 되자 이에 대답하는 과정에서 타인의 명예를 훼손하는 듯한 사실을 발설하게 된 것이라면, 그 발설 내용과 경위·동기 및 상황 등에 비추어 명예훼손의 고의를 인정하기 어려울 수 있고, 또한 질문에 대하여 단순한 확인 취지의 답변을 소극적으로 한 것에 불과하다면 이를 명예훼손에서 말하는 사실의 적시라고 단정할 수도 없다(대법원 2022.4.14, 2021도17744).

185 사이버대학교 총학생회장 입후보자격 관련 댓글 게시 명예훼손 사건   · 경찰2차 21

> 사이버대학교 법학과 학생인 피고인은, 법학과 학생들만 회원으로 가입한 네이버밴드에 甲이 총학생회장 출마자격에 관하여 조언을 구한다는 글을 게시하자 이에 대한 댓글 형식으로 직전 연도 총학생회장 선거에 입후보하였다가 중도 사퇴한 乙의 실명을 거론하며 '○○○이라는 학우가 학생회비도 내지 않고 총학생회장 선거에 출마하려 했다가 상대방 후보를 비방하고 이래 저래 학과를 분열시키고 개인적인 감정을 표한 사례가 있다.'고 언급한 다음 '그러한 부분은 지양했으면 한다.'는 의견을 덧붙였다. 피고인에게 乙을 비방할 목적이 있다고 볼 수 있는가?

(판례) '비방할 목적'은 공공의 이익을 위한 것과는 행위자의 주관적 의도라는 방향에서 상반되므로, 적시한 사실이 공공의 이익에 관한 것인 경우에는 특별한 사정이 없는 한 비방할 목적은 부정된다. …… 행위자의 주요한 동기와 목적이 공공의 이익을 위한 것이라면 부수적으로 다른 사익적 목적이나 동기가 포함되어 있더라도 비방할 목적이 있다고 보기는 어렵다. …… 위 댓글은 총학생회장 입후보와 관련한 사이버대학교 법학과 학생들의 관심과 이익에 관한 사항이고, 피고인은 甲을 비롯하여 총학생회장에 입후보하려는 법학과 학생들에게 의사결정에 도움이 되는 의견을 제공하고자 댓글을 작성하였으므로, 피고인의 주요한 동기와 목적은 공공의 이익을 위한 것으로서 피고인에게 乙을 비방할 목적이 있다고 보기 어렵다(대법원 2020.3.2, 2018도15868).

solution 있다고 볼 수 없다.

186 형법 제310조의 위법성 조각사유에 해당하기 위한 요건인 '진실한 사실', '공공의 이익'의 의미 및 그 판단기준   · 법원9급 22

(판례) 형법 제310조에는 '형법 제307조 제1항의 행위가 진실한 사실로서 오로지 공공의 이익에 관한 때에는 처벌하지 않는다'고 규정하고 있는데, 여기서 '진실한 사실'이라 함은 그 내용 전체의 취지를 살펴볼 때 중요한 부분이 객관적 사실과 합치되는 사실이라는 의미로 세부에 있어 진실과 약간 차이가 나거나 다소 과장된 표현이 있더라도 무방하다. 또한 '오로지 공공의 이익에 관한 때'라 함은 적시된 사실이 객관적으로 볼 때 공공의 이익에 관한 것으로서 행위자도 주관적으로 공공의 이익을 위하여 그 사실을 적시한 것이어야 하는 것인데, 여기의 공공의 이익에 관한 것에는 널리 국가·사회 기타 일반 다수인의 이익에 관한 것뿐만 아니라 특정한 사회집단이나 그 구성원 전체의 관심과 이익에 관한 것도 포함하는 것이고, 적시된 사실이 공공의 이익에 관한

것인지 여부는 당해 적시 사실의 내용과 성질, 당해 사실의 공표가 이루어진 상대방의 범위, 그 표현의 방법 등 그 표현 자체에 관한 제반 사정을 감안함과 동시에 그 표현에 의하여 훼손되거나 훼손될 수 있는 명예의 침해 정도 등을 비교·고려하여 결정하여야 하며, 행위자의 주요한 동기 내지 목적이 공공의 이익을 위한 것이라면 부수적으로 다른 사익적 목적이나 동기가 내포되어 있더라도 형법 제310조의 적용을 배제할 수 없다(대법원 2000.2.11, 99도3048; 2002.9.24, 2002도3570 등). 한편 사실적시의 내용이 사회 일반의 일부 이익에만 관련된 사항이라도 다른 일반인과의 공동생활에 관계된 사항이라면 공익성을 지닌다고 할 것이고, 이에 나아가 개인에 관한 사항이더라도 그것이 공공의 이익과 관련되어 있고 사회적인 관심을 획득한 경우라면 직접적으로 국가·사회 일반의 이익이나 특정한 사회집단에 관한 것이 아니라는 이유만으로 형법 제310조의 적용을 배제할 것은 아니다. 사인이라도 그가 관계하는 사회적 활동의 성질과 사회에 미칠 영향을 헤아려 공공의 이익에 관련되는지 판단하여야 한다(대법원 2020.11.19, 2020도5813 전원합의체; 2022.2.11, 2021도10827).

> **보충** 피고인들이 종중 회장 선출을 위한 종친회에서 피해자의 종친회 회장 출마에 반대하면서 "○○○은 남의 재산을 탈취한 사기꾼이다. 사기꾼은 내려오라."로 말한 사안에서, 피해자에게 「특정경제범죄 가중처벌 등에 관한 법률」 위반(횡령)죄의 전과가 있는 이상 위 발언이 주요부분에 있어 객관적 사실에 합치되는 것으로 볼 수 있고, 피해자의 종친회 회장으로서의 적격 여부는 종친회 구성원들 전체의 관심과 이익에 관한 사항으로서 공익성이 인정된다고 본 사례이다.

187 페이스북에 '과거 자신이 근무했던 회사 대표가 직원들에게 술을 강권하였다'는 취지의 글을 게시한 사건: 직장갑질 개선 주장 사건

판례 정보통신망법 제70조 제2항이 정한 '허위사실 적시에 의한 명예훼손죄'가 성립하려면 피고인이 적시하는 사실이 허위이고 그 사실이 허위임을 인식하여야 한다. 같은 항에서 정한 '사람을 비방할 목적'은 공공의 이익을 위한 것과는 행위자의 주관적 의도라는 방향에서 상반되므로, 적시한 사실이 공공의 이익에 관한 것인 경우에는 특별한 사정이 없는 한 비방할 목적은 부정된다(대법원 2011.11.24, 2010도10864 등). 공공의 이익에 관한 것에는 널리 국가·사회 그 밖에 일반 다수인의 이익에 관한 것뿐만 아니라 특정한 사회집단이나 그 구성원 전체의 관심과 이익에 관한 것도 포함되며, 나아가 공공의 이익관련성 개념이 시대에 따라 변화하고 공공의 관심사 역시 상황에 따라 쉴 새 없이 바뀌고 있다는 점을 고려하면, 공적인 인물, 제도 및 정책 등에 관한 것만을 공공의 이익관련성으로 한정할 것은 아니다. 따라서 사실적시의 내용이 사회 일반의 일부 이익에만 관련된 사항이라도 다른 일반인과의 공동생활에 관계된 사항이라면 공익성을 지닌다고 할 것이고, 개인에 관한 사항이더라도 그것이 공공의 이익과 관련되어 있고 사회적인 관심을 획득한 경우라면 직접적으로 국가·사회 일반의 이익이나 특정한 사회 집단에 관한 것이 아니라는 이유만으로 공공의 이익관련성을 부정할 것은 아니다. 사인이라도 그가 관계하는 사회적 활동의 성질과 사회에 미칠 영향을 헤아려 공공의 이익에 관련되는지 판단하여야 한다(명예훼손죄에서의 '공공의 이익'에 관한 대법원 2020.11.19, 2020도5813 전원합의체). 피고인이 페이스북에 과거 자신이 근무했던 소규모 스타트업 회사의 대표가 회식 자리에서 직원들에게 술을 강권하였다는 취지의 글을 게시하여 정보통신망법 제70조 제2항 위반죄로 기소된 경우, 개인적 환경이나 근로 환경에 따라 회식 자리에서의 음주와 관련한 근로자 개인이 느끼는 압박감의 정도가 다를 수 있는 등을 고려할 때 피고인이 게시한 글은 허위사실이 아니고 비방할 목적도 인정되지 않는다(대법원 2022.4.28, 2020도15738).

188 형법 제310조의 위법성조각사유 – 명예훼손죄·모욕죄의 확대를 경계하는 최근 판례의 경향

> 甲은 일산 ○○대학교 병원 정문 앞길에서 "잘못된 만행을 알리고자 합니다!! ○○대 병원에서 무릎 인공관절 수술을 하다 돌아가신 A의 아들 甲입니다. ○○대 병원 乙은 의사 자기가

수술하다 죽은게 '재수가 없어 죽었다' 이런 막말을 하고 있습니다. 어떻게 의사란 사람이 상식 밖의 말을 하는지 ○○대학병원 관계자는 이런 사실을 알고 있는지 궁금합니다!! ○○대학병원을 찾고 있는 모든 환자와 가족분들께 알리고자 합니다. 이런 형태로 의료행위를 한다는 것을 반드시 만천하에 알려야 한다고 생각합니다."라는 문구와 수술경과 모습이 촬영된 사진을 첨부한 전단지를 병원을 출입하는 불특정 다수인들에게 배포하였다. 甲의 행위는 형법 제310조에 의하여 위법성이 조각되는가?

〔판례〕 형법 제310조는 "제307조 제1항의 행위가 진실한 사실로서 오로지 공공의 이익에 관한 때에는 처벌하지 아니한다."라고 정한다. 사실적시의 내용이 사회 일반의 일부 이익에만 관련된 사항이라도 다른 일반인과 공동생활에 관계된 사항이라면 공익성을 지니고, 여기에서 나아가 개인에 관한 사항이더라도 공공의 이익과 관련되어 있고 사회적인 관심을 획득한 경우라면 직접적으로 국가 · 사회 일반의 이익이나 특정한 사회집단에 관한 것이 아니라는 이유만으로 형법 제310조의 적용을 배제할 것은 아니다. 사인이라도 그가 관계하는 사회적 활동의 성질과 사회에 미칠 영향을 헤아려 공공의 이익에 관련되는지 판단해야 한다(대법원 2020.11.19, 2020도5813 전원합의체). 이 사건 전단지는 피고인이 의료사고로 사망한 환자의 유족으로서 담당 의료인인 피해자와 면담 과정에서 실제 경험한 일과 이에 대한 자신의 주관적 평가를 담고 있고, 주요부분에서 객관적 사실과 합치되는 것으로 볼 여지가 있으며, 환자가 사망한 의료사고의 발생과 이에 대한 담당 의료인의 부적절한 대응으로 인한 의료소비자의 피해사례에 관한 것으로 볼 수 있어 피해자에게 의료행위를 받고자 하는 환자 등 의료소비자의 합리적인 선택권 행사에 도움이 될 수도 있는 정보로서 공적인 관심과 이익에 관한 사안이라는 등의 이유로, 피고인이 이 사건 전단지를 배포한 행위는 형법 제310조의 공공의 이익을 위한 것으로 볼 여지가 있다. 설령 피고인에게 부수적으로 피해자에 대한 원망이나 억울함 등 다른 개인적인 목적이나 동기가 내포되어 있었다고 하더라도 형법 제310조의 적용을 배제할 수 없다(대법원 2022.7.28, 2020도8421).

˚solution 위법성이 조각된다.

189 고등학교 동창의 사기 범행 구속사실을 다른 동창들에게 알린 단톡방 사건

甲과 乙은 같은 예술고등학교 무용과를 졸업한 동창으로서 2013년 무렵까지 친분 관계를 유지하였는데, 乙은 다른 고등학교 동창 친구 丙에게 자신의 자력을 속이는 방법으로 기망하여 甲의 신용카드로 5,000만원이 넘는 금액을 결제하고 다른 친구의 신용카드로 4,000만원이 넘는 금액을 결제하여 재산상 이익을 취득한 행위로 2016.7.경 구속되었고, 2017.1.6. 형사재판에서 사기죄로 징역 10월에 집행유예 2년의 형을 선고받은 후 석방되었다. 甲은 2019.1. 초순 고등학교 동창생들 10여 명이 참여하고 있던 인터넷 메신저 채팅방에 친구의 초대로 참여하였다가 채팅방에 乙도 참여하고 있음을 알게 되었다. 甲은 채팅방에 참여하고 있던 피해자 외의 다른 동창생들을 대상으로 새로운 채팅방을 만든 후, 그 채팅방에 '乙이 내 돈을 갚지 못해 사기죄로 감방에서 몇 개월 살다가 나왔다. 집에서도 포기한 애다. 너희들도 조심해라.'라는 내용의 글을 게시한 후 곧바로 채팅방에서 나갔다. 乙은 위 채팅방에 참여한 다른 동창으로부터 위와 같은 사실을 전해들은 후 2020.9.15. 피고인을 고소하였다. 甲은 경찰에서 이 사건 게시 글을 올린 이유에 관하여 "乙이 람보르기니 등 고가의 외제차를 타고 다니며 허영을 부리는 모습에 어이가 없었다. 한편으로는 저의 경우처럼 동창생 중 乙과 금전거래를 하는 또 다른 피해자가 생길까봐서 '너희들도 乙과 돈거래를 하지 마라.'라는 취지로 글을 올렸다."라고 진술하였다. 甲에게는 정보통신망 이용촉진 및 정보보호 등에 관한 법률(이하 정보통신망법)상 정보통신망 이용 명예훼손죄의 성립요건인 사람을 비방할 목적이 인정되는가?

조문 정보통신망 이용촉진 및 정보보호 등에 관한 법률 제70조(벌칙) ① 사람을 비방할 목적으로 정보통신망을 통하여 공공연하게 사실을 드러내어 다른 사람의 명예를 훼손한 자는 3년 이하의 징역 또는 3천만원 이하의 벌금에 처한다.

③ 제1항과 제2항의 죄는 피해자가 구체적으로 밝힌 의사에 반하여 공소를 제기할 수 없다.

판례 정보통신망법 제70조 제1항은 "사람을 비방할 목적으로 정보통신망을 통하여 공공연하게 사실을 드러내어 다른 사람의 명예를 훼손한 자는 3년 이하의 징역 또는 3천만원 이하의 벌금에 처한다."라고 정한다. 이 규정에 따른 범죄가 성립하려면 피고인이 공공연하게 드러낸 사실이 다른 사람의 사회적 평가를 떨어트릴 만한 것임을 인식해야 할 뿐만 아니라 사람을 비방할 목적이 있어야 한다. 비방할 목적이 있는지는 피고인이 드러낸 사실이 사회적 평가를 떨어트릴 만한 것인지와 별개의 구성요건으로서, 드러낸 사실이 사회적 평가를 떨어트리는 것이라고 해서 비방할 목적이 당연히 인정되는 것은 아니다. 그리고 이 규정에서 정한 모든 구성요건에 대한 증명책임은 검사에게 있다(대법원 2020.12.10, 2020도11471). '비방할 목적'은 공공의 이익을 위한 것과는 행위자의 주관적 의도라는 방향에서 상반되므로, 드러낸 사실이 공공의 이익에 관한 것인 경우에는 특별한 사정이 없는 한 비방할 목적은 부정된다. 여기에서 '드러낸 사실이 공공의 이익에 관한 것인 경우'란 드러낸 사실이 객관적으로 볼 때 공공의 이익에 관한 것으로서 행위자도 주관적으로 공공의 이익을 위하여 그 사실을 드러낸 것이어야 한다. 공공의 이익에 관한 것에는 널리 국가·사회 그 밖에 일반 다수인의 이익에 관한 것뿐만 아니라 특정한 사회집단이나 그 구성원 전체의 관심과 이익에 관한 것도 포함한다. 그 사실이 공공의 이익에 관한 것인지는 명예훼손의 피해자가 공무원 등 공인(公人)인지 아니면 사인(私人)에 불과한지, 그 표현이 객관적으로 공공성·사회성을 갖춘 공적 관심 사안에 관한 것으로 사회의 여론형성이나 공개토론에 기여하는 것인지 아니면 순수한 사적인 영역에 속하는 것인지, 피해자가 명예훼손적 표현의 위험을 자초한 것인지 여부, 그리고 표현으로 훼손되는 명예의 성격과 침해의 정도, 표현의 방법과 동기 등 여러 사정을 고려하여 판단해야 한다. 행위자의 주요한 동기와 목적이 공공의 이익을 위한 것이라면 부수적으로 다른 사익적 목적이나 동기가 포함되어 있더라도 비방할 목적이 있다고 보기는 어렵다. 피고인이 드러낸 사실의 내용, 작성 경위와 동기 등 여러 사정을 위에서 본 법리에 비추어 살펴보면, 피고인이 이 사건 글을 작성한 주요한 동기와 목적이 공공의 이익을 위한 것으로 볼 여지가 있어 피고인에게 비방할 목적이 증명되었다고 보기 어렵다(대법원 2022.7.28, 2022도4171).

♀solution 인정되지 않는다.

● ● ○
190 대학교 총학생회 임원진의 음주운전 및 묵인 관행 게시 사건

• 경찰1차 24

국립대학교 총학생회장 甲은 농활 답사 과정에서 자신을 포함한 학생회 임원진의 음주운전 및 묵인 관행에 대해 글을 써 페이스북 등에 게시함으로써 음주운전자로 특정된 乙에 대한 명예훼손죄로 기소되었다. 甲에게는 명예훼손죄의 죄책이 성립하는가?

판례 사실적시의 내용이 사회 일반의 일부 이익에만 관련된 사항이라도 다른 일반인과 공동생활에 관계된 사항이라면 공익성을 지니고, 나아가 개인에 관한 사항이더라도 공공의 이익과 관련되어 있고 사회적인 관심을 획득하거나 획득할 수 있는 경우라면 직접적으로 국가 · 사회 일반의 이익이나 특정한 사회집단에 관한 것이 아니라는 이유만으로 형법 제310조의 적용을 배제할 것은 아니다. 사인이라도 그가 관계하는 사회적 활동의 성질과 사회에 미칠 영향을 헤아려 공공의 이익에 관련되는지 판단해야 한다(대법원 2020.11.19, 2020도5813 전원합의체; 2022.2.11, 2021도10827). …… 공소사실에 기재된 이 사건 게시글의 중요한 부분은 '진실한 사실'에 해당되고, 피고인의 주요한 동기 · 목적이 공공의 이익을 위한 것임이 인정되는 이상, 형법 제310조에 따라 위법성이 조각된다고 봄이 타당하다(대법원 2023.2.2, 2022도13425).

♀solution 성립하지 않는다.

191 군형법상 상관명예훼손죄에 대한 형법 제310조의 유추적용의 가부

> 군형법상 상관명예훼손죄에 대하여 형법 제310조 위법성조각사유의 유추적용이 가능한가?

(판례) 군형법은 제64조 제3항에서 '공연히 사실을 적시하여 상관의 명예를 훼손한 경우'에 대해 형법 제307조 제1항의 사실적시에 의한 명예훼손죄보다 형을 높여 처벌하도록 하면서 이에 대해 형법 제310조와 같이 공공의 이익에 관한 때에는 처벌하지 아니한다는 규정을 별도로 두지 않았다. 그러나 입법에도 불구하고 입법자가 의도하지 않았던 규율의 공백이 있는 사안에 대하여 법규범의 체계, 입법 의도와 목적 등에 비추어 정당하다고 평가되는 한도 내에서 그와 유사한 사안에 관한 법규범을 적용할 수 있다고 할 것인바, 형법 제307조 제1항의 행위에 대한 위법성조각사유를 규정한 형법 제310조는 군형법 제64조 제3항의 행위에 대해 유추적용된다고 보아야 한다. 그 이유는 다음과 같다. 군형법상 상관명예훼손죄는 상관에 대한 사회적 평가, 즉 외부적 명예 외에 군 조직의 질서 및 통수체계 유지 역시 보호법익으로 한다(대법원 2013.12.12, 2013도4555; 2015.9.24, 2015도11286). 그런데 군형법 제64조 제3항의 상관명예훼손죄는 행위의 상대방이 '상관'이라는 점에서 형법 제307조 제1항의 명예훼손죄와 구별되는 것일 뿐 구성요건적 행위인 명예훼손을 형법상의 개념과 다르게 해석할 이유가 없다. 따라서 군형법상 상관명예훼손죄와 형법상 명예훼손죄의 불법내용에 본질적인 차이가 있다고 보기 어렵고, 문제되는 행위가 '공공의 이익에 관한 때'에 해당하는지를 심사할 때에 상관명예훼손죄가 보호하고자 하는 군의 통수체계와 위계질서에 대한 침해 위험 등을 추가적으로 고려함으로써 위법성조각사유의 해당 여부를 판단하면 충분하다(대법원 2024.4.16, 2023도13333).

보충 피고인이 '국방부유해발굴단 감식단장이 유해의 국적에 대해 다른 국적 가능성을 묵살하였다'는 내용의 인터넷 기사 댓글에 '위 기사의 제보자(피해자)는 현재 성희롱 등으로 검찰조사 받고 있다'는 댓글을 게시함으로써 공연히 사실을 적시하여 상관인 피해자의 명예를 훼손하였다는 상관명예훼손으로 기소된 사건이다.

♀solution 가능하다.

192 명예훼손의 공공의 이익이나 비방할 목적이 문제되는 사건

> 피고인 본인의 이익을 추구할 목적으로 피해자를 비난하는 내용의 발언이나 글을 게시한 경우 공공의 이익이 인정되는가?

(판례) 대안학교의 영어 교과를 담당하던 피고인이 교장인 피해자를 속이고 자신이 별도로 운영하는 교육 콘텐츠 제공 등 업체가 사용권이 있는 영어 교육 프로그램을 도입하면서 청구할 필요 없는 이용료를 학생들로부터 지급받은 문제 등으로 피해자와 대립하면서 학교 운영의 정상화나 학생의 학습권 보장 등의 목적이 아니라 본인의 이익을 추구할 목적으로 피해자를 비난하는 내용의 공소사실 기재 발언 게시행위를 하였다면, 형법 제310조의 공공의 이익에 관한 것이라 할 수 없고 피고인에게 비방할 목적이 없다고 볼 수 없다(대법원 2021.1.14, 2020도8780).

♀solution 인정되지 않는다.

●●○
193 업무 담당자가 피해자에 대한 징계절차 회부 안내문을 회사 게시판에 게시한 사건

(판례) 형법 제310조의 '오로지 공공의 이익에 관한 때'라 함은 적시된 사실이 객관적으로 볼 때 공공의 이익에 관한 것으로서 행위자도 주관적으로 공공의 이익을 위하여 그 사실을 적시한 것이어야 한다. …… (원심은, 징계회부를 한 후 곧바로 징계혐의사실과 징계회부사실을 회사 게시판에 게시한 피고인의 행위가 '회사 내부의 원활하고 능률적인 운영의 도모'라는 공공의 이익에 관한 것이라고 판단하여 피고인에게 무죄를 선고하였으나) 회사 징계절차가 공적인 측면이 있다고 해도 징계절차에 회부된 단계부터 그 과정 전체가 낱낱이 공개되어야 하는 것은 아니고, 징계혐의 사실은 징계절차를 거친 다음 일응 확정되는 것이므로 징계절차에 회부되었을 뿐인 단계에서 그 사실을 공개함으로써 피해자의 명예를 훼손하는 경우, 이를 사회적으로 상당한 행위라고 보기는 어렵고, 그 단계에서의 공개로 원심이 밝힌 공익이 달성될 수 있을지도 의문이다(원심의 판단에 공공의 이익에 관한 법리오해가 있으므로 파기환송함, 대법원 2021.8.26, 2021도6416).

●●○
194 사실의 거짓과 비방할 목적의 관계

> 드러낸 사실이 거짓인 경우 「정보통신망 이용촉진 및 정보보호 등에 관한 법률」 제70조 제2항의 '사람을 비방할 목적'이 당연히 인정되는가?

(판례) 정보통신망 이용촉진 및 정보보호 등에 관한 법률(이하 '정보통신망법') 제70조 제2항은 "사람을 비방할 목적으로 정보통신망을 통하여 공공연하게 거짓의 사실을 드러내어 다른 사람의 명예를 훼손한 자는 7년 이하의 징역, 10년 이하의 자격정지 또는 5천만원 이하의 벌금에 처한다."라고 정하고 있다. 이 규정에 따른 범죄가 성립하려면 피고인이 공공연하게 드러낸 사실이 거짓이고 그 사실이 거짓임을 인식하여야 할 뿐만 아니라 사람을 비방할 목적이 있어야 한다. 비방할 목적이 있는지 여부는 피고인이 드러낸 사실이 거짓인지 여부와 별개의 구성요건으로서, 드러낸 사실이 거짓이라고 해서 비방 목적이 당연히 인정되는 것은 아니다. 그리고 이 규정에서 정한 모든 구성요건에 대한 증명책임은 검사에게 있다(대법원 2020.12.10, 2020도11471).

♀solution 당연히 인정되는 것은 아니다.

195 양육비 미지급자에 대한 신상정보 공개행위의 정보통신망법상 명예훼손죄의 성부

> 피고인 甲은 양육비채권자의 제보를 받아 양육비 미지급자의 신상정보를 공개하는 사이트 운영에 관계된 사람, 피고인 乙은 위 사이트에 전 배우자를 제보한 사람이다. 甲은 위 사이트에 乙의 전 배우자를 비롯하여 피해자 A 등 5명의 이름, 거주지, 직장명, 얼굴 등을 공개하는 글이 올라가게 하고, 乙은 甲과 공모하여 전 배우자의 신상을 공개하는 글이 올라가게 하고, 인스타그램에 그 링크 주소를 첨부하고 '미친년'이라는 표현 등을 덧붙인 글을 게시하였다. 피고인 甲과 乙에게는 「정보통신망 이용촉진 및 정보보호 등에 관한 법률」(이하 '정보통신망법') 상 명예훼손죄의 구성요건요소인 '비방할 목적'이 인정되는가?

(판례) 정보통신망법 제70조 제1항은 "사람을 비방할 목적으로 정보통신망을 통하여 공공연하게 사실을 드러내어 다른 사람의 명예를 훼손한 자는 3년 이하의 징역 또는 3천만원 이하의 벌금에 처한다."라고 정한다. '사람을 비방할 목적'이란 가해의 의사 내지 목적을 요하는 것으로, 사람을 비방할 목적이 있는지 여부는 해당 적시 사실의 내용과 성질, 해당 사실의 공표가 이루어진 상대방의 범위, 표현의 방법 등 표현 자체에 관한 제반 사정을 감안함과 동시에 표현에 의하여 훼손되거나 훼손될 수 있는 명예의 침해 정도 등을 비교·형량하여 판단되어야 한다. 위 사이트의 신상정보 공개를 통해 양육비 미지급 사실을 알린 것은 결과적으로 양육비 미지급 문제라는 공적 관심 사안에 관한 사회의 여론형성이나 공개토론에 기여하였다고 볼 수 있으나, 글 게시 경위 등을 비추어 살피면 특정된 개별 양육비 채무자를 압박하여 양육비를 신속하게 지급하도록 하는 것을 주된 목적으로 하는 사적 제재 수단의 일환에 가깝다고 볼 수 있는 점, 이 사건 사이트에서 신상정보를 공개하면서 공개 여부 결정의 객관성을 확보할 수 있는 기준이나 양육비 채무자에 대한 사전 확인절차를 두지 않고 양육비를 지급할 기회를 부여하지도 않은 것은 양육비채무자의 권리를 침해하는 정도가 커 정당화되기 어려운 점, 이 사건 사이트에서 얼굴 사진, 구체적인 직장명, 전화번호 등을 공개함으로써 양육비채무자가 입게 되는 피해의 정도가 매우 큰 점 등을 종합하여 볼 때 피고인들의 행위에 대해서는 비방할 목적을 인정할 수 있다(대법원 2024.1.4, 2022도699).

§solution 인정된다.

196 모욕죄에서의 전파가능성

> 甲 등은 자신들의 주거지인 아파트에서 위층에 사는 乙이 손님들을 데리고 와 시끄럽게 한다는 이유로 화가 나 인터폰으로 乙에게 전화하여 손님(乙과 친분은 있으나 비밀의 보장이 상당히 높은 정도로 기대되는 관계로는 볼 수 없음)과 그 자녀들이 듣고 있는 가운데 乙의 자녀 교육과 인성을 비하하는 내용의 욕설을 하였다. 甲 등의 행위는 모욕죄를 구성하는가?

(조문) 형법 제311조(모욕) 공연히 사람을 모욕한 자는 1년 이하의 징역이나 금고 또는 200만원 이하의 벌금에 처한다.

(판례) ① 모욕죄의 공연성과 전파가능성에 관한 법리: 형법 제311조(모욕)는 '공연히 사람을 모욕한 자'를 처벌한다고 규정하는바, 형법 제307조(명예훼손)가 '공연히 사실 또는 허위의 사실을 적시하여 사람의 명예를

훼손한 자'를 처벌한다고 규정하는 것과 마찬가지로 '공연성'을 요건으로 한다. 대법원 2020.11.19, 2020도 5813 전원합의체 판결은 명예훼손죄의 구성요건인 공연성이란 '불특정 또는 다수인이 인식할 수 있는 상태' 를 의미하는데, 개별적으로 소수의 사람에게 사실을 적시하였더라도 그 상대방이 불특정 또는 다수인에게 적시된 사실을 전파할 가능성이 있는 때에는 공연성이 인정된다는 종전 대법원의 일관된 판시를 재확인하였 고, 이러한 법리는 모욕죄에도 동일하게 적용된다. ② 전파가능성이 인정되는지에 관한 판단: 공연성의 존부 는 발언자와 상대방 또는 피해자 사이의 관계나 지위, 발언의 경위와 상황, 발언 내용, 상대방에게 발언을 전달 한 방법과 장소 등 행위 당시의 객관적 제반 사정에 관하여 심리한 다음, 그로부터 발언을 들은 상대방이 불특 정 또는 다수인에게 전파할 가능성이 있는지 여부를 검토하여 종합적으로 판단하여야 한다(앞서 본 대법원 2020도5813 전원합의체 등 참조). 발언 상대방이 발언자나 피해자의 배우자, 친척, 친구 등 사적으로 친밀한 관계에 있어 그러한 관계로 인하여 비밀의 보장이 상당히 높은 정도로 기대되는 경우에는 공연성이 부정된 다. 공소외인은 피해자와의 관계에 대하여 수사기관에서 '2013년경 근무하는 직장 부서의 거래업체 대표의 아 내로 피해자를 처음 알게 되었으나 별다른 친분이 없던 중 2018.1.경 피해자와 같은 부서에서 직장 동료로 근무하면서 친분이 생기게 되었고, 피해자가 직장을 그만 둔 2019.6.경 이후에는 피해자와 같은 교회를 다니면 서 한 달에 1~2회 정도 교회에서 만나는 사이였다'는 취지로 진술하였다. 그렇다면 공소외인이 피해자와 친분 이 있다고 하더라도 비밀의 보장이 상당히 높은 정도로 기대되는 관계라고 보기 어렵다. ③ 전파가능성에 대한 피고인들의 미필적 고의: 전파가능성을 이유로 명예훼손죄의 공연성을 인정하는 경우에는 적어도 범죄구 성요건의 주관적 요소로서 미필적 고의가 필요하므로 전파가능성에 대한 인식이 있음은 물론 나아가 그 위험 을 용인하는 내심의 의사가 있어야 하고, 그 행위자가 전파가능성을 용인하고 있었는지 여부는 외부에 나타난 행위의 형태와 행위의 상황 등 구체적인 사정을 기초로 하여 일반인이라면 그 전파가능성을 어떻게 평가할 것인가를 고려하면서 행위자의 입장에서 그 심리상태를 추인하여야 한다(대법원 2004.4.9, 2004도340). 원심판 결 이유에 의하더라도 이 사건 발언에 사용된 인터폰은 별도의 송수화기 없이 일방이 인터폰을 작동시켜 말을 하면 그 음향이 상대방 인터폰의 스피커를 통해 울려 퍼져 나오는 구조이고, 이 사건 발언 당시 피고인들과 피해자가 나눈 대화 내용 중에는 피해자가 이전부터 자주 손님을 데려오는 것에 관한 다툼과 이 사건 당시에도 손님이 방문하였음을 전제로 하는 내용이 있다. 피고인들은 피해자의 집에 손님이 방문한 것을 알면서도 그 로 인해 층간소음이 발생한다는 이유로 피해자의 집 거실에 음향이 울려 퍼지는 인터폰을 사용하여 이 사건 발언을 하였다. 그렇다면 피고인들에게 이 사건 발언의 전파가능성에 관한 미필적 고의를 부정하기 어렵고, 피고인들이 피해자와 손님의 구체적인 관계를 알았는지는 미필적 고의를 부정하는 요소라고 할 수 없다. ④ 결론: 전파가능성 이론에 따른 공연성 인정 여부 등을 판단해야 하는데, 원심이 모욕죄의 공연성 및 미필적 고의가 없다는 이유로 무죄 판단을 한 것은 잘못이다(대법원 2022.6.16, 2021도15122).

§solution 구성한다.

● ● ○

197 모욕죄의 '공연성' 관련 전파가능성 인정 여부에 관한 소극적 사정

> 피고인 甲은 같은 정당에 소속된 상대방 A에게 카카오톡 메신저로 피해자 乙이 같은 정당 소
> 속 의원과 간담회에 참석한 사진을 보내면서 '거기에 술꾼인 乙이 송총이랑 가 있네요 ㅋ 거기
> 는 술 안 사주는데. 입 열면 막말과 비속어, 욕설이 난무하는 乙과 가까이 해서 대장님이 득
> 될 것은 없다 봅니다.'는 취지의 메시지를 전송하였다. 甲에게는 모욕죄가 성립하는가?

판례 모욕죄의 구성요건인 '공연성'에 관하여도 명예훼손죄의 '공연성'에 관한 법리가 동일하게 적용된 다(대법원 2022.6.16, 2021도15122 등). …… 발언 후 실제로 전파되었는지 여부는 전파가능성 유무를 판단함 에 있어 소극적 사정으로 고려될 수 있다(대법원 2020.11.19, 2020도5813 전원합의체 등). 특히 발언의 내용 역시

피해자의 외부적 명예나 인격적 가치에 대한 사회적 평가를 저하시키거나 인격을 허물어뜨릴 정도로 모멸감을 주는 혐오스러운 표현이라기보다는 전체적으로 피해자의 입장에서 불쾌함을 느낄 정도의 부정적·비판적 의견이나 불편한 감정을 거칠게 나타낸 정도의 표현에 그치는 것으로서, 발언에 담긴 취지가 아니라 그와 같은 조악한 표현 자체를 피해자에게 그대로 옮겨 전파하리라는 사정을 쉽게 예상하기 어려운 경우에는 전파가능성을 인정함에 더욱 신중을 기할 필요가 있다. 피고인이 카카오톡 메시지를 보낸 행위에 모욕죄의 공연성이 있었다거나 피고인에게 전파가능성에 대한 인식과 그 위험을 용인하는 의사가 있었다고 단정하기 어렵다(대법원 2024.1.4, 2022도14571).

♀solution 성립하지 않는다.

●○○○
198 모욕죄와 사회상규에 위배되지 아니하는 행위
• 경찰2차 22, 법원9급 22

> 甲은 동기생들만 참여대상으로 하는 단체채팅방에서 상관인 乙을 지칭하여 '도라이'라는 글을 게시하였다. 甲을 상관모욕죄로 처벌할 수 있는가?

(판례) 공연히 타인을 모욕한 경우에 이를 처벌하는 것은 사람의 인격적 가치에 대한 사회적 평가 즉 외부적 명예를 보호하기 위함이다. 반면에 모욕죄의 형사처벌은 표현의 자유를 제한하고 있으므로(헌법재판소 2013.6.17, 2012헌바37), 어떠한 글이 모욕적 표현을 포함하는 판단이나 의견을 담고 있을 경우에도 그 시대의 건전한 사회통념에 비추어 살펴보아 그 표현이 사회상규에 위배되지 않는 행위로 볼 수 있는 때에는 형법 제20조의 정당행위에 해당하여 위법성이 조각된다고 보아야 하고(대법원 2005.12.23, 2005도1453 등), 이로써 표현의 자유로 획득되는 이익 및 가치와 명예 보호에 의하여 달성되는 이익 및 가치를 적절히 조화할 수 있다[위 헌법재판소 2012헌바37; 2020.12.23, 2017헌바456·475·487,2018헌바114·351(병합) 등]. …… 피고인이 해군 부사관 동기생의 단체채팅방에서, 피고인의 직속상관인 피해자가 목욕탕 청소담당 교육생들에게 과실 지적을 많이 한다는 이유로, "도라이 ㅋㅋㅋ 습기가 그렇게 많은데"라고 게시함으로써 공연히 상관인 피해자를 모욕하였다는 이유로 상관모욕죄로 기소된 사건에서, …… 당시 목욕탕 청소를 담당했던 다른 교육생들도 이 사건 단체채팅방에서 피고인과 비슷한 불만을 토로하고 있었는데, 피고인의 이 사건 표현은 단 1회에 그쳤고, 그 부분이 전체 대화 내용에서 차지하는 비중도 크지 않은 점, 이 사건 표현은 근래 비공개적인 상황에서는 일상생활에서 드물지 않게 사용되고 그 표현이 내포하는 모욕의 정도도 경미한 수준인 점 등의 사정에 비추어 볼 때, 피고인의 이 사건 표현은 동기 교육생들끼리 고충을 토로하고 의견을 교환하는 사이버공간에서 상관인 피해자에 대하여 일부 부적절한 표현을 사용하게 된 것에 불과하고 이로 인하여 군의 조직질서와 정당한 지휘체계가 문란하게 되었다고 보이지 않으므로, 이러한 행위는 사회상규에 위배되지 않는다고 보는 것이 타당하다(대법원 2021.8.19, 2020도14576).

정리 '도라이'는 상관인 피해자를 경멸적으로 비난한 것으로 모욕적인 언사라고 볼 수 있으나(구성요건해당성 인정), 일부 부적절한 표현을 사용하게 된 것에 불과하고 이로 인하여 군의 조직질서와 정당한 지휘체계가 문란하게 되었다고 보이지 않으므로 사회상규에 위배되지 않는다(위법성 조각)고 한 사례이다.

♀solution 처벌할 수 없다.

●●○
199 '정말 야비한 사람인 것 같습니다'라는 표현과 모욕의 의미 – 명예훼손죄·모욕죄의 확대를 경계하는 최근 판례의 경향

> 甲은 직원들에게 민주노총 지부장 乙이 관리하는 사업소의 문제 등을 지적하는 내용의 카카오톡 문자메시지를 발송하면서 '민주노총 ○○○지부장은 정말 야비한 사람인 것 같습니다'라고 표현하였다. 甲의 행위는 모욕죄를 구성하는가?

[판례] 형법 제311조 모욕죄는 사람의 인격적 가치에 대한 사회적 평가를 의미하는 '외부적 명예'를 보호법익으로 하는 범죄로서, 여기서 '모욕'이란 사실을 적시하지 아니하고 사람의 외부적 명예를 침해할 만한 추상적 판단이나 경멸적 감정을 표현하는 것을 의미한다. 어떠한 표현이 모욕죄의 모욕에 해당하는지는 상대방 개인의 주관적 감정이나 정서상 어떠한 표현을 듣고 기분이 나쁜지 등 명예감정을 침해할 만한 표현인지를 기준으로 판단할 것이 아니라 당사자들의 관계, 해당 표현에 이르게 된 경위, 표현방법, 당시 상황 등 객관적인 제반 사정에 비추어 상대방의 외부적 명예를 침해할 만한 표현인지를 기준으로 엄격하게 판단하여야 한다. 어떠한 표현이 개인의 인격권을 심각하게 침해할 우려가 있는 것이거나 상대방의 인격을 허물어뜨릴 정도로 모멸감을 주는 혐오스러운 욕설이 아니라 상대방을 불쾌하게 할 수 있는 무례하고 예의에 벗어난 정도이거나(대법원 2018.11.29, 2017도2661 등 참조) 상대방에 대한 부정적·비판적 의견이나 감정을 나타내면서 경미한 수준의 추상적 표현이나 욕설이 사용된 경우 등이라면 특별한 사정이 없는 한 외부적 명예를 침해할 만한 표현으로 볼 수 없어 모욕죄의 구성요건에 해당된다고 볼 수 없다. 이 사건 표현은 피고인의 피해자에 대한 부정적·비판적 의견이나 감정이 담긴 경미한 수준의 추상적 표현에 불과할 뿐 피해자의 외부적 명예를 침해할 만한 표현이라고 단정하기 어렵다(대법원 2022.8.31, 2019도7370).

♀solution 구성하지 않는다.

●●○
200 "철면피, 파렴치, 양두구육, 극우부패세력" 등의 표현과 모욕죄의 위법성 조각 – 명예훼손죄·모욕죄의 확대를 경계하는 최근 판례의 경향
• 국가9급 22, 법원9급 22

> 주식회사 문화방송 심의국 라디오심의부 심의위원이자 최근에는 한국PD연합회 회장으로 재임 중이며, 팔로워가 304명에 달하는 '피고인' 페이스북을 개설하여 글을 게시하는 甲은 자신의 페이스북에 "또 나쁜 짓한 거 고발당했다. 乙(방송문화진흥회 이사장). 간첩조작질 공안검사 출신 변호사. 매카시스트. 철면피 파렴치 양두구육... 역시 극우부패세력에 대한 기대를 저버리지 않는다. 대한민국의 양심과 양식을 대표하는 인사가 맡아야 할 공영방송 MBC의 감독기관인 방송문화진흥회 이사장 자리에 앉아 버티기 농성에 들어간 乙 체제를 뒤에서 지탱하고 있다."라는 글을 게시하였다. 甲에게 모욕죄의 죄책이 성립하는가?

[판례] 어떤 글이 모욕적 표현을 담고 있는 경우에도 그 글이 객관적으로 타당성이 있는 사실을 전제로 하여 그 사실관계나 이를 둘러싼 문제에 관한 자신의 판단과 피해자의 태도 등이 합당한가에 대한 의견을 밝히고, 자신의 판단과 의견이 타당함을 강조하는 과정에서 부분적으로 다소 모욕적인 표현이 사용된 것에 불과하다면 사회상규에 위배되지 않는 행위로서 형법 제20조에 의하여 위법성이 조각될 수 있다(대법원 2003.11.28, 2003도3972 등 참조). 그리고 인터넷 등 공간에서 작성된 단문의 글이라고 하더라도, 그 내용이 자신의 의견을

강조하거나 압축하여 표현한 것이라고 평가할 수 있고 표현도 지나치게 모욕적이거나 악의적이지 않다면 마찬가지로 위법성이 조각될 수 있다(대법원 2021.3.25, 2017도17643). 이 사건 표현이 모욕적 표현에 해당하여 구성요건이 인정된다고 한 원심의 판단은 정당하나, 피고인이 피해자의 공적 활동과 관련한 자신의 의견을 담은 게시글을 작성하면서 이 사건 표현을 한 것은 사회상규에 위배되지 않는 행위로서 형법 제20조에 의하여 위법성이 조각된다고 볼 여지가 크다(대법원 2022.8.25, 2020도16897).

♀solution 성립하지 않는다.

201 노동조합원이 페이스북에 노동조합 간부들을 상대로 '악의 축'이라고 적시한 사건
• 경찰1차 24

> ○○버스노동자협의회 회원인 甲은 1991년부터 2008년까지 ○○지역버스노동조합의 위원장이었고 현재 조합의 상임지도위원인 A와 조합의 사무처장이면서 ○○지역마을버스노동조합의 지부장인 B에 대하여, 인터넷을 이용하여 자신의 페이스북에 노동조합 집행부의 공적 활동과 관련한 자신의 의견을 담은 게시글을 작성하고 집회 일정을 알리면서 A, B를 지칭하며 "버스노조 악의 축, A, B 구속수사하라!!"는 내용을 적시하였다. 甲에게는 모욕죄가 성립하는가?

(판례) 어떤 글이 모욕적 표현을 담고 있는 경우에도 그 글이 객관적으로 타당성이 있는 사실을 전제로 하여 그 사실관계나 이를 둘러싼 문제에 관한 자신의 판단과 피해자의 태도 등이 합당한가에 대한 의견을 밝히고, 자신의 판단과 의견이 타당함을 강조하는 과정에서 부분적으로 다소 모욕적인 표현이 사용된 것에 불과하다면 사회상규에 위배되지 않는 행위로서 형법 제20조에 의하여 위법성이 조각될 수 있다. 그리고 인터넷 등 공간에서 작성된 단문의 글이라고 하더라도, 그 내용이 자신의 의견을 강조하거나 압축하여 표현한 것이라고 평가할 수 있고 표현도 지나치게 모욕적이거나 악의적이지 않다면 마찬가지로 위법성이 조각될 가능성이 크다. 이때 사회상규에 위배되는지 여부는 피고인과 피해자의 지위와 그 관계, 표현행위를 하게 된 동기, 경위나 배경, 표현의 전체적인 취지와 구체적인 표현방법, 모욕적인 표현의 맥락 그리고 전체적인 내용과의 연관성 등을 종합적으로 고려하여 판단해야 한다. …… 위 표현이 피해자들의 사회적인 평가를 저해시킬 만한 경멸적인 표현에 해당하는 것으로 보이지만, 피고인 등은 노동조합의 운영에 문제를 제기하면서 노동조합 재산의 투명한 운영, 위원장 직선제 등을 요구하고 있었고, 피고인은 그 주장을 하기 위한 집회 참여를 독려하면서 위 표현을 사용한 것으로, 노동조합의 운영 등에 대한 비판적인 의견을 표현하는 과정에서 자신의 입장과 의견을 강조하기 위한 의도로 위 표현을 사용한 것으로 보이는 점, '악의 축'이라는 용어는 자신과 의견이 다른 상대방 측의 핵심 일원이라는 취지로 비유적으로도 사용되고 있어 피해자들의 의혹과 관련된 위 표현이 지나치게 모욕적이거나 악의적이라 보기 어려운 점 등 제반 사정을 종합할 때, 피고인이 **노동조합 집행부의 공적 활동과 관련한 자신의 의견을 담은 게시글을 작성하면서 그러한 표현을 한 것은 사회상규에 위배되지 않는 정당행위로서 형법 제20조에 따라 위법성이 조각된다고 볼 여지가 크다**(대법원 2022.10.27, 2019도14421).

♀solution 성립하지 않는다.

202 개 얼굴 합성 사건

• 법원9급 23

> 甲은 유튜브 채널에 乙의 방송 영상을 게시하면서 乙의 얼굴에 '개' 얼굴을 합성하는 방법으로
> 표현하였다. 甲의 행위는 모욕죄를 구성하는가?

(판례) 형법 제311조의 모욕죄는 사람의 가치에 대한 사회적 평가를 의미하는 외부적 명예를 보호법익으로 하는 범죄로서, 모욕죄에서 말하는 모욕이란 사실을 적시하지 아니하고 사람의 사회적 평가를 저하시킬 만한 추상적 판단이나 경멸적 감정을 표현하는 것을 의미한다. 따라서 어떠한 표현이 상대방의 인격적 가치에 대한 사회적 평가를 저하시킬 만한 것이 아니라면 설령 그 표현이 다소 무례한 방법으로 표시되었다 하더라도 이를 두고 모욕죄의 구성요건에 해당한다고 볼 수 없다(대법원 2018.11.29, 2017도2661). 모욕의 수단과 방법에는 제한이 없으므로 언어적 수단이 아닌 비언어적 · 시각적 수단만을 사용하여 표현을 하더라도 그것이 사람의 사회적 평가를 저하시킬 만한 추상적 판단이나 경멸적 감정을 전달하는 것이라면 모욕죄가 성립한다. 최근 영상 편집 · 합성 기술이 발전함에 따라 합성 사진 등을 이용한 모욕 범행의 가능성이 높아지고 있고, 시각적 수단만을 사용한 모욕이라 하더라도 그 행위로 인하여 피해자가 입는 피해나 범행의 가벌성 정도는 언어적 수단을 사용한 경우와 비교하여 차이가 없다. …… 영상의 전체적인 내용을 살펴볼 때, 피고인이 피해자의 얼굴을 가리는 용도로 동물 그림을 사용하면서 피해자에 대한 부정적인 감정을 다소 해학적으로 표현하려 한 것에 불과하다고 볼 여지도 상당하므로, 해당 영상이 피해자를 불쾌하게 할 수 있는 표현이기는 하지만 객관적으로 피해자의 인격적 가치에 대한 사회적 평가를 저하시킬 만한 모욕적 표현을 한 경우에 해당한다고 단정하기는 어렵다(대법원 2023.2.2, 2022도4719).

⌘solution 구성하지 않는다.

203 어떤 글이나 발언이 모욕적 표현을 담고 있더라도 사회상규에 위배되지 않는 행위로서 위법성이 조각될 수 있는 경우인가와 관련된 사례

• 경찰2차 22

(판례) 피고인들이 소속 노동조합 위원장 甲을 '어용', '앞잡이' 등으로 지칭하여 표현한 현수막, 피켓 등을 장기간 반복하여 일반인의 왕래가 잦은 도로변 등에 게시한 경우, '어용'이란 자신의 이익을 위하여 권력자나 권력 기관에 영합하여 줏대 없이 행동하는 것을 낮잡아 이르는 말, '앞잡이'란 남의 사주를 받고 끄나풀 노릇을 하는 사람을 뜻하는 말로서 언제나 위 표현들이 지칭된 상대방에 대한 모욕에 해당한다거나 사회상규에 비추어 허용되지 않는 것은 아니지만, 제반 사정에 비추어 피고인들의 위 행위는 甲에 대한 모욕적 표현으로서 사회상규에 위배되지 않는 행위로 보기 어렵다(대법원 2021.9.9, 2016도88).

204 혐오 표현 사건

(판례) 표현행위의 형식과 내용이 모욕적이고 경멸적인 인신공격에 해당하거나 타인의 신상에 관하여 인격권을 침해한 경우에는 의견 표명으로서의 한계를 벗어난 것으로서 허용되지 않는다(대법원 2018.10.30, 2014다61654 전원합의체). …… 연예인의 사생활에 대한 모욕적인 표현에 대하여 표현의 자유를 근거로 모욕죄의 구성요건에 해당하지 않거나 사회상규에 위배되지 않는다고 판단하는 데에는 신중할 필요가 있다. 특히 최근 사회

적으로 인종, 성별, 출신 지역 등을 이유로 한 혐오 표현이 문제되고 있으며, **혐오 표현 중에는 특정된 피해자에 대한 사회적 평가를 저하하여 모욕죄의 구성요건에도 해당하는 것이 적지 않은데, 그러한 범위 내에서는 모욕죄가 혐오 표현에 대한 제한 내지 규제로 기능하고 있는** 측면을 고려하여야 한다(헌법재판소 2020.12.23, 2017헌바456 등). 원심 판단 중 '**그냥 국민호텔녀**'를 제외한 나머지 표현들에 대해서는 피해자가 소속된 연예기획사의 홍보방식 및 피해자 출연 영화의 실적 등 피해자의 공적인 영역에 대한 비판으로 다소 거칠게 표현하였더라도 표현의 자유 영역에 해당한다고 평가할 수 있어 원심의 결론을 수긍할 수 있으나, 원심의 '그냥 국민호텔녀' 부분에 대한 판단은 그대로 수긍하기 어렵다. …… 피고인은 피해자가 출연한 영화 개봉 기사에 "… 그냥 국민호텔녀"라는 댓글을 달았고, 수사기관에서 이에 대하여 "피해자를 언론에서 '국민여동생'으로 띄우는데 그 중 '국민'이라는 단어와 당시 해외에서 모 남성연예인과 호텔을 갔다고 하는 스캔들이 있어서 '호텔'이라는 단어를 합성하여 만든 단어이다."라는 취지로 진술하였다. 그렇다면 피고인은 '호텔녀'의 이미지를 극대화하기 위하여 앞에 '국민'이라는 단어를 배치하고, '호텔'은 남자연예인과의 스캔들을 연상시키도록 사용하였다고 볼 것이다. …… '국민호텔녀'는 피해자의 사생활을 들추어 피해자가 종전에 대중에게 호소하던 청순한 이미지와 반대의 이미지를 암시하면서 피해자를 성적 대상화하는 방법으로 비하하는 것으로서 여성 연예인인 피해자의 사회적 평가를 저하시킬 만한 모멸적인 표현으로 평가할 수 있고, 정당한 비판의 범위를 벗어난 것으로서 정당행위로 보기도 어렵다(대법원 2022.12.15, 2017도19229).

●○○
205 현직 경기도지사인 피고인에 대한 허위사실공표에 의한 공직선거법 위반 등 사건
[참고판례]

> 친형에 대한 정신병원 강제입원과 관련하여 상대 후보자가 후보자 토론회에서 한 질문에 대해 피고인이 이를 부인하면서 일부 사실을 진술하지 않은 답변을 공직선거법 제250조 제1항에서 정한 허위사실공표죄로 처벌할 수 있는지 여부(소극)

[판례] 형벌법규 해석의 원칙을 토대로 정치적 표현의 자유와 선거운동의 자유의 헌법적 의의와 중요성, 공직선거법상 선거운동에 관한 제반 규정 및 후보자 토론회에 관한 규정 내용과 취지, 후보자 토론회의 기능과 특성 등을 함께 고려하면, 공직선거 후보자 등이 후보자 토론회의 토론과정 중에 한 발언을 이유로 이 사건 조항에서 정한 허위사실공표죄로 처벌하는 것에는 신중을 기하여야 하고, 이 사건 조항에 의하여 형사처벌의 대상이 되는 행위의 범위에 관하여 보다 구체적이고 분명한 기준을 제시할 필요가 있다. **그러므로 후보자 등이 후보자 토론회에 참여하여 질문 · 답변을 하거나 주장 · 반론을 하는 것은, 그것이 토론회의 주제나 맥락과 관련 없이 일방적으로 허위의 사실을 드러내어 알리려는 의도에서 적극적으로 허위사실을 표명한 것이라는 등의 특별한 사정이 없는 한 이 사건 조항에 의하여 허위사실공표죄로 처벌할 수 없다고 보아야 한다.** 그리고 이를 판단할 때에는 사후적으로 개별 발언들의 관계를 치밀하게 분석 · 추론하는 데에 치중하기 보다는 질문과 답변이 이루어진 당시의 상황과 토론의 전체적 맥락에 기초하여 유권자의 관점에서 어떠한 사실이 분명하게 발표되었는지를 살펴보아야 한다. …… 후보자 토론회의 기능과 특성을 고려할 때, 토론회에서 후보자 등이 선거인의 정확한 판단을 그르치게 할 수 있을 정도로 다른 후보자의 견해나 발언을 의도적으로 왜곡한 것이 아니라, 합리적으로 보아 가능한 범위 내에서 다른 후보자의 견해나 발언의 의미를 해석하고 이에 대하여 비판하거나 질문하는 행위는 진실에 반하는 사실을 공표한다는 인식을 가지고 행하는 허위사실 공표행위로 평가할 수 없다고 보아야 하고(대법원 2007.7.13, 2007도2879), 이러한 법리는 다른 후보자의 질문이나 비판에 대해 답변하거나 반론하는 경우에도 마찬가지로 적용되어야 한다. 공직선거법은 '허위의 사실'과 '사실의 왜곡'을 구분하여 규정하고 있으므로(제8조의4 제1항, 제8조의6 제4항, 제96조 제1항, 제2항 제1호, 제108조 제5항 제2호 등 참조), 적극적으로 표현된 내용에 허위가 없다면 법적으로 공개의무를 부담하지 않는 사항에 관하여 일부 사실을 묵비하였다는 이유

만으로 전체 진술을 곧바로 허위로 평가하는 데에는 신중하여야 하고, 토론 중 질문·답변이나 주장·반론하는 과정에서 한 표현이 선거인의 정확한 판단을 그르칠 정도로 의도적으로 사실을 왜곡한 것이 아닌 한, 일부 부정확 또는 다소 과장되었거나 다의적으로 해석될 여지가 있는 경우에도 허위사실 공표행위로 평가하여서는 안 된다(대법원 2020.7.16, 2019도13328 전원합의체).

제2절 신용·업무·경매에 대한 죄

206 무자격자가 개설한 의료기관에 고용된 의료인의 진료업무를 방해한 사건
• 경찰간부 23

> A는 11회에 걸쳐 의료인 B가 진료를 하는 병원에서 큰 소리를 지르거나, 환자 진료 예약이 있는 B를 붙잡고 있는 등의 방법으로 위력으로 B의 진료 업무를 방해하였다. 단, 이 사건 병원은 B를 개설 명의자로 하여 의료인이 아닌 C가 개설하여 운영하는 병원이다. 그렇다면, 무자격자가 개설한 의료기관에 고용된 의료인이 환자를 진료하는 업무는 업무방해죄의 보호대상이 되는 업무가 될 수 있는가?

(판례) 형법상 업무방해죄의 보호대상이 되는 '업무'라 함은 직업 또는 계속적으로 종사하는 사무나 사업을 말하는 것으로서 타인의 위법한 행위에 의한 침해로부터 보호할 가치가 있는 것이면 되고, 그 업무의 기초가 된 계약 또는 행정행위 등이 반드시 적법하여야 하는 것은 아니므로, 법률상 보호할 가치가 있는 업무인지 여부는 그 사무가 사실상 평온하게 이루어져 사회적 활동의 기반이 되고 있느냐에 따라 결정되는 것이고, 그 업무의 개시나 수행과정에 실체상 또는 절차상의 하자가 있다고 하더라도 그 정도가 반사회성을 띠는 데까지 이르지 아니한 이상 업무방해죄의 보호대상이 된다고 보아야 한다(대법원 2010.5.27, 2008도2344 등). ① 의료인이나 의료법인이 아닌 자가 의료기관을 개설하여 운영하는 행위는 업무방해죄의 보호대상이 되는 업무에 해당하지 않는다(대법원 2001.11.30, 2001도2015). 그러나 ② 무자격자에 의해 개설된 의료기관에 고용된 의료인이 환자를 진료한다고 하여 그 진료행위 또한 당연히 반사회성을 띠는 행위라고 볼 수는 없다. 이때 의료인의 진료업무가 업무방해죄의 보호대상이 되는 업무인지는 의료기관의 개설·운영 형태, 해당 의료기관에서 이루어지는 진료의 내용과 방식, 피고인의 행위로 인하여 방해되는 업무의 내용 등 사정을 종합적으로 고려하여 판단해야 한다(대법원 2023.3.16, 2021도16482).

(보충) 이 사건 병원은 B를 개설 명의자로 하여 의료인이 아닌 C가 개설하여 운영하는 병원인 사실, 피고인이 이 사건 병원에서 환자 관련 업무를 수행하고 있는 B를 붙잡는 등의 행위를 한 사실을 알 수 있다. 위와 같은 피고인의 행위와 그 당시의 주변 상황 등을 종합해 보면, 이 부분 공소사실 전부 또는 그중 일부는 피고인이 B의 환자에 대한 진료행위를 방해한 것으로 볼 여지가 있다. 따라서 원심으로서는 이 부분 공소사실에 대하여 피고인이 이 사건 병원의 일반적인 운영 외에 B의 진료행위를 방해한 것인지에 대해 더 세밀하게 심리하여 업무방해죄 성립 여부를 판단했어야 한다.

solution 될 수 있다.

● ○ ○
207 감사의 이사회 출석 및 의견진술과 업무방해죄의 업무

> A 등은 공모하여 이사회에서 '급여규정 일부 개정안'에 대하여 허위로 설명 또는 보고하거나 개정안과 관련하여 허위의 자료를 작성하여 제시하였는데, 위와 같은 행위로 위계로써 甲 농협 감사의 甲 농협의 재산과 업무집행상황에 대한 감사, 이사회에 대한 의견 진술 등에 관한 업무를 방해하였다는 내용으로 기소되었다. A 등의 행위는 감사의 업무를 방해한 업무방해죄를 구성하는가?

[판례] 업무방해죄의 보호대상이 되는 "업무"라 함은 직업 또는 사회생활상의 지위에 기하여 계속적으로 종사하는 사무나 사업을 말하는 것으로, 이러한 주된 업무와 밀접불가분의 관계에 있는 부수적인 업무도 이에 포함된다(대법원 1993.2.9, 92도2929 등). 그러나 이사회가 의안 심의 및 결의에 관한 업무와 관련하여 특정 안건의 심의 및 의결 절차의 편의상 이사회 구성원이 아닌 감사 등의 의견을 청취하는 것은 그 실질에 있어 이사회 구성원인 이사들의 의안 심의 및 결의에 관한 계속적 업무 혹은 그와 밀접불가분의 관계에 있는 업무에 해당할 뿐, (개별 이사회에서 이루어지는 심의·의결 등 업무는 감사가 그 주체로서 행한 업무에 해당하지 아니하고 감사의 특정 이사회 출석 및 의견 진술은 감사의 본래 업무와 밀접불가분의 관계에 있는 부수적인 업무라고 보기 어려우므로) 그와 같은 경위로 이사회에 출석하여 의견을 진술한 이사회 구성원 아닌 감사의 업무를 방해한 경우에 해당한다고 볼 수 없다(대법원 2023.9.27, 2023도6411).

♀solution 구성하지 않는다.

● ● ○
208 집행관의 강제집행에 대한 방해와 업무방해죄 성립 여부

> 甲 등은 재개발정비사업조합의 건물명도소송 확정판결에 따른 강제집행에 대해 조합의 이주, 철거업무를 방해하였다. 甲 등에게는 조합의 업무에 대한 업무방해죄의 죄책이 인정되는가?

[판례] 집행관은 집행관법 제2조에 따라 재판의 집행 등을 담당하면서 그 직무 행위의 구체적 내용이나 방법 등에 관하여 전문적 판단에 따라 합리적인 재량을 가진 독립된 단독의 사법기관이다(대법원 2021. 9.16, 2015도12632 등). 따라서 채권자의 집행관에 대한 집행위임은 비록 민사집행법 제16조 제3항, 제42조 제1항, 제43조 등에 '위임'으로 규정되어 있더라도 이는 집행개시를 구하는 신청을 의미하는 것이지 일반적인 민법상 위임이라고 볼 수는 없다. 이 사건 강제집행은 특별한 사정이 없는 한 집행위임을 한 이 사건 조합의 업무가 아닌 집행관의 고유한 직무에 해당한다고 보아야 한다(대법원 2023.4.27, 2020도34).

♀solution 인정되지 않는다.

● ● ●
209 노동조합의 상급단체 선택과 관련하여 일부 허위의 사실이 포함된 글을 작성하여 게시하게 한 피고인에 대하여 허위사실 유포에 의한 업무방해죄가 성립하는지 여부(소극)

[판례] 업무방해죄에서 '허위사실의 유포'란 객관적으로 진실과 부합하지 않는 사실을 유포하는 것으로서

단순한 의견이나 가치판단을 표시하는 것은 이에 해당하지 않는다. 유포한 대상이 사실과 의견 가운데 어느 것에 속하는지 판단할 때는 언어의 통상적 의미와 용법, 증명가능성, 문제된 말이 사용된 문맥, 당시의 사회적 상황 등 전체적 정황을 고려해서 판단해야 한다(대법원 1998.3.24, 97도2956; 2017.4.13, 2016도 19159 등). 의견표현과 사실 적시가 혼재되어 있는 경우에는 이를 전체적으로 보아 허위사실을 유포하여 업무를 방해한 것인지 등을 판단해야지, 의견표현과 사실 적시 부분을 분리하여 별개로 범죄의 성립 여부를 판단해서는 안 된다(대법원 2005.6.10, 2005도89 등). 반드시 기본적 사실이 거짓이어야 하는 것은 아니고 비록 기본적 사실은 진실이더라도 이에 거짓이 덧붙여져 타인의 업무를 방해할 위험이 있는 경우도 업무방해에 해당한다. 그러나 그 내용 전체의 취지를 살펴볼 때 중요한 부분이 객관적 사실과 합치되고 단지 세부적으로 약간의 차이가 있거나 다소 과장된 표현이 있는 정도에 지나지 않아 타인의 업무를 방해할 위험이 없는 경우는 이에 해당하지 않는다(대법원 2006.9.8, 2006도1580 등; 2021.9.30, 2021도6634).

보충 "한번 상급 단체 결정을 하면 다시 바꾸기 어렵습니다."라는 제목으로 "대구시청에는 공노총과 전국공무원노동조합이 있습니다. 공노총 초대위원장이 대구시청 노동조합 ○○○ 위원장이었지만, 공노총 대구시청노동조합이 그동안 보여준 모습에 많은 조합원들은 지금 분노와 실망을 느끼고 있습니다. 조합원을 위한 사회 변혁과 조합원의 지위 향상을 위해 투쟁해야 하는데, 권력에 아부하는 대구시청 노동조합의 모습이 부끄럽고 실망스러웠기 때문입니다. 그래서 **대구시청노동조합 위원장 선거에서는 현 위원장이 출마해서 재선을 한 경우가 없습니다**(쟁점 표현: 재선에 성공한 사례가 있음). 조합원을 위해 일하지 않는 공노총 소속 노동조합 지도부를 조합원들이 더 이상 지지하지 않기 때문입니다. 부산시청공무원 여러분. 한번 상급 단체 결정을 하게 되면 다시 바꾸기가 어렵습니다. 전국공무원노동조합 대구광역시지부는 부산시청 조합원 여러분을 기다리고 있겠습니다."라는 글을 작성하게 게시하게 한 사안에서. 쟁점 표현 부분은 사실에 관한 것이지만 위 글은 의견표현과 사실 적시가 혼재되어 있고 내용 전체의 취지에 비추어 공노총에 대한 비판적인 의견을 표현하는 과정에서 세부적으로 잘못된 사실이나 과장된 표현이 사용된 것이어서 허위사실을 유포하여 업무를 방해할 위험이 발생하였다고 보기 어렵다고 판단한 사례이다.

210 전화금융사기 조직원의 이른바 쪼개기 송금행위가 은행에 대한 업무방해죄를 구성하는지 여부

• 법원9급 22

컴퓨터 등 정보처리장치에 정보를 입력하는 등의 행위로 말미암아 업무와 관련하여 오인, 착각 또는 부지를 일으킨 상대방이 없었던 경우에도 이를 그 입력된 정보 등을 바탕으로 업무를 담당하는 사람의 오인, 착각 또는 부지를 일으킬 목적으로 행해진 경우로 보아 업무방해죄의 '위계'에 해당한다고 볼 수 있는가?

판례 위계에 의한 업무방해죄에서 '위계'란 행위자가 행위 목적을 달성하기 위하여 상대방에게 오인, 착각 또는 부지를 일으키게 하여 이를 이용하는 것을 말한다. ① 컴퓨터 등 정보처리장치에 정보를 입력하는 등의 행위도 그 입력된 정보 등을 바탕으로 업무를 담당하는 사람의 오인, 착각 또는 부지를 일으킬 목적으로 행해진 경우에는 여기서 말하는 위계에 해당할 수 있으나(대법원 2013.11.28, 2013도5117), 위와 같은 행위로 말미암아 업무와 관련하여 오인, 착각 또는 부지를 일으킨 상대방이 없었던 경우에는 위계가 있었다고 볼 수 없다(대법원 2007.12.27, 2005도6404; 2022.2.11, 2021도12394).

보충 전화금융사기 조직의 현금 수거책인 피고인이 무매체 입금거래의 '1인 1일 100만원' 한도 제한을 회피하기 위하여 은행 자동화기기에 제3자의 주민등록번호를 입력하는 방법으로 이른바 '쪼개기 송금'을 한 것이 은행에 대한 업무방해죄의 위계에 해당하지 않는다고 본 사례이다.

solution 해당한다고 볼 수 없다.

211 접근매체 양도 의사로 금융기관에 법인명의 계좌 개설을 신청한 사건

• 법원9급 24

> [제1문] 계좌개설 신청인이 접근매체를 양도할 의사로 금융기관에 법인 명의 계좌를 개설하면 서 예금거래신청서 등에 금융거래의 목적이나 접근매체의 양도의사 유무 등에 관한 사 실을 허위로 기재하였으나, 계좌개설 심사업무를 담당하는 금융기관의 업무담당자가 단순히 예금거래신청서 등에 기재된 계좌개설 신청인의 허위 답변만을 그대로 믿고 그 내용의 진실 여부를 확인할 수 있는 증빙자료의 요구 등 추가적인 확인조치 없이 법인 명의의 계좌를 개설해 준 경우, 신청인에게 위계에 의한 업무방해죄가 성립하는가?
>
> [제2문] 2015.1.20. 개정된 전자금융거래법은 '대가를 수수·요구 또는 약속하면서 보관· 전달·유통하는 행위'를 금지행위에 추가하고(제6조 제3항 제2호), '범죄에 이용할 목 적으로 또는 범죄에 이용될 것을 알면서 접근매체를 대여받거나 대여하는 행위 또는 보관·전달·유통하는 행위'를 금지행위로 신설하여(제6조 제3항 제3호) 이를 위반한 경우 처벌하도록 규정하였다(제49조 제4항). 여기서 '범죄에 이용될 것을 알면서'의 요건에 해당하려면 거래 상대방이 접근매체를 범죄에 이용할 의사가 있었는지 또는 피 고인이 인식한 것과 같은 범죄를 저질렀는지를 고려하여야 하는가?

[제1문]

판례 상대방으로부터 신청을 받아 일정한 자격요건 등을 갖춘 경우에 한하여 그에 대한 수용 여부를 결정하는 업무에 관해서는 신청서에 기재된 사유가 사실과 부합하지 않을 수 있음을 전제로 하여 자격요 건 등을 심사·판단하는 것이므로, 업무담당자가 사실을 충분히 확인하지 아니한 채 신청인이 제출한 허위 신청사유나 허위 소명자료를 가볍게 믿고 수용하였다면 이는 업무담당자의 불충분한 심사에 기인한 것으로 서 신청인의 위계가 업무방해의 위험성을 발생시켰다고 할 수 없어 위계에 의한 업무방해죄를 구성하지 않는다. 따라서 계좌개설 신청인이 접근매체를 양도할 의사로 금융기관에 법인 명의 계좌를 개설하면서 예금거래신청서 등에 금융거래의 목적이나 접근매체의 양도의사 유무 등에 관한 사실을 허위로 기재하였 으나, 계좌개설 심사업무를 담당하는 금융기관의 업무담당자가 단순히 예금거래신청서 등에 기재된 계좌개 설 신청인의 허위 답변만을 그대로 믿고 그 내용의 진실 여부를 확인할 수 있는 증빙자료의 요구 등 추가적 인 확인조치 없이 법인 명의의 계좌를 개설해 준 경우 그 계좌개설은 금융기관 업무담당자의 불충분한 심사에 기인한 것이므로, 계좌개설 신청인의 위계가 업무방해의 위험성을 발생시켰다고 할 수 없어 위계 에 의한 업무방해죄를 구성하지 않는다고 보아야 한다(대법원 2023.8.31, 2021도17151).

⚲solution 성립하지 않는다.

[제2문]

판례 2015.1.20. 개정된 전자금융거래법은 '대가를 수수·요구 또는 약속하면서 보관·전달·유통하는 행 위'를 금지행위에 추가하고(제6조 제3항 제2호), '범죄에 이용할 목적으로 또는 범죄에 이용될 것을 알면 서 접근매체를 대여받거나 대여하는 행위 또는 보관·전달·유통하는 행위'를 금지행위로 신설하여(제6조 제3항 제3호) 이를 위반한 경우 처벌하도록 규정하였다(제49조 제4항). …… '범죄에 이용될 것을 알면 서'에서 말하는 '범죄'는 형사처벌의 대상이 되는 행위로서 형법 등 형벌법규에 규정된 구성요건에 해당하 는 행위를 의미한다. 따라서 접근매체가 형사처벌의 대상이 되는 행위에 이용될 것을 인식하였다면 위 조항의 '범죄에 이용될 것을 알았다.'고 볼 수 있고, 접근매체를 이용하여 저질러지는 범죄의 내용이나 저촉되는 형벌법규, 죄명을 구체적으로 알아야 하는 것은 아니다. 이러한 인식은 미필적 인식으로 충분하 다. 범죄에 이용될 것을 알았는지는 접근매체를 대여하는 등의 행위를 할 당시 피고인이 가지고 있던 주관 적 인식을 기준으로 판단하면 되고, 거래 상대방이 접근매체를 범죄에 이용할 의사가 있었는지 또는 피고인이 인식한 것과 같은 범죄를 저질렀는지를 고려할 필요는 없다(대법원 2023.8.31, 2021도17151).

ⓘsolution 고려하여야 하는 것은 아니다.

212 집회에서의 발언과 업무방해죄의 위력의 개념

> A 정당의 전당대회가 개최되는 전시회장 앞 광장에서 甲 등은 50명의 집회참가자들과 공모하여 정당 규탄 기자회견을 추진하면서 집단적으로 정치적 의사표현 행위를 하였다. 甲 등의 행위는 업무방해죄의 '위력'에 해당할 수 있는가?

[판례] 정치적인 의사표현을 위한 집회나 행위가 헌법 제21조에 따라 보장되는 정치적 표현의 자유나 헌법 제10조에 내재된 일반적 행동의 자유의 관점 등에서 보호받을 가능성이 있더라도 **전체 법질서상 용인될 수 없을 정도로 사회적 상당성을 갖추지 못한 때에는 그 행위 자체가 위법한 세력의 행사로서 형법 제314조 제1항의 업무방해죄에서 말하는 위력의 개념에 포섭될 수 있다.** …… 피고인들의 행위는 사람의 자유의사를 제압·혼란케 할 만한 '위력'에 해당하고 업무방해의 고의도 인정되며, 피고인들의 과격한 행위로 물리적 충돌이 발생하고 전당대회 개최가 지연되는 등 전당대회 진행, 당대표·최고위원 선출 등 정당의 업무가 방해되는 결과가 발생하였다(대법원 2022.6.16, 2021도16591).

ⓘsolution 해당할 수 있다.

213 정당한 권한 행사와 업무방해죄의 위력

> 회계자료열람권을 가진 피고인이 회계서류 등의 열람을 요구하는 과정에서 다소 언성을 높이는 등 행위를 한 것이 업무방해죄에 해당하는가?

[판례] 업무방해죄의 수단인 위력은 사람의 자유의사를 제압·혼란하게 할 만한 일체의 억압적 방법을 말하고 이는 제3자를 통하여 간접적으로 행사하는 것도 포함될 수 있다. 그러나 어떤 행위의 결과 상대방의 업무에 지장이 초래되었다 하더라도 행위자가 가지는 정당한 권한을 행사한 것으로 볼 수 있는 경우에는, 그 행위의 내용이나 수단 등이 사회통념상 허용될 수 없는 등 특별한 사정이 없는 한 업무방해죄를 구성하는 위력을 행사한 것이라고 할 수 없다. 따라서 제3자로 하여금 상대방에게 어떤 조치를 취하게 하는 등으로 상대방의 업무에 곤란을 야기하거나 그러한 위험이 초래되게 하였더라도, **행위자가 그 제3자의 의사결정에 관여할 수 있는 권한을 가지고 있거나 그에 대하여 업무상의 지시를 할 수 있는 지위에 있는 경우에는 특별한 사정이 없는 한 업무방해죄를 구성하지 아니한다**(대법원 2013.2.28, 2011도16718; 2009.10.15, 2009도5623 등; 2021.7.8, 2021도3805).

[보충] 장애인복지협회의 지부장으로서 협회에 대한 회계자료열람권을 가진 피고인이 협회 사무실에서 회계서류 등의 열람을 요구하는 과정에서 협회 직원들을 불러 모아 상당한 시간 동안 이야기를 하거나 피고인의 요구를 거부하는 직원에게 다소 언성을 높여 책임을 지게 될 수 있다고 이야기한 사정 등만으로는 피고인의 행위가 업무방해 행위에 해당하지 않는다고 본 원심을 수긍한 사례이다.

ⓘsolution 해당하지 않는다.

214 대형마트 피켓시위 사건

> 다음은 대법원 2022.9.7, 2021도9055 판례를 문제로 만든 것이다. 잘 읽고 물음에 답하시오.
> [사례] A 등 7명(여 4명, 남 3명)은 홈플러스 강서점에 방문한 대표이사 등에게 해고와 전보 인
> 사발령에 항의하기 위하여 식품매장에 들어가 당시 현장점검을 하던 점장과 대표이사 甲
> 등 간부들(20명 이상)을 약 30분간 따라 다니면서 그 근처에서 피켓을 들고 "강제전배
> 멈추어라, 통합운영 하지마라, 직원들이 아파한다, 부당해고 그만하라."라고 고성을 지르
> 는 방법으로 약 30분간 甲의 현장점검 업무를 방해하였다는 내용으로 기소되었다.
> [제1문] 일반적으로 출입이 허용되어 개방된 건조물에 관리자의 출입 제한이나 제지가 없는
> 상태에서 통상적인 방법으로 들어간 것이 건조물침입죄에서 규정하는 침입행위에 해
> 당하는가?
> [제2문] A 등의 행위는 건조물침입죄와 업무방해죄를 구성하는가?

[제1문]

(판례) 일반적으로 출입이 허용되어 개방된 건조물에 관리자의 출입 제한이나 제지가 없는 상태에서 통상적인 방법으로 들어갔다면, 사실상의 평온상태를 해치는 행위 태양으로 그 건조물에 들어갔다고 볼 수 없으므로 건조물침입죄에서 규정하는 침입행위에 해당하지 않는다(대법원 2022.5.12, 2022도2907; 2022.6.16, 2021도7087).

solution 해당하지 않는다.

[제2문]

(판례) 피고인들이 들어간 지점 2층 매장은 영업시간 중에는 출입자격 등의 제한 없이 일반적으로 개방되어 있는 장소인 점, 피고인들은 영업시간에 손님들이 이용하는 정문과 매장 입구를 차례로 통과하여 2층 매장에 들어가면서 보안요원 등에게 제지를 받거나 보안요원이 자리를 비운 때를 노려 몰래 들어가는 등 특별한 조치를 취하지도 아니한 점에 비추어 보면, 일반적으로 출입이 허용되어 개방된 지점 매장에 관리자의 출입 제한이나 제지가 없는 상태에서 통상적인 방법으로 들어간 이상 사실상의 평온상태를 해치는 행위 태양으로 들어갔다고 볼 수 없어 건조물침입죄에서 규정하는 침입행위에 해당하지 않으며, 지점 관리자의 명시적 출입 금지 의사는 확인되지 않고, 설령 피고인들이 지점 매장에 들어간 행위가 그 관리자의 추정적 의사에 반하였더라도, 그러한 사정만으로는 사실상의 평온상태를 해치는 행위 태양으로 출입하였다고 평가할 수 없으므로(대법원 2021.9.9, 2020도12630 전원합의체) 피고인들에 대하여 건조물침입죄가 성립하지 않는다. (또한) **업무방해죄의 '위력'이란 사람의 자유의사를 제압 · 혼란하게 할 만한 일체의 세력으로, 유형적이든 무형적이든 묻지 아니하고, 현실적으로 피해자의 자유의사가 제압되어야만 하는 것도 아니지만, 범인의 위세, 사람 수, 주위의 상황 등에 비추어 피해자의 자유의사를 제압하기 족한 정도가 되어야 하는 것으로서,** 그러한 위력에 해당하는지는 범행의 일시 · 장소, 범행의 동기, 목적, 인원수, 세력의 태양, 업무의 종류, 피해자의 지위 등 제반 사정을 고려하여 객관적으로 판단하여야 하고, 피해자 등의 의사에 의해 결정되는 것은 아니다. 피고인들 7명 중 4명은 여성이고 3명의 남성 중 1명은 50대인 반면 매장 현장점검에 참여한 인원은 갑 등 약 20명 이상으로 대표이사를 비롯하여 대부분 간부급 경영진인 점, 피고인들이 매장에서 점검업무를 하던 갑 등을 뒤따라 다니며 약 1~2m 이상의 거리를 둔 채 그 주변에서 피켓을 들고 서 있거나 "강제전배 멈추세요.", "일하고 싶습니다." 등을 외쳤으나 갑 등에게 그 이상 가까이 다가가거나 갑 등의 진행이나 업무를 물리적인 방법으로 막지 않았고, 갑 등에게 욕설, 협박을 하지 않았으며, 갑 등은 약 30분간 현장점검 업무를 계속한 점 등 제반 사정을 종합하면, 피고인들이 갑 등의 자유의사를 제압하기에 족한 위력을 행사하였다고 단정하기 어렵다.

solution 구성하지 않는다.

215 학교장의 권한을 강조한 발언과 업무방해죄의 위력의 의미

> A고등학교 교장 甲은 2016.경 신입생 입학 사정회의 과정에서 면접위원인 乙 등에게 "참 선생님들이 말을 안 듣네. 중학교는 이 정도면 교장 선생님한테 권한을 줘서 끝내는데. 왜 그러는 거죠?" 등 특정 학생을 합격시키라는 취지로 강압적인 이 사건 발언을 하였다. 甲의 행위는 업무방해죄의 위력에 해당하는가?

(판례) 형법상 업무방해죄에서 말하는 '위력'은 반드시 유형력의 행사에 국한되지 아니하므로 폭력·협박은 물론 사회적·경제적·정치적 지위와 권세에 의한 압박 등도 이에 포함되지만, 적어도 그러한 위력으로 인하여 피해자의 자유의사를 제압하기에 충분하다고 평가될 정도의 세력에는 이르러야 한다. 한편 어떤 행위의 결과 상대방의 업무에 지장이 초래되었더라도 행위자가 상대방의 의사결정에 관여할 수 있는 권한을 가지고 있거나 업무상의 지시를 할 수 있는 지위에 있는 경우에는 그 행위의 내용이나 수단이 사회통념상 허용될 수 없는 등 특별한 사정이 없는 한 위력을 행사한 것이라고 할 수 없다(대법원 2013.2.28, 2011도16718; 2013.3.14, 2010도410 등). 또한 업무방해죄의 성립에는 업무방해의 결과가 실제로 발생할 것을 요하지 아니하지만 업무방해의 결과를 초래할 위험은 발생하여야 하고, 그 위험의 발생이 위계 또는 위력으로 인한 것인지 신중하게 판단되어야 한다(대법원 2005.4.15, 2002도3453 등). ① 피고인과 피해자들을 비롯한 신입생 입학 사정회의 구성원들은 모두 위 사정회의를 통해 다양한 의견을 반영하여 최종 합격자를 결정하고 그에 따라 면접 점수가 조정될 수 있음을 양해하였던 점, ② 피해자들이 특정 학생의 면접 점수를 조정하기로 한 것은 피고인이 이 사건 발언을 통해 어떠한 분위기를 조성한 영향이 아닌 사정회의 구성원들이 이 사건 사정회의에서 논의한 결과에 따른 것이라고 보이는 점, ③ 이 사건 발언 경위 등에 비추어 피고인이 이 사건 발언을 하면서 다소 과도한 표현을 사용하였다고 하더라도 그로 인해 피해자들의 자유의사를 제압하거나 사회통념상 허용할 수 없는 위력을 행사였다고 보기 어려운 점, ④ 피고인이 업무방해의 고의로 이 사건 발언을 하였다고 보기도 어려운 점 등을 이유로, 업무방행죄를 유죄로 인정할 수 없다(대법원 2023.3.30, 2019도7446).

⸫solution 해당하지 않는다.

216 사립학교 봉사활동확인서 허위제출로 봉사상을 받은 사건

• 경찰2차 22

> 사립고등학교 학생 A는 실제로 봉사활동을 한 사실이 없음에도 그 부모 甲은 (다른 학교 교사와 공모하여) 외부기관으로부터 허위의 봉사활동내용이 기재된 확인서를 발급받은 후 이를 학교에 제출하여 학생으로 하여금 봉사상을 받도록 하였다. 甲에게는 업무방해죄의 죄책이 인정되는가?

(판례) 업무방해죄의 성립에 있어서는 업무방해의 결과가 실제로 발생함을 요하지 않고 업무방해의 결과를 초래할 위험이 발생하면 족하다(대법원 2002.3.29, 2000도3231 등). …… 허위의 봉사활동확인서 제출로써 학교장의 봉사상 심사 및 선정업무 방해의 결과를 초래할 위험이 발생하였고, 위 업무를 학생으로부터 봉사상 수여에 관한 신청을 받아 자격요건 등을 심사하여 수용 여부를 결정하는 것이라거나 확인서의 내용이 사실과 부합하지 않을 수 있음을 전제로 자격요건 등을 심사·판단하는 업무로는 볼 수 없다(소위 학교장

의 불충분한 심사에 기인한 것이라 할 수 없다는 의미임 — 필자 주). 이와 달리 본 원심판결을 파기환송한다 (대법원 2020.9.24, 2017도19283).

⸢solution 인정된다.

● ● ○
217 대작 논문 · 자료 예비심사 제출 사건

> 피고인 A는 지도교수 등이 대작한 박사학위 논문 예비심사용 자료를 마치 자신이 작성한 것처럼 발표하여 예비심사에 합격함으로써 X대학원장의 박사학위 논문 예비심사 업무를 방해하였다는 공소사실로 기소되었다. 종래 판례에 의하면, 타인에 의하여 대작(代作)된 학위논문을 논문 심사에 제출한 경우 형법상 업무방해죄가 성립한다. 그렇다면 위와 같은 결론은 타인에 의하여 대작된 논문 또는 자료를 학위청구논문의 작성계획을 밝히는 예비심사 단계에 제출하는 행위에도 동일하게 적용되는가?

(판례) 형법 제314조 제1항에서 정하는 위계에 의한 업무방해죄에서 '위계'란 행위자가 행위의 목적을 달성하기 위하여 상대방에게 오인 · 착각 또는 부지를 일으키게 하여 이를 이용하는 것을 말한다. 그리고 업무방해죄의 성립에는 업무방해의 결과가 실제로 발생할 것을 요하지 아니하지만 업무방해의 결과를 초래할 위험은 발생하여야 하고, 그 위험의 발생이 위계 또는 위력으로 인한 것인지 신중하게 판단되어야 한다(대법원 2005.4.15, 2002도3453; 2023.3.30, 2019도7446). 학위논문을 작성함에 있어 자료를 분석, 정리하여 논문의 내용을 완성하는 일의 대부분을 타인에게 의존하였다면 그 논문은 타인에 의하여 대작된 것이라고 보아야 할 것이나(대법원 1996.7.30, 94도2708), 학위청구논문의 작성계획을 밝히는 예비심사 단계에서 제출된 논문 또는 자료의 경우에는 아직 본격적인 연구가 이루어지기 전이고, 연구주제 선정, 목차 구성, 논문작성계획의 수립, 기존 연구성과의 정리 등에 논문지도교수의 폭넓은 지도를 예정하고 있다고 할 것이어서 학위논문과 동일하게 볼 수 없다(대법원 2023.9.14, 2021도13708).

⸢solution 동일하게 적용되지 않는다.

● ● ○
218 감정가보다 현저하게 적은 금액으로 입찰행위를 반복한 사건

> 甲은 민사집행법상 기일입찰 방식의 경매절차에서 경매목적물을 매수할 의사나 능력 없이 오로지 경매목적물이 제3자에게 매각되는 것을 저지하기 위하여 경매절차를 지연할 목적으로 다른 사람의 명의를 이용하여 감정가와 현저하게 차이가 나는 금액으로 입찰하는 행위를 반복함으로써 제3자의 매수를 사실상 봉쇄하여 전체적으로 경매절차를 형해화하는 정도에 이르렀다. 甲의 행위는 형법상 경매방해죄에 해당하는가?

(판례) 입찰방해죄는 위계 또는 위력 기타의 방법으로 입찰의 공정을 해하는 경우에 성립하고, 여기서 '입찰의 공정을 해하는 행위'란 공정한 자유경쟁을 방해할 염려가 있는 상태를 발생시키는 것으로서, 그 행위

에는 적정한 가격형성에 부당한 영향을 주는 것뿐 아니라 적법하고 공정한 경쟁방법을 해하거나 공정한 경쟁구도의 형성을 저해하는 행위도 포함된다. 피고인이 민사집행법상 기일입찰 방식의 경매절차에서 경매목적물을 매수할 의사나 능력 없이 오로지 경매목적물이 제3자에게 매각되는 것을 저지하기 위하여 경매절차를 지연할 목적으로 다른 사람의 명의를 이용하여 감정가와 현저하게 차이가 나는 금액으로 입찰하는 행위를 반복함으로써 제3자의 매수를 사실상 봉쇄하여 전체적으로 경매절차를 형해화하는 정도에 이르렀고 이는 위계로써 경매의 공정을 해한 것으로 볼 수 있다(대법원 2023.12.21, 2023도10254).

ℹsolution 해당한다.

---

4 사생활의 평온에 대한 죄

제1절 비밀침해의 죄

● ● ○
219 해킹프로그램을 이용한 타인의 아이디, 비밀번호 탐지 사건

> 甲은 乙의 컴퓨터에 해킹프로그램을 몰래 설치해 별도의 보안장치가 없는 인터넷 계정의 아이디, 비밀번호를 알아냈다.
> [제1문] 위와 같은 타인의 아이디, 비밀번호는 형법 제316조 제2항 소정의 전자기록등내용탐지죄(봉함 기타 비밀장치한 사람의 편지, 문서, 도화 또는 전자기록 등 특수매체기록을 기술적 수단을 이용하여 그 내용을 알아낸 자)의 전자기록 등 특수매체기록에 해당하는가?
> [제2문] 위 甲의 행위는 전자기록등내용탐지죄에 해당하는가?

 (이하 제1문의 판례) 1995.12.29. 법률 제5057호로 개정된 형법은 산업화·정보화의 추세에 따른 컴퓨터범죄 등 신종범죄에 효율적으로 대처하기 위해 제316조 제2항을 신설하여 '봉함 기타 비밀장치한 사람의 편지, 문서, 도화 또는 **전자기록 등 특수매체기록**을 기술적 수단을 이용하여 그 내용을 알아낸 자'를 처벌하는 규정을 두었고, 그 외 전자기록 등 특수매체기록을 행위의 객체로 하는 업무방해(제314조 제2항), 공·사(公·私)전자기록의 위작·변작(제227조의2, 제232조의2) 및 동 행사(제229조, 제234조) 등 컴퓨터관련범죄를 신설하고, 재물손괴죄 등(제366조)에 전자기록 등 특수매체기록을 행위의 객체로 추가하였다. 여기서 전자기록 등 특수매체기록이란 일정한 저장매체에 전자방식이나 자기방식 또는 광기술 등 이에 준하는 방식에 의하여 저장된 기록을 의미하는데, 특히 **전자기록**은 …… 그 자체로서 객관적·고정적 의미를 가지면서 독립적으로 쓰이는 것이 아니라 개인 또는 법인이 전자적 방식에 의한 정보의 생성·처리·저장·출력을 목적으로 구축하여 설치·운영하는 **시스템에서 쓰임으로써 예정된 증명적 기능을 수행**한다(형법 제227조의2에 규정된 공전자기록등위작죄에 관한 대법원 2005.6.9, 2004도6132, 형법 제232조의2에 규정된 사전자기록등위작죄에 관한 대법원 2020.8.27, 2019도11294 전원합의체 등 참조). 따라서 그 자체로서 객관적·고정적 의미를 가지면서 독립적으로 쓰이는 것이 아니라 개인 또는 법인이 전자적 방식에 의한 정보의 생성·처리·저장·출력을 목적으로 구축하여 설치·운영하는 시스템에서 쓰임으로써 예정된 증명적 기능을 수행하는 것은 전자기록에 포함된다(형법 제232조의2에 규정된 사전자기록등위작죄에서의 전자기록에 관한 대법원 2008.6.12, 2008도938). (따라서) 피해자의 **아이디, 비밀번호는**

전자방식에 의하여 피해자의 노트북 컴퓨터에 저장된 기록으로서 형법 제316조 제2항의 '**전자기록 등 특수매체기록**'에 해당한다. (이하 제2문의 판례) 다만, 형법 제316조 제2항 소정의 전자기록등내용탐지죄는 봉함 기타 비밀장치한 전자기록 등 특수매체기록을 기술적 수단을 이용하여 그 내용을 알아낸 자를 처벌하는 규정인바, 전자기록 등 특수매체기록에 해당하더라도 봉함 기타 비밀장치가 되어 있지 아니한 것은 이를 기술적 수단을 동원해서 알아냈더라도 **전자기록등내용탐지죄가 성립하지 않는다**(대법원 2022.3.31, 2021도8900).

보충 피고인이 이 사건 아이디 등을 이용해 피해자의 ○○○○ 계정 등에 접속한 행위 및 이를 통해 피해자와 다른 사람들 사이의 대화내용 등을 다운로드받은 행위에 대해서는, 원심에서「정보통신망 이용촉진 및 정보보호 등에 관한 법률」위반(정보통신망침해등)죄. 전자기록등내용탐지죄가 인정되었고, 이 부분에 대해서는 피고인과 검사 모두 상고하지 아니하였다.

solution [제1문] 해당한다.
[제2문] 해당하지 않는다.

제2절 주거침입의 죄

220 불법적으로 점유를 개시한 점유자의 점유를 탈환하기 위한 건조물 침입과 업무방해 사건

> [제1문] 기존 점유자가 건조물침입 범죄행위 등 불법적으로 점유를 개시한 현 점유자의 점유를 탈환하기 위하여 적법한 절차를 거치지 않고 건조물에 들어간 경우 건조물침입죄가 성립할 수 있는가?
> [제2문] 건조물침입 범죄행위 등 불법적으로 점유를 개시한 공사현장에 대한 경비 · 관리 업무는 업무방해죄의 보호대상인 '업무'에 해당할 수 있는가?

[제1문]
판례 건조물침입죄는 관리하는 건조물의 사실상 평온을 보호법익으로 하므로, 관리자가 건조물을 관리할 법률상 정당한 권한을 가지고 있는지는 범죄의 성립을 좌우하는 것이 아니며 관리자가 건조물을 사실상 점유 · 관리하는 경우라면 설령 정당한 권원이 없는 사법상 불법점유이더라도 적법한 절차에 의하여 점유를 풀지 않는 한 그에 따른 사실상 평온은 보호되어야 하므로 사법상 권리자라 하더라도 정당한 절차에 의하지 아니하고 건조물에 침입한 경우에는 건조물침입죄가 성립한다(대법원 1984.4.24, 83도1429; 2006.9.28, 2006도4875; 2023.2.2, 2022도5940 등). 침입 당시 관리자가 건조물을 사실상 점유 · 관리하여 그에 따른 '사실상 평온'을 누리고 있었는지는 건조물에 대한 점유 개시의 경위뿐만 아니라 점유 기간 및 현황, 외부인의 출입에 대한 통제 · 관리 상태 등을 고려하여 사회통념에 따라 합목적적으로 판단하여야 한다.

solution 해당할 수 있다.

[제2문]
판례 형법상 업무방해죄의 보호대상이 되는 '업무'란 직업 또는 계속적으로 종사하는 사무나 사업으로서 타인의 위법한 행위에 의한 침해로부터 보호할 가치가 있으면 되고 반드시 그 업무가 적법하거나 유효할 필요는 없다. 법률상 보호할 가치가 있는 업무인지는 그 사무가 사실상 평온하게 이루어져 사회적 활동의 기반이 되고 있느냐에 따라 결정되고, 업무의 개시나 수행과정에 실체상 또는 절차상 하자가 있더라도 사회생활상 도저히 용인할 수 없는 정도로 반사회성을 띠는 데까지 이르거나 법적 보호라는 측면에서 그와 동등한 평가를 받을 수밖에 없는 경우에 이르지 아니한 이상 업무방해죄의 보호대상이 된다(대법원 2006.3.9, 2006도382; 2013.11.28, 2013도4430; 2015.4.23, 2013도9828; 2023.2.2, 2022도5940 등).

보충 ○○백화점 공사 시행사에 대하여 PF 대출을 한 금융기관이 A회사에게 PF대출채권(신탁계약상 1순위 우선수익자 지위 포함)을 양도하였고, A회사는 공사 현장 부동산 소유자인 신탁회사(수탁자)로부터 1순위 우선수익자로서 건축물의 관리권을 위탁까지 받아 위 공사현장을 점유·관리해 왔다. 한편, B회사는 위 시행사로부터 위 백화점 공사 사업권을 양수한 후, 위 공사현장의 A회사의 점유를 침탈하여 점유를 확보하고 관할 경찰서장으로부터 집단민원현장 경비원배치 허가 등을 받아 경비원을 배치하는 등의 방법으로 약 65일 간 B회사가 위 공사현장을 점유·관리하였다. 이에 A회사의 대표이사인 피고인 등은 위 공사현장에 대한 점유를 재탈환하기 위하여 용역직원 80~100 여명을 동원하여 쇠파이프 등 위험한 물건을 휴대한 채 위 공사현장에 들어가 경비 업무를 수행하고 있던 B회사 측 직원들을 외부로 끌어내어 위 공사현장을 탈환·점거하였다. 피해자들 측이 불법적으로 이 사건 공사현장을 점거하였지만 관할 경찰서로부터 집단민원현장 경비원배치신고 및 관련 허가를 받아 약 65일간 경비원을 상주시키면서 점유·관리하여 온 상황에서 피고인들이 정당하고 적법한 절차에 의하지 않고 이 사건 공사현장 및 건조물에 침입한 이상 건조물침입죄가 성립하고, 피해자들이 이 사건 공사현장 및 건조물을 관리하는 업무는 법률상 보호가치 있는 업무로서 피고인들이 그 업무를 방해한 행위는 업무방해죄에 해당한다.

？solution 해당할 수 있다.

●●○
221 사드기지 부지 침입 사건

> 피고인들은 골프장 부지에 설치된 사드(THAAD: 고고도 미사일 방어체계)기지 외곽 철조망을 미리 준비한 각목과 장갑을 이용해 통과하여 300m 정도 진행하다가 내곽 철조망에 도착하자 미리 준비한 모포와 장갑을 이용해 통과하여 사드기지 내부 1km 지점까지 진입하였다. 피고인들의 행위는 건조물침입죄에 해당하는가?

판례 건조물침입죄에서 건조물이란 단순히 건조물 그 자체만을 말하는 것이 아니고 위요지를 포함하는 개념이다. 위요지란 건조물에 직접 부속한 토지로서 그 경계가 장벽 등에 의하여 물리적으로 명확하게 구획되어 있는 장소를 말한다. …… 위 사드기지는 더 이상 골프장으로 사용되고 있지 않을 뿐만 아니라 이미 사드발사대 2대가 반입되어 이를 운용하기 위한 병력이 골프장으로 이용될 당시의 클럽하우스, 골프텔 등의 건축물에 주둔하고 있었고, 군 당국은 외부인 출입을 엄격히 금지하기 위하여 사드기지의 경계에 외곽 철조망과 내곽 철조망을 2중으로 설치하여 외부인의 접근을 철저하게 통제하고 있었으므로, 위 사드기지의 부지는 기지 내 건물의 위요지에 해당한다. 따라서 이와 달리 보아 피고인들에게 무죄를 선고한 원심판결에는 주거침입죄의 위요지에 관한 법리를 오해한 잘못이 있다(대법원 2020.3.12, 2019도16484).

？solution 해당한다.

●●●
222 세차업자의 아파트 단지 안 주차장 출입 사건

> 공동주택인 아파트의 '단지 안 주차장'에 대한 입주자 등이 아닌 외부인의 출입에 관한 '출입을 승낙'한 일부 입주자 등의 의사와 '출입을 금지'한 아파트 입주자대표회의의 의사가 상충(相衝)하는 경우, 세차업자인 피고인이 '아파트 지하주차장 출입을 금지'하는 아파트 입주자대표회의의 결정 및 법원의 출입금지가처분 결정에 반하여 세차영업을 위하여 아파트 지하주차장에 들어간 행위는 건조물침입죄를 구성하는가?

판례 건조물침입죄는 건조물의 사실상 평온을 보호법익으로 하고 있으므로 건조물 관리자의 의사에 반하여 건조물에 침입함으로써 성립한다. 건조물의 거주자나 관리자와의 관계 등으로 평소 그 건조물에 출입이 허용된 사람이라 하더라도 건조물에 들어간 행위가 거주자나 관리자의 명시적 또는 추정적 의사에 반함에도 불구하고 감행된 것이라면 건조물침입죄가 성립한다(대법원 2012.4.12, 2012도976 등). …… 입주자대표회의는 구 주택법 또는 공동주택관리법에 따라 구성되는 공동주택의 자치의결기구로서 공동주택의 입주자 등을 대표하여 공동주택의 관리에 관한 주요사항을 결정할 수 있고, 개별 입주자 등은 원활한 공동생활을 유지하기 위하여 공동주택에서의 본질적인 권리가 침해되지 않는 한 입주자대표회의가 결정한 공동주택의 관리에 관한 사항을 따를 의무가 있다. 공동주택의 관리에 관한 사항에는 '단지 안의 주차장 유지 및 운영에 관한 사항'도 포함된다. 따라서 입주자대표회의가 입주자 등이 아닌 자(이하 '외부인'이라 한다)의 단지 안 주차장에 대한 출입을 금지하는 결정을 하고 그 사실을 외부인에게 통보하였음에도 외부인이 입주자대표회의의 결정에 반하여 그 주차장에 들어갔다면, 출입 당시 관리자로부터 구체적인 제지를 받지 않았다고 하더라도 그 주차장의 관리권자인 입주자대표회의의 의사에 반하여 들어간 것이므로 건조물침입죄가 성립한다. 설령 외부인이 일부 입주자 등의 승낙을 받고 단지 안의 주차장에 들어갔다고 하더라도 개별 입주자 등은 그 주차장에 대한 본질적인 권리가 침해되지 않는 한 입주자대표회의 단지 안의 주차장 관리에 관한 결정에 따를 의무가 있으므로 건조물침입죄의 성립에 영향이 없다. 외부인의 단지 안의 주차장 출입을 금지하는 입주자대표회의의 결정이 개별 입주자 등의 본질적인 권리를 침해하는지 여부는 주차장의 유지 및 운영에 관한 관계규정의 내용, 주차장의 본래 사용용도와 목적, 입주자 등 사이의 관계, 입주자 등과 외부인 사이의 관계, 외부인의 출입 목적과 출입 방법 등을 종합적으로 고려하여 판단하여야 한다(대법원 2021.1.14, 2017도21323).

ⓘsolution 구성한다.

●●●
223 배우자 있는 사람과의 혼외 성관계 목적으로 다른 배우자가 부재중인 주거에 출입하여 주거침입죄로 기소된 사건
• 경찰1차 22, 경찰간부 22, 경찰승진 22

> [제1문] 공동주거에 있어 그 주거에서 거주하는 사람 이외의 자(이하 '외부인')가 주거 내에 현재하는 공동거주자의 현실적인 승낙을 받아 통상적인 출입방법에 따라 공동주거에 들어갔으나 그것이 부재중인 다른 거주자의 추정적 의사에 반하는 경우 주거침입죄가 성립하는가?
>
> [제2문] 乙의 처 丙과 교제하고 있던 피고인 甲은 乙과 丙이 공동으로 거주하는 아파트에 이르러 丙이 열어 준 현관 출입문을 통해 위 아파트에 3회에 걸쳐 들어갔다. 甲에게는 주거침입죄가 성립하는가?

[제1문 · 제2문]

판례 주거침입죄의 보호법익은 사적 생활관계에 있어서 사실상 누리고 있는 주거의 평온, 즉 '사실상 주거의 평온'이다. 주거침입죄의 구성요건적 행위인 침입은 주거침입죄의 보호법익과의 관계에서 해석하여야 한다. 따라서 침입이란 '거주자가 주거에서 누리는 사실상의 평온상태를 해치는 행위태양으로 주거에 들어가는 것'을 의미한다. 침입에 해당하는지 여부는 출입 당시 객관적·외형적으로 드러난 행위태양을 기준으로 판단함이 원칙이다. 단순히 주거에 들어가는 행위 자체가 거주자의 의사에 반한다는 거주자의 주관적 사정만으로 바로 침입에 해당한다고 볼 수는 없다. …… 외부인이 공동거주자의 일부가 부재중에 주거 내에 현재하는 거주자의 현실적인 승낙을 받아 통상적인 출입방법에 따라 공동주거에 들어간 경우라면 그것이 부재중인 다른 거주자의 추정적 의사에 반하는 경우에도 주거침입죄가 성립하지 않는다고 보아야 한다. …… 피고인은 피해자의 부재중에 피해자의 처로부터 현실적인 승낙을 받아 통상적인 출입방법에 따라 주거에 들어갔으므로 주거의 사실상 평온상태를 해치는 행위태양으로 주거에 들어간 것이 아니어서 주거에 침입한 것으로 볼 수 없고, 설령 피고인의 출입이 부재중인 피해자의 추정적 의사에 반하더라도 주거침입죄의 성립에 영향을 미치지 않는다고 보아 피고인에 대한 주거침입죄의 성립을 부정한 원심판결이 정당하다고 판단하여 상고를 기각하였음 …… 이와 달리 공동거주자 중 한 사람의 승낙에 따라 주거에 출입한 것이 다른 거주자의 의사에 반한다는 사정만으로 다른 거주자의 사실상 주거의 평온을 해치는 결과가 된다는 전제에서, 공동거주자 중 주거 내에 현재하는 거주자의 현실적인 승낙을 받아 통상적인 출입방법에 따라 주거에 출입하였는데도 부재중인 다른 거주자의 추정적 의사에 반한다는 사정만으로 주거침입죄가 성립한다는 취지로 판단한 대법원 1984.6.26, 83도685 판결을 이 판결의 견해에 배치되는 범위 내에서 모두 변경한다(대법원 2021.9.9, 2020도12630 전원합의체).

♀solution 성립하지 않는다.

224 별거 중인 남편과 그 부모의 공동주거 출입 사건

• 경찰1차 22, 경찰간부 22

> 가정불화로 처 A와 일시 별거 중인 남편 甲은 그의 부모 乙·丙과 함께 주거지에 들어가려고 하는데 처로부터 집을 돌보아 달라는 부탁을 받은 처제 B가 출입을 못하게 하자, 출입문에 설치된 잠금장치를 손괴하고 주거지에 출입하였다.
> [제1문] 공동거주자 중 한 사람이 그의 출입을 금지한 다른 공동거주자의 사실상 평온상태를 해치는 행위태양으로 공동주거에 들어간 경우 그것이 공동주거의 보편적인 이용형태에 해당한다고 평가할 수 있는 경우에도 주거침입죄가 성립하는가?
> [제2문] 위 경우 공동거주자 중 한 사람의 승낙에 따라 외부인이 출입한 행위는 주거침입죄가 성립하는가?

[제1문]

판례 공동거주자 각자는 특별한 사정이 없는 한 공동주거관계의 취지 및 특성에 맞추어 공동주거 중 공동생활의 장소로 설정한 부분에 출입하여 공동의 공간을 이용할 수 있는 것과 같은 이유로, 다른 공동거주자가 이에 출입하여 이용하는 것을 용인할 수인의무도 있다. 이처럼 공동거주자 각자가 공동생활의 장소에서 누리는 사실상 주거의 평온이라는 법익은 공동거주자 상호간의 관계로 인하여 일정 부분 제약될 수밖에 없고, 공동거주자는 이러한 사정에 대한 상호 용인 하에 공동주거관계를 형성하기로 하였다고 보아야 한다. 따라서 공동거주자 상호간에는 특별한 사정이 없는 한 다른 공동거주자가 공동생활의 장소에 자유로이 출입하고 이를 이용하는 것을 금지할 수 없다. …… 공동거주자 중 한 사람이 법률적인 근거 기타 정당한 이유 없이 다른 공동거주자가 공동생활의 장소에 출입하는 것을 금지한 경우, 다른 공동거주자가 이에 대항하여 공동생활의 장소에 들어갔더라도 이는 '사전 양해된 공동주거의 취지 및 특성에 맞추어 공동생활의 장소를 이용하기 위한 방편'에 불과할 뿐, 그의 출입을 금지한 공동거주자의 사실상 주거의 평온이라는 법익을 침해하는 행위라고는 볼 수 없으므로 주거침입죄는 성립하지 않는다. 설령 그 공동거주자가 공동생활의 장소에 출입하기 위하여 다소간의 물리력을 행사하여 그 출입을 금지한 공동거주자의 사실상 평온상태를 해쳤더라도 주거침입죄는 성립하지 않는다(대법원 2021.9.9, 2020도6085 전원합의체).

♀solution 성립하지 않는다.

[제2문]

판례 외부인이 공동거주자 중 한 사람의 승낙에 따라서 공동생활의 장소에 함께 출입한 것이 다른 공동거주자의 주거의 평온을 침해하는 행위가 된다고 볼 수 있는지 여부도 이러한 측면에서 살펴볼 필요가 있다. 공동거주자 중 한 사람의 승낙에 따른 외부인의 공동생활 장소의 출입 및 이용행위가 외부인의 출입을 승낙한 공동거주자의 통상적인 공동생활 장소의 출입 및 이용행위의 일환이자 이에 수반되는 행위로 평가할 수 있는 경우에는 이러한 외부인의 행위는 전체적으로 그 공동거주자의 행위와 동일하게 평가할 수 있다. 공동거주자 중 한 사람이 법률적인 근거 기타 정당한 이유 없이 다른 공동거주자가 공동생활의 장소에 출입하는 것을 금지하고, 이에 대항하여 다른 공동거주자가 공동생활의 장소에 들어가는 과정에서 그의 출입을 금지한 공동거주자의 사실상 평온상태를 해쳤더라도, 그 공동거주자의 승낙을 받아 공동생활의 장소에 함께 들어간 외부인의 출입 및 이용행위가 전체적으로 그의 출입을 승낙한 공동거주자의 통상적인 공동생활 장소의 출입 및 이용행위의 일환이자 이에 수반되는 행위로 평가할 수 있는 경우에는 그 외부인에 대하여도 역시 주거침입죄가 성립하지 않는다(대법원 2021.9.9, 2020도6085 전원합의체).

solution 성립하지 않는다.

● ● ● ○
225 출입권한을 보유한 자와 건조물침입죄 성립 여부

> 건조물에 대한 공동 거주·관리·점유권한이 있는 자가 해당 건조물에 절도의 목적으로 임의로 출입하는 경우 건조물침입죄가 성립하는가?

판례 주거침입죄의 객체는 행위자 이외의 사람, 즉 '타인'이 거주하는 주거 등이라고 할 것이므로 행위자 자신이 단독으로 또는 다른 사람과 공동으로 거주하거나 관리 또는 점유하는 주거 등에 임의로 출입하더라도 주거침입죄를 구성하지 않는다. 다만 다른 사람과 공동으로 주거에 거주하거나 건조물을 관리하던 사람이 공동생활관계에서 이탈하거나 주거 등에 대한 사실상의 지배·관리를 상실한 경우 등 특별한 사정이 있는 경우에 주거침입죄가 성립할 수 있을 뿐이다(대법원 2021.9.9, 2020도6085 전원합의체). 피고인이 피해자와 공동으로 관리·점유하는 피해 회사 사무실에 임의로 출입한 것이므로 원칙적으로 건조물침입죄가 성립한다고 볼 수 없고, 피고인이 피해자와의 관계에서 피해 회사에 대한 출입과 관련하여 공동생활관계에서 이탈하였거나 이에 관한 사실상의 지배·관리를 상실한 경우 등의 특별한 사정이 있다고 보기도 어려우며, 피고인이 피해자로부터 교부받은 스마트키를 이용하여 피해 회사에서 예정한 통상적인 출입방법에 따라 위 사무실에 들어간 것일 뿐 그 당시 객관적·외형적으로 드러난 행위태양을 기준으로 볼 때 사실상의 평온상태를 해치는 방법으로 피해 회사에 들어갔다고 볼 만한 사정도 없다(야간건조물침입절도죄 불성립, 대법원 2023.6.29, 2023도3351).

solution 성립하지 않는다.

226 주거침입죄 해당 여부

> 공동거주자가 아닌 甲은 사실상의 평온상태를 해치는 행위태양으로 자신의 장인이 거주하는
> 처갓집에 들어갔다. 甲의 행위는 주거침입에 해당하는가?

[판례] ① 피고인은 자신과 다툰 후 집을 나간 처를 만나기 위해 피해자가 거주하는 처갓집(이하 '이 사건 집')
을 방문하여 그 안으로 들어간 것으로서, 피고인은 이 사건 집의 공동거주자가 아닌 점, ② 피고인은 이 사건
범행 전 피해자 측에게 '처가 지금 오지 않으면 이 사건 집에 가서 휘발유를 뿌리겠다'는 취지의 문자메시지를
보냈고, 이에 피해자와 가족들이 피고인을 피해 이 사건 집을 비웠음에도 피고인은 휘발유로 추정되는 물질을
소지한 채 이 사건 집을 방문하였고, 피해자 측에게 '이 사건 집을 부수고 불을 지르겠다'는 취지의 문자메시지
등을 보냈을 뿐더러 이 사건 집에 들어가는 과정에서 창문을 깨뜨리기도 하였는바, 피고인은 피해자가 이 사건
집에서 누리는 사실상의 평온상태를 해치는 행위태양으로 이 사건 집에 들어간 점 등에 비추어, 주거침입죄
가 인정된다(대법원 2021.10.28, 2021도9242).

♀solution 해당한다.

227 피해자의 집에서 피해자와 일정 기간 함께 생활한 피고인이 피해자의 집에 몰래 들어간 사례

[판례] 피고인은 2020.11. 초순 피해자를 알게 되어 교제하기 시작하였고 같은 달 중순부터 2020.12.31.까지
1개월 조금 넘는 기간 동안 피해자의 집에서 함께 생활한 점, 피고인은 수사기관부터 원심 법정에 이르기까
지 주거지를 자신이 일하는 사무실 방 또는 주민등록지(피해자의 집과 무관한 장소) 중 한 곳으로만 진술하
였던 점, 피고인은 피해자가 집을 비운 틈을 이용해 아파트 1층 베란다를 타고 올라가 2층에 있는 피해자의
집 거실 베란다 문을 열고 피해자의 집 안으로 들어간 점 등에 비추어, 주거침입죄의 성립이 인정된다(대법원
2021.12.30, 2021도13639).

[보충] 공동거주자 중 한 사람이 공동생활의 장소에 들어간 경우에 주거침입죄의 성립을 부정한 대법원 2021.9.9, 2020도6085 전원합
의체 판결은 이 사건과는 사안을 달리한다.

228 피고인이 교제하다 헤어진 피해자의 주거가 속해 있는 아파트 동의 출입구에 설치된 공동출
입문에 피해자나 다른 입주자의 승낙 없이 비밀번호를 입력하는 방법으로 아파트의 공용 부
분에 출입하여 주거침입죄로 기소된 사안 • 경찰간부 22, 변호사시험 24

> 甲은 교제하다 헤어진 乙의 주거가 속해 있는 아파트 동의 출입구에 설치된 공동출입문에 乙
> 이나 다른 입주자의 승낙 없이 비밀번호를 입력하는 방법으로 아파트의 공용 부분에 출입하였
> 다. 甲의 행위는 주거침입에 해당하는가?

[판례] ① 주거침입죄는 사실상 주거의 평온을 보호법익으로 한다. 주거침입죄의 구성요건적 행위인 침입은
주거침입죄의 보호법익과의 관계에서 해석하여야 하므로, 침입이란 거주자가 주거에서 누리는 사실상의 평온상

태를 해치는 행위태양으로 주거에 들어가는 것을 의미하고, **침입에 해당하는지 여부는 출입 당시 객관적 · 외형적으로 드러난 행위태양을 기준으로 판단함이 원칙이다.** 사실상의 평온을 해치는 행위태양으로 주거에 들어가는 것이라면 특별한 사정이 없는 한 거주자의 의사에 반하는 것이겠지만, 단순히 주거에 들어가는 행위 자체가 거주자의 의사에 반한다는 거주자의 주관적 사정만으로 바로 침입에 해당한다고 볼 수 없다(대법원 2021.9.9, 2020도12630 전원합의체 등). 따라서 침입에 해당한다고 인정하기 위해서는 거주자의 의사에 반한다는 사정만으로는 부족하고, 주거의 형태와 용도 · 성질, 외부인의 출입에 대한 통제 · 관리 상태, 출입의 경위와 태양 등을 종합적으로 고려하여 객관적 · 외형적으로 판단할 때 주거의 사실상의 평온상태를 해치는 경우에 이르러야 한다. ② 다가구용 단독주택이나 다세대주택 · 연립주택 · 아파트와 같은 공동주택 내부의 엘리베이터, 공용 계단, 복도 등 공용 부분도 그 거주자들의 사실상 주거의 평온을 보호할 필요성이 있어 주거침입죄의 객체인 '사람의 주거'에 해당한다(대법원 2009.9.10, 2009도4335 등). 거주자가 아닌 외부인이 공동주택의 공용 부분에 출입한 것이 공동주택 거주자들에 대한 주거침입에 해당하는지 여부를 판단함에 있어서도 그 공용 부분이 일반 공중에 출입이 허용된 공간이 아니고 주거로 사용되는 각 가구 또는 세대의 전용 부분에 필수적으로 부속하는 부분으로서 거주자들 또는 관리자에 의하여 외부인의 출입에 대한 통제 · 관리가 예정되어 있어 거주자들의 사실상 주거의 평온을 보호할 필요성이 있는 부분인지, 공동주택의 거주자들이나 관리자가 평소 외부인이 그곳에 출입하는 것을 통제 · 관리하였는지 등의 사정과 외부인의 출입 목적 및 경위, 출입의 태양과 출입한 시간 등을 종합적으로 고려하여 '주거의 사실상의 평온상태를 침해하였는지'의 관점에서 객관적 · 외형적으로 판단하여야 한다. ③ 따라서 **아파트 등 공동주택의 공동현관**에 출입하는 경우에도, 그것이 주거로 사용하는 각 세대의 전용 부분에 필수적으로 부속하는 부분으로 거주자와 관리자에게만 부여된 **비밀번호**를 출입문에 입력하여야만 출입할 수 있거나, 외부인의 출입을 통제 · 관리하기 위한 취지의 표시나 경비원이 존재하는 등 외형적으로 외부인의 무단출입을 통제 · 관리하고 있는 사정이 존재하고, 외부인이 이를 인식하고서도 그 출입에 관한 거주자나 관리자의 승낙이 없음은 물론, 거주자와의 관계 기타 출입의 필요 등에 비추어 보더라도 정당한 이유 없이 비밀번호를 임의로 입력하거나 조작하는 등의 방법으로 거주자나 관리자 모르게 공동현관에 출입한 경우와 같이, 그 출입 목적 및 경위, 출입의 태양과 출입한 시간 등을 종합적으로 고려할 때 **공동주택 거주자의 주거의 사실상의 평온상태를 해치는 행위태양으로 볼 수 있는 경우라면 공동주택 거주자들에 대한 주거침입에 해당할 것이다**(대법원 2022.1.27, 2021도15507).

⚲solution 해당한다.

229 영업주 몰래 카메라를 설치하기 위하여 음식점에 출입한 경우 주거침입죄가 성립하는지가 문제된 사건
• 경찰간부 22

판례 (피고인들은 2015.1.24.과 같은 달 26일 피해자 공소외 1이 운영하는 음식점 및 2015.1.29.과 2015.2.12. 피해자 공소외 2가 운영하는 음식점에서 기자인 공소외 3을 만나 식사를 대접하면서 공소외 3이 부적절한 요구를 하는 장면 등을 확보할 목적으로 녹음 · 녹화 장치를 설치하거나 장치의 작동 여부 확인 및 이를 제거하기 위하여 위 각 음식점의 방실에 들어갔다) …… 주거침입죄는 사실상 주거의 평온을 보호법익으로 한다. 주거침입죄의 구성요건적 행위인 침입은 주거침입죄의 보호법익과의 관계에서 해석하여야 하므로, 침입이란 주거의 사실상 평온상태를 해치는 행위 태양으로 주거에 들어가는 것을 의미하고, **침입에 해당하는지는 출입 당시 객관적 · 외형적으로 드러난 행위 태양을 기준으로 판단함이 원칙이다.** 사실상의 평온상태를 해치는 행위 태양으로 주거에 들어가는 것이라면 대체로 거주자의 의사에 반하겠지만, 단순히 주거에 들어가는 행위 자체가 거주자의 의사에 반한다는 주관적 사정만으로는 바로 침입에 해당한다고 볼 수 없다(대법원 2021.9.9, 2020도12630 전원합의체). 거주자의 의사에 반하는지는 사실상의 평온상태를 해치는 행위 태양인지를 평가할 때 고려할 요소 중 하나이지만 주된 평가 요소가 될 수는 없다. 따라서 **침입행위에 해당하는지는 거주자의 의사에 반하는지가 아니라 사실상의 평온상태를 해치는 행위 태양인지에 따라 판단되어야 한다.** 행위자가 거주자의 승낙을 받아 주거에 들어갔으나 범죄 등을 목적으로 한 출입이거나 거주자가 행위자의 실제 출입 목적을 알았더라면 출입을 승낙하지 않았을 것이라는 사정이 인정되는 경우 행위자의 출입행위가 주거침입죄에서 규정하는 침입행위에 해당하려면, 출입하려는 주거 등의 형태와 용도·성질, 외부인에 대한 출입의 통제·관리 방식과 상태, 행위자의 출입 경위와 방법 등을 종합적으로 고려하여 행위자의 출입 당시 객관적·외형적으로 드러난 행위 태양에 비추어 주거의 사실상 평온상태가 침해되었다고 평가되어야 한다. 이때 거주자의 의사도 고려되지만 주거 등의 형태와 용도·성질, 외부인에 대한 출입의 통제·관리 방식과 상태 등 출입 당시 상황에 따라 그 정도는 달리 평가될 수 있다. 일반인의 출입이 허용된 음식점에 영업주의 승낙을 받아 통상적인 출입방법으로 들어갔다면 특별한 사정이 없는 한 주거침입죄에서 규정하는 침입행위에 해당하지 않는다. 설령 행위자가 범죄 등을 목적으로 음식점에 출입하였거나 영업주가 행위자의 실제 출입 목적을 알았더라면 출입을 승낙하지 않았을 것이라는 사정이 인정되더라도 그러한 사정만으로는 출입 당시 객관적·외형적으로 드러난 행위 태양에 비추어 사실상의 평온상태를 해치는 방법으로 음식점에 들어갔다고 평가할 수 없으므로 침입행위에 해당하지 않는다. 이와 달리 일반인의 출입이 허용된 음식점이더라도 음식점의 방실에 도청용 송신기를 설치할 목적으로 들어간 것은 영업주의 명시적 또는 추정적 의사에 반한다고 보아 주거침입죄가 성립한다고 인정한 대법원 1997.3.28, 95도2674 판결을 비롯하여 같은 취지의 대법원 판결들은 이 판결의 견해에 배치되는 범위 안에서 이를 변경하기로 한다(대법원 2022.3.24, 2017도18272 전원합의체).

●●●
230 노동조합원들 다수가 시청 1층 로비에 들어간 사건

> 노동조합원 甲 등 150여 명의 조합원들은 공동하여 관리자의 출입 제한이나 제지가 없는 상태에서 ○○시청 1층 로비로 통상적인 방법으로 들어가 바닥에 앉아 구호를 외치며 소란을 피웠다. 甲 등에게는 (폭처법상 공동)건조물침입죄가 성립하는가?

[판례] 일반적으로 출입이 허용되어 개방된 시청사 로비에 관리자의 출입 제한이나 제지가 없는 상태에서 통상적인 방법으로 들어간 이상 사실상의 평온상태를 해치는 행위 태양으로 시청 1층 로비에 들어갔다고 볼 수 없으므로 건조물침입죄에서 규정하는 침입행위에 해당하지 않는다. ○○시청 관리자의 명시적 출입 금지 의사는 확인되지 않고, 설령 피고인 2, 피고인 3 등이 이 부분 공소사실과 같이 ○○시청에 들어간 행위가 ○○시청 관리자의 추정적 의사에 반하였더라도, 그러한 사정만으로는 사실상의 평온상태를 해치는 행위 태양으로 시청 로비에 출입하였다고 평가할 수 없다. 따라서 피고인 2, 피고인 3에 대하여는 건조물침입죄가 성립하지 않는다(대법원 2022.6.16, 2021도7087).

[유사] 침입행위에 해당하는지는 거주자의 의사에 반하는지가 아니라 사실상의 평온상태를 해치는 행위 태양인지에 따라 판단되어야 한다는 사례: 주거침입죄는 사실상 주거의 평온을 보호법익으로 한다. 주거침입죄의 구성요건적 행위인 침입은 주거침입죄의 보호법익과의 관계에서 해석하여야 하므로, **침입이란 주거의 사실상 평온상태를 해치는 행위 태양으로 주거에 들어가는 것을 의미하고, 침입에 해당하는지는 출입 당시 객관적·외형적으로 드러난 행위 태양을 기준으로 판단함이 원칙이다.** 사실상의 평온상태를 해치는 행위 태양으로 주거에 들어가는 것이라면 대체로 거주자의 의사에 반하겠지만, 단순히 주거에 들어가는 행위 자체가 거주자의 의사에 반한다는 주관적 사정만으로는 바로 침입에 해당한다고 볼 수 없다(대법원 2021.9.9, 2020도12630 전원합의체 참조). 행위자가 거주자의 승낙을 받아 주거에 들어갔으나 범죄 등을 목적으로 한 출입이거나 거주자가 행위자의 실제 출입 목적을 알았더라면 출입을 승낙하지 않았을 것이라는 사정이 인정되는 경우 행위자의 출입행위가 주거침입죄에서 규정하는 침입행위에 해당하려면, 출입하려는 주거 등의 형태와 용도·성질, 외부인에 대한 출입의 통제·관리 방식과 상태, 행위자의 출입 경위와 방법 등을 종합적으로 고려하여 행위자의 출입 당시 객관적·외형적으로 드러난 행위 태양에 비추어 주거

의 사실상 평온상태가 침해되었다고 평가되어야 한다(대법원 2022.3.24, 2017도18272 전원합의체).

⸶solution 성립하지 않는다.

5 재산에 대한 죄

제1절 재산죄 일반이론

231 친족상도례 중 형면제 조항에 대한 헌법불합치결정

> 재산범죄의 가해자와 피해자 사이에 일정한 친족관계가 있는 경우 일률적으로 형을 면제하도록 규정한 형법 제328조 제1항은 헌법에 위배되는가?

〔판례〕 친족상도례의 규정 취지는, 가정 내부의 문제는 국가형벌권이 간섭하지 않는 것이 바람직하다는 정책적 고려와 함께 가정의 평온이 형사처벌로 인해 깨지는 것을 막으려는 데에 있다. 가족 · 친족 관계에 관한 우리나라의 역사적 · 문화적 특징이나 재산범죄의 특성, 형벌의 보충성을 종합적으로 고려할 때, 경제적 이해를 같이하거나 정서적으로 친밀한 가족 구성원 사이에서 발생하는 수인 가능한 수준의 재산범죄에 대한 형사소추 내지 처벌에 관한 특례의 필요성은 수긍할 수 있다. 심판대상조항은 재산범죄의 가해자와 피해자 사이의 일정한 친족관계를 요건으로 하여 일률적으로 형을 면제하도록 규정하고 있다. 심판대상조항은 직계혈족이나 배우자에 대하여 실질적 유대나 동거 여부와 관계없이 적용되고, 또한 8촌 이내의 혈족, 4촌 이내의 인척에 대하여 동거를 요건으로 적용되며, 그 각각의 배우자에 대하여도 적용되는데, 이처럼 넓은 범위의 친족간 관계의 특성은 일반화하기 어려움에도 일률적으로 형을 면제할 경우, 경우에 따라서는 형사피해자인 가족 구성원의 권리를 일방적으로 희생시키는 것이 되어 본래의 제도적 취지와는 어긋난 결과를 초래할 우려가 있다. 심판대상조항은 강도죄와 손괴죄를 제외한 다른 모든 재산범죄에 준용되는데, 이러한 재산범죄의 불법성이 일반적으로 경미하여 피해자가 수인 가능한 범주에 속한다거나 피해의 회복 및 친족간 관계의 복원이 용이하다고 단정하기 어렵다. 예컨대, '특정경제범죄 가중처벌 등에 관한 법률'상 횡령이나 업무상 횡령으로서 이득액이 50억원 이상인 경우 '무기 또는 5년 이상의 징역'으로 가중처벌될 수 있는 중한 범죄이고, 피해자의 임의의사를 제한하는 정도의 폭행이나 협박(공갈), 흉기휴대 내지 2인 이상 합동 행위(특수절도) 등을 수반하는 재산범죄의 경우 일률적으로 피해의 회복이나 관계의 복원이 용이한 범죄라고 보기 어렵다. 피해자가 독립하여 자유로운 의사결정을 할 수 있는 사무처리능력이 결여된 경우에 심판대상조항을 적용 내지 준용하는 것은 가족과 친족 사회 내에서 취약한 지위에 있는 구성원에 대한 경제적 착취를 용인하는 결과를 초래할 염려가 있다. 그런데 심판대상조항은 위와 같은 사정들을 전혀 고려하지 아니한 채 법관으로 하여금 형면제 판결을 선고하도록 획일적으로 규정하여, 거의 대부분의 사안에서는 기소가 이루어지지 않고 있고, 이에 따라 형사피해자는 재판절차에 참여할 기회를 상실하고 있다. 예외적으로 기소가 되더라도, '형의 면제'라는 결론이 정해져 있는 재판에서는 형사피해자의 법원에 대한 적절한 형벌권 행사 요구는 실질적 의미를 갖기 어렵다. 로마법 전통에 따라 친족상도례의 규정을 두고 있는 대륙법계 국가들의 입법례를 살펴보더라도, 일률적으로 광범위한 친족의

재산범죄에 대해 필요적으로 형을 면제하거나 고소 유무에 관계없이 형사소추할 수 없도록 한 경우는 많지 않으며, 그 경우에도 대상 친족 및 재산범죄의 범위 등이 우리 형법이 규정한 것보다 훨씬 좁다. 위와 같은 점을 종합하면, 심판대상조항은 형사피해자가 법관에게 적절한 형벌권을 행사하여 줄 것을 청구할 수 없도록 하는바, 이는 입법재량을 명백히 일탈하여 현저히 불합리하거나 불공정한 것으로서 형사피해자의 재판절차진술권을 침해한다(헌법재판소 2024.6.27, 2020헌마468 전원합의체).

⏹solution 위배된다.

제2절 절도의 죄

제3절 강도의 죄

● ○ ○
232 채무면탈 목적 강도죄에서 불법이득의사 판단기준

(판례) 강도상해죄가 성립하려면 먼저 강도죄의 성립이 인정되어야 하고, 강도죄가 성립하려면 불법영득 또는 불법이득의 의사가 있어야 한다(대법원 2004.5.14, 2004도1370 등). 채권자를 폭행 · 협박하여 채무를 면탈함으로써 성립하는 강도죄에서 불법이득의사는 단순 폭력범죄와 구별되는 중요한 구성요건 표지이다. 폭행 · 협박 당시 피고인에게 채무를 면탈하려는 불법이득 의사가 있었는지는 신중하고 면밀하게 심리 · 판단되어야 한다. 불법이득 의사는 마음속에 있는 의사이므로, 피고인과 피해자의 관계, 채무의 종류와 액수, 폭행에 이르게 된 경위, 폭행의 정도와 방법, 폭행 이후의 정황 등 범행 전후의 객관적인 사정을 종합하여 불법이득 의사가 있었는지를 판단할 수밖에 없다(대법원 2021.6.30, 2020도4539).

[보충] 피고인이 술을 마신 후 술값 지급과 관련한 시비 중 술집 주인과 종업원을 폭행하여 상해를 가한 사안에서, 폭행에 이르게 된 경위, 폭행 이후의 정황, 채무의 종류와 액수 등 제반사정에 비추어 피고인이 피해자들을 폭행할 당시 술값 채무를 면탈하려는 불법이득의 의사를 인정하기 어렵다고 보아, 유죄로 인정한 원심을 파기환송한 사례이다.

제4절 사기의 죄

● ● ○
233 기망행위 긍정례 – 국가연구개발사업의 학생연구원 연구비 편취 사건
• 경찰2차 22

> 국가연구개발사업에서 연구책임자 甲은 학생연구원들의 연구비를 처음부터 자신이 관리하는 공동관리계좌에 귀속시킬 의도로 산학협력단으로부터 학생연구비를 지급받아 개인적인 용도 등으로 사용하였다. 甲의 죄책은?

(판례) ① 국가연구개발사업에서 연구책임자인 교수가 처음부터 소속 학생연구원들에 대한 개별지급의사 없이 공동관리계좌를 관리하면서 이를 숨기고 산학협력단에 연구비를 신청하여 이를 지급받은 경우 산학

협력단에 대한 관계에서 부작위에 의한 기망행위에 해당한다. ② 다만 연구책임자가 원래 용도에 부합하게 학생연구원들의 사실상 처분권 귀속 하에 학생연구원들의 공동비용 충당 등을 위하여 학생연구원들의 자발적인 의사에 근거하여 공동관리계좌를 조성하고 실제로 그와 같이 운용한 경우라면, 비록 공동관리계좌의 조성 및 운영이 관련 법령이나 규정 등에 위반되더라도 그러한 사정만으로 불법영득의사가 추단되어 사기죄가 성립한다고 단정할 수 없다. 이 경우 사기죄 성립 여부는 공동관리계좌 개설의 경위, 실질적 관리 및 처분권의 귀속, 연구비가 온전히 법률상 귀속자인 학생연구원들의 공동비용을 위하여 사용되었는지 여부 등을 종합적으로 고려하여 판단하여야 한다. …… 의과대학 교수로서 연구책임자인 대학교수가 대학교 산학협력단 등으로부터 지급받은 학생연구비 중 일부를 실질적으로 자신이 관리하는 공동관리계좌에 귀속시킨 후 개인적인 용도 등으로 사용한 경우 산학협력단에 대한 관계에서 부작위에 의한 기망행위 및 불법영득의사가 모두 인정되어 사기죄가 성립된다(대법원 2021.9.9, 2021도8468).

solution 사기죄

234 직영 가산금의 지급요건인 병원 식당의 '직영' 여부가 문제된 사건
참고판례

> 병원 운영자인 피고인이 병원 식당의 '직영'을 전제로 직영 가산금을 청구한 것이 사기죄에 해당하는가?

판례 직영 가산금 제도의 취지와 직영의 문언적 의미에 비추어 보면, 직영 가산금의 지급요건인 '직영'은 요양기관이 식당을 자기의 계산으로 운영하고 그로 인한 이익과 손실의 귀속주체 또한 요양기관이 되는 것을 의미한다 …… 위 각 병원이 식당을 직영함을 전제로 하는 직영 가산금을 청구할 수 없음에도 위 각 병원의 운영자인 피고인 최○○, 이○○가 이를 알면서도 직영 가산금을 청구한 사실이 인정된다(대법원 2021.6.24, 2021도2068).

solution 사기죄에 해당한다.

235 국내산·중국산 참조기를 국내에서 굴비로 가공하여 백화점 등을 통해 판매한 사건
참고판례

판례 피고인과 백화점 등 사이에 체결된 굴비납품계약이 구 「대규모유통업에서의 거래 공정화에 관한 법률」 제2조 제5호의 '특약매입거래'에 해당하여 국내에서 가공한 굴비의 원재료인 참조기에 중국산이 포함되었다. 민사적인 법률관계의 측면에서 특약매입거래 당사자 사이의 권리의무 내지 최종 소비자인 제3자에 대한 책임 문제와 별개로, 매입·판매된 상품의 하자에 따르는 기망 및 착오 여부와 그로 인한 금원 편취를 구성요건요소로 하는 재산범죄로서의 사기죄 성립 여부에 있어서는 행위의 실질적 측면에서 기망의 상대방 및 그로 인한 착오와 금전적 피해의 주체가 누구인지가 그 주된 판단의 기준이 된다. 굴비의 원료인 참조기의 원산지에 관한 기망의 상대방이자 그로 인한 착오 및 판매대금 상당 편취의 피해의 주체를 롯데쇼핑 등이라고 볼 수 있는지에 대해서 상당한 의문이 제기되고, 오히려 원산지 허위 표시 아래 입고·판매 등 일련의 행위는 매장에서의 구입자인 소비자들에 대한 기망행위라고 보는 것이 실질에 보다 부합하는 것으로 볼 여지가 있다(2022.6.30, 2022도3771).

●●○
236 기망행위 부정례 1: 시설물안전법상 하도급 제한 규정 위반 사건

> 구 시설물의 안전관리에 관한 특별법(2017.1.17. 법률 제14545호 시설물의 안전 및 유지관리
> 에 관한 특별법으로 전부개정되기 전의 것, 이하 '시설물안전법')상 하도급 제한 규정을 위반한
> 것만으로 사기죄의 기망행위를 인정할 수 있는가?

(판례) 구 시설물안전법상 하도급 제한 규정은 시설물의 안전점검과 적정한 유지관리를 통하여 재해와 재
난을 예방하고 시설물의 효용을 증진시킨다는 국가적 또는 공공적 법익을 보호하기 위한 것이므로, 이를
위반한 경우 구 시설물안전법에 따른 제재를 받는 것은 별론으로 하고 곧바로 사기죄의 보호법익인 재산
권을 침해하였다고 단정할 수 없다. 사기죄가 성립된다고 하려면 이러한 사정에 더하여 이 사건 각 안전진
단 용역계약의 내용과 체결 경위, 계약의 이행과정이나 결과 등까지 종합하여 살펴볼 때 과연 피고인들이
안전진단 용역을 완성할 의사와 능력이 없음에도 불구하고 용역을 완성할 것처럼 거짓말을 하여 용역대
금을 편취하려 하였는지 여부를 기준으로 판단하여야 한다(대법원 2021.10.14, 2016도16343).

🔑solution 인정할 수 없다.

●●○
237 기망행위 부정례 2: 도급계약·물품구매조달계약 체결 당시 행정법규·입찰참가자격·계약절차 관련규정 위반과 사기죄의 성부

> [제1문] 도급계약이나 물품구매 조달계약 체결 당시 관련 영업 또는 업무를 규제하는 행정법규
> 나 입찰 참가자격, 계약절차 등에 관한 규정을 위반한 사정이 있다면 도급계약을 체결
> 한 행위가 기망행위에 해당한다고 단정할 수 있는가?
> [제2문] 피고인이 설립한 甲 주식회사는 설립 자본금을 가장납입하고, 자격증 대여자를 보유
> 건설기술자로 등록하는 등 자본금 요건과 기술자 보유 요건을 가장하여 전문건설업을
> 부정 등록한 무자격 건설업자로 전문공사를 하도급받을 수 없었음에도, 이를 바탕으로
> 공사 발주기관을 기망하여 특허 사용협약을 체결하고, 해당 공사를 낙찰받은 건설회사
> 담당자를 기망하여 하도급 계약을 체결한 후, 각 계약들에 따른 공사대금을 지급받았
> 다. 피고인이 발주기관 또는 건설회사들로부터 공사대금을 지급받은 행위는 사기죄를
> 구성하는가?

(판례) 사기죄의 보호법익은 재산권이므로, 기망행위에 의하여 국가적 또는 공공적 법익이 침해되었다는
사정만으로 사기죄가 성립한다고 할 수 없다. 따라서 도급계약이나 물품구매 조달계약 체결 당시 관련 영
업 또는 업무를 규제하는 행정법규나 입찰 참가자격, 계약절차 등에 관한 규정을 위반한 사정이 있더라도
그러한 사정만으로 도급계약을 체결한 행위가 기망행위에 해당한다고 단정해서는 안 되고, 그 위반으로
말미암아 계약 내용대로 이행되더라도 일의 완성이 불가능하였다고 평가할 수 있을 만큼 그 위법이 일의
내용에 본질적인 것인지 여부를 심리·판단하여야 한다. …… 甲 회사의 설립 또는 사업분야 확장 과정에
서 자본금 납입을 가장하였다거나, 국가기술자격증을 대여받아 전문건설업 등록을 하였다는 사정만으로는
피고인에게 각 공사를 완성할 의사나 능력이 없었다고 단정하기 어렵고, 교량 가설공사에 관하여 피고인이

발주기관의 주무 사무관으로부터 개략 견적가에 관한 정보를 전해 듣고 가격을 수정하였다는 사정만으로는 발주기관 계약 담당 공무원에 대하여 계약이행능력에 관한 기망행위를 하였다고 보기 어려워, 피고인이 발주기관 또는 건설회사들로부터 공사대금을 지급받은 행위는 사기죄에서의 기망행위로 인한 재물의 편취에 해당한다고 보기 어렵다(대법원 2023.1.12, 2017도14104).

🔑solution [제1문] 단정할 수 없다.
　　　　　[제2문] 구성하지 않는다.

●●●
238 기망행위 부정례 3: 허위 소명 없이 허위 소송비용을 기재한 소송비용액확정신청행위와 사기죄의 성부

> 피고인은 가처분사건에서 변호사를 선임한 적이 없는데도 그 가처분사건에 관한 소송비용액확정결정신청을 하면서 실제 지출하지 않은 변호사비용을 기재하였다. 다만 피고인이 이와 관련하여 소명자료 등을 조작하거나 허위의 소명자료 등을 제출하지 않았다. 피고인의 행위는 사기(미수)죄에 해당하는가?

[판례] 피고인이 가처분사건에서 변호사를 선임한 적이 없는데도 소송비용액확정신청을 하면서 소송비용액계산서의 비용항목에 사실과 다르게 변호사비용을 기재하기는 하였으나 이와 관련하여 소명자료 등을 조작하거나 허위의 소명자료를 제출하지는 않았으므로, 피고인의 소송비용액확정신청이 객관적으로 법원을 기망하기에 충분하다고 보기는 어려워 이를 사기죄의 기망행위라고 단정할 수 없다(대법원 2024.6.27, 2021도2340).

[보충] 소송비용부담의 재판은 소송비용상환의무의 존재를 확정하고 그 지급을 명하는 데 그치고, 구체적인 소송비용의 액수는 민사소송법 제110조 제1항에 의한 소송비용액확정결정을 통하여 확정되며(대법원 2006.10.12, 2004재다818), 소송비용의 상환을 구하는 자는 소송비용액확정결정에 집행문을 부여받아 그 확정된 소송비용액에 관하여 강제집행을 할 수 있는바, 허위 내용으로 법원을 기망하여 자기에게 유리한 소송비용액확정결정을 받는 행위는 사기죄를 구성할 수 있다. 한편 소송비용액확정결정을 신청할 때에는 비용계산서, 그 등본과 비용액을 소명하는 데 필요한 서면을 제출하여야 하므로(민사소송법 제110조 제2항), 당사자가 단순히 실제 사실과 다른 비용액에 관한 주장만 한 경우를 사기죄로 인정하는 것에는 신중하여야 한다. 소송비용 중 당사자 등이 소송 기타 절차를 수행하기 위하여 법원에 납부하는 인지액 및 민사예납금 등 이른바 '재판비용'은 관할법원이 스스로 보존하고 있는 재판서 및 소송기록 등에 의하여 계산할 것이 예정되어 있고, 당사자가 소송 등 수행을 위하여 제3자에게 직접 지출하는 이른바 '당사자비용'은 신청인이 반드시 소명하여야 하므로(대법원 2011.12.22, 2011마1777), 소명자료 등을 조작하거나 허위의 소명자료 등을 제출함이 없이 단지 실제 사실과 다른 비용액에 관한 주장만 하는 경우에는 특별한 사정이 없는 한 법원을 기망하였다고 단정하기 어렵기 때문이다.

🔑solution 해당하지 않는다.

●●●
239 사기죄에서 처분행위가 갖는 역할과 기능 – 분실물을 습득한 매장 주인의 지위

> 피해자 甲은 드라이버를 구매하기 위해 특정 매장에 방문하였다가 지갑을 떨어뜨렸는데, 10분쯤 후 피고인이 같은 매장에서 우산을 구매하고 계산을 마친 뒤, 지갑을 발견하여 습득한 매장 주인 乙로부터 "이 지갑이 선생님 지갑이 맞느냐?"라는 질문을 받자 "내 것이 맞다."라고 대답한 후 이를 교부받아 가지고 갔다. 피고인의 행위는 절도죄인가, 사기죄인가, 무죄인가?

(판례) 형법상 절취란 타인이 점유하고 있는 자기 이외의 자의 소유물을 점유자의 의사에 반하여 점유를 배제하고 자기 또는 제3자의 점유로 옮기는 것을 말한다. 이에 반해 기망의 방법으로 타인으로 하여금 처분행위를 하도록 하여 재물 또는 재산상 이익을 취득한 경우에는 절도죄가 아니라 사기죄가 성립한다. 사기죄에서 처분행위는 행위자의 기망행위에 의한 피기망자의 착오와 행위자 등의 재물 또는 재산상 이익의 취득이라는 최종적 결과를 중간에서 매개·연결하는 한편, 착오에 빠진 피해자의 행위를 이용하여 재산을 취득하는 것을 본질적 특성으로 하는 사기죄와 피해자의 행위에 의하지 아니하고 행위자가 탈취의 방법으로 재물을 취득하는 절도죄를 구분하는 역할을 한다. 처분행위가 갖는 이러한 역할과 기능을 고려하면 피기망자의 의사에 기초한 어떤 행위를 통해 행위자 등이 재물 또는 재산상의 이익을 취득하였다고 평가할 수 있는 경우라면, 사기죄에서 말하는 처분행위가 인정된다. 한편 사기죄가 성립되려면 피기망자가 착오에 빠져 어떠한 재산의 처분행위를 하도록 유발하여 재산적 이득을 얻을 것을 요하고, 피기망자와 재산상의 피해자가 같은 사람이 아닌 경우에는 피기망자가 피해자를 위하여 그 재산을 처분할 수 있는 권능을 갖거나 그 지위에 있어야 한다. 乙은 지갑을 습득하여 진정한 소유자에게 돌려주어야 하는 지위에 있으므로 甲을 위하여 이를 처분할 수 있는 권능을 갖거나 그 지위에 있었으며, 이러한 처분 권능과 지위에 기초하여 지갑의 소유자라고 주장하는 피고인에게 지갑을 교부하였고 이를 통해 피고인이 지갑을 취득하여 자유로운 처분이 가능한 상태가 되었으므로, 乙의 행위는 사기죄에서 말하는 처분행위에 해당하고 피고인의 행위를 절취행위로 평가할 수 없다. 따라서 피고인에 대한 주위적 공소사실인 절도 부분을 이유에서 무죄로 판단하면서 예비적 공소사실인 사기 부분을 유죄로 인정한 원심의 판단은 정당하다(대법원 2022.12.29, 2022도12494).

♀solution 사기죄

●○○
240 장기간 과다하게 통원치료를 받은 후 보험금을 청구한 사례

(판례) 장기간에 걸쳐 과다하게 통원치료를 받은 후 실제 지급받을 수 있는 보험금보다 많은 보험금을 청구한 경우 보험회사로부터 수령한 전체 통원치료 횟수에 대한 보험금 전액의 편취가 인정된다(대법원 2021.8.12, 2020도13704).

●○○
241 특경법상 사기죄의 적용요건인 이득액의 의미

> 이익의 가액을 구체적으로 산정할 수 없는 경우에는 재산상 이익의 가액을 기준으로 가중 처벌하는 특정경제범죄법 제3조를 적용할 수 있는가?

(판례) 금원 편취를 내용으로 하는 사기죄에 있어서는 기망으로 인한 금원 교부가 있으면 그 자체로써 피해자의 재산침해가 되어 바로 사기죄가 성립하고, 상당한 대가가 지급되었다거나 피해자의 전체 재산상에 손해가 없다 하여도 사기죄의 성립에는 그 영향이 없으므로 사기죄에 있어서 그 대가가 일부 지급된 경우에도 그 편취액은 피해자로부터 교부된 금원으로부터 그 대가를 공제한 차액이 아니라 교부받은 금원 전부이고, 이는 사기로 인한 특정경제범죄법위반죄에 있어서도 마찬가지다(대법원 2018.4.12, 2017도21196). 그러나 다른 한편으로, 사기로 인한 특정경제범죄법위반죄는 편취한 재물이나 재산상 이익의 가액이 5억원 이상 또는 50억원 이상인 것이 범죄구성요건의 일부로 되어 있고 그 가액에 따라 그 죄에

대한 형벌도 가중되어 있으므로, 이를 적용할 때에는 편취한 재물이나 재산상 이익의 가액을 엄격하고 신중하게 산정함으로써 범죄와 형벌 사이에 적정한 균형이 이루어져야 한다는 죄형균형 원칙이나 형벌은 책임에 기초하고 그 책임에 비례하여야 한다는 책임주의 원칙이 훼손되지 않도록 유의하여야 한다(대법원 2007.4.19, 2005도7288 전원합의체). 그리고 그 이익의 가액을 구체적으로 산정할 수 없는 경우에는 재산상 이익의 가액을 기준으로 가중 처벌하는 특정경제범죄법 제3조를 적용할 수 없다(대법원 2020.12.10, 2016도 1104; 2024.4.25, 2023도18971).

> **보충** 피고인들이 피해자 회사에 화물자동차 운송사업을 영위하는 법인을 양도하는 계약을 체결하면서, '화물자동차 45대 관련 번호판 구입대금 반환의무'라는 우발채무의 존부와 범위 등에 관한 기망행위로 인하여 1대당 2,200만원인 번호판 구입대금 중 미지급 잔금 2억 5,400만원을 제외한 7억 3,600만원을 전부 취득하였음을 전제로 특정경제범죄법 위반(사기)죄로 기소된 사안에서, 대법원은 이 사건 계약은 화물자동차 번호판만을 양도의 대상으로 삼은 계약이 아니라 법인의 영업과 자산 전체를 포괄적으로 양도하는 계약이고, 위 우발채무의 발생 여부를 단정할 수 없어 피고인들이 피해자 회사를 기망하여 취득한 이득액을 위 7억 3,600만원 전부라고 단정할 수 없는 등 피고인들이 취득한 이득액을 구체적으로 산정할 수 없다고 보아, 이와 달리 위 7억 3,600만원 전부를 이득액으로 평가한 원심을 파기·환송한 것이다.

ℹ solution 적용할 수 없다.

● ○ ○
242 여신전문금융업법 제70조 제1항 제4호에서 정한 '사용' 및 '기망하거나 공갈하여 취득한 신용카드나 직불카드'의 의미

> **판례** 법률을 해석할 때 입법취지와 목적, 제·개정 연혁, 법질서 전체와의 조화, 다른 법령과의 관계 등을 고려하는 체계적·논리적 해석 방법을 사용할 수 있으나, 문언 자체가 비교적 명확한 개념으로 구성되어 있다면 원칙적으로 이러한 해석 방법은 활용할 필요가 없거나 제한되어야 한다. 여신전문금융업법 제70조 제1항 제4호에서는 '강취·횡령하거나, 사람을 기망하거나 공갈하여 취득한 신용카드나 직불카드를 판매하거나 사용한 자'를 처벌하도록 규정하고 있는데, 여기에서 '사용'은 강취·횡령, 기망 또는 공갈로 취득한 신용카드나 직불카드를 진정한 카드로서 본래의 용법에 따라 사용하는 경우를 말한다. 그리고 '기망하거나 공갈하여 취득한 신용카드나 직불카드'는 문언상 '기망이나 공갈을 수단으로 하여 다른 사람으로부터 취득한 신용카드나 직불카드'라는 의미이므로, '신용카드나 직불카드의 소유자 또는 점유자를 기망하거나 공갈하여 그들의 자유로운 의사에 의하지 않고 점유가 배제되어 그들로부터 사실상 처분권을 취득한 신용카드나 직불카드'라고 해석되어야 한다(대법원 2022.12.16, 2022도10629).

> **보충** 피고인은 2019.2.19. 춘천교도소에 수용 중인 피해자 공소외인에게 '피해자의 항소심 재판을 위해 변호인을 선임했는데 성공사례비를 먼저 주어야 한다. 며칠 뒤 큰돈이 나오니 영치된 피해자 명의의 신용카드로 성공사례비를 지불한 뒤 카드대금을 금방 갚겠다'는 취지의 편지를 보냈다. 그러나 피고인은 사실 피해자의 신용카드로 성공사례비를 지불하더라도 그 대금을 변제할 의사나 능력이 없었고, 피해자의 신용카드를 생활비 등 개인적인 용도로 사용할 생각이었다. 그런데도 피고인은 위와 같이 피해자를 기망하여 2019.2.22. 춘천교도소에서 피해자로부터 신용카드 1장을 교부받은 뒤, 2019.2.26.부터 같은 해 3.25.까지 이 사건 신용카드로 총 23회에 걸쳐 합계 29,997,718원 상당을 결제하였다. 피고인은 피해자를 기망하여 이 사건 신용카드를 교부받은 뒤 이를 총 23회에 걸쳐 피고인의 의사에 따라 사용하였으므로, 피해자는 피고인으로부터 기망당함으로써 피해자의 자유로운 의사에 의하지 않고 이 사건 신용카드에 대한 점유를 상실하였고 피고인은 이에 대한 사실상 처분권을 취득하였다고 보아야 하기에, 이 사건 신용카드는 피고인이 그 소유자인 피해자를 기망하여 취득한 신용카드에 해당하고 이를 사용한 피고인의 행위는 기망하여 취득한 신용카드 사용으로 인한 여신전문금융업법 위반죄에 해당한다.

제5절 공갈의 죄

제6절 횡령의 죄

●●○
243 주식이 횡령죄의 재물에 해당하는지 문제된 사건

> 주권이 발행되지 않은 상태에서 주권불소지 제도, 일괄예탁 제도 등에 근거하여 예탁결제원에 예탁된 것으로 취급되어 계좌 간 대체 기재의 방식에 의하여 양도되는 주식이 횡령죄의 재물에 해당하는가?

(판례) 상법상 주식은 자본구성의 단위 또는 주주의 지위(주주권)를 의미하고, 주주권을 표창하는 유가증권인 주권과는 구분된다. 주권은 유가증권으로서 재물에 해당되므로 횡령죄의 객체가 될 수 있으나, 자본의 구성단위 또는 주주권을 의미하는 주식은 재물이 아니므로 횡령죄의 객체가 될 수 없다(대법원 2005.2.18, 2002도2822). 따라서 예탁결제원에 예탁되어 계좌 간 대체 기재의 방식에 의하여 양도되는 주권은 유가증권으로서 재물에 해당되므로 횡령죄의 객체가 될 수 있으나(대법원 2007.10.11, 2007도6406), 주권이 발행되지 않은 상태에서 주권불소지 제도, 일괄예탁 제도 등에 근거하여 예탁결제원에 예탁된 것으로 취급되어 계좌 간 대체 기재의 방식에 의하여 양도되는 주식은 재물이 아니므로 횡령죄의 객체가 될 수 없다(대법원 2023.6.1, 2020도2884).

🔍solution 해당하지 않는다.

●●○
244 회사의 자금관리, 회계처리 등 업무를 사실상 수행하는 사람이 회사 자금을 임의로 처분한 사례

(판례) 주식회사의 주주나 대표이사 또는 그에 준하여 회사 자금의 보관이나 운용에 관한 사실상의 사무를 처리하는 자(회사의 자금 관리를 사실상 담당하는 자 포함)가 자기 또는 제3자의 이익을 꾀할 목적으로 회사 자금을 사적인 용도로 임의 처분하였다면 횡령죄가 성립한다(대법원 2005.8.19, 2005도3045; 2010.5.27, 2010도3399; 2019.12.24, 2019도9773 등; 2022.4.28, 2022도1271).

●●○
245 횡령의 보관자 부정례: 원인무효등기에 따른 수용보상금 사건

(판례) 횡령죄가 성립하기 위해서는 우선 타인의 재물을 보관하는 자의 지위에 있어야 하고, 부동산에 대한 보관자의 지위는 부동산에 대한 점유가 아니라 부동산을 제3자에게 유효하게 처분할 수 있는 권능의 유무를 기준으로 결정해야 한다. 타인 소유의 토지에 관하여 허위의 보증서와 확인서를 발급받아 「부동산 소유권이전등기 등에 관한 특별조치법」에 따른 소유권이전등기를 임의로 마친 사람은 그와 같은 원인무효 등기에 따라 토지에 대한 처분권능이 새로이 발생하는 것이 아니므로 토지에 대한 보관자의 지위에 있다고 할 수 없다. 타인 소유의 토지에 대한 보관자의 지위에 있지 않은 사람이 그 앞으로 원인무효의 소유권이 전등기가 되어 있음을 이용하여 토지소유자에게 지급될 보상금을 수령하였더라도 보상금에 대한 점유 취득은 진정한 토지소유자의 위임에 따른 것이 아니므로 보상금에 대하여 어떠한 보관관계가 성립하지 않는다(대법원 1987.2.10, 86도1607; 2021.6.30, 2018도18010).

246 의료법 제33조 제2항을 위반한 약정에 기해 교부된 돈을 임의로 처분한 사건 • 경찰1차 22

> 甲은 의료기관을 개설할 자격이 없는 자(무자격자)들끼리 노인요양병원을 설립 · 운영하기로
> 한 약정에 따라 교부받은 투자금을 임의로 처분하였다. 무자격자가 의료법 제33조 제2항을
> 위반하여 의료기관을 개설하거나 운영하는 행위는 의료법 제87조에 따라 10년 이하의 징역이
> 나 1억원 이하의 벌금으로 처벌되는 범죄행위이다. 甲에게는 횡령죄의 죄책이 인정되는가?

판례 형법 제355조 제1항이 정한 횡령죄에서 보관이란 위탁관계에 따라 재물을 점유하는 것을 뜻하므로, 횡령죄가 성립하려면 재물의 보관자와 재물의 소유자(또는 그 밖의 본권자) 사이에 위탁관계가 존재해야 한다. 이러한 위탁관계는 사용대차 · 임대차 · 위임 등의 계약뿐만 아니라 사무관리 · 관습 · 조리 · 신의칙 등에 의해서도 성립될 수 있으나, 횡령죄의 본질이 신임관계에 기초하여 위탁된 타인의 물건을 위법하게 영득하는 데 있음에 비추어 볼 때 위탁관계는 횡령죄로 보호할 만한 가치 있는 신임에 의한 것으로 한정함이 타당하다 (대법원 2016.5.19, 2014도6992 전원합의체; 2021.2.18, 2016도18761 전원합의체 참조). 위탁관계가 있는지는 재물의 보관자와 소유자 사이의 관계, 재물을 보관하게 된 경위 등에 비추어 볼 때 보관자에게 재물의 보관 상태를 그대로 유지해야 할 의무를 부과하여 그 보관 상태를 형사법적으로 보호할 필요가 있는지 등을 고려하여 규범적으로 판단해야 한다. 재물의 위탁행위가 범죄의 실행행위나 준비행위 등과 같이 범죄 실현의 수단으로서 이루어진 경우 그 행위 자체가 처벌 대상인지와 상관없이 그러한 행위를 통해 형성된 위탁관계는 횡령죄로 보호할 만한 가치 있는 신임에 의한 것이 아니라고 봄이 타당하다. 피고인이 보관하던 투자금은 의료법 제87조, 제33조 제2항에 따라 처벌되는 무자격자의 의료기관 개설 · 운영이라는 범죄의 실현을 위해 교부되었으므로, 해당 금원에 관하여 피고인과 피해자 사이에 횡령죄로 보호할 만한 신임에 의한 위탁관계는 인정되지 않으므로 피고인에게는 횡령죄의 타인의 재물을 보관하는 자의 지위가 인정되지 않는다(대법원 2022.6.30, 2017도21286).

ⓢsolution 인정되지 않는다.

247 부동산 실권리자명의 등기에 관한 법률에 위반한 이른바 양자간 명의신탁에서 명의수탁자가 신탁부동산을 임의로 처분한 경우 횡령죄가 성립하는지 여부가 문제된 사건
• 경찰승진 22, 법원9급 22, 변호사시험 22

판례 형법 제355조 제1항이 정한 횡령죄에서 보관이란 위탁관계에 의하여 재물을 점유하는 것을 뜻하므로 횡령죄가 성립하기 위하여는 재물의 보관자와 재물의 소유자(또는 기타의 본권자) 사이에 법률상 또는 사실상의 위탁관계가 존재하여야 한다. 이러한 위탁관계는 사용대차 · 임대차 · 위임 등의 계약에 의하여서뿐만 아니라 사무관리 · 관습 · 조리 · 신의칙 등에 의해서도 성립될 수 있으나, 횡령죄의 본질이 신임관계에 기초하여 위탁된 타인의 물건을 위법하게 영득하는 데 있음에 비추어 볼 때 위탁관계는 횡령죄로 보호할 만한 가치 있는 신임에 의한 것으로 한정함이 타당하다(대법원 2016.5.19, 2014도6992 전원합의체 참조). 위탁관계가 있는지 여부는 재물의 보관자와 소유자 사이의 관계, 재물을 보관하게 된 경위 등에 비추어 볼 때 보관자에게 재물의 보관 상태를 그대로 유지하여야 할 의무를 부과하여 그 보관 상태를 형사법적으로 보호할 필요가 있는지 등을 고려하여 규범적으로 판단하여야 한다(대법원 2018.7.19, 2017도17494 전원합의체 참조). 「부동산 실권리자명의 등기에 관한 법률」(이하 '부동산실명법'이라 한다)은 부동산에 관한 소유권과 그 밖의 물권을 실체적 권리관계와 일치하도록 실권리자 명의로 등기하게 함으로써 부동산등기제도를 악용한 투기 · 탈세 · 탈법행위 등 반사회적 행위를 방지하고 부동산 거래의 정상화와 부동산

가격의 안정을 도모하여 국민경제의 건전한 발전에 이바지함을 목적으로 하고 있다(제1조). 부동산실명법에 의하면, 누구든지 부동산에 관한 물권을 명의신탁약정에 따라 명의수탁자의 명의로 등기하여서는 아니 되고(제3조 제1항), 명의신탁약정과 그에 따른 등기로 이루어진 부동산에 관한 물권변동은 무효가 되며(제4조 제1항, 제2항 본문), 명의신탁약정에 따른 명의수탁자 명의의 등기를 금지하도록 규정한 부동산실명법 제3조 제1항을 위반한 경우 명의신탁자와 명의수탁자 쌍방은 형사처벌된다(제7조). 이러한 부동산실명법의 명의신탁관계에 대한 규율 내용 및 태도 등에 비추어 보면, 부동산실명법에 위반하여 명의신탁자가 그 소유인 부동산의 등기명의를 명의수탁자에 게 이전하는 이른바 양자간 명의신탁의 경우, 계약인 명의신탁약정과 그에 부수한 위임약정, 명의신탁약정을 전제로 한 명의신탁 부동산 및 그 처분대금 반환약정은 모두 무효이다(대법원 2006.11.9, 2006다35117; 2015.9.10, 2013다55300 등 참조). 나아가 명의신탁자와 명의수탁자 사이에 무효인 명의신탁약정 등에 기초하여 존재한다고 주장될 수 있는 사실상의 위탁관계라는 것은 부동산실명법에 반하여 범죄를 구성하는 불법적인 관계에 지나지 아니할 뿐 이를 형법상 보호할 만한 가치 있는 신임에 의한 것이라고 할 수 없다(위 대법원 2014도6992 전원합의체 판결 참조). 명의수탁자가 명의신탁자에 대하여 소유권이전등기말소의무를 부담하게 되나, 위 소유권이전등기는 처음부터 원인무효여서 명의수탁자는 명의신탁자가 소유권에 기한 방해배제청구로 말소를 구하는 것에 대하여 상대방으로서 응할 처지에 있음에 불과하다. 명의수탁자가 제3자와 한 처분행위가 부동산실명법 제4조 제3항에 따라 유효하게 될 가능성이 있다고 하더라도 이는 거래 상대인 제3자를 보호하기 위하여 명의신탁약정의 무효에 대한 예외를 설정한 취지일 뿐 명의신탁자와 명의수탁자 사이에 위 처분행위를 유효하게 만드는 어떠한 위탁관계가 존재함을 전제한 것이라고는 볼 수 없다. 따라서 말소등기의무의 존재나 명의수탁자에 의한 유효한 처분가능성을 들어 명의수탁자가 명의신탁자에 대한 관계에서 '타인의 재물을 보관하는 자'의 지위에 있다고 볼 수도 없다. 그러므로 부동산실명법에 위반한 양자간 명의신탁의 경우 명의수탁자가 신탁받은 부동산을 임의로 처분하여도 명의신탁자에 대한 관계에서 횡령죄가 성립하지 아니한다. 이러한 법리는 부동산 명의신탁이 부동산실명법 시행 전에 이루어졌고 같은 법이 정한 유예기간 이내에 실명등기를 하지 아니함으로써 그 명의신탁약정 및 이에 따라 행하여진 등기에 의한 물권변동이 무효로 된 후에 처분행위가 이루어진 경우에도 마찬가지로 적용된다. 이와 달리 부동산실명법에 위반한 양자간 명의신탁을 한 경우, 명의수탁자가 명의신탁자에 대한 관계에서 '타인의 재물을 보관하는 자'의 지위에 있다고 보아 명의수탁자가 그 명의로 신탁된 부동산을 임의로 처분하면 명의신탁자에 대한 횡령죄가 성립한다고 판시한 대법원 1999.10.12, 99도3170; 2000.2.22, 99도5227; 2000.4.25, 99도1906; 2003.12.26, 2003도4893; 2009.8.20, 2008도12009; 2009.11.26, 2009도5547; 2011.1.27, 2010도12944 판결 등은 이 판결에 배치되는 범위에서 이를 변경하기로 한다(대법원 2021.2.18, 2016도18761 전원합의체).

> **보충** 명의수탁자인 피고인이 명의신탁자인 피해자 소유의 신탁부동산을 임의로 처분하였다는 이유로 횡령죄로 기소된 사안이다. 대법원은 부동산실명법에 위반한 이른바 양자간 명의신탁의 경우에도, 중간생략등기형 명의신탁에 관한 대법원 2016.5.19, 2014도6992 전원합의체 판결의 법리가 마찬가지로 적용되어, 명의신탁자와 명의수탁자 사이에 무효인 명의신탁약정 등에 기초하여 존재한다고 주장될 수 있는 사실상의 위탁관계를 형법상 보호할 만한 가치 있는 신임에 의한 것이라고 할 수 없으므로 명의수탁자가 신탁부동산을 임의로 처분하여도 횡령죄가 성립하지 않는다는 이유로, 이와 다른 취지의 종래 대법원 판례를 변경(전원일치 의견)하고, 횡령죄를 무죄로 판단한 원심판결에 횡령죄의 타인의 재물을 보관하는 자에 관한 법리를 오해한 위법이 없다며 상고를 기각한 것이다.

248 채권 양도담보에서 양도인의 횡령죄 성립 여부가 문제된 사건

채무자가 기존 금전채무를 담보하기 위하여 다른 금전채권을 채권자에게 양도한 후, 그 채권양도사실을 통지하지 않은 채 제3채무자로부터 변제금을 수령하여 소비한 경우 채권자에 대한 횡령죄가 성립하는가?

판례 채무자가 기존 금전채무를 담보하기 위하여 다른 금전채권을 채권자에게 양도하는 경우, 채무자가 채권자에 대하여 부담하는 '담보 목적 채권의 담보가치를 유지·보전할 의무'는 채권 양도담보계약에 따라 부담하게 된 채무의 한 내용에 불과하다. 또한 통상의 채권양도계약은 그 자체가 채권자지위의 이전을 내용으로 하는 주된 계약이고, 그 당사자 사이의 본질적 관계는 양수인이 채권자지위를 온전히 확보하여 채무자로부터 유효하게 채권의 변제를 받는 것이다. 그런데 채권 양도담보계약은 피담보채권의 발생을 위한 계약(예컨대 금전소비대차계약 등)의 종된 계약으로, 채권 양도담보계약에 따라 채무자가 부담하는 위와 같은 의무는 담보목적을 달성하기 위한 것에 불과하고, 그 당사자 사이의 본질적이고 주된 관계는 피담보채권의 실현이다. 이처럼 채권 양도담보계약의 목적이나 본질적 내용을 통상의 채권양도계약과 같이 볼 수는 없다. 따라서 채무자가 채권 양도담보계약에 따라 담보 목적 채권의 담보가치를 유지·보전할 의무는 계약에 따른 자신의 채무에 불과하고, 채권자와 채무자 사이에 채무자가 채권자를 위하여 담보가치의 유지·보전사무를 처리함으로써 채무자의 사무처리를 통해 채권자가 담보 목적을 달성한다는 신임관계가 존재한다고 볼 수 없다. 그러므로 채무자가 제3채무자에게 채권양도 통지를 하지 않은 채 자신이 사용할 의도로 제3채무자로부터 변제를 받아 변제금을 수령한 경우, 이는 단순한 민사상 채무불이행에 해당할 뿐, 채무자가 채권자와의 위탁신임관계에 의하여 채무자를 위해 위 변제금을 보관하는 지위에 있다고 볼 수 없고, 채무자가 이를 임의로 소비하더라도 횡령죄는 성립하지 않는다(대법원 2021.2.25, 2020도12927).

Ĩsolution 횡령죄가 성립하지 않는다.

● ● ●
249 채권양도인이 이미 양도된 채권을 추심하여 임의로 사용한 사건 · 경찰승진 22, 경찰간부 23

> 채무자 甲은 자신의 채권자 乙과 甲의 丙에 대한 임대차보증금반환채권에 관한 채권양도계약을 체결하고 임대인 丙에게 채권양도 통지를 하기 전에 丙으로부터 채권을 추심하여 남아 있던 임대차보증금을 수령하고 이를 임의로 사용하였다. 甲에게 횡령죄가 성립하는가?

판례 채권양도계약이 이루어진 후 채권양도인이 채권양도의 대항요건을 갖추어 주기 전에 채무자로부터 채권을 추심하여 금전을 수령한 경우, 그 금전은 채권양도인과 채권양수인 사이에서 채권양수인의 소유에 속하고 채권양도인은 채권양수인을 위하여 이를 보관하는 자의 지위에 있다고 보아 횡령죄의 성립을 인정해 오던 대법원 1999.4.15, 97도666 전원합의체 등 종전 판례를 변경한다. 위와 같은 경우 **채권양도인과 채권양수인 사이에 채권양도인이 추심한 금전은 채권양도인의 소유에 속하고, 채권양도인에게 그 금전에 관한 보관자의 지위도 인정할 수 없다.** 甲에게 횡령죄가 성립하지 않는다(대법원 2022.6.23, 2017도3829 전원합의체).

보충 채권양도에 의하여 양도된 채권이 동일성을 잃지 않고 채권양도인으로부터 채권양수인에게 이전되더라도, 채권양도인이 양도한 채권을 추심하여 금전을 수령한 경우 금전의 소유권 귀속은 채권의 이전과는 별개의 문제이다. 채권 자체와 채권의 목적물인 금전은 엄연히 구별되므로, 채권양도에 따라 채권이 이전되었다는 사정만으로 채권의 목적물인 금전의 소유권까지 당연히 채권양수인에게 귀속한다고 볼 수 없다. 또한 채권양도인이 채권양도 후에 스스로 양도한 채권을 추심하여 수령한 금전에 대해서는 채권양도인과 채권양수인 사이에 어떠한 위탁관계가 설정된 적이 없다. 채권양수인은 채권양도계약에 따라 채권양도인으로부터 채권을 이전받을 뿐이고, 별도의 약정이나 그 밖의 특별한 사정이 인정되지 않는 한 채권양도인에게 채권의 추심이나 수령을 위임하거나 채권의 목적물인 금전을 위탁한 것이 아니다.

보충 매매, 교환 등과 같이 당사자 일방이 재산권을 상대방에게 이전할 것을 약정하고 상대방이 대가를 지급할 것을 약정함으로써 효력이 생기는 계약의 경우, 쌍방이 계약의 내용에 따른 이행을 할 채무는 특별한 사정이 없는 한 '자기의 사무'임이 원칙이다(대법원 2011.1.20, 2008도10479 전원합의체 등). 또한 '타인의 사무를 처리하는 자'라고 하려면, 타인의 재산관리에 관한 사무의 전부 또는 일부를 타인을 위하여 대행하는 경우와 같이 당사자 관계의 전형적·본질적 내용이 통상의 계약에서 이익대립관계를 넘어서 그들 사이의 신임관계에 기초하여 타인의 재산을 보호하거나 관리하는 데에 있어야 한다. 이익대립관계에 있는 통상의 계약관계에서 채무자의 성실한 급부이행에 의해 상대방이 계약상 권리의 만족 또는 채권의 실현이라는 이익을 얻게 되는 관계에 있다거나, 계약을 이행할 때에 상대방을 보호하거나 배려할 부수적인 의무가 있다는 것만으로는 채무자를 타인의 사무를 처리하는 자라고 할 수 없고, 위임 등과 같이 계약의 전형적·본질적인 급부의 내용이 상대방의 재산상 사무를 일정한 권한을 가지고 맡아 처리하는 경우에 해당해야 한다(대법원 2020.2.20, 2019도9756 전원합의체; 2020.8.27, 2019도14770 전원합의체 등). 이러한 법리에 근거하여 대법원은 부동산 임차권의 양도, 일반 동산의 매매, 권리이전에 등기·등록을 필요로 하는 동산의 매매, 주권 발행 전 주식의 양도, 수분양권의 매매 등의 사안에서, 양도인이 권리이전계약에 따라 양수인에게 부담하는 권리이전의무는 자기의 사무에 지나지 않으므로, 양도인은 양수인을 위한 타인의 사무를 처리하는 자가 아니라고 판단하였다. …… 따라서 채권양도인이 채권양수인에게 채권양도와 관련하여 부담하는 의무는 일반적인 권리이전계약에 따른 급부의무에 지나지 않으므로, 채권양도인이 채권양수인을 위하여 어떠한 재산상 사무를 대행하거나 맡아 처리한다고 볼 수 없다. 채권양도인과 채권양수인은 통상의 계약에 따른 이익대립관계에 있을 뿐 횡령죄의 보관자 지위를 인정할 수 있는 신임관계에 있다고 할 수 없다.

ⓘsolution 성립하지 않는다.

●●○
250 자동차 매매계약과 횡령죄의 성부

> 자동차 매수인이 매도인으로부터 승낙을 받고 이전등록 전 이를 사용하다가 차량 반환 요구를 거부한 것은 횡령죄에 해당하는가?

(판례) 형사재판에서의 유죄의 인정은 법관으로 하여금 합리적인 의심을 할 여지가 없을 정도의 확신을 가지게 하는 엄격한 증거에 의하여야 하므로, 그 재물이 당초 피고인에게 보관된 타인의 재산이라고 하더라도 그 이후 타인이 피고인에게 이를 양도하거나 임의사용을 승낙한 것으로 볼 여지가 있는 사정이 재판에 나타난다면 이러한 의문이 해명되지 아니하는 한 피고인을 유죄로 단정할 수는 없다(대법원 2001.12.14, 2001도3042). 자동차에 대한 소유권의 득실변경은 등록을 함으로써 그 효력이 생기고 등록이 없는 한 대외적 관계에서는 물론 당사자의 대내적 관계에서도 소유권을 취득할 수 없는 것이 원칙이지만, 당사자 사이에 소유권을 등록명의자 아닌 자가 보유하기로 약정하였다는 등의 특별한 사정이 있는 경우에는 그 내부관계에 있어서는 등록명의자 아닌 자가 소유권을 보유하게 된다(대법원 2013.2.28, 2012도15303; 2014.9.25, 2014도8984; 2023.6.1, 2023도1096).

보충 피고인이 피해자 측으로부터 이 사건 차량을 매수하면서, 피고인이 매매대금의 지급에 갈음하여 피고인이 ○○캐피탈에 대한 차량할부금을 납부한 후 피고인 운영의 회사 명의로 이전등록을 하기로 약정하고, 이 사건 차량을 인도받아 사용하던 중 할부대금 및 과태료 등을 납부하지 않았다. 이에 피해자 측이 이 사건 차량의 반환을 요구하였으나 피고인이 이를 거부한 행위에 대해 횡령죄로 기소되었는데, 피고인이 이 사건 차량에 관한 매매약정에 따라 정당한 법률상 지위·권리를 보유한 채 이를 사용한 것일 뿐 피해자와의 위탁관계를 전제로 이 사건 차량을 보관하고 있었다고 보기 어렵고, 피해자 측이 피고인에게 이 사건 차량의 등록명의 이전과 무관하게 사용을 승낙한 것으로 볼 여지가 있어 판시 횡령의 점을 섣불리 유죄로 단정할 수도 없으며, 적어도 피고인·피해자 측 사이의 대내적 관계에서는 이 사건 차량의 등록명의에 관계없이 이 사건 차량에 관한 소유권을 매수인 측인 피고인이나 이 사건 회사가 보유하기로 정한 것이라고 볼 여지가 크다.

ⓘsolution 해당하지 않는다.

●●○
251 횡령죄의 불법영득의사

(판례) 횡령죄에서의 불법영득의사는 타인의 재물을 보관하는 자가 그 위탁 취지에 반하여 권한 없이 스스로 소유권자의 처분행위(반환 거부를 포함한다)를 하려는 의사를 의미하므로, 보관자가 자기 또는 제3자의 이익을 위한 것이 아니라 그 소유자의 이익을 위하여 이를 처분한 경우에는 특별한 사정이 없는 한 위와 같은 불법영득의 의사를 인정할 수 없다. 다만 타인으로부터 용도가 엄격히 제한된 자금을 위탁

받아 집행하면서 그 제한된 용도 이외의 목적으로 자금을 사용하는 것은 그것이 결과적으로 자금을 위탁한 본인을 위하는 면이 있더라도 그 사용행위 자체로서 불법영득의 의사를 실현하는 것이 되어 횡령죄가 성립하겠지만, 이러한 경우에 해당하지 아니할 때에는 피고인이 불법영득의사의 존재를 인정하기 어려운 사유를 들어 그 돈의 행방이나 사용처에 대한 설명을 하고 있고 이에 부합하는 자료도 있다면 달리 특별한 사정이 인정되지 아니하는 한 함부로 그 위탁받은 돈을 불법영득의사로 횡령하였다고 인정할 수는 없다(대법원 2011.5.26, 2011도1904; 2024.9.12, 2024도6728).

제7절 배임의 죄

●●●
252 배임의 '타인의 사무를 처리하는 자' 긍정례

> 지입계약관계에서 지입회사 운영자가 지입차량에 임의로 저당권을 설정한 경우 배임죄가 성립하는가?

(판례) 이른바 지입제는 자동차운송사업면허 등을 가진 운송사업자와 실질적으로 자동차를 소유하고 있는 차주간의 계약으로 외부적으로는 자동차를 운송사업자 명의로 등록하여 운송사업자에게 귀속시키고 내부적으로는 각 차주들이 독립된 관리 및 계산으로 영업을 하며 운송사업자에 대하여는 지입료를 지불하는 운송사업형태를 말한다(대법원 2003.9.2, 2003도3073; 2009.9.24, 2009도5302 등). 따라서 지입차주가 자신이 실질적으로 소유하거나 처분권한을 가지는 자동차에 관하여 지입회사와 지입계약을 체결함으로써 지입회사에 자동차의 소유권등록 명의를 신탁하고 운송사업용 자동차로서 등록 및 그 유지 관련 사무의 대행을 위임한 경우에는, 특별한 사정이 없는 한 **지입회사 측이 지입차주의 실질적 재산인 지입차량에 관한 재산상 사무를 일정한 권한을 가지고 맡아 처리하는 것으로서** 당사자 관계의 전형적 · 본질적 내용이 그들 사이의 신임관계에 기초하여 타인의 재산을 보호 또는 관리하는 데에 있으므로, **지입회사 운영자는 지입차주와의 관계에서 '타인의 사무를 처리하는 자'의 지위에 있다**(대법원 2021.6.24, 2018도14365; 2021.6.30, 2015도19696).

♀solution 성립한다.

●●●
253 배임의 '타인의 사무를 처리하는 자' 부정례 1: 동산을 양도담보로 제공한 채무자가 제3자에게 담보에 제공된 동산을 처분한 사건
• 법원행시 20, 법원9급 21 · 22, 경찰간부 22

> 채무자가 금전채무를 담보하기 위하여 그 소유의 동산을 채권자에게 양도담보로 제공함으로써 채권자인 양도담보권자에 대하여 담보물의 담보가치를 유지 · 보전할 의무 내지 담보물을 타에 처분하거나 멸실, 훼손하는 등으로 담보권 실행에 지장을 초래하는 행위를 하지 않을 의무를 부담하게 된 경우, 채무자가 담보물을 제3자에게 처분하는 등으로 담보가치를 감소 또는 상실시켜 채권자의 담보권 실행이나 이를 통한 채권실현에 위험을 초래한 경우, 배임죄가 성립하는가?

판례 [다수의견] 배임죄에서 '타인의 사무를 처리하는 자'라고 하려면, 타인의 재산관리에 관한 사무의 전부 또는 일부를 타인을 위하여 대행하는 경우와 같이 당사자 관계의 전형적·본질적 내용이 통상의 계약에서의 이익대립관계를 넘어서 그들 사이의 신임관계에 기초하여 타인의 재산을 보호 또는 관리하는 데에 있어야 한다. 이익대립관계에 있는 통상의 계약관계에서 채무자의 성실한 급부이행에 의해 상대방이 계약상 권리의 만족 내지 채권의 실현이라는 이익을 얻게 되는 관계에 있다거나, 계약을 이행함에 있어 상대방을 보호하거나 배려할 부수적인 의무가 있다는 것만으로는 채무자를 타인의 사무를 처리하는 자라고 할 수 없고, 위임 등과 같이 계약의 전형적·본질적인 급부의 내용이 상대방의 재산상 사무를 일정한 권한을 가지고 맡아 처리하는 경우에 해당하여야 한다. 채무자가 금전채무를 담보하기 위하여 그 소유의 동산을 채권자에게 양도담보로 제공함으로써 채권자인 양도담보권자에 대하여 담보물의 담보가치를 유지·보전할 의무 내지 담보물을 타에 처분하거나 멸실, 훼손하는 등으로 담보권 실행에 지장을 초래하는 행위를 하지 않을 의무를 부담하게 되었더라도, 이를 들어 채무자가 통상의 계약에서의 이익대립관계를 넘어서 채권자와의 신임관계에 기초하여 채권자의 사무를 맡아 처리하는 것으로 볼 수 없다. 따라서 채무자를 배임죄의 주체인 '타인의 사무를 처리하는 자'에 해당한다고 할 수 없고, 그가 담보물을 제3자에게 처분하는 등으로 담보가치를 감소 또는 상실시켜 채권자의 담보권 실행이나 이를 통한 채권실현에 위험을 초래하더라도 배임죄가 성립한다고 할 수 없다. 위와 같은 법리는, 채무자가 동산에 관하여 양도담보설정계약을 체결하여 이를 채권자에게 양도할 의무가 있음에도 제3자에게 처분한 경우에도 적용되고, 주식에 관하여 양도담보설정계약을 체결한 채무자가 제3자에게 해당 주식을 처분한 사안에도 마찬가지로 적용된다(대법원 2020.2.20, 2019도9756 전원합의체).

보충 갑 주식회사를 운영하는 피고인이 을 은행으로부터 대출을 받으면서 대출금을 완납할 때까지 갑 회사 소유의 동산인 골재생산기기(크러셔)를 점유개정 방식으로 양도담보로 제공하기로 하는 계약을 체결하였음에도 담보목적물인 동산을 병 등에게 매각함으로써 을 은행에 대출금 상당의 손해를 가하였다고 하여 배임의 공소사실로 기소된 사안에서, 위 양도담보계약은 피고인이 운영하는 갑 회사가 을 은행에 대한 대출금 채무를 담보하기 위하여 동산에 관하여 양도담보를 설정하고, 갑 회사의 채무불이행 시 양도담보권의 실행, 즉 동산을 처분하여 그 매각대금으로 채무의 변제에 충당하거나 채무의 변제에 갈음하여 을 은행이 담보목적물을 취득하기로 하는 내용의 전형적인 양도담보계약으로서, 양도담보계약서 제2조, 제4조 등에는 '담보목적물은 설정자가 채권자의 대리인으로서 점유·사용·보전·관리한다', '설정자는 선량한 관리자로서의 주의의무를 다하여 점유·사용·보전·관리하여야 한다' 등과 같이 담보설정자(갑 회사)의 담보목적물의 보전·관리에 관한 내용이 포함되어 있으나, 위와 같은 계약서의 기재 내용만으로 위 양도담보계약이 전형적인 양도담보계약이 아니라거나 양도담보계약과 별도로 을 은행이 갑 회사에 신임관계에 기초하여 담보목적물의 보관·관리에 관한 사무의 처리를 위탁하는 내용의 특약이 있다고 보기 어려운 점 등을 종합하면, 위 양도담보계약에서 갑 회사와 을 은행 간 당사자 관계의 전형적·본질적 내용은 대출금 채무의 변제와 이를 위한 담보에 있고, 갑 회사를 통상의 계약에서의 이익대립관계를 넘어서 을 은행과의 신임관계에 기초하여 을 은행의 사무를 맡아 처리하는 것으로 볼 수 없는 이상 갑 회사를 운영하는 피고인을 을 은행에 대한 관계에서 '타인의 사무를 처리하는 자'에 해당한다고 할 수 없다는 이유로, 이와 달리 피고인이 타인의 사무를 처리하는 자의 지위에 있음을 전제로 공소사실을 유죄로 판단한 원심판결에 배임죄에서 '타인의 사무를 처리하는 자' 등에 관한 법리를 오해한 위법이 있다고 한 사례이다.

⸎solution 성립하지 않는다.

●●●
254 배임의 '타인의 사무를 처리하는 자' 부정례 2: 동산담보권 설정자의 임의처분 사건
• 법원행시 20, 경찰1차 21, 법원9급 21

> A회사의 대표이사인 甲은 乙에게 금전채무에 대한 담보로 A회사 소유의 기계에 대하여 동산·채권 등의 담보에 관한 법률에 의한 동산담보권을 설정했음에도 丙에게 위 기계를 매도하였다. 甲에게는 배임죄의 죄책이 인정되는가?

판례 이익대립관계에 있는 통상의 계약관계에서 채무자의 성실한 급부이행에 의해 상대방이 계약상 권리의 만족 내지 채권의 실현이라는 이익을 얻게 되는 관계에 있다거나, 계약을 이행함에 있어 상대방을 보호하거나 배려할 부수적인 의무가 있다는 것만으로는 채무자를 타인의 사무를 처리하는 자라고 할 수 없고, 위임 등과 같이 계약의 전형적·본질적인 급부의 내용이 상대방의 재산상 사무를 일정한 권한을 가지고 맡아 처리하는 경우에 해당하여야 한다(대법원 2020.2.20, 2019도9756 전원합의체 등). **채무자가 금전채무를 담보하기 위하여 그 소유의 동산을 채권자에게 동산·채권 등의 담보에 관한 법률(이하 '동산채권담보법')에 따른 동산담보로 제공함으로써 채권자인 동산담보권자에 대하여 담보물의 담보가치를 유지·보전할 의무 또는 담보물을 타에 처분하거나 멸실, 훼손하는 등으로 담보권 실행에 지장을 초래하는 행위를 하지 않을 의무를 부담하게 되었더라도, 이를 들어 채무자가 통상의 계약에서의 이익대립관계를 넘어서 채권자와의 신임관계에 기초하여 채권자의 사무를 맡아 처리하는 것으로 볼 수 없다. 따라서 이러한 경우 채무자를 배임죄의 주체인 '타인의 사무를 처리하는 자'에 해당한다고 할 수 없고, 그가 담보물을 제3자에게 처분하는 등으로 담보가치를 감소 또는 상실시켜 채권자의 담보권 실행이나 이를 통한 채권실현에 위험을 초래하더라도 배임죄가 성립하지 아니한다**(대법원 2020.8.27, 2019도14770 전원합의체).

♀solution 인정되지 않는다.

●●● 255 배임의 '타인의 사무를 처리하는 자' 부정례 3: 주권발행 전 주식의 이중양도 사건

• 법원행시 20, 법원9급 21·22

> 주권발행 전 주식을 이중으로 양도한 경우 양도인에게 배임죄가 성립하는가?

판례 주권발행 전 주식의 양도는 양도인과 양수인의 의사표시만으로 그 효력이 발생한다. 그 주식양수인은 특별한 사정이 없는 한 양도인의 협력을 받을 필요 없이 단독으로 자신이 주식을 양수한 사실을 증명함으로써 회사에 대하여 그 명의개서를 청구할 수 있다(대법원 2019.4.25, 2017다21176 등). 따라서 양도인이 양수인으로 하여금 회사 이외의 제3자에게 대항할 수 있도록 확정일자 있는 증서에 의한 양도통지 또는 승낙을 갖추어 주어야 할 채무를 부담한다 하더라도 이는 자기의 사무라고 보아야 하고, 이를 양수인과의 신임관계에 기초하여 양수인의 사무를 맡아 처리하는 것으로 볼 수 없다. 그러므로 주권발행 전 주식에 대한 양도계약에서의 양도인은 양수인에 대하여 그의 사무를 처리하는 지위에 있지 아니하여, 양도인이 위와 같은 제3자에 대한 대항요건을 갖추어 주지 아니하고 이를 타에 처분하였다 하더라도 형법상 배임죄가 성립하는 것은 아니다(대법원 2020.6.4, 2015도6057).

♀solution 성립하지 않는다.

●●● 256 배임의 '타인의 사무를 처리하는 자' 부정례 4: 저당권이 설정된 자동차를 임의처분한 경우 및 자동차 이중양도 사건

• 경찰승진 22, 법원9급 22

> 피고인 甲은 ① 피해자 메리츠캐피탈 주식회사에게 저당권을 설정해 준 버스를 임의처분하였고, ② 피해자 이○○에게 버스를 매도하기로 하여 중도금까지 지급받았음에도 버스에 공동근저당권을 설정하였다. 甲에게 배임죄가 성립하는 경우는?

판례 ① 금전채권채무 관계에서 채권자가 채무자의 급부이행에 대한 신뢰를 바탕으로 금전을 대여하고 채무자의 성실한 급부이행에 의해 채권의 만족이라는 이익을 얻게 된다 하더라도, 채권자가 채무자에 대한 신임을 기초로 그의 재산을 보호 또는 관리하는 임무를 부여하였다고 할 수 없고, 금전채무의 이행은 어디까지나 채무자가 자신의 급부의무의 이행으로서 행하는 것이므로 이를 두고 채권자의 사무를 맡아 처리하는 것으로 볼 수 없다. 따라서 채무자를 채권자에 대한 관계에서 '타인의 사무를 처리하는 자'에 해당한다고 할 수 없다. 채무자가 금전채무를 담보하기 위하여 「자동차 등 특정동산 저당법」 등에 따라 그 소유의 동산에 관하여 채권자에게 저당권을 설정해 주기로 약정하거나 저당권을 설정한 경우에도 마찬가지이다. 채무자가 저당권설정계약에 따라 부담하는 의무, 즉 동산을 담보로 제공할 의무, 담보물의 담보가치를 유지·보전하거나 담보물을 손상, 감소 또는 멸실시키지 않을 소극적 의무, 담보권 실행 시 채권자나 그가 지정하는 자에게 담보물을 현실로 인도할 의무와 같이 채권자의 담보권 실행에 협조할 의무 등은 모두 저당권설정계약에 따라 부담하게 된 채무자 자신의 급부의무이다. 또한 저당권설정계약은 피담보채권의 발생을 위한 계약에 종된 계약으로, 피담보채무가 소멸하면 저당권설정계약상의 권리의무도 소멸하게 된다. 저당권설정계약에 따라 채무자가 부담하는 의무는 담보목적의 달성, 즉 채무불이행 시 담보권 실행을 통한 채권의 실현을 위한 것이므로 저당권설정계약의 체결이나 저당권 설정 전후를 불문하고 당사자 관계의 전형적·본질적 내용은 여전히 금전채권의 실현 내지 피담보채무의 변제에 있다(대법원 2020.8.27, 2019도 14770 전원합의체 등). 따라서 채무자가 위와 같은 급부의무를 이행하는 것은 채무자 자신의 사무에 해당할 뿐이고, 채무자가 통상의 계약에서의 이익대립관계를 넘어서 채권자와의 신임관계에 기초하여 채권자의 사무를 맡아 처리한다고 볼 수 없으므로 채무자를 채권자에 대한 관계에서 배임죄의 주체인 '타인의 사무를 처리하는 자'에 해당한다고 할 수 없다. 그러므로 채무자가 담보물을 제3자에게 처분하는 등으로 담보가치를 감소 또는 상실시켜 채권자의 담보권 실행이나 이를 통한 채권실현에 위험을 초래하더라도 배임죄가 성립하지 아니한다. 위와 같은 법리는, 금전채무를 담보하기 위하여 「공장 및 광업재단 저당법」에 따라 저당권이 설정된 동산을 채무자가 제3자에게 임의로 처분한 사안에도 마찬가지로 적용된다. ② 매매와 같이 당사자 일방이 재산권을 상대방에게 이전할 것을 약정하고 상대방이 그 대금을 지급할 것을 약정함으로써 그 효력이 생기는 계약의 경우(민법 제563조), 쌍방이 그 계약의 내용에 좇은 이행을 하여야 할 채무는 특별한 사정이 없는 한 '자기의 사무'에 해당하는 것이 원칙이다. 동산 매매계약에서의 매도인은 매수인에 대하여 그의 사무를 처리하는 지위에 있지 아니하므로, 매도인이 목적물을 타에 처분하였다 하더라도 형법상 배임죄가 성립하지 아니한다(대법원 2011.1.20, 2008도10479 전원합의체 등). 위와 같은 법리는 권리이전에 등기·등록을 요하는 동산에 대한 매매계약에서도 동일하게 적용되므로, 자동차 등의 매도인은 매수인에 대하여 그의 사무를 처리하는 지위에 있지 아니하여, 매도인이 매수인에게 소유권이전등록을 하지 아니하고 타에 처분하였다고 하더라도 마찬가지로 배임죄가 성립하지 아니한다(대법원 2020.10.22, 2020도6258 전원합의체).

ⓘsolution 없다.

● ● ○
257 배임의 '타인의 사무를 처리하는 자' 부정례 5: 대출 담보인 우선수익권 보장 의무

• 법원행시 20, 법원9급 21, 변호사시험 21

> A는 甲 새마을금고로부터 특정 토지 위에 건물을 신축하는 데 필요한 공사자금을 대출받으면서 이를 담보하기 위하여 乙 신탁회사를 수탁자, 甲 금고를 우선수익자, A를 위탁자 겸 수익자로 한 담보신탁계약 및 자금관리대리사무계약을 체결하였다. 따라서 A는 위 계약 내용에 따라 건물이 준공된 후 乙 회사에 신탁등기를 이행하여 甲 금고의 우선수익권을 보장할 임무가 있

> 다. 그런데 A는 이를 위배하여 丙 앞으로 건물의 소유권보존등기를 마쳐주었다. A에게는 배임죄의 죄책이 인정되는가?

(판례) 이익대립관계에 있는 통상의 계약관계에서 채무자의 성실한 급부이행에 의해 상대방이 계약상 권리의 만족 내지 채권의 실현이라는 이익을 얻게 되는 관계에 있다거나, 계약을 이행함에 있어 상대방을 보호하거나 배려할 부수적인 의무가 있다는 것만으로는 **채무자를 타인의 사무를 처리하는 자라고 할 수 없다**(대법원 2015.3.26, 2015도1301; 2020.2.20, 2019도9756 전원합의체 등). A(피고인)가 乙 회사, 甲 금고와 체결한 담보신탁계약의 신탁 대상 부동산은 토지이고, 건물에 대해서는 위 계약에 따라 신탁등기가 이루어지는 것이 아니라 향후 건물이 준공되어 소유권보존등기까지 마친 후 乙 회사를 수탁자로, 甲 금고를 우선수익자로 한 담보신탁계약 등을 체결하고 그에 따른 등기절차 등을 이행하기로 약정한 것에 불과한 점, 건물에 관하여 추가 담보신탁하기로 약정한 것은 甲 금고가 피고인에 대한 대출금 채권의 변제를 확보하기 위함이고, **甲 금고의 주된 관심은 건물에 대한 신탁등기 이행 여부가 아닌, 대출금 채권의 회수에 있다고 봄이 타당한 점,** 피고인은 甲 금고와의 관계에서 향후 건물이 준공되면 乙 회사와 건물에 대한 담보신탁계약, 자금관리대리사무계약 등을 체결하고, 그에 따라 신탁등기절차를 이행하여 甲 금고에 우선수익권을 보장할 민사상 의무를 부담함에 불과하고, '甲 금고의 우선수익권'은 계약당사자인 피고인, 甲 금고, 乙 회사 등이 약정한 바에 따라 각자의 의무를 성실히 이행하면 그 결과로서 보장될 뿐인 점을 종합하면, 결국 피고인은 통상의 계약에서의 이익대립관계를 넘어서 甲 금고와의 신임관계에 기초하여 甲 금고의 우선수익권을 보호 또는 관리하는 등 그의 사무를 처리하는 자의 지위에 있다고 보기 어려우므로 배임죄에서의 '타인의 사무를 처리하는 자'에 해당하지 않는다(대법원 2020.4.29, 2014도9907).

♀solution 인정되지 않는다.

● ● ●
258 배임의 '타인의 사무를 처리하는 자' 부정례 6: 부동산이중저당 · 부동산이중양도담보 사건
• 법원행시 20, 경찰1차 21, 법원9급 21 · 22, 경찰간부 22, 변호사시험 22

> 채무 담보를 위하여 채권자에게 부동산에 관하여 근저당권을 설정해주기로 약정한 채무자가 담보목적물을 처분한 경우 배임죄가 성립하는가?

(판례) 배임죄는 타인의 사무를 처리하는 자가 그 임무에 위배하는 행위로써 재산상의 이익을 취득하거나 제3자로 하여금 이를 취득하게 하여 사무의 주체인 타인에게 손해를 가할 때 성립하는 것이므로, 그 범죄의 주체는 타인의 사무를 처리하는 지위에 있어야 한다. 여기에서 '타인의 사무를 처리하는 자'라고 하려면, 타인의 재산관리에 관한 사무의 전부 또는 일부를 타인을 위하여 대행하는 경우와 같이 당사자 관계의 전형적·본질적 내용이 통상의 계약에서의 이익대립관계를 넘어서 그들 사이의 신임관계에 기초하여 타인의 재산을 보호 또는 관리하는 데에 있어야 한다(대법원 2011.1.20, 2008도10479 전원합의체; 2014.8.21, 2014도3363 전원합의체 등 참조). 이익대립관계에 있는 통상의 계약관계에서 채무자의 성실한 급부이행에 의해 상대방이 계약상 권리의 만족 내지 채권의 실현이라는 이익을 얻게 되는 관계에 있다거나, 계약을 이행함에 있어 상대방을 보호하거나 배려할 부수적인 의무가 있다는 것만으로는 채무자를 타인의 사무를 처리하는 자라고 할 수 없고(대법원 2015.3.26, 2015도1301 등), 위임 등과 같이 계약의 전형적·본질적인 급부의 내용이 상대방의 재산상 사무를 일정한 권한을 가지고 맡아 처리하는 경우에 해당하여야 한다(대법원 2020.2.20, 2019도9756 전원합의체 참조). **채무자가 금전채무를 담보하기 위한 저당권설정계약에 따라 채권**

자에게 그 소유의 부동산에 관하여 저당권을 설정할 의무를 부담하게 되었다고 하더라도, 이를 들어 채무자가 통상의 계약에서 이루어지는 이익대립관계를 넘어서 채권자와의 신임관계에 기초하여 채권자의 사무를 맡아 처리하는 것으로 볼 수 없다. 채무자가 저당권설정계약에 따라 채권자에 대하여 부담하는 저당권을 설정할 의무는 계약에 따라 부담하게 된 채무자 자신의 의무이다. 채무자가 위와 같은 의무를 이행하는 것은 채무자 자신의 사무에 해당할 뿐이므로, 채무자를 채권자에 대한 관계에서 '타인의 사무를 처리하는 자'라고 할 수 없다. 따라서 채무자가 제3자에게 먼저 담보물에 관한 저당권을 설정하거나 담보물을 양도하는 등으로 담보가치를 감소 또는 상실시켜 채권자의 채권실현에 위험을 초래하더라도 배임죄가 성립한다고 할 수 없다. 위와 같은 법리는, 채무자가 금전채무에 대한 담보로 부동산에 관하여 양도담보 설정계약을 체결하고 이에 따라 채권자에게 소유권이전등기를 해 줄 의무가 있음에도 제3자에게 그 부동산을 처분한 경우에도 적용된다. 이와 달리 채무 담보를 위하여 채권자에게 부동산에 관하여 근저당권을 설정해주기로 약정한 채무자가 채권자의 사무를 처리하는 자에 해당함을 전제로 채무자가 담보목적물을 처분한 경우 배임죄가 성립한다고 한 대법원 2008.3.27, 2007도9328; 2011.11.10, 2011도11224 판결을 비롯한 같은 취지의 대법원 판결들은 이 판결의 견해에 배치되는 범위 내에서 모두 변경하기로 한다(대법원 2020.6.18, 2019도14340 전원합의체).

> **보충** 한편 대법원 2018.5.17, 2017도4027 전원합의체 판결은 부동산 이중매매의 경우 배임죄의 성립을 인정하였다. 위 판결은 부동산이 국민의 경제생활에서 차지하는 비중이 크고, 부동산 매매대금은 통상 계약금, 중도금, 잔금으로 나누어 지급되는데, 매수인이 매도인에게 매매대금 중 상당한 부분을 차지하는 계약금과 중도금까지 지급하고도 매도인의 이중매매를 방지할 충분한 수단이 마련되어 있지 않은 거래 현실의 특수성을 고려하여 부동산 이중매매의 경우 배임죄가 성립한다는 종래의 견해를 유지한 것이다. 이러한 점에 비추어 보면, 위 전원합의체 판결의 취지는 이 판결의 다수의견에 반하지 아니함을 밝혀둔다.

♀solution 성립하지 않는다.

•••
259 배임의 '타인의 사무를 처리하는 자' 부정례 7: 아파트 수분양권 매도인의 이중처분 사건

> 아파트 수분양권 매도인이 매수인에 대한 관계에서 '타인의 사무를 처리하는 자'의 지위에 있는가?

(판례) 매매와 같이 당사자 일방이 재산권을 상대방에게 이전할 것을 약정하고 상대방이 그 대금을 지급할 것을 약정함으로써 그 효력이 생기는 계약의 경우(민법 제563조), 쌍방이 그 계약의 내용에 좇은 이행을 하여야 할 채무는 특별한 사정이 없는 한 '자기의 사무'에 해당하는 것이 원칙이다. 또한 수분양권 매매계약의 매도인으로서는 원칙적으로 수분양자 명의변경에 관한 분양자 측의 동의 내지 승낙을 얻어 수분양자 명의변경절차를 이행하면 계약상 의무를 다한 것이 되고, 그 수분양권에 근거하여 목적물에 관한 소유권을 취득한 다음 매수인 앞으로 소유권이전등기를 마쳐 줄 의무까지는 없다(대법원 2006.11.23, 2006다44401 등). …… 이러한 수분양권 매매계약의 내용과 그 이행의 정도, 그에 따른 계약의 구속력의 정도, 거래의 관행, 신임관계의 유형과 내용, 신뢰위반의 정도 등을 종합적으로 고려해 보면, 수분양권 매매계약에 따른 당사자 관계의 전형적·본질적 내용이 통상의 계약에서의 이익대립관계를 넘어서 그들 사이의 신임관계에 기초하여 타인의 재산을 보호 또는 관리하는 데에 있다고 할 수 없다. 따라서 특별한 사정이 없는 한 수분양권 매도인이 수분양권 매매계약에 따라 매수인에게 수분양권을 이전할 의무는 자신의 사무에 해당할 뿐이므로, 매수인에 대한 관계에서 '타인의 사무를 처리하는 자'라고 할 수 없다. 그러므로 수분양권 매도인이 위와 같은 의무를 이행하지 아니하고 수분양권 또는 이에 근거하여 향후 소유권을 취득하게 될 목적물을 미리 제3자에게 처분하였다고 하더라도 형법상 배임죄가 성립하는 것은 아니다(대법원 2021.7.8, 2014도12104).

♀solution 타인의 사무를 처리하는 자라고 할 수 없다.

260 배임의 '타인의 사무를 처리하는 자' 부정례 8: 채권양도담보계약을 체결한 채무자 사건

> 채권양도담보계약을 체결한 채무자가 채권자에게 담보 목적 채권에 관한 대항요건을 갖추어 주기
> 전에 이를 이중으로 양도하고 제3채무자에게 그 채권양도통지를 한 경우 배임죄가 성립하는가?

〔판례〕 금전채권채무의 경우 채무자는 채권자에 대한 관계에서 '타인의 사무를 처리하는 자'에 해당한다고
할 수 없다(대법원 2011.4.28, 2011도3247 등). 채무자가 기존 금전채무를 담보하기 위하여 다른 금전채권을
채권자에게 양도하는 경우에도 마찬가지이다. 채권양도담보계약에 따라 채무자가 부담하는 '담보 목적 채
권의 담보가치를 유지·보전할 의무' 등은 담보목적을 달성하기 위한 것에 불과하며, 채권양도담보계약의
체결에도 불구하고 당사자 관계의 전형적·본질적 내용은 여전히 피담보채권인 금전채권의 실현에 있다
(대법원 2020.2.20, 2019도9756 전원합의체 등). 따라서 채무자가 채권양도담보계약에 따라 부담하는 '담보 목적
채권의 담보가치를 유지·보전할 의무'를 이행하는 것은 채무자 자신의 사무에 해당할 뿐이고, 채무자가
통상의 계약에서의 이익대립관계를 넘어서 채권자와의 신임관계에 기초하여 채권자의 사무를 맡아 처리
한다고 볼 수 없으므로, 이 경우 채무자는 채권자에 대한 관계에서 '타인의 사무를 처리하는 자'에 해당한
다고 할 수 없다(대법원 2021.7.14, 2015도5184).

〔유사〕 전세보증금반환채권에 관하여 채권양도담보계약을 체결한 채무자가 양도담보의 관한 대항요건을
갖추어 주기 전에 제3자에게 전세권근저당권을 설정하여 준 경우 배임죄가 성립하지 않는다(대법원 2021.
7.15, 2020도3514).

♀solution 해당하지 않는다.

261 배임의 '타인의 사무를 처리하는 자' 부정례 9: 비트코인 착오이체 사건

• 경찰1차 22, 경찰간부 22

> 甲은 알 수 없는 경위로 乙의 비트코인을 자신의 계정으로 이체 받은 후 자신의 다른 계정으로
> 이체하였다. 甲에게는 배임죄가 성립하는가?

〔판례〕 가상자산 권리자의 착오나 가상자산 운영 시스템의 오류 등으로 법률상 원인관계 없이 다른 사람의 가
상자산 전자지갑에 가상자산이 이체된 경우, 가상자산을 이체 받은 자는 가상자산의 권리자 등에 대한 부당이
득반환의무를 부담하게 될 수 있다. 그러나 이는 당사자 사이의 민사상 채무에 지나지 않고 이러한 사정만으
로 가상자산을 이체 받은 사람이 신임관계에 기초하여 가상자산을 보존하거나 관리하는 지위에 있다고 볼 수
없다. 또한 피고인과 피해자 사이에는 아무런 계약관계가 없고 피고인은 어떠한 경위로 이 사건 비트코인을
이체 받은 것인지 불분명하여 부당이득반환청구를 할 수 있는 주체가 피해자인지 아니면 거래소인지 명확하지
않다. 설령 피고인이 피해자에게 직접 부당이득반환의무를 부담한다고 하더라도 곧바로 가상자산을 이체 받은
사람을 피해자에 대한 관계에서 배임죄의 주체인 '타인의 사무를 처리하는 자'에 해당한다고 단정할 수는
없다. 대법원은 타인의 사무를 처리하는 자라고 하려면, 타인의 재산관리에 관한 사무의 전부 또는 일부를 타
인을 위하여 대행하는 경우와 같이 당사자 관계의 전형적·본질적 내용이 통상의 계약에서의 이익대립관계를
넘어서 그들 사이의 신임관계에 기초하여 타인의 재산을 보호하거나 관리하는 데에 있어야 한다고 함으로써
(대법원 2020.2.20, 2019도9756 전원합의체 등), 배임죄의 성립 범위를 제한하고 있다. 이 사건과 같이 가상자산을
이체 받은 경우에는 피해자와 피고인 사이에 신임관계를 인정하기가 쉽지 않다. 가상자산은 국가에 의해 통제

받지 않고 블록체인 등 암호화된 분산원장에 의하여 부여된 경제적인 가치가 디지털로 표상된 정보로서 재산상 이익에 해당한다(대법원 2021.11.11, 2021도9855). 가상자산은 보관되었던 전자지갑의 주소만을 확인할 수 있을 뿐 그 주소를 사용하는 사람의 인적사항을 알 수 없고, 거래 내역이 분산 기록되어 있어 다른 계좌로 보낼 때 당사자 이외의 다른 사람이 참여해야 하는 등 일반적인 자산과는 구별되는 특징이 있다. 이와 같은 가상자산에 대해서는 현재까지 관련 법률에 따라 법정화폐에 준하는 규제가 이루어지지 않는 등 법정화폐와 동일하게 취급되고 있지 않고 그 거래에 위험이 수반되므로, 형법을 적용하면서 법정화폐와 동일하게 보호해야 하는 것은 아니다. …… 원인불명으로 재산상 이익인 가상자산을 이체 받은 자가 가상자산을 사용·처분한 경우 이를 형사처벌하는 명문의 규정이 없는 현재의 상황에서 착오송금 시 횡령죄 성립을 긍정한 판례(대법원 2010.12.9, 2010도891 등)를 유추하여 신의칙을 근거로 피고인을 배임죄로 처벌하는 것은 죄형법정주의에 반한다. 이 사건 비트코인이 법률상 원인관계 없이 피해자로부터 피고인 명의의 전자지갑으로 이체되었더라도 피고인이 신임관계에 기초하여 피해자의 사무를 맡아 처리하는 것으로 볼 수 없는 이상, 피고인을 피해자에 대한 관계에서 '타인의 사무를 처리하는 자'에 해당한다고 할 수 없다(대법원 2021.12.16, 2020도9789).

📍solution 성립하지 않는다.

● ● ●
262 배임의 '타인의 사무를 처리하는 자' 부정례 10: 자동차 양도담보의 채무자

• 법원9급 23, 경찰1차 24, 변호사시험 24

> 甲은 乙 회사에게 자신의 자동차를 양도담보로 제공하기로 약정하여 이에 관하여 등록명의를 이전해 주어야 할 의무를 부담함에도 제3자에게 임의로 매도하였다. 甲의 행위는 배임죄를 구성하는가?

판례 채무자가 양도담보설정계약에 따라 부담하는 의무, 즉 동산을 담보로 제공할 의무, 담보물의 담보가치를 유지·보전하거나 담보물을 손상, 감소 또는 멸실시키지 않을 소극적 의무, 담보권 실행 시 채권자나 그가 지정하는 자에게 담보물을 현실로 인도할 의무와 같이 채권자의 담보권 실행에 협조할 의무 등은 모두 양도담보설정계약에 따라 부담하게 된 채무자 자신의 급부의무이다. 또한 양도담보설정계약은 피담보채권의 발생을 위한 계약에 종된 계약으로, 피담보채무가 소멸하면 양도담보설정계약상의 권리의무도 소멸하게 된다. 양도담보설정계약에 따라 채무자가 부담하는 의무는 담보목적의 달성, 즉 채무불이행 시 담보권 실행을 통한 채권의 실현을 위한 것이므로 담보설정계약의 체결이나 담보권설정 전후를 불문하고 당사자 관계의 전형적·본질적 내용은 여전히 금전채권의 실현 내지 피담보채무를 변제하는 것이다. 따라서 채무자가 위와 같은 급부의무를 이행하는 것은 채무자 자신의 사무에 해당할 뿐이고, 채무자가 통상의 계약에서 이익대립관계를 넘어서 채권자와 신임관계에 기초하여 채권자의 사무를 맡아 처리한다고 볼 수 없으므로 채무자를 채권자에 대한 관계에서 '타인의 사무를 처리하는 자'라고 할 수 없다(대법원 2020.2.20, 2019도9756 전원합의체). 위와 같은 법리는, 권리이전에 등기·등록을 요하는 동산에 관한 양도담보설정계약에도 마찬가지로 적용된다. 따라서 자동차 등에 관하여 양도담보설정계약을 체결한 채무자는 채권자에 대하여 그의 사무를 처리하는 지위에 있지 아니하므로, 채무자가 채권자에게 양도담보설정계약에 따른 의무를 다하지 아니하고 이를 타에 처분하였다고 하더라도 배임죄가 성립하지 아니한다(대법원 2022.12.22, 2020도8682).

📍solution 구성하지 않는다.

263 채권 파킹 거래에서의 업무상배임죄 등의 성립 여부

> 펀드매니저 甲은 증권사 브로커와 채권 파킹 거래를 하였고, 그로 인한 증권사 손실을 피해자
> 丙 등의 투자일임재산으로 보전하였다. 甲에게는 (업무상) 배임죄의 죄책이 인정되는가?

(판례) 피고인이 한 채권 파킹 거래는 임무위배행위에 해당하고 그 임무위배행위를 통해 투자자에게는 금액을 특정할 수 없는 재산상 손해가 발생하였으며 증권사는 금액을 특정할 수 없는 재산상 이익을 취득한 것이므로 배임죄가 성립한다(대법원 2021.11.25, 2017도11612).

> [보충] '채권 파킹 거래'란 펀드매니저의 지시에 따라 증권사 브로커가 증권사의 계산으로 채권을 매수하여 증권사의 계정에 보관 (parking)한 후, 손익 정산을 전제로 펀드매니저가 다시 그 채권을 매수하거나 이를 다른 곳에 매도하도록 증권사 브로커에게 지시함으로써 그 보관을 해소하는 일련의 거래를 포괄하는 채권 거래 방식이다.

⌕solution 인정된다.

264 경쟁업체에 피해회사의 재료(디스플레이용 OLED 재료)를 유출한 사례

[참고판례]

(판례) 회사직원이 영업비밀을 경쟁업체에 유출하거나 스스로의 이익을 위하여 이용할 목적으로 무단으로 반출하였다면 그 반출 시에 업무상 배임죄의 기수가 되고, 영업비밀이 아니더라도 그 자료가 불특정 다수의 사람에게 공개되지 않았고 사용자가 상당한 시간, 노력 및 비용을 들여 제작한 영업상 주요한 자산인 경우에도, 그 자료의 반출행위는 업무상 배임죄를 구성한다(대법원 2008.4.24, 2006도9089 등). 영업비밀의 취득은 문서, 도면, 사진, 녹음테이프, 필름, 전산정보처리조직에 의하여 처리할 수 있는 형태로 작성된 파일 등 유체물의 점유를 취득하는 형태로 이루어질 수도 있다(대법원 2008.12.24, 2008도7799 등)(원심은 재물인 재료 자체는 업무상배임죄의 객체가 아니라는 이유로 무죄로 판단하였으나, 대법원은 유죄로 판단함). 한편, 공소사실의 취지가 명료하면 법원이 이에 대하여 석명권을 행사할 필요가 없으나, 공소사실의 기재가 오해를 불러일으키거나 명료하지 못한 경우에는 형사소송규칙 제141조에 의하여 검사에 대하여 석명권을 행사하여 그 취지를 명확하게 하여야 할 것이다(대법원 2015.12.23, 2014도2727 등; 2021.5.7, 2020도17853).

265 역설계 등의 방법으로 입수 가능한 상태에 있는 회사의 정보와 영업상 주요한 자산

> 비밀유지조치를 취하지 아니한 채 판매 등으로 공지된 제품의 경우, 상당한 시간과 노력 및
> 비용을 들이지 않고도 통상적인 역설계 등의 방법으로 쉽게 입수 가능한 상태에 있는 정보는
> 영업상 주요한 자산에 해당하는가?

(판례) 회사 직원이 경쟁업체 또는 스스로의 이익을 위하여 이용할 의사로 무단으로 자료를 반출한 행위가 업무상 배임죄에 해당하기 위하여는, 그 자료가 반드시 영업비밀에 해당할 필요까지는 없다고 하겠지만 적어도 그 자료가 불특정 다수인에게 공개되어 있지 않아 보유자를 통하지 아니하고는 이를 통상 입수할 수 없고 그 보유자가 자료의 취득이나 개발을 위해 상당한 시간, 노력 및 비용을 들인 것으로서, 그 자료의 사용을

통해 경쟁상의 이익을 얻을 수 있는 정도의 영업상 주요한 자산에는 해당하여야 한다. 또한 비밀유지조치를 취하지 아니한 채 판매 등으로 공지된 제품의 경우, 역설계(reverse engineering)를 통한 정보의 획득이 가능하다는 사정만으로 그 정보가 불특정 다수인에게 공개된 것으로 단정할 수 없으나, 상당한 시간과 노력 및 비용을 들이지 않고도 통상적인 역설계 등의 방법으로 쉽게 입수 가능한 상태에 있는 정보라면 보유자를 통하지 아니하고서는 통상 입수할 수 없는 정보에 해당한다고 보기 어려우므로 영업상 주요한 자산에 해당하지 않는다(대법원 2022.6.30, 2018도4794).

ℹsolution 해당하지 않는다.

● ○ ○
266 영업비밀 내지 영업상 주요한 자산의 의미
참고판례

(판례) 구 「부정경쟁방지 및 영업비밀보호에 관한 법률」(2019.1.8. 법률 제16204호로 개정되기 전의 것) 제2조 제2호의 "영업비밀"이란 공공연히 알려져 있지 아니하고 독립된 경제적 가치를 가지는 것으로서, 합리적인 노력에 의하여 비밀로 유지된 생산방법, 판매방법, 그 밖에 영업활동에 유용한 기술상 또는 경영상의 정보를 말한다. 여기서 '공공연히 알려져 있지 아니하다'는 것은 그 정보가 간행물 등의 매체에 실리는 등 불특정 다수인에게 알려져 있지 않기 때문에 보유자를 통하지 아니하고는 그 정보를 통상적으로 입수할 수 없는 것을 말하고, 보유자가 비밀로서 관리하고 있다고 하더라도 당해 정보의 내용이 이미 일반적으로 알려져 있을 때에는 영업비밀이라고 할 수 없다(대법원 2004.9.23, 2002다60610; 2011.7.28, 2009도 8265). 회사 직원이 경쟁업체 또는 스스로의 이익을 위하여 이용할 의사로 무단으로 자료를 반출한 행위가 업무상배임죄에 해당하기 위하여는, 그 자료가 반드시 영업비밀에 해당할 필요까지는 없지만 적어도 그 자료가 불특정 다수인에게 공개되어 있지 않아 보유자를 통하지 아니하고는 이를 통상 입수할 수 없고 그 보유자가 자료의 취득이나 개발을 위해 상당한 시간, 노력 및 비용을 들인 것으로서, 그 자료의 사용을 통해 경쟁상의 이익을 얻을 수 있는 정도의 영업상 주요한 자산에는 해당하여야 한다(대법원 2011.6.30, 2009 도3915; 2022.6.30, 2018도4794). 한편 어떠한 정보가 공지된 정보를 조합하여 이루어진 것이라고 하더라도, 그 조합 자체가 해당 업계에 일반적으로 알려져 있지 않고 전체로서 이미 공지된 것 이상의 정보를 포함하고 있는 등의 이유로 보유자를 통하지 않고서는 조합된 전체로서의 정보를 통상적으로 입수하기 어렵다면 그 정보는 공공연하게 알려져 있다고 할 수 없다(대법원 2024.4.12, 2022도16851).

● ○ ○
267 ㈜하이마트 차입매수(LBO) 사건

(판례) 이른바 차입매수 또는 LBO(Leveraged Buy-Out의 약어이다)란 일의적인 법적 개념이 아니라 일반적으로 기업인수를 위한 자금의 상당 부분에 관하여 피인수회사의 자산을 담보로 제공하거나 그 상당 부분을 피인수회사의 자산으로 변제하기로 하여 차입한 자금으로 충당하는 방식의 기업인수 기법을 일괄하여 부르는 용어로, 거래현실에서 그 구체적인 태양은 매우 다양하다. 이러한 차입매수에 관하여는 이를 따로 규율하는 법률이 없는 이상 일률적으로 차입매수방식에 의한 기업인수를 주도한 관련자들에게 배임죄가 성립한다거나 성립하지 아니한다고 단정할 수 없고, 배임죄의 성립 여부는 차입매수가 이루어지는 과정에서의 행위가 배임죄의 구성요건에 해당하는지 여부에 따라 개별적으로 판단되어야 한다(대법원 2010.4.15, 2009도6634 등). 기업인수에 필요한 자금을 마련하기 위하여 그 인수자가 금융기관으로부터 대출을 받고 나중에 피인수회사의 자산을 담보로 제공하는 방식을 사용하는 경우, 피인수회사로서는 주채무

가 변제되지 아니할 경우에는 담보로 제공되는 자산을 잃게 되는 위험을 부담한다. 그러므로 위와 같이 인수자만을 위한 담보제공이 무제한 허용된다고 볼 수는 없고, 인수자가 피인수회사의 담보제공으로 인한 위험 부담에 상응하는 대가를 지급하는 등의 반대급부를 제공하는 경우에 한하여 허용될 수 있다. 만일 인수자가 피인수회사에 아무런 반대급부를 제공하지 않고 피인수회사의 대표이사가 임의로 피인수회사의 재산을 담보로 제공하게 하였다면, 인수자 또는 제3자에게 담보 가치에 상응한 재산상 이익을 취득하게 하고 피인수회사에 그 재산상 손해를 가하였다고 봄이 상당하다(대법원 2008.2.28, 2007도5987 등; 2020.10.15, 2016도10654).

268 부작위에 의한 업무상배임죄의 실행의 착수시기

판례 업무상배임죄는 타인의 사무를 처리하는 자가 업무상의 임무에 위배되는 행위로써 재산상의 이익을 취득하거나 제3자로 하여금 이를 취득하게 하여 그 타인에게 손해를 가한 때에 성립한다(형법 제356조, 제355조 제2항). 형법 제18조는 부작위범의 성립 요건에 관하여 "위험의 발생을 방지할 의무가 있거나 자기의 행위로 인하여 위험발생의 원인을 야기한 자가 그 위험발생을 방지하지 아니한 때에는 그 발생된 결과에 의하여 처벌한다."라고 정하고 있다. 업무상배임죄는 타인과의 신뢰관계에서 일정한 임무에 따라 사무를 처리할 법적 의무가 있는 자가 그 상황에서 당연히 할 것이 법적으로 요구되는 행위를 하지 않는 부작위에 의해서도 성립할 수 있다. 그러한 부작위를 실행의 착수로 볼 수 있기 위해서는 작위의무가 이행되지 않으면 사무처리의 임무를 부여한 사람이 재산권을 행사할 수 없으리라고 객관적으로 예견되는 등으로 구성요건적 결과 발생의 위험이 구체화한 상황에서 부작위가 이루어져야 한다. 그리고 행위자는 부작위 당시 자신에게 주어진 임무를 위반한다는 점과 그 부작위로 인해 손해가 발생할 위험이 있다는 점을 인식하였어야 한다(대법원 2021.5.27, 2020도15529).

보충 甲은 환지 방식에 의한 도시개발사업을 추진하던 A도시개발사업조합을 위해 환지계획수립 등 이 사건 사업의 진행에 필요한 전반적인 업무를 수행하던 사람이다. 2011.8.30.경 이 사건 사업에 관한 도시개발 및 실시계획의 변경이 인가됨으로써 이 사건 사업구역 중 일부 환지예정토지와 대로(大路) 사이의 공공공지 조성 방식이 이 사건 환지예정지 지상 건축물로의 진입이 상당 부분 차단되는 '차폐형'에서 그 진입이 용이한 '개방형'으로 변경되었고, 그로 인해 이 사건 환지예정지의 경제적 가치가 상승하게 되었다. 그런데 甲은 2011년 실시계획의 인가 직후 즉시 이 사건 환지예정지에 대한 재감정 등의 조치를 취하지 않음(퇴사)으로써 이 사건 환지예정지를 환지받기로 한 사람들로 하여금 토지 가치상승액의 이익을 취득하게 하고 피해자 조합으로 하여금 위 토지 가치상승액의 손해를 입게 하려 하였으나, 피해자 조합이 2016.5.경 환지계획변경인가신청 절차를 진행함에 따라 미수에 그쳤다는 사실로 공소가 제기되었다. 대법원은 피고인 甲에게 2011년 실시계획의 인가에 따른 후속 조치를 할 작위의무가 인정된다고 하더라도, 피해자 조합이 이 사건 환지예정지의 가치상승을 청산절차에 반영하지 못할 위험이 구체화한 상황에서 피고인이 그러한 작위의무를 위반하였다고 보기는 어려우므로, 피고인이 부작위로써 업무상배임죄의 실행에 착수하였다고 볼 수 없다고 판단한 것이다.

269 업무상배임죄에서 재산상 이익과 손해의 관계가 문제된 사안

판례 [1] 업무상배임죄는 업무상 타인의 사무를 처리하는 자가 임무에 위배하는 행위를 하고 그러한 임무위배행위로 인하여 재산상의 이익을 취득하거나 제3자로 하여금 이를 취득하게 하여 본인에게 재산상의 손해를 가한 때 성립한다. 여기서 '재산상 이익 취득'과 '재산상 손해 발생'은 대등한 범죄성립요건이고, 이는 서로 대응하여 병렬적으로 규정되어 있다(형법 제356조, 제355조 제2항). 따라서 임무위배행위로 인하여 여러 재산상 이익과 손해가 발생하더라도 재산상 이익과 손해 사이에 서로 대응하는 관계에 있는 등 일정한 관련성이 인정되어야 업무상배임죄가 성립한다(대법원 2021.11.25, 2016도3452).

[2] 업무상배임죄에서 본인에게 재산상 손해를 가한다 함은 총체적으로 보아 본인의 재산상태에 손해를 가하

는 경우, 즉 본인의 전체적 재산가치의 감소를 가져오는 것을 말하고, 이와 같은 법리는 **타인의 사무를 처리하는 자 내지 제3자가 취득하는 재산상 이익**에 대하여도 동일하게 적용되는 것으로 보아야 한다(대법원 2007. 7.26, 2005도6439; 2009.6.25, 2008도3792 등). 또한 업무상배임죄는 본인에게 재산상 손해를 가하는 외에 임무위배행위로 인하여 행위자 스스로 재산상 이익을 취득하거나 제3자로 하여금 재산상 이익을 취득하게 할 것을 요건으로 하므로, 본인에게 손해를 가하였다고 할지라도 행위자 또는 제3자가 재산상 이익을 취득한 사실이 없다면 배임죄가 성립할 수 없다(대법원 2007.7.26, 2005도6439; 2009.6.25, 2008도3792; 2021.11.25, 2016도3452).

보충 새마을금고 임직원인 피고인이 새마을금고의 여유자금 운영에 관한 규정을 위반하여 금융기관으로부터 금융상품을 매입함으로써 새마을금고에 액수 불상의 손해를 가하고, 금융기관에 수수료 상당의 이익을 취득하게 하였다고 하여 업무상배임 등으로 기소되었는데, 대법원은 피고인의 임무위배행위로 새마을금고에 액수 불상의 재산상 손해가 발생하였다고 하더라도 금융기관이 취득한 수수료 상당의 이익을 그와 관련성 있는 재산상 이익이라고 인정할 수 없고, 공소사실에 재산상 이익으로 기재된 수수료 상당의 이익은 배임죄에서의 재산상 이익에 해당한다고 볼 수 없다고 본 것이다.

270 정기예금의 중도해지와 새로운 정기예금 가입의 배임죄 성부

> 군위군수이자 사단법인 군위군교육발전위원회 이사장인 甲은 군위축협 조합원들이 군위군에서 추진하던 신공항 사업을 반대한다는 이유 등으로 이 사건 위원회 명의로 군위축협에 예치된 20억원 상당의 정기예금을 중도해지하고 그 돈을 군위농협에 재예치하였다. 甲의 행위는 (업무상) 배임죄에 해당하는가?

판례 업무상배임죄는 업무상 타인의 사무를 처리하는 자가 임무에 위배하는 행위를 하고 그러한 임무위배행위로 인하여 재산상의 이익을 취득하거나 제3자로 하여금 이를 취득하게 하여 본인에게 재산상의 손해를 가한 때 성립한다. 여기서 '재산상 이익 취득'과 '재산상 손해 발생'은 대등한 범죄성립요건이고, 이는 서로 대응하여 병렬적으로 규정되어 있다(형법 제356조, 제355조 제2항). 따라서 임무위배행위로 인하여 여러 재산상 이익과 손해가 발생하더라도 재산상 이익과 손해 사이에 서로 대응하는 관계에 있는 등 일정한 관련성이 인정되어야 업무상배임죄가 성립한다(대법원 2021.11.25, 2016도3452 참조). 군위농협의 재산상 이익과 이 사건 위원회의 재산상 손해 사이에 대응관계 등의 관련성이 인정된다고 볼 수 없고, 군위농협이 이 사건 위원회에 통상적인 이율보다 지나치게 낮은 정기예금 이자를 지급하였다는 등의 특별한 사정이 없는 한 군위농협이 취득한 자금운용의 기회가 곧바로 피고인의 임무위배행위로 인하여 취득한 재산상 이익에 해당한다고 단정하기 어렵다(대법원 2022.8.25, 2022도3717).

♀solution 해당하지 않는다.

271 이른바 자금돌리기 방식으로 신주인수권부사채를 발행·인수한 후 신주인수권을 행사한 사건

참고판례

판례 자기자금 납입 없이 이른바 자금돌리기 방식으로 신주인수권부사채를 발행·인수한 후 신주인수권을 행사한 행위 등에 대해서 부정한 수단 등의 사용에 의한 자본시장법위반죄 및 특정경제범죄법위반(배임)죄 등의 성립, '위반행위로 얻은 이익' 및 '손해액' 등이 문제된다. 신주인수권부사채의 발행업무를 담당하는 사람과 신주인수권부사채 인수인이 사전 공모하여 제3자로부터 차용한 돈으로 인수대금을 납입하고 신주인수권부사채 발행절차를 마친 직후 곧바로 이를 인출하여 직·간접적으로 위 차용금 채무의 변제에 사용하는 등 **실질**

적으로 신주인수권부사채 인수대금이 납입되지 않았음에도 신주인수권부사채를 발행한 경우, 특별한 사정이 없는 한 신주인수권부사채의 발행업무를 담당하는 사람은 회사에 대하여 신주인수권부사채 인수대금이 모두 납입되어 실질적으로 회사에 귀속되도록 조치할 업무상의 임무를 위반하였다고 보아야 한다. 자금돌리기 방식은 가장납입으로서 부정한 수단 등 사용에 의한 자본시장법위반죄에 해당할 뿐만 아니라 특정경제범죄법위반(배임)죄에서의 임무위반행위에 해당하고, 그 경우 손해액은 미취득 사채 인수대금으로서 인수대금 상당액이다(2022.6.30, 2022도3784).

●●● 272 형법 제357조 제1항의 '부정한 청탁'의 의미와 '제3자'의 범위

> [제1문] 형법 제357조 제1항은 "타인의 사무를 처리하는 자가 그 임무에 관하여 부정한 청탁을 받고 재물 또는 재산상의 이익을 취득하거나 제3자로 하여금 이를 취득하게 한 때에는 5년 이하의 징역 또는 1천만원 이하의 벌금에 처한다."라고 정하고, 제357조 제2항은 "제1항의 재물 또는 이익을 공여한 자는 2년 이하의 징역 또는 500만원 이하의 벌금에 처한다."라고 정하고 있다. 그렇다면 언론사 소속 기자에게 소위 '유료 기사' 게재를 청탁하는 행위는 배임수재죄에서의 부정한 청탁에 해당하는가?
> [제2문] 그렇다면 형법 제357조 제1항의 '제3자'에 사무처리를 위임한 '타인'이 포함되는가?
> [제3문] 신문사 기자들인 A 등은 홍보성 기사를 게재하는 대가로 기자들이 소속된 신문사들이 甲으로부터 돈을 교부받았다. 甲에게는 배임증재죄가 성립하는가?

[제1문]

(판례) 언론의 보도는 공정하고 객관적이어야 하며, 언론은 공적인 관심사에 대하여 공익을 대변하며, 취재·보도·논평 또는 그 밖의 방법으로 민주적 여론형성에 이바지함으로써 그 공적 임무를 수행한다(언론중재 및 피해구제 등에 관한 법률 제4조 제1항, 제3항). 또한 지역신문은 정확하고 공정하게 보도하고 지역사회의 공론의 장으로서 다양한 의견을 수렴할 책무가 있다(지역신문발전지원 특별법 제5조). 그런데 '광고'와 '언론 보도'는 그 내용의 공정성, 객관성 등에 대한 공공의 신뢰에 있어 확연한 차이가 있고, '광고'는 '언론 보도'의 범주에 포함되지 않는다. 신문·인터넷신문의 편집인 및 인터넷뉴스서비스의 기사배열책임자는 독자가 기사와 광고를 혼동하지 아니하도록 명확하게 구분하여 편집하여야 하며(신문 등의 진흥에 관한 법률 제6조 제3항), 신문사 등이 광고주로부터 홍보자료 등을 전달받아 실질은 광고이지만 기사의 형식을 빌린 이른바 '기사형 광고'를 게재하는 경우에는, 독자가 광고임을 전제로 정보의 가치를 합리적으로 판단할 수 있도록 그것이 광고임을 표시하여야 하고, 언론 보도로 오인할 수 있는 형태로 게재하여서는 안 된다(대법원 2018.1.25, 2015다210231 등). 그러므로 보도의 대상이 되는 자가 언론사 소속 기자에게 소위 '유료 기사' 게재를 청탁하는 행위는 사실상 '광고'를 '언론 보도'인 것처럼 가장하여 달라는 것으로서 언론 보도의 공정성 및 객관성에 대한 공공의 신뢰를 저버리는 것이므로, 배임수재죄의 부정한 청탁에 해당한다(대법원 2014.5.16, 2012도11258 등). 설령 '유료 기사'의 내용이 객관적 사실과 부합하더라도, 언론 보도를 금전적 거래의 대상으로 삼은 이상 그 자체로 부정한 청탁에 해당한다(대법원 2021.9.30, 2019도17102).

♀solution 해당한다.

[제2문]

(판례) 2016.5.29. 법률 제14178호로 개정되기 전의 형법 제357조 제1항은 타인의 사무를 처리하는 자(이하 '사무처리자')가 그 임무에 관하여 부정한 청탁을 받고 재물 또는 재산상 이익(이하 '재물 등'이라

한다)을 취득한 때에 성립한다고 정하고 있었으나, 형법 개정으로 위와 같이 개정되었다(소위 제3자 배임수재죄 신설). 이는 사무처리자 본인이 직접 재물 등을 취득하는 행위뿐만 아니라 제3자로 하여금 재물 등을 취득하게 하는 행위도 처벌할 수 있도록 하기 위한 것이다. 위와 같은 형법 제357조의 문언, 개정 경위와 이유, 체계적 위치와 보호법익 등을 종합하면, 특별한 사정이 없는 한 형법 제357조 제1항의 '제3 자'에는 사무처리를 위임한 '타인'이 포함되지 않는다.

♀solution 포함되지 않는다.

[제3문]

(판례) 피고인에 대한 공소사실 중 배임증재 부분에 대해서 신문사 기자들이 홍보성 기사를 게재(이는 배임수증재죄의 부정한 청탁에는 해당함)하는 대가로 기자들이 소속된 신문들이 피고인으로부터 돈을 교부받은 행위는 형법 제357조 제1항의 사무처리자 또는 제3자가 돈을 교부받은 경우가 아니다. 따라서 신문사들의 배임수재죄가 성립하지 않고 이를 전제로 하는 피고인의 배임증재죄 역시 성립하지 않는다(대 법원 2021.9.30, 2020도2641).

(보충) 그러나 배임수재죄의 행위주체가 재물 또는 재산상 이익을 취득하였는지는 증거에 의하여 인정된 사실에 대한 규범적 평가의 문제이다(대법원 2017.12.7, 2017도12129 등). 부정한 청탁에 따른 재물이나 재산상 이익이 외형상 사무처리를 위임한 타인에 게 지급된 것으로 보이더라도 사회통념상 그 타인이 재물 또는 재산상 이익을 받은 것을 부정한 청탁을 받은 사람이 직접 받은 것과 동일하게 평가할 수 있는 경우에는 배임수재죄가 성립될 수 있다.

♀solution 성립하지 않는다.

● ● ● ○
273 배임수재죄의 부정한 청탁의 의미

> A신문사 논설주간인 피고인 B는 F주식회사의 대표이사 C가 C 및 F에 대한 우호적인 여론 형성에 도움을 달라는 취지의 청탁을 받고 그 대가로 8박 9일 동안 유럽여행의 비용을 제공받 았다. B는 배임수재죄가 성립하는가?

(판례) 피고인이 언론사 논설주간 및 경제 분야 칼럼니스트로서 기업에 대한 여론 형성에 영향력을 행사 할 수 있는 지위에 있었던 점, …… 배임증재자가 대표이사로 있던 기업은 당시 조선업계에서 상당한 비 중을 차지하던 거대 기업으로 언제든지 영업이익 등 경영 실적은 물론 운영구조, 채용방식 등도 언론 보 도, 평론 등의 대상이 될 수 있는 상황이었고, 실제 그 무렵 국민주 공모방식 매각 방안, 고졸 채용정책 등에 관한 칼럼, 사실 등이 적지 않게 게재되고 있었던 점 등에 비추어 보면, 배임증재자는 물론 피고인도 언론사 논설주간 사무를 이용한 우호적 여론 형성에 관한 청탁의 대가라는 점에 대한 인식과 양해하에 약 3,973만원 상당의 유럽여행 비용을 주고받았다고 보아야 하고, 청탁의 내용이 명시되지 않았더라도 묵시적 의사표시에 의한 청탁이 있었다고 평가되어야 하며, 이와 같이 **언론인이 평론의 대상이 되는 특정 인 내지 특정 기업으로부터 경제적 이익을 제공받으면서 우호적 여론 형성 등에 관한 청탁을 받는 것은** 언론의 공정성, 객관성, 언론인의 청렴성, 불가매수성에 대한 공공의 신뢰를 저버리는 것일뿐더러, 그로 인하여 해당 언론사가 주의, 경고, 과징금 부과 등 제재조치를 받을 수 있다는 점에서 **사회상규 또는 신의 성실의 원칙에 반하는 배임수재죄의 부정한 청탁에 해당한다**(대법원 2024.3.12, 2020도1263).

♀solution 성립한다.

제8절 장물의 죄

제9절 손괴의 죄

● ● ○
274 도로 바닥에 낙서를 하는 행위 등이 재물손괴죄에 해당하는지 판단하는 기준 •경찰2차 22

[판례] 甲 주식회사의 직원인 피고인들이 유색 페인트와 래커 스프레이를 이용하여 甲 회사 소유의 도로 바닥에 직접 문구를 기재하거나 도로 위에 놓인 현수막 천에 문구를 기재하여 페인트가 바닥으로 배어 나와 도로에 배게 하는 방법으로 다중의 위력으로써 도로의 효용을 해하였다고 하여 특수재물손괴로 기소된 경우, 피고인들이 위와 같은 방법으로 도로 바닥에 여러 문구를 써놓은 행위는 위 도로의 효용을 해하는 정도에 이른 것이라고 보기 어렵다(대법원 2020.3.27, 2017도20455).

● ○ ○
275 타인의 석축에 화살표 표시한 사건 행위에 대하여 재물손괴죄로 기소한 사안

> 甲은 乙과 토지경계에 관한 분쟁이 발생하자 경계의 표시를 위하여, 乙 소유의 석축 중 돌 3개에 빨간색 락카를 사용해 화살표 모양을 표시하였다. 甲의 행위는 손괴죄를 구성하는가?

[판례] 형법 제366조의 재물손괴죄는 타인의 재물을 손괴 또는 은닉하거나 기타의 방법으로 효용을 해하는 경우에 성립한다. 여기에서 재물의 효용을 해한다고 함은 사실상으로나 감정상으로 재물을 본래의 사용 목적에 제공할 수 없는 상태로 만드는 것을 말하고, 일시적으로 이용할 수 없는 상태로 만드는 것도 포함한다(대법원 2007.6.28, 2007도2590; 2017.12.13, 2017도10474). 건조물의 벽면이나 구조물 등에 낙서를 하는 행위가 구조물 등의 효용을 해하는 것인지는, 해당 구조물 등의 용도와 기능, 낙서 행위가 구조물 등의 본래 사용 목적이나 기능에 미치는 영향, 구조물 등의 미관을 해치는 정도, 구조물 등의 이용자들이 느끼는 불쾌감과 저항감, 원상회복의 난이도와 거기에 드는 비용, 낙서 행위의 목적과 시간적 계속성, 행위 당시의 상황 등 제반 사정을 종합하여 사회통념에 따라 판단하여야 한다(대법원 2007.6.28, 2007도2590; 2020.3.27, 2017도20455). 피고인은 피해자와 사이에서 토지경계에 관한 분쟁이 발생하여 경계측량을 통하여 이 사건 석축 중 일부가 피고인 소유의 토지를 침범한 사실을 확인하고, 이를 표시하기 위하여 이 사건 석축 중 돌 3개에 빨간색 락카를 사용하여 이 사건 낙서를 하였다. 이 사건 석축이 시공된 형상에 비추어 이 사건 석축의 주요한 용도·기능은 피해자의 집 대지보다 높이 있는 인접 토지의 흙과 모래가 피해자의 집으로 무너지는 것을 방지하고, 인접 토지와의 경계 구분을 위한 것으로 보인다. …… 따라서 (미관 조성이 이 사건 석축의 주요한 용도·기능이라고 보기 어려우므로) 이 사건 낙서는 이러한 이 사건 석축의 주요한 용도나 기능에 영향을 미쳤다고 보이지 않는다(대법원 2022.10.27, 2022도8024).

♀solution 구성하지 않는다.

276 다른 사람의 소유물을 본래의 용법에 따라 무단으로 사용·수익하는 행위와 손괴죄의 성부

부지의 점유 권원 없는 건물 소유자였던 甲은 토지 소유자와의 철거 등 청구소송에서 패소하고 강제집행을 당했는데도 무단으로 새 건물을 지었다. 甲의 행위는 재물손괴죄에 해당하는가?

(판례) 재물손괴죄(형법 제366조)는 다른 사람의 재물을 손괴 또는 은닉하거나 그 밖의 방법으로 그 효용을 해한 경우에 성립하는 범죄로, 행위자에게 다른 사람의 재물을 자기소유물처럼 그 경제적 용법에 따라 이용·처분할 의사(불법영득의사)가 없다는 점에서 절도, 강도, 사기, 공갈, 횡령 등 영득죄와 구별된다. 다른 사람의 소유물을 본래의 용법에 따라 무단으로 사용·수익하는 행위는 소유자를 배제한 채 물건의 이용가치를 영득하는 것이고, 그 때문에 소유자가 물건의 효용을 누리지 못하게 되었더라도 효용 자체가 침해된 것이 아니므로 재물손괴죄에 해당하지 않는다. 피고인의 행위는 토지를 본래의 용법에 따라 사용·수익함으로써 그 소유자로 하여금 효용을 누리지 못하게 한 것일 뿐 효용을 침해한 것은 아니다 (대법원 2022.11.30, 2022도1410).

ℹsolution 해당하지 않는다.

277 회사명 조형물에 수성스프레이를 분사한 사건

환경운동가들이 석탄화력발전소 건설에 문제를 제기하기 위하여 글씨 모양 조형물에 녹색 수성스프레이를 분사하였다가 바로 세척한 행위는 재물손괴에 해당하는가?

(판례) 피고인들이 이 사건 조형물에 수성 스프레이를 분사하였다가 바로 세척하여 그 행위의 지속 시간이 짧았고, 일부 스프레이가 잔존한 부분이 있기는 하나 그 범위가 제한적이어서 이 사건 조형물 전체의 미관에 미치는 영향도 크지 않다. …… 피고인들은 기후위기를 알리는 표현의 수단으로 이 사건 조형물에 수성 스프레이를 분사한 직후 바로 세척하는 행위를 하였다. …… 여기에 형법상 재물손괴죄를 쉽게 인정한다면 표현의 자유를 억누르게 될 위험이 있으므로, 민사상 손해배상으로 해결하는 것이 바람직하고, 재물손괴죄를 쉽게 인정할 것이 아니다. …… 이 사건 조형물의 용도와 기능 및 미관을 해치는 정도와 그 시간적 계속성, 원상회복의 난이도와 비용, 이 사건 조형물 이용자들이 느끼는 불쾌감과 저항감 등을 종합하여 보면, 피고인들이 이 사건 조형물을 본래의 사용 목적에 제공할 수 없는 상태 또는 일시적으로 이용할 수 없는 상태로 만들어 그 효용을 해하였다고 보기 어렵다(대법원 2024.5.30, 2023도5885).

ℹsolution 해당하지 않는다.

제10절 권리행사방해의 죄

●●○
278 담보유지의무가 문제되는 사안에서 권리행사방해죄를 인정한 사건

> 甲은 자동차정비업을 운영하는 자기 소유의 건물과 기계 · 기구에 대하여 乙에게 근저당권을 설정하였음에도 위 건물을 철거한 뒤 멸실등기를 마치고 기계 · 기구를 다른 사람에게 양도하였다. 甲의 죄책은?

(판례) 형법 제323조의 권리행사방해죄는 타인의 점유 또는 권리의 목적이 된 자기의 물건 또는 전자기록 등 특수매체기록을 취거, 은닉 또는 손괴하여 타인의 권리행사를 방해함으로써 성립한다. 여기서 '은닉'이란 타인의 점유 또는 권리의 목적이 된 자기 물건 등의 소재를 발견하기 불가능하게 하거나 또는 현저히 곤란한 상태에 두는 것을 말하고, 그로 인하여 권리행사가 방해될 우려가 있는 상태에 이르면 권리행사방해죄가 성립하고 현실로 권리행사가 방해되었을 것까지 필요로 하는 것은 아니다(대법원 2016.11.10, 2016도 13734 등). 검사는 2018.12.21. 피고인들이 이 사건 건물과 기계 · 기구에 근저당권을 설정하고도 담보유지의무를 위반하여, 이 사건 건물을 철거 및 멸실등기 하고, 이 사건 기계 · 기구를 양도한 행위를 배임의 점으로 공소 제기하였다가 2019.9.25. 권리행사방해의 점으로 공소장변경을 신청하여 허가되었다. ······ 피고인들은 근저당권이 설정된 이 사건 건물을 철거한 뒤 멸실등기를 마치고, 이 사건 기계 · 기구를 양도함으로써 피해자의 권리의 목적이 된 피고인들의 물건을 손괴 또는 은닉하여 피해자의 권리행사를 방해하였다고 보아야 한다(대법원 2021.1.14, 2020도14735).

♀solution 권리행사방해죄

●●○
279 수인의 권리의 목적이 된 물건에 대한 권리행사방해죄의 죄수

> 부부인 A와 B는 공모하여 자기들의 공유의 건물을 철거함으로써 A · B에 대한 각자의 유류분 반환청구권을 보전하기 위하여 위 건물을 공동으로 가압류한 甲, 乙의 권리행사를 방해하였다. A · B의 권리행사방해죄의 죄수는 1죄, 상상적 경합, 실체적 경합 중 무엇에 해당하는가?

(판례) 여러 사람의 권리의 목적이 된 자기의 물건을 취거, 은닉 또는 손괴함으로써 그 여러 사람의 권리행사를 방해하였다면 권리자별로 각각 권리행사방해죄가 성립하고 각 죄는 서로 상상적 경합범의 관계에 있다. 여러 명의 유류분권리자가 각자의 유류분반환청구권을 보전하기 위하여 부동산에 대한 가압류결정을 받아 가압류등기가 마쳐진 경우, 위 부동산은 유류분권리자들 각자의 유류분반환청구권 집행을 보전하기 위한 가압류의 목적이 되고 이는 유류분권리자들이 가압류를 개별적으로 신청하였는지 공동으로 신청하였는지에 따라 다르지 않다(대법원 2022.5.12, 2021도16876).

보충 부부인 피고인들이 공모하여 피고인들 공유의 건물을 철거함으로써 피고인들에 대한 각자의 유류분반환청구권을 보전하기 위하여 위 건물을 공동으로 가압류한 피해자 甲, 乙의 권리행사를 방해한 사건에서, 권리자별로 피해자 甲에 대한 권리행사방해죄와 피해자 乙에 대한 권리행사방해죄가 각각 성립하는 것을 전제로 하여 피해자 甲과 피고인들이 형법 제328조 제1항의 친족관계인 이상 피고인들에 대한 공소사실 중 피해자 甲에 대한 권리행사방해 부분에 관하여는 위 조항을 적용해서 형을 면제하여야 한다(검사의 상고를 기각함).

♀solution 상상적 경합

CHAPTER

02 사회적 법익에 대한 죄

1 공공의 안전과 평온에 대한 죄

제1절 공안을 해하는 죄

● ● ○
280 형법 제114조의 범죄집단조직 · 가입 · 활동 사건
• 법원9급 21, 경찰간부 22

> 중고차량을 시세보다 비싸게 판매해 금원을 편취할 목적으로 조직된 외부사무실은 형법 제114조의 범죄집단에 해당하는가?

판례 형법 제114조에서 정한 '범죄를 목적으로 하는 단체'란 특정 다수인이 일정한 범죄를 수행한다는 공동목적 아래 구성한 계속적인 결합체로서 그 단체를 주도하거나 내부의 질서를 유지하는 최소한의 통솔체계를 갖춘 것을 의미한다(대법원 2016.5.12, 2016도1221)(범죄단체 조직 · 가입 · 활동죄에는 해당하지 않음). ······ 형법 제114조에서 정한 '범죄를 목적으로 하는 집단'이란 특정 다수인이 사형, 무기 또는 장기 4년 이상의 범죄를 수행한다는 공동목적 아래 구성원들이 정해진 역할 분담에 따라 행동함으로써 범죄를 반복적으로 실행할 수 있는 조직체계를 갖춘 계속적인 결합체를 의미한다. '범죄단체'에서 요구되는 '최소한의 통솔체계'를 갖출 필요는 없지만, 범죄의 계획과 실행을 용이하게 할 정도의 조직적 구조를 갖추어야 한다(대법원 2020.8.20, 2019도16263).

보충 소위 '뜯플', '쌩플'의 수법으로 중고차량을 시세보다 비싸게 판매해 금원을 편취할 목적으로 조직된 이 사건 외부사무실은 특정 다수인이 사기범행을 수행한다는 공동목적 아래 구성원들이 대표, 팀장, 출동조, 전화상담원 등 정해진 역할분담에 따라 행동함으로써 사기범행을 반복적으로 실행하는 체계를 갖춘 결합체, 즉 형법 제114조의 '범죄를 목적으로 하는 집단'에 해당한다고 보아, 이를 무죄로 판단한 원심판결을 파기한 사례이다.

ᓶsolution 해당한다.

제2절 폭발물에 관한 죄

제3절 방화와 실화의 죄

제4절 교통방해의 죄

② 공공의 신용에 대한 죄

제1절 통화에 대한 죄

제2절 유가증권 · 우표 · 인지에 대한 죄

제3절 문서에 대한 죄

● ● ○
281 사문서위조 및 동행사죄의 객체인 '사문서'의 의미

> 피고인 甲은 특정 후보자에 대한 지지선언 형식의 기자회견을 위해 허무인 명의 서명부를 작성하였다. 甲의 행위는 사문서위조죄를 구성하는가?

(판례) 사문서위조 및 동행사죄의 객체인 사문서는 권리 · 의무 또는 사실증명에 관한 타인의 문서 또는 도화를 가리키고, '권리 · 의무에 관한 문서'는 권리 또는 의무의 발생 · 변경 · 소멸에 관한 사항이 기재된 것을 말하며, '사실증명에 관한 문서'는 권리 · 의무에 관한 문서 이외의 문서로서 거래상 중요한 사실을 증명하는 문서를 의미한다(대법원 2002.12.10, 2002도5533 참조). '거래상 중요한 사실을 증명하는 문서'는 법률관계의 발생 · 존속 · 변경 · 소멸의 전후 과정을 증명하는 것이 주된 취지인 문서뿐만 아니라 법률관계에 간접적으로만 연관된 의사표시 또는 권리 · 의무의 변동에 사실상으로만 영향을 줄 수 있는 의사표시를 내용으로 하는 문서도 포함될 수 있지만(대법원 2009.4.23, 2008도8527 등), **문서의 주된 취지가 단순히 개인적 · 집단적 의견의 표현에 불과한 것이어서는 아니 되고, 적어도 실체법 또는 절차법에서 정한 구체적인 권리 · 의무와의 관련성이 인정되는 경우이어야 한다.** 피고인이 허무인 명의로 작성한 이 사건 서명부 21장은 주된 취지가 특정 대통령후보자에 대한 정치적인 지지 의사를 집단적 형태로 표현하고자 한 것일 뿐, 실체법 또는 절차법에서 정한 구체적인 권리 · 의무에 관한 문서 내지 거래상 중요한 사실을 증명하는 문서에 해당한다고 보기 어렵다(대법원 2024.1.4, 2023도1178).

⌕solution 구성하지 않는다.

●○○
282 자신의 인감증명서에 직인을 붙여 이를 메신저 단체대화방에 올린 사건 ·법원9급 22

(판례) 일반인으로 하여금 공무원 또는 공무소의 권한 내에서 작성된 문서라고 믿을 수 있는 형식과 외관을 구비한 문서를 작성하면 공문서위조죄가 성립하지만, 평균 수준의 사리분별력을 갖는 사람이 조금만 주의를 기울여 살펴보면 공무원 또는 공무소의 권한 내에서 작성된 것이 아님을 쉽게 알아볼 수 있을 정도로 공문서로서의 형식과 외관을 갖추지 못한 경우에는 공문서위조죄가 성립하지 않는다(대법원 1992.5.26, 92도699). …… 그리고 위조문서행사죄에 있어서 행사라 함은 위조된 문서를 진정한 문서인 것처럼 그 문서의 효용방법에 따라 이를 사용하는 것을 말하고, 위조된 문서를 진정한 문서인 것처럼 사용하는 한 그 행사의 방법에 제한이 없으므로 위조된 문서를 스캐너 등을 통해 이미지화한 다음 이를 전송하여 컴퓨터 화면상에서 보게 하는 경우도 행사에 해당하지만(대법원 2008.10.23, 2008도5200), 이는 문서의 형태로 위조가 완성된 것을 전제로 하는 것이므로, 공문서로서의 형식과 외관을 갖춘 문서에 해당하지 않아 공문서위조죄가 성립하지 않는 경우에는 위조공문서행사죄도 성립할 수 없다. 피고인이 제주도 콘도 입주민들의 모임인 '한국녹지한라산소진 시설운영위원회' 직인을 행정기관에 등록한 것처럼 꾸미기 위하여 서귀포시 동홍동장이 발급한 개인 인감증명서에 위원회 직인 2개를 날인한 종이를 오려붙이는 방법으로 인감증명서를 위조하고, 이를 메신저 단체대화방에 게재하는 방법으로 행사한 경우, 위 법리에 비추어 ① 피고인이 만든 종이 문서 자체를 ② 평균수준의 사리분별력을 갖춘 일반인이 보았을 때 진정한 문서로 오신할 만한지 여부를 판단해야 하는데, 피고인이 만든 문서가 그와 같은 외관과 형식을 갖추었다고 인정하기는 어렵고, 공문서위조죄가 성립한다고 보기 어려운 이상 이를 사진촬영 하여 메신저 단체대화방에 게재한 행위가 위조공문서행사죄에 해당한다고 할 수도 없다(대법원 2020.10.24, 2019도8443).

●●○
283 주식의 명의신탁자가 명의수탁자 명의로 과세표준신고서를 작성·제출한 사건 ·법원9급 23

> 甲은 자신의 주식을 乙에게 명의신탁한 후 명의수탁자를 변경하기 위해 제3자인 丙에게 주식을 양도하면서 임의로 乙의 명의로 증권거래세 과세표준신고서를 작성하여 관할세무서에 제출하였다. 甲의 행위는 사문서위조죄 및 위조사문서행사죄를 구성하는가?

(판례) 신탁자에게 아무런 부담이 지워지지 않은 채 재산이 수탁자에게 명의신탁된 경우 특별한 사정이 없는 한 수탁자는 신탁자에게 자신의 명의사용을 포괄적으로 허용하였다고 봄이 타당한바, 사법행위와 공법행위를 구별하여 신탁재산의 처분 등과 관련한 사법상 행위에 대하여만 명의사용을 승낙하였다고 제한할 수는 없다. 특히 명의신탁된 주식의 처분 후 수탁자 명의의 과세표준신고를 하는 것은 법령에 따른 절차로서 신고를 하지 않는다면 오히려 수탁자에게 불이익일 수 있다는 점까지 고려한다면, 명의수탁자가 명의신탁주식의 처분을 허용하였음에도 처분 후 과세표준 등의 신고행위를 위한 명의사용에 대하여는 승낙을 유보하였다고 볼 특별한 사정이 존재하지 않는 한 허용된 범위에 속한다고 보아야 할 것이다(대법원 2022.3.31, 2021도17197).

¶solution 구성하지 않는다.

○○○
284 대표이사의 자격을 모용하여 계약서를 작성한 것인지가 문제된 사건

> A회사의 대표이사 甲은 A회사와 B회사의 '총괄대표이사'의 자격으로 작성된 도급계약서에 자신의 이름과 A회사 대표이사의 직인을 날인하였다. 甲에게는 자격모용사문서작성죄의 죄책이 성립하는가?

(판례) 자격모용사문서작성죄는 문서위조죄와 마찬가지로 문서의 진정에 대한 공공의 신용을 보호법익으로 하는 것으로, 행사할 목적으로 타인의 자격을 모용하여 작성된 문서가 일반인으로 하여금 명의인의 권한 내에서 작성된 문서라고 믿게 할 수 있는 정도의 형식과 외관을 갖추고 있으면 성립한다(대법원 2008.2.14, 2007도9606 등 참조). 주식회사의 대표 자격으로 계약을 하는 경우 피고인 자신을 위한 행위가 아니고 작성명의인인 회사를 위하여 법률행위를 한다는 것을 인식할 수 있을 정도의 표시가 있으면 대표관계의 표시라고 할 수 있다. …… 도급계약서의 형식과 외관, 계약서 작성 경위, 종류, 내용 등의 사정을 종합할 때 위 계약서를 수령한 상대방으로서는 위 계약서가 A회사의 대표이사 또는 A회사와 B회사의 총괄대표이사의 자격을 가진 피고인에 의하여 A회사 및 B회사 명의로 작성된 문서라고 믿게 할 정도의 형식과 외관을 갖추고 있는 것으로 볼 수 있고 설령 상대방이 피고인이 B회사의 대표이사가 아님을 알고 있더라도 자격모용사문서작성죄의 성립에 영향이 없다(대법원 2022.6.30, 2021도17712).

💡solution 성립한다.

○○○
285 작성권한 있는 자의 허위정보 입력 사전자기록 생성 사건
• 법원행시 20, 국가7급 21, 법원9급 21, 경찰1차 22, 경찰승진 22

> 작성권한 있는 자가 그 권한을 남용하여 허위의 정보를 입력함으로써 시스템 설치·운영 주체의 의사에 반하는 전자기록을 생성한 행위는 형법 제232조의2에서 정한 사전자기록의 '위작'에 해당하는가?

(판례) 형법 제227조의2의 공전자기록등위작죄는 사무처리를 그르치게 할 목적으로 공무원 또는 공무소의 전자기록 등 특수매체기록을 위작 또는 변작한 경우에 성립한다. 대법원은, 형법 제227조의2에서 위작의 객체로 규정한 전자기록은 그 자체로는 물적 실체를 가진 것이 아니어서 별도의 표시·출력장치를 통하지 아니하고는 보거나 읽을 수 없고, 그 생성 과정에 여러 사람의 의사나 행위가 개재됨은 물론 추가 입력한 정보가 프로그램에 의하여 자동으로 기존의 정보와 결합하여 새로운 전자기록을 작출하는 경우도 적지 않으며, 그 이용 과정을 보아도 그 자체로서 객관적·고정적 의미를 가지면서 독립적으로 쓰이는 것이 아니라 개인 또는 법인이 전자적 방식에 의한 정보의 생성·처리·저장·출력을 목적으로 구축하여 설치·운영하는 시스템에서 쓰임으로써 예정된 증명적 기능을 수행하는 것이므로, 위와 같은 시스템을 설치·운영하는 주체와의 관계에서 전자기록의 생성에 관여할 권한이 없는 사람이 전자기록을 작출하거나 전자기록의 생성에 필요한 단위정보의 입력을 하는 경우는 물론 시스템의 설치·운영 주체로부터 각자의 직무 범위에서 개개의 단위정보의 입력 권한을 부여받은 사람이 그 권한을 남용하여 허위의 정보를 입력함으로써 시스템 설치·운영 주체의 의사에 반하는 전자기록을 생성하는 경우도 형법 제227조의2에서 말하는 전자기록의 '위작'에 포함된다고 판시하였다(대법원 2005.6.9, 2004도6132). 위 법리는 형법 제232조의2

의 사전자기록등위작죄에서 행위의 태양으로 규정한 '위작'에 대해서도 마찬가지로 적용된다(대법원 2016. 11.10, 2016도6299). 이와 같은 위작에 관한 대법원의 법리는 타당하므로 이 사건에서도 적용할 수 있다(대법원 2020.8.27, 2019도11294 전원합의체).

보충 (요약) 코미드라는 상호로 인터넷 가상화폐 거래소를 운영하는 주식회사 코미드의 대표이사 내지 사내이사인 피고인들이 가상화폐 거래시스템상 차명계정에 허위의 원화 포인트 및 가상화폐 포인트를 입력하고, 이를 위 거래시스템상 표시하게 한 것은 사전자기록등위작죄 및 위작사전자기록등행사죄에 해당한다는 판례이다.

보충 (다수의견의 판결이유 중에서) 국립국어원의 표준국어대사전은 '위작'을 '다른 사람의 작품을 흉내 내어 비슷하게 만드는 일 또는 그 작품', '저작권자의 승낙을 얻지 아니하고, 그의 저작물을 똑같이 만들어 발행하는 일'로 정의하고 있다. 그런데 형법 제20장(문서에 관한 죄)에는 제225조에서 공문서위조죄를, 제227조에서 허위공문서작성죄를, 제227조의2에서 공전자기록등위작죄를, 제231조에서 사문서위조죄를, 제232조의2에서 사전자기록등위작죄를 각 규정하고 있다. 일반 국민은 형법 제20장에서 규정하고 있는 문서죄와 전자기록죄의 각 죄명에 비추어 형법 제227조의2와 제232조의2에서 정한 '위작(僞作)'이란 '위조(僞造)'와 동일한 의미로 받아들이기보다는 '위조(僞造)'에서의 '위(僞)'와 '허위작성(虛僞作成)'에서의 '작(作)'이 결합한 단어이거나 '허위작성(虛僞作成)'에서 '위작(僞作)'만을 추출한 단어로 받아들이기 쉽다. 형법에서의 '위작'의 개념은 형법이 그에 관한 정의를 하지 않고 있고, 해당 문언의 사전적 의미만으로는 범죄구성요건으로서의 적절한 의미해석을 바로 도출해 내기 어려우므로, 결국은 유사한 다른 범죄구성요건과의 관계에서 체계적으로 해석할 수밖에 없다. 따라서 형법 제232조의2에서 정한 '위작'의 포섭 범위에 권한 있는 사람이 그 권한을 남용하여 허위의 정보를 입력함으로써 시스템 설치·운영 주체의 의사에 반하는 전자기록을 생성하는 행위를 포함하는 것으로 보더라도, 이러한 해석이 '위작'이란 낱말이 가지는 문언의 가능한 의미를 벗어났다거나, 피고인에게 불리한 유추해석 또는 확장해석을 한 것이라고 볼 수 없다. …… 전자기록은 작성명의인을 특정하여 표시할 수 없고, 생성 과정에 여러 사람의 의사나 행위가 개재됨은 물론 개개의 입력한 정보가 컴퓨터 등 정보처리장치에 의하여 자동으로 기존의 정보와 결합하여 가공·처리됨으로써 새로운 전자기록이 만들어지므로 문서죄에서와 같은 작성명의인이란 개념을 상정하기 어렵다. 이러한 전자기록의 특성 이외에도 사전자기록등위작죄를 사문서위조죄와 비교해 보면 두 죄는 범행의 목적, 객체, 행위 태양 등 구성요건이 서로 다르다. 이러한 사정을 종합적으로 고려하면, 형법 제232조의2가 정한 사전자기록등위작죄에서 '위작'의 의미를 작성권한 없는 사람이 행사할 목적으로 타인의 명의를 모용하여 문서를 작성한 경우에 성립하는 사문서위조죄의 '위조'와 반드시 동일하게 해석하여 그 의미를 일치시킬 필요는 없다. …… 개정 형법의 입법 취지와 보호법익을 고려하면, 컴퓨터 등 전산망 시스템을 이용하는 과정에 필연적으로 수반되는 사전자기록 등 특수매체기록 작성 등에 관하여 권한 있는 사람이 그 권한을 남용하여 허위의 정보를 입력함으로써 시스템 설치·운영 주체의 의사에 반하는 전자기록을 생성하는 행위를 '위작'의 범위에서 제외하여 축소해석하는 것은 입법자의 의사에 반할 뿐만 아니라 과학기술의 발전과 시대적·사회적 변화에도 맞지 않는 법 해석으로서 받아들일 수 없다. …… 동일한 법령에서의 용어는 법령에 다른 규정이 있는 등 특별한 사정이 없는 한 동일하게 해석·적용되어야 한다(대법원 2009.12.24, 2007두20089 등). 공전자기록등위작죄와 사전자기록등위작죄는 행위의 객체가 '공전자기록'이냐 아니면 '사전자기록'이냐만 다를 뿐 다른 구성요건은 모두 동일하고, 두 죄 모두 형법 제20장(문서에 관한 죄)에 규정되어 있다. 대법원은 이미 공전자기록등위작죄에서의 '위작'의 의미에 관하여, 시스템의 설치·운영 주체로부터 각자의 직무 범위에서 개개의 단위정보의 입력 권한을 부여받은 사람이 그 권한을 남용하여 허위의 정보를 입력함으로써 시스템 설치·운영 주체의 의사에 반하는 전자기록을 생성하는 경우도 형법 제227조의2에서 말하는 전자기록의 '위작'에 포함된다고 판시해 왔고(위 대법원 2004도6132; 2007.7.27, 2007도3798; 2011.5.13, 2011도1415; 2014.7.24, 2012도1379 등 참조), 사전자기록등위작죄에서도 같은 취지의 판시를 하였다(위 대법원 2016도6299 판결). 이처럼 대법원은 형법상 '위작'의 의미에 관하여 명확하고 일관된 입장을 취하여 왔고, 이러한 법리가 죄형법정주의의 원칙에 반한다거나 입법 취지에 부합하지 않는다고 볼 만한 근거는 찾을 수 없다. 나아가 형법은 사문서의 경우 유형위조(제231조)만을 처벌하면서 예외적으로 무형위조(제233조)를 처벌하고 있는 반면, 공문서의 경우에는 유형위조(제225조)뿐만 아니라 별도의 처벌규정을 두어 무형위조(제227조)를 함께 처벌하고 있다. 그런데 전자기록위작죄를 문서위조죄에 대응하는 죄로 보아 권한 있는 사람이 그 권한을 남용하여 허위의 정보를 입력함으로써 시스템 설치·운영 주체의 의사에 반하는 사전자기록을 생성하는 행위에 대하여 사전자기록등위작죄로 처벌할 수 없는 것으로 해석한다면, 이에 상응하여 권한 있는 사람이 그 권한을 남용하여 허위의 정보를 입력함으로써 시스템 설치·운영 주체의 의사에 반하는 공전자기록을 생성하는 행위에 대하여도 형법 제227조의2에서 정한 공전자기록등위작죄로 처벌할 수 없는 것으로 해석해야 한다. 이는 권한 있는 사람의 허위공문서작성을 처벌하고 있는 형법과도 맞지 않아 부당하다. 특히 전산망 시스템의 구축과 설치·운영에는 고도의 기술성·전문성·신뢰성을 요하므로 허위의 전자기록을 작성한 경우에는 처벌할 필요성이 문서에 비해 훨씬 더 크다.

보충 (대법관 이기택, 대법관 김재형, 대법관 박정화, 대법관 안철상, 대법관 노태악의 반대의견) 사전자기록위작죄의 구성요건의 형식과 내용, 그 법정형, 사문서위조죄에 관한 형법의 태도, 그에 대한 일반 국민들의 확립된 관념 등에 비추어 보면, 형법 제232조의2에서 정한 '위작'은 유형위조만을 의미하는 것으로 해석하여야 한다. 이렇게 해석하는 것이 불명확성에 따른 위헌 소지를 제거하는 헌법합치적 해석이라고 할 수 있다. 그런데 사문서위조와 사전자기록위작을 달리 규율할 합리적 이유가 없음에도, 유형위조만을 처벌하는 사문서위조와 달리 사전자기록위작에 대해서는 형법 제232조의2에서 무형위조를 포함한다고 해석하는 것은 불명확한 용어를 피고인에게 불리하게 해석하는 것일 뿐만 아니라 합리적 이유 없이 문언의 의미를 확장하여 처벌범위를 지나치게 넓히는 것이어서, 형사법의 대원칙인 죄형법정주의의 원칙에 반한다고 할 것이다. …… 우리 형법이 사문서의 무형위조를 처벌하지 않는 것은 공문서와 달리 사적 자치의 영역에는 국가의 형벌권 행사를 최대한 자제하기 위함이다. 이러한 형법의 태도는 문서가 아닌 전자기록에도 그대로 적용될 수 있다. 회사는 그 영업을 함에 있어 진실에 부합하는 전자기록 이외에도 부득이한 상황에서 진실에 일부 부합하지 않는 허위내용이 담긴 전자기록을 작성하는 경우도 얼마든지 있을 수 있다. 그런데 허위내용이 담긴 사전자기록이라는 이유만으로 그 작성권자가 누구인지와 상관없이 모두 '위작'에 해당하는 것으로 해석한다면 수사기관은 압수수색 과정에서 당초 수사 중인 피의사실과 관련된 증거를 발견하지 못하더라도 허위내용이 담긴 사전자기록을 발견하여 별건 수사에 활용하는 등 수사권 남용을 초래할 위험이 있다. 이 경우 회사의 경영활동이 위축될 수 있음은 쉽게 예상할 수 있다. 따라서 무형위조와 유형위조에 관한 일반인의 관념이 변화되지 않은 상태에서 형법 제232조의2에서의 '위작'에 사문서위조죄에서의 '위조'와 달리 무형위조를 포함한다고 해석하는 것은 이러한 점에서도 문제가 된다. 요컨대, 형법 제232조의2에서 정한 '위작'이란 전자기록의 생성에 관여할 권한이 없는 사람이 전자기록을 작성하거나 전자기록의 생성에 필요한 단위정보를 입력하는 경우만을 의미한다고 해석하여야 한다.

📍solution 해당한다.

● ● ●
286 금융감독원장 명의의 문서 위조 사건

> 보이스피싱 현금 수거 및 전달책인 甲은 성명불상자와 공모하여 금융감독원장 명의의 '금융감독원 대출정보내역'이라는 문서를 위조하여 피해자에게 교부하였다. 甲의 죄책은 사문서위조 · 동행사인가, 공문서위조 · 동행사인가?

판례 「금융위원회의 설치 등에 관한 법률」(이하 '금융위원회법') 제69조는 금융위원회 위원 또는 증권선물위원회 위원으로서 공무원이 아닌 사람과 금융감독원의 집행간부 및 직원은 형법이나 그 밖의 법률에 따른 벌칙을 적용할 때에는 공무원으로 보고(제1항), 제1항에 따라 공무원으로 보는 직원의 범위는 대통령령으로 정한다(제2항)고 규정하고 있다. 금융위원회법 제29조는 금융감독원의 집행간부로서 금융감독원에 원장 1명, 부원장 4명 이내, 부원장보 9명 이내와 감사 1명을 둔다(제1항)고 규정하고 있다. 금융위원회법 시행령 제23조는 금융위원회법 제69조 제2항에 따라 실(국에 두는 실을 포함한다) · 국장급 부서의 장(제1호), 지원 또는 출장소(사무소를 포함한다)의 장(제2호), 금융기관에 대한 검사 · 경영지도 또는 경영관리업무를 수행하는 직원(제3호), 금융관계법령에 의하여 증권시장 · 파생상품시장의 불공정거래조사업무를 수행하는 직원(제4호), 기타 실 · 국외에 두는 부서의 장(제5호)을 형법이나 그 밖의 법률에 따른 벌칙을 적용할 때 공무원으로 보는 금융감독원의 직원이라고 규정하고 있다. 위 규정은 금융위원회법 제37조에서 정한 업무에 종사하는 **금융감독원장 등 금융감독원의 집행간부 및 실 · 국장급 부서의 장 등 금융위원회법 시행령에서 정한 직원에게 공무원과 동일한 책임을 부담시킴과 동시에 그들을 공무원과 동일하게 보호해 주기 위한 필요**에서 모든 벌칙의 적용에 있어서 공무원으로 본다고 해석함이 타당하다. 따라서 금융위원회법 제69조 제1항에서 말하는 벌칙에는 금융감독원장 등 금융감독원의 집행간부 및 위 직원들이 지위를 남용하여 범법행위를 한 경우에 적용할 벌칙만을 말하는 것이 아니라, 제3자가 금융감독원장 등 금융감독원의 집행간부 및 위 직원들에 대하여 범법행위를 한 경우에 적용할 벌칙과 같이 피해자인 금융감독원장 등 금융감독원의 집행간부 및 위 직원들을 보호하기 위한 벌칙도 포함되는 것으로 풀이하여야 한다. 그렇다면 금융위원회법 제29조, 제69조 제1항에서 정한 **금융감독원 집행간부인 금융감독원장 명의의 문서를 위조, 행사한 행위는 사문서위조죄, 위조사문서행사죄에 해당하는 것이 아니라 공문서위조죄, 위조공문서행사죄에 해당한다**(대법원 2021.3.11, 2020도14666).

보충 보이스피싱 현금 수거 및 전달책인 피고인이 성명불상자와 공모하여 금융감독원장 명의의 '금융감독원 대출정보내역'이라는 문서를 위조하여 피해자에게 교부하였다는 이유로 사문서위조 및 동행사죄로 기소된 사안에서, 제1심과 원심은 금융감독원장 명의의 위 문서를 사문서에 해당한다고 보아 사문서위조 및 동행사죄를 유죄로 인정하였으나, 대법원은 금융위원회법 제69조에 대하여 같은 법 제37조에서 정한 업무에 종사하는 금융감독원장 등 금융감독원의 집행간부 및 실 · 국장급 부서의 장 등 금융위원회법 시행령에서 정한 직원에게 공무원과 동일한 책임을 부담시킴과 동시에 그들을 공무원과 동일하게 보호해 주기 위한 필요에서 모든 벌칙의 적용에 있어서 공무원으로 본다고 해석함이 타당하므로, 금융감독원장 명의의 문서를 공문서로 보아 원심을 파기환송한 것이다.

📍solution 공문서위조 · 동행사이다.

287 등기사항전부증명서의 열람일시를 삭제 후 복사한 사건

• 경찰1차 22, 법원9급 22

甲은 인터넷을 통하여 출력한 등기사항전부증명서 하단의 열람일시 부분을 수정 테이프로 지우고 복사하였다. 이는 공문서변조에 해당하는가?

(판례) 공문서변조죄는 권한 없는 자가 공무소 또는 공무원이 이미 작성한 문서내용에 대하여 동일성을 해하지 않을 정도로 변경을 가하여 새로운 증명력을 작출케 함으로써 공공적 신용을 해할 위험성이 있을 때 성립한다(대법원 2003.12.26, 2002도7339 등). 이때 일반인으로 하여금 공무원 또는 공무소의 권한 내에서 작성된 문서라고 믿을 수 있는 형식과 외관을 구비한 문서를 작성하면 공문서변조죄가 성립하는 것이고, 일반인으로 하여금 공무원 또는 공무소의 권한 내에서 작성된 문서라고 믿게 할 수 있는지 여부는 그 문서의 형식과 외관은 물론 그 문서의 작성경위, 종료, 내용 및 일반거래에 있어서 그 문서가 가지는 기능 등 여러 가지 사정을 종합적으로 고려하여 판단하여야 한다(공문서위조죄에 관한 대법원 1992.11.27, 92도2226 판결 및 사문서위조에 관한 대법원 2009.7.23, 2008도10195 판결 등 참조)(대법원 2021.2.25, 2018도19043).

보충 피고인이 등기사항전부증명서의 열람일시를 삭제하여 복사한 행위는 변경 전 등기사항전부증명서가 나타내는 관리·사실관계와 다른 새로운 증명력을 가진 문서를 만든 것에 해당하고 그로 인하여 공공적 신용을 해할 위험성도 발생하였다는 이유로, 피고인의 위와 같은 행위로 인하여 공공적 신용을 해할 정도의 새로운 증명력이 작출되었다고 볼 수 없다고 판단한 원심을 파기한 사례이다.

♀solution 공문서변조에 해당한다.

288 허위진단서작성죄의 허위의 의미

[제1문] 형법 제233조의 허위진단서작성죄가 성립하기 위하여서는 진단서의 내용이 객관적으로 진실에 반할 뿐 아니라 작성자가 진단서 작성 당시 그 내용이 허위라는 점을 인식하고 있어야 하는가?
[제2문] 부검 결과로써 확인된 최종적 사인이 이보다 앞선 시점에 작성된 사망진단서에 기재된 사망 원인과 일치하지 않는다는 사정만으로 사망진단서의 기재가 객관적으로 진실에 반한다거나, 작성자가 그러한 사정을 인식하고 있었다고 단정할 수 있는가?

[제1문]

(판례) 형법 제233조의 허위진단서작성죄가 성립하기 위하여서는 진단서의 내용이 객관적으로 진실에 반할 뿐 아니라 작성자가 진단서 작성 당시 그 내용이 허위라는 점을 인식하고 있어야 하고, 주관적으로 진찰을 소홀히 한다든가 착오를 일으켜 오진한 결과로 진실에 반한 진단서를 작성하였다면 허위진단서 작성에 대한 인식이 있다고 할 수 없으므로 허위진단서작성죄가 성립하지 않는다(대법원 1976.2.10, 75도1888; 2006.3.23, 2004도3360; 2024.4.4, 2021도15080).

♀solution 인식하고 있어야 한다.

[제2문]

(판례) 고의의 일종인 미필적 고의는 중대한 과실과는 달리 범죄사실의 발생 가능성에 대한 인식이 있고 나아가 범죄사실이 발생할 위험을 용인하는 내심의 의사가 있어야 한다. 행위자가 범죄사실이 발생할 가

능성을 용인하고 있었는지 여부는 행위자의 진술에 의존하지 않고 외부에 나타난 행위의 형태와 행위의 상황 등 구체적인 사정을 기초로 일반인이라면 해당 범죄사실이 발생할 가능성을 어떻게 평가할 것인지를 고려하면서 행위자의 입장에서 그 심리상태를 추인하여야 한다(대법원 2004.5.14, 2004도74; 2017.1.12, 2016도 15470). 의사는 사망진단서 작성 당시까지 드러난 환자의 임상 경과를 고려하여 가장 부합하는 사망 원인과 사망의 종류를 자신의 의학적인 판단에 따라 사망진단서에 기재할 수 있으므로, 부검 이전에 작성된 사망진단서에 기재된 사망 원인이 부검으로 밝혀진 사망 원인과 다르다고 하여 피고인들에게 허위진단서 작성의 고의가 있다고 곧바로 추단할 수는 없다. 특히 부검을 통하지 않고 사망의 의학적 원인을 정확하게 파악하는 데에는 한계가 있으므로, 부검 결과로써 확인된 최종적 사인이 이보다 앞선 시점에 작성된 사망진단서에 기재된 사망 원인과 일치하지 않는다는 사정만으로 사망진단서의 기재가 객관적으로 진실에 반한다거나, 작성자가 그러한 사정을 인식하고 있었다고 함부로 단정하여서는 안 된다(대법원 2024.4.4, 2021 도15080).

solution 단정할 수 없다.

289 사법경찰관이 재수사 결과서에 허위 내용을 기재한 사건 ・경찰1차 24

사법경찰관 P는 검사로부터 '피해자들로부터 교통사고경위에 대해 구체적인 진술을 청취하여 운전자 도주 여부에 대해 재수사할 것'을 요청받았는데 재수사 결과서의 재수사 결과란에 피해자들로부터 진술을 청취하지 않고도 진술을 듣고 그 진술내용을 적은 것처럼 기재하고 자신의 독자적인 의견이나 추측에 불과한 것을 마치 피해자들로부터 직접 들은 진술인 것처럼 기재했다. P의 행위는 허위공문서작성죄에 해당하는가?

(판례) 피해자의 진술로 기재된 내용 중 일부가 결과적으로 사실과 부합하는지, 재수사 요청을 받은 사법경찰관이 검사에 의하여 지목된 참고인이나 피의자 등에 대한 재조사 여부와 재조사 방식 등에 대해 재량을 가지는지 등과 무관하게 피고인의 공소사실 기재 행위는 허위공문서작성죄를 구성한다. (또한) 피고인은 구체적인 진술을 듣지 않고 자신의 의견이나 추측을 마치 진술을 듣고 그 진술내용을 적은 것처럼 재수사 결과서를 작성하였는데, 피고인이 피해자들의 진술에 신빙성이 부족하다는 이유에서 피고인 자신의 판단에 따라 기재하는 내용이 객관적인 사실에 부합할 것이라고 생각하였다 하여 범의를 부정할 수 없다(대법원 2023.3.30, 2022도6886).

solution 해당한다.

290 대통령비서실장이 국회의원 서면질의에 대하여 답변서를 작성·제출한 행위가 허위공문서작성 및 그 행사죄에 해당하는지 여부가 문제된 사건

甲은 세월호 침몰사고에 대한 청와대 대응에 비난 여론이 확산되고 장차 진상규명을 위한 국정조사특별위원회의 국정조사(이하 '이 사건 국조특위'라 한다) 등에서 책임 추궁을 받게 될 상황에 놓이자, 수차례 대통령비서실장 회의를 주재하면서 사고 상황보고에 관한 국회의 예상질의에 대하여 미리 답변기조를 준비하고, 실무자들로 하여금 향후 예상질의응답 자료, 국회 서면답변서 등에 이러한 내용을 기재하도록 지시하였다. 甲은 2014.7.10. 이 사건 국조특위에 증인으로 출석하여, 대면보고를 하지 않아 대통령이 사고 상황을 제대로 파악하지 못한 것이 아니냐는 국회의원 질의에 대하여 미리 준비한 답변기조에 따라 "저희들이 계속 간단없이 20~30분 단위로 문서로 보고를 드렸습니다. 그렇기 때문에 대통령이 충분히 직접 만나서 물어보는 것 이상으로 상황을 파악하고 있었다고 저희들은 생각합니다."라는 등으로 증언하였다. 이 사건 국조특위 종료 후인 2014.8.경 '비서실장의 대통령 대면보고는 언제 이루어졌는지? 사안이 심각한데 대통령께 서면, 유선보고만 하면 다 된다고 판단한 것인지?'라는 내용의 국회 서면질의가 추가되자, 질의응답 자료 정리 등 실무를 담당한 행정관은 甲의 기존 국회 증언 내용 그대로 이 사건 답변서를 작성한 후 그에 대한 보고를 거쳐 국회에 제출하였다. 甲에게는 허위공문서작성 및 그 행사죄가 성립하는가?

판례 허위공문서작성죄의 허위는 표시된 내용과 진실이 부합하지 아니하여 그 문서에 대한 공공의 신용을 위태롭게 하는 경우여야 하고, 그 내용이 허위라는 사실에 관한 피고인의 인식이 있어야 한다(대법원 1995.11.10, 95도1395; 1985.6.25, 85도758 등). 피고인이 국회 서면질의에 대하여 작성·제출한 답변서 기재사항 중 '대통령은 직접 대면보고 받는 것 이상으로 상황을 파악하고 있었다고 생각한다.'라는 부분은 피고인의 주관적 의견으로서 그 자체로 내용의 진실 여부를 판단할 수 있다거나 문서에 대한 공공의 신용을 위태롭게 할 만한 증명력과 신용력을 갖는다고 볼 수 없고, '비서실에서 20~30분 단위로 간단없이 유·무선으로 보고를 하였다.'라는 부분은 실제로 있었던 객관적 사실을 기반으로 하여 기재된 내용으로 허위라고 볼 수 없으며, 이미 국회에서 위증에 대한 제재를 감수하는 증인선서 후 증언한 내용과 동일한 점 등에서 피고인에게 허위의 답변서를 작성·제출한다는 인식이 있었다고 보기도 어렵다(대법원 2022.8.19, 2020도9714).

§solution 성립하지 않는다.

291 허위공문서작성죄에서 '허위작성'의 의미: 기성검사조서 사건 • 경찰2차 22

관급공사의 현장감독관인 甲은 공사 현장이 아닌 제작 공장에서의 기성검사의 경우 기성검사에서 합격된 자재의 100분의 50 범위 내에서만 기성부분으로 인정할 수 있도록 한 공사계약일반조건과 달리, 자재 제작을 내용으로 하는 부분 전부를 기성부분으로 인정하여 이를 바탕으로 산정된 기성고 비율과 기성부분 준공금액을 기재하여 기성검사조서를 작성하였다. 甲의 행위는 허위공문서작성죄의 허위작성에 해당하는가?

판례 허위공문서작성죄는 공문서에 진실에 반하는 기재를 하는 때에 성립하는 범죄이므로, 공문서를 작성하는 과정에서 법령 등을 잘못 적용하거나 적용하여야 할 법령 등을 적용하지 아니한 잘못이 있더라도 그 적용의 전제가 된 사실관계에 관하여 거짓된 기재가 없다면 허위공문서작성죄가 성립할 수 없고, 이는 그와 같은 잘못이 공무원의 고의에 기한 것이라도 달리 볼 수 없다. 공문서 작성 과정에서 법령 등을 잘못 적용하였다고 하여 반드시 진실에 반하는 기재를 하여 공문서를 작성하게 되는 것은 아니므로, 공문서 작성 과정에서 법령 등의 적용에 잘못이 있다는 것과 기재된 공문서 내용이 허위인지 여부는 구별되어야 한다(대법원 2021.9.16, 2019도18394).

> 보충 이 사건 기성검사조서에 자재의 현장 반입 여부나 제작공장에서의 기성검사 실시 및 합격 여부, 자재의 특성이나 용도, 시장거래 상황 등 위 공사계약일반조건 규정의 적용에 전제가 되는 사실관계에 관하여 아무런 기재가 없고, 산정 경위에 비추어 기재된 기성고 비율과 기성부분 준공금액이 객관적 진실에 반한다고 단정할 수 없다는 사례이다.

♀solution 해당하지 않는다.

●●●
292 범죄에 이용할 목적으로 주식회사 설립등기를 한 것으로 인한 공전자기록 등 부실기재죄와 그 행사죄가 문제되는 사건
• 법원행시 20

> 주식회사의 발기인 등이 상법 등 법령에 정한 회사설립의 요건과 절차에 따라 회사설립등기를 함으로써 회사가 성립하였다고 볼 수 있는 경우, 발기인 등이 회사를 설립할 당시 회사를 실제로 운영할 의사 없이 회사를 이용한 범죄 의도나 목적이 있었다거나, 회사로서의 인적·물적 조직 등 영업의 실질을 갖추지 않았다면 부실의 사실을 법인등기부에 기록하게 한 것으로 볼 수 있는가?

(판례) 주식회사의 발기인 등이 상법 등 법령에 정한 회사설립의 요건과 절차에 따라 회사설립등기를 함으로써 회사가 성립하였다고 볼 수 있는 경우 회사설립등기와 그 기재 내용은 특별한 사정이 없는 한 공정증서원본 부실기재죄나 공전자기록 등 부실기재죄에서 말하는 부실의 사실에 해당하지 않는다. 발기인 등이 회사를 설립할 당시 회사를 실제로 운영할 의사 없이 회사를 이용한 범죄 의도나 목적이 있었다거나, 회사로서의 인적·물적 조직 등 영업의 실질을 갖추지 않았다는 이유만으로는 부실의 사실을 법인등기부에 기록하게 한 것으로 볼 수 없다(대법원 2020.2.27, 2019도9293; 2020.3.26, 2019도7729).

> 보충 피고인 등이 공모하여, 갑 주식회사를 설립한 후 회사 명의로 통장을 개설하여 이른바 대포통장을 유통시킬 목적이었을 뿐 자본금을 납입하거나 회사를 설립한 사실이 없는데도 허위의 회사설립등기 신청서를 법원 등기관에게 제출하여 등기관으로 하여금 상업등기 전산정보처리시스템의 법인등기부에 위 신청서의 기재 내용을 입력하고 이를 비치하게 하여 행사하였다고 하여 공전자기록 등 부실기재와 부실기재 공전자기록 등 행사의 공소사실로 기소된 사안에서, 피고인 등이 실제 회사를 설립하려는 의사를 가지고 상법이 정하는 회사설립에 필요한 정관 작성, 주식 발행·인수, 임원 선임 등의 절차를 이행함으로써 갑 회사는 상법상 주식회사로 성립하였다는 등의 이유로 갑 회사에 대한 회사설립등기는 공전자기록 등 부실기재죄에서 말하는 '부실의 사실'에 해당하지 않는다고 한 사례이다.

♀solution 볼 수 없다.

●●○
293 실효된 장애인사용자동차표지를 비치한 승용차를 장애인전용주차구역이 아닌 장소에 주차한 사건
• 경찰간부 23

> 甲은 실효된 '장애인전용주차구역 주차표지가 있는 장애인사용자동차표지'를 승용차에 계속 비치한 채 아파트 주차장 중 장애인전용주차구역이 아닌 장소에 승용차를 주차하였다. 甲에게는 공문서부정행사죄가 성립하는가?

(판례) 형법 제203조의 공문서부정행사죄는 공문서의 사용에 대한 공공의 신용을 보호법익으로 하는 범죄로서 추상적 위험범이다. 형법 제230조는 본죄의 구성요건으로 단지 '공무원 또는 공무소의 문서 또는 도화를 부정행사한 자'라고만 규정하고 있어, 자칫 처벌범위가 지나치게 확대될 염려가 있으므로 본죄에 관한 범행의 주체,

객체 및 태양을 되도록 엄격하게 해석하여 처벌범위를 합리적인 범위 내로 제한하여야 한다(대법원 2001.4.19, 2000도1985 전원합의체). 사용권한자와 용도가 특정되어 있는 공문서를 사용권한 없는 자가 사용한 경우에도 그 공문서 본래의 용도에 따른 사용이 아닌 경우에는 공문서부정행사죄가 성립되지 아니한다(대법원 2003. 2.26, 2002도4935). …… 장애인사용자동차표지는 장애인이 이용하는 자동차에 대한 조세감면 등 필요한 지원의 편의를 위하여 장애인이 사용하는 자동차를 대상으로 발급되는 것이고, 장애인전용주차구역 주차표지가 있는 장애인사용자동차표지는 보행상 장애가 있는 사람이 이용하는 자동차에 대한 지원의 편의를 위하여 발급되는 것이다. 따라서 장애인사용자동차표지를 사용할 권한이 없는 사람이 장애인전용주차구역에 주차하는 등 장애인 사용 자동차에 대한 지원을 받을 것으로 합리적으로 기대되는 상황이 아니라면 단순히 이를 자동차에 비치하였더라도 장애인사용자동차표지를 본래의 용도에 따라 사용했다고 볼 수 없어 공문서부정행사죄가 성립하지 않는다(대법원 2022.9.29, 2021도14514).

♀solution 성립하지 않는다.

제4절 인장에 대한 죄

● ● ○
294 의미를 알 수 없는 부호와 사서명위조 사건

> 휴대용정보단말기(PDA)의 음주운전단속결과통보 중 운전자 서명 란에 타인의 기명 없이 의미를 알 수 없는 부호를 기재한 경우에도 사서명위조 및 위조사서명행사죄가 성립하는가?

[판례] 사서명(私署名) 등 위조죄가 성립하려면 서명 등이 일반인으로 하여금 특정인의 진정한 서명 등으로 오신하게 할 정도에 이르러야 하고, 일반인이 특정인의 진정한 서명 등으로 오신하기에 충분한 정도인지 여부는 서명 등의 형식과 외관, 작성 경위뿐만 아니라 서명 등이 기재된 문서에 서명 등을 할 필요성, 문서의 작성 경위, 종류, 내용 그리고 일반거래에서 문서가 가지는 기능 등도 함께 고려하여 판단하여야 한다(대법원 2005.12.23, 2005도4478). 피고인이 음주운전으로 단속되자 동생의 이름을 대며 조사를 받다가 휴대용정보단말기(PDA)에 표시된 음주운전단속결과통보 중 운전자의 서명란에 동생의 이름 대신 의미를 알 수 없는 부호(　　　　)를 기재한 행위는 동생의 서명을 위조한 것에 해당한다(대법원 2020.12.30, 2020도14045).

♀solution 성립한다.

● ● ●
295 검찰 업무표장 사용행위의 공기호위조죄 등 성부

> 피고인 甲은 온라인 구매사이트에서, 검찰 업무표장 아래 피고인의 전화번호, 승용차 번호 또는 '공무수행' 문구를 표시한 표지판 3개를 주문하고 그 판매자로 하여금 제작하게 하여 배송받은 다음 이를 자신의 승용차에 부착하고 다녔다. 이는 공기호위조죄 및 위조공기호행사죄를 구성하는가?

판례 형법상 인장에 관한 죄에서 인장은 사람의 동일성을 표시하기 위하여 사용하는 일정한 상형을 의미하고, 기호는 물건에 압날하여 사람의 인격상 동일성 이외의 일정한 사항을 증명하는 부호를 의미한다(대법원 1995.9.5, 95도1269). 그리고 형법 제238조의 공기호는 해당 부호를 공무원 또는 공무소가 사용하는 것만으로는 부족하고, 그 부호를 통하여 증명을 하는 사항이 구체적으로 특정되어 있고 해당 사항은 그 부호에 의하여 증명이 이루어질 것이 요구된다. 위 각 검찰 업무표장은 검찰수사, 공판, 형의 집행부터 대외 홍보 등 검찰청의 업무 전반 또는 검찰청 업무와의 관련성을 나타내기 위한 것으로 보일 뿐, 이것이 부착된 차량은 '검찰 공무수행 차량'이라는 것을 증명하는 기능이 있다는 등 이를 통하여 증명을 하는 사항이 구체적으로 특정되어 있다거나 그 사항이 이러한 검찰 업무표장에 의하여 증명된다고 볼 근거가 없고, 일반인들이 위 각 표지판이 부착된 차량을 '검찰 공무수행 차량'으로 오인할 수 있다고 해도 위 각 검찰 업무표장이 위와 같은 증명적 기능을 갖추지 못한 이상 이를 공기호라고 할 수는 없다(대법원 2024.1.4, 2023도11313).

♀solution 구성하지 않는다.

3 공중의 건강에 대한 죄

제1절 먹는 물에 관한 죄

● ● ○
296 수도불통죄의 성부

> 주상복합아파트 입주자대표회의 회장 甲은 상가입주자들과의 수도 관리비 인상 협상이 결렬되자, 상가입주자들이 상가 2층 화장실에 연결하여 이용 중인 수도배관을 분리하여 불통하게 하였다. 甲의 행위는 수도불통죄에 해당하는가?

조문 형법 제195조(수도불통) 공중이 먹는 물을 공급하는 수도 그 밖의 시설을 손괴하거나 그 밖의 방법으로 불통(不通)하게 한 자는 1년 이상 10년 이하의 징역에 처한다.

판례 구 형법(2020.12.8. 법률 제17571호로 개정되기 전의 것) 제195조가 규정한 수도불통죄는 공중의 음용수를 공급하는 수도 기타 시설을 손괴하거나 기타 방법으로 불통하게 함으로써 성립하는 공공위험범죄로서 공중의 건강 또는 보건을 보호법익으로 한다. 수도불통죄의 대상이 되는 '수도 기타 시설'이란 공중의 음용수 공급을 주된 목적으로 설치된 것에 한정되는 것은 아니고, 설령 다른 목적으로 설치된 것이더라도 불특정 또는 다수인에게 현실적으로 음용수를 공급하고 있는 것이면 충분하며 소유관계에 따라 달리 볼 것도 아니다. 원래 화장실 용수 공급용으로 설치되었으나 현실적으로 불특정 또는 다수인이 음용수 공급용으로도 이용 중인 수도배관이라면 수도불통죄의 대상에 해당하고, 정당행위로서 위법성조각사유에 해당한다는 피고인의 주장은 받아들일 수 없다(대법원 2022.6.9, 2022도2817).

♀solution 해당한다.

4 **사회의 도덕에 대한 죄**

●●●
297 음란합성사진 파일과 형법상 음화제조죄의 객체

> 피고인은 성명불상자에게 지인의 얼굴과 나체사진이 합성된 음란한 사진(음란합성사진) 파일
> 제작을 의뢰한 음화제조교사의 사실로 공소가 제기되었다. 이러한 음란합성사진 파일은 형법
> 제244조의 음화제조죄의 '음란한 물건'에 해당하는가?

[판례] 형법 제243조(음화반포등)는 음란한 문서, 도화, 필름 기타 물건을 반포, 판매 또는 임대하거나
공연히 전시 또는 상영한 자에 대한 처벌 규정으로서 **컴퓨터 프로그램파일**은 위 규정에서 규정하고 있는
문서, 도화, 필름 기타 **물건**에 해당한다고 할 수 없다(대법원 1999.2.24, 98도3140). 이는 형법 제243조의 행
위에 공할 목적으로 음란한 물건을 제조, 소지, 수입 또는 수출한 자를 처벌하는 규정인 형법 제244조(음
화제조등)의 '음란한 물건'의 해석에도 그대로 적용된다. 위 법리에 의하면, 피고인이 성명불상자에게 제
작을 의뢰하여 전송받은 음란합성사진 파일은 형법 제244조의 '음란한 물건'에 해당한다고 볼 수 없다(대
법원 2023.12.14, 2020도1669).

♀solution 해당하지 않는다.

[보충] 다만 성폭력처벌법상 허위영상물편집등죄에는 해당한다.

[조문] **성폭력처벌법 제14조의2(허위영상물 등의 반포등)** ① 사람의 얼굴·신체 또는 음성을 대상으로 한
촬영물·영상물 또는 음성물(이하 이 조에서 "영상물등"이라 한다)을 영상물등의 대상자의 의사에 반하여
성적 욕망 또는 수치심을 유발할 수 있는 형태로 편집·합성 또는 가공(이하 이 조에서 "편집등"이라 한
다)한 자는 7년 이하의 징역 또는 5천만원 이하의 벌금에 처한다.
② 제1항에 따른 편집물·합성물·가공물(이하 이 조에서 "편집물등"이라 한다) 또는 복제물(복제물의 복제
물을 포함한다. 이하 이 조에서 같다)을 반포등을 한 자 또는 제1항의 편집등을 할 당시에는 영상물등의
대상자의 의사에 반하지 아니한 경우에도 사후에 그 편집물등 또는 복제물을 영상물등의 대상자의 의사에
반하여 반포등을 한 자는 7년 이하의 징역 또는 5천만원 이하의 벌금에 처한다.
③ 영리를 목적으로 영상물등의 대상자의 의사에 반하여 정보통신망을 이용하여 제2항의 죄를 범한 자는
3년 이상의 유기징역에 처한다.
④ 제1항 또는 제2항의 편집물등 또는 복제물을 소지·구입·저장 또는 시청한 자는 3년 이하의 징역 또
는 3천만원 이하의 벌금에 처한다.
⑤ 상습으로 제1항부터 제3항까지의 죄를 범한 때에는 그 죄에 정한 형의 2분의 1까지 가중한다.

●●○
298 성매매알선죄의 성격과 성립요건

> [제1문] 성매매처벌법 제19조에서 정한 성매매알선죄는 성매매죄 정범에 종속되는 종범인가,
> 성매매죄 정범의 존재와 관계없는 독자적인 정범인가?

> **[제2문]** 성매수자에게 실제로 성매매에 나아가려는 의사가 없었다고 하더라도 성매매알선 등 행위의 처벌에 관한 법률 제19조에서 정한 성매매알선죄가 성립하는가?

조문 성매매알선 등 행위의 처벌에 관한 법률 제19조(벌칙) ① 다음 각 호의 어느 하나에 해당하는 사람은 3년 이하의 징역 또는 3천만원 이하의 벌금에 처한다.
1. 성매매알선 등 행위를 한 사람

[제1문 · 제2문]

판례 성매매알선 등 행위의 처벌에 관한 법률(이하 '성매매처벌법') 제2조 제1항 제2호가 규정하는 '성매매알선'은 성매매를 하려는 당사자 사이에 서서 이를 중개하거나 편의를 도모하는 것을 의미하므로, 성매매의 알선이 되기 위하여는 반드시 그 알선에 의하여 성매매를 하려는 당사자가 실제로 성매매를 하거나 서로 대면하는 정도에 이르러야만 하는 것은 아니고, 성매매를 하려는 당사자들의 의사를 연결하여 더 이상 알선자의 개입이 없더라도 당사자 사이에 성매매에 이를 수 있을 정도의 주선행위만 있으면 족하다. 그리고 성매매처벌법 제19조에서 정한 성매매알선죄는 성매매죄 정범에 종속되는 종범이 아니라 성매매죄 정범의 존재와 관계없이 그 자체로 독자적인 정범을 구성하므로, 알선자가 위와 같은 주선행위를 하였다면 성매수자에게 실제로는 성매매에 나아가려는 의사가 없었다고 하더라도 위 법에서 정한 성매매알선죄가 성립한다(대법원 2023.6.29, 2020도3626).

⌕solution [제1문] 독자적인 정범이다.
　　　　　[제2문] 성립한다.

299 형법 제245조 공연음란죄에서 '음란한 행위'의 의미 · 경찰2차 22

판례 형법 제245조 공연음란죄에서의 '음란한 행위'란 일반 보통인의 성욕을 자극하여 성적 흥분을 유발하고 정상적인 성적 수치심을 해하여 성적 도의관념에 반하는 행위를 가리키는 것이고, 그 행위가 반드시 성행위를 묘사하거나 성적인 의도를 표출할 것을 요하는 것은 아니다. 경범죄 처벌법 제3조 제1항 제33호가 '공개된 장소에서 공공연하게 성기 · 엉덩이 등 신체의 주요한 부위를 노출하여 다른 사람에게 부끄러운 느낌이나 불쾌감을 준 사람'을 처벌하도록 규정하고 있는 점 등에 비추어 볼 때, 성기 · 엉덩이 등 신체의 주요한 부위를 노출한 행위가 있었을 경우 그 일시와 장소, 노출 부위, 노출 방법 · 정도, 노출 동기 · 경위 등 구체적 사정에 비추어, 그것이 단순히 다른 사람에게 부끄러운 느낌이나 불쾌감을 주는 정도에 불과하다면 경범죄 처벌법 제3조 제1항 제33호에 해당할 뿐이지만, 그와 같은 정도가 아니라 일반 보통인의 성욕을 자극하여 성적 흥분을 유발하고 정상적인 성적 수치심을 해하는 것이라면 형법 제245조의 '음란한 행위'에 해당한다고 할 수 있다(대법원 2020.1.16, 2019도14056).

300 아동 · 청소년을 협박하여 그들로 하여금 스스로 자신을 대상으로 한 음란물을 촬영하게 한 경우 아청법상 아청이용음란물제작죄의 성부
참고판례

판례 피고인이 아동 · 청소년으로 하여금 스스로 자신을 대상으로 하는 음란물을 촬영하게 한 경우 피고인이 직접 촬영행위를 하지 않았더라도 그 영상을 만드는 것을 기획하고 촬영행위를 하게 하거나 만드는 과정에서 구체적인 지시를 하였다면, 특별한 사정이 없는 한 아동·청소년이용음란물 '제작'에 해당하고, 이러한 촬영을 마쳐 재생이 가능한 형태로 저장이 된 때에 제작은 기수에 이른다(대법원 2018.1.25, 2017도18443; 2018.9.13, 2018도9340; 2021.3.25, 2020도18285).

> **보충** 피고인이 공범들과 공모하여 아동·청소년인 피해자들의 비공개 정보를 수집한 후 이를 빌미로 피해자들을 협박하여 피해자들로 하여금 스스로 자신을 대상으로 한 음란 사진 및 동영상을 촬영하게 한 사안에서 아동·청소년의성보호에관한법률위반(음란물제작·배포 등)죄의 성립을 인정한 원심을 수긍한 사례이다.

●●○

301 해외 스포츠 도박 사이트 베팅 사건

참고판례

판례 국민체육진흥법 제26조 제1항은 "서울올림픽기념국민체육진흥공단과 수탁사업자가 아닌 자는 체육진흥투표권 또는 이와 비슷한 것을 발행(정보통신망에 의한 발행을 포함한다)하여 결과를 적중시킨 자에게 재물이나 재산상의 이익을 제공하는 행위(이하 '유사행위'라고 한다)를 하여서는 아니 된다."라고 규정하면서 같은 법 제47조 제2호에서 이를 위반한 자를 7년 이하의 징역이나 7천만원 이하의 벌금으로 처벌하도록 규정하는 한편, 같은 법 제48조 제3호는 "제26조 제1항의 금지행위를 이용하여 도박을 한 자"를 5년 이하의 징역이나 5천만원 이하의 벌금으로 처벌하도록 규정하고 있다. …… 정보통신망을 이용하는 스포츠 도박 사업은 장소적 제약을 뛰어넘어 규제 정도가 낮은 국가의 정보통신망과 연동함으로써 쉽게 자국의 규제를 회피할 수 있고, 스포츠 도박이 합법화된 국가의 정보통신망을 이용하여 이루어지는 경우도 많다. (따라서) 대한민국 영역 내에서 해외 스포츠 도박 사이트에 접속하여 베팅을 하는 방법으로 체육진흥투표권과 비슷한 것을 정보통신망을 이용하여 발행받은 다음 결과를 적중시킨 경우 재산상 이익을 얻는 내용의 도박을 하였다면, 그 스포츠 도박 사이트를 통한 도박 행위는 국민체육진흥법 제26조 제1항에서 금지하고 있는 유사행위를 이용한 도박 행위에 해당하므로, 제48조 제3호에 따라 처벌할 수 있다. 이는 그 스포츠 도박 사이트의 운영이 외국인에 의하여 대한민국 영역 외에서 이루어진 것이라고 하더라도 마찬가지이다(대법원 2022.11.30, 2022도6462).

CHAPTER 03 국가적 법익에 대한 죄

1 국가의 존립과 권위에 대한 죄

제1절 내란의 죄

제2절 외환의 죄

2 국가의 기능에 대한 죄

제1절 공무원의 직무에 대한 죄

●●●
302 무단이탈로 인한 직무유기죄 성립 여부

> 기간제 교원인 甲은 기말고사 답안지를 교부받고도 무단결근하고 임기 종료 시까지 답안지와 채점결과를 학교 측에 인계하지 않았다. 다만 학사일정상 甲의 임기 종료일까지 기말고사 성적 처리에 대한 최종 업무를 종료할 것이 예정되어 있지 않았다. 甲에게는 직무유기죄의 죄책이 인정되는가?

판례 직무유기죄는 구체적으로 직무를 수행해야 할 작위의무가 있는데도 이러한 직무를 저버린다고 인식하고 작위의무를 이행하지 않음으로써 성립한다. 이때 직무를 유기한다는 것은 공무원이 법령, 내규 등에 따른 추상적 성실의무를 게을리하는 일체의 경우를 말하는 것이 아니라 직장의 무단이탈, 직무의 의식적인 포기 등과 같이 국가의 기능을 저해하고 국민에게 피해를 야기할 구체적인 가능성이 있는 경우만을 가리킨다(대법원 1983.3.22, 82도3065; 1997.4.22, 95도748). 따라서 공무원이 태만이나 착각 등으로 인하여 직무를 성실히 수행하지 않은 경우 또는 직무를 소홀하게 수행하였기 때문에 성실한 직무수행을 못한 데 지나지 않는 경우에는 직무유기죄가 성립하지 않는다(대법원 1994.2.8, 93도3568 등). 무단이탈로 인한 직무유기죄 성립 여부는 결근 사유와 기간, 담당하는 직무의 내용과 적시 수행 필요성, 결근으로 직무 수행이 불가능한지, 결근 기간에 국가기능의 저해에 대한 구체적인 위험이 발생하였는지 등을 종합적으로 고려하여 신중하게 판단해야 한다. 특히 근무기간을 정하여 임용된 공무원의 경우에는 근무기간 안에 특정 직무를 마쳐야 하는 특별한 사정이 있는지 등을 고려할 필요가 있다. …… **학사일정상 피고인의 임기 종료일까지 기말고사 성적 처리에 대한 최종 업무를 종료할 것이 예정되어 있지 않았고, 피고인이 임기 종료 직전 2일을 무단결근한 사유에 참작할 사정이 있으며, 그 후로는 출근이나 업무 수행을 할 의무가 없으므로 직무유기죄의 죄책이 인정되지 않는다**(대법원 2022.6.30, 2021도8361).

𝄃solution 인정되지 않는다.

303 법원 형사수석부장판사가 같은 법원 영장전담판사들로부터 보고받은 정보를 법원행정처 차장에게 보고한 사건
• 경찰2차 22

(판례) 형법 제127조는 공무원 또는 공무원이었던 자가 법령에 의한 직무상 비밀을 누설하는 것을 구성요건으로 하고 있는바, 여기서 '법령에 의한 직무상 비밀'이란 반드시 법령에 의하여 비밀로 규정되었거나 비밀로 분류 명시된 사항에 한하지 아니하고, 정치, 군사, 외교, 경제, 사회적 필요에 따라 비밀로 된 사항은 물론 정부나 공무소 또는 국민이 객관적, 일반적인 입장에서 외부에 알려지지 않는 것에 상당한 이익이 있는 사항도 포함하나, 실질적으로 그것을 비밀로서 보호할 가치가 있다고 인정할 수 있는 것이어야 한다(대법원 2007.6.14, 2004도556; 2018.2.13, 2014도11441 등). 그리고 '누설'이란 비밀을 아직 모르는 다른 사람에게 임의로 알려주는 행위를 의미한다. 한편, **공무상비밀누설죄는 공무상 비밀 그 자체를 보호하는 것이 아니라 공무원의 비밀엄수의무의 침해에 의하여 위험하게 되는 이익, 즉 비밀누설에 의하여 위협받는 국가의 기능을 보호하기 위한 것이다**(위 2014도11441 등). 그러므로 **공무원이 직무상 알게 된 비밀을 그 직무와의 관련성 혹은 필요성에 기하여 해당 직무의 집행과 관련 있는 다른 공무원에게 직무집행의 일환으로 전달한 경우에는, 관련 각 공무원의 지위 및 관계, 직무집행의 목적과 경위, 비밀의 내용과 전달 경위 등 제반 사정에 비추어 비밀을 전달받은 공무원이 이를 그 직무집행과 무관하게 제3자에게 누설할 것으로 예상되는 등 국가기능에 위험이 발생하리라고 볼 만한 특별한 사정이 인정되지 않는 한, 위와 같은 행위가 비밀의 누설에 해당한다고 볼 수 없다**(대법원 2021.11.25, 2021도2486).

(보충) 피고인들이 공모하여, A법원 형사수석부장판사인 피고인 1이 같은 법원 영장전담판사인 피고인 2, 3 등으로부터 보고받은 정보를 법원행정처 차장에게 보고하였다는 공소사실에 대하여, 공무상비밀누설죄의 성립 여부가 문제된 사안으로서, 일부 수사정보는 영장재판 과정에서 취득한 정보라고 인정하기 어렵고, 피고인들이 공소사실 기재와 같이 공모한 사실이 인정되지 않으며, 피고인 1이 법원행정처 차장에게 한 보고는 공무상 비밀의 누설행위에 해당하지 않는다고 보아 피고인들에 대한 공무상비밀누설의 점을 무죄로 판단한 원심판결을 수긍하고 검사의 상고를 기각한 사안이다.

304 법원장이 소속 법원 기획법관으로 하여금 영장재판 관련 정보를 법원행정처 차장에게 보고하도록 한 사건

(판례) 공무상비밀누설죄는 공무상 비밀 그 자체를 보호하는 것이 아니라 공무원의 비밀엄수의무의 침해에 의하여 위험하게 되는 이익, 즉 비밀누설에 의하여 위협받는 국가의 기능을 보호하기 위한 것이다(위 2014도11441 등). 따라서 공무원이 직무상 알게 된 비밀을 그 직무와의 관련성 혹은 필요성에 기하여 해당 직무의 집행과 관련 있는 다른 공무원에게 직무집행의 일환으로 전달한 경우에는, 관련 각 공무원의 지위 및 관계, 직무집행의 목적과 경위, 비밀의 내용과 전달 경위 등 여러 사정에 비추어 비밀을 전달받은 공무원이 이를

그 직무집행과 무관하게 제3자에게 누설할 것으로 예상되는 등 국가기능에 위험이 발생하리라고 볼 만한 **특별한 사정이 인정되지 않는 한, 위와 같은 행위가 비밀의 누설에 해당한다고 볼 수 없다**(대법원 2021.11.25, 2021도2486; 2021.12.30, 2021도11924).

> **보충** 법원장인 피고인이 소속 법원 기획법관으로 하여금 집행관사무원 비리 사건에 관하여 영장재판 정보가 포함된 보고서를 작성한 후 법원행정처 차장에게 전달하도록 한 사안에서, 위 보고서에는 외부에 알려질 경우 수사기관의 기능에 장애를 초래할 위험이 있는 비밀이 포함되어 있기는 하나, 피고인의 행위는 직무집행의 일환으로 비밀을 취득할 지위 내지 자격이 있는 법원행정처 차장에게 그 내용을 전달한 것이므로, 공무상비밀누설죄가 성립하지 않는다고 판단한 원심판결을 수긍한 사례이다.

305 직권남용권리행사방해죄에서 '직권남용'의 의미와 판단기준

• 경찰1차 24

> 국방부장관 甲은 '국군사이버사령부 530단 정치관여 등 의혹 사건'의 수사과정에서 국방부조사본부장으로부터 530단장에 대한 구속영장 신청 상황을 보고받은 후 국방부조사본부장에게 청와대 민정수석실에 구속 여부에 관한 의견을 묻게 하고 결국은 국방부조사본부장에게 530단장의 불구속 송치를 지시하였다. 甲의 행위는 직권남용죄를 구성하는가?

판례 형법 제123조의 직권남용권리행사방해죄에서 '직권의 남용'이란 공무원이 일반적 직무권한에 속하는 사항을 불법하게 행사하는 것, 즉 형식적, 외형적으로는 직무집행으로 보이나 그 실질은 정당한 권한 이외의 행위를 하는 경우를 의미하고, 남용에 해당하는지는 구체적인 직무행위의 목적, 그 행위가 당시의 상황에서 필요성이나 상당성이 있는 것이었는지 여부, 직권행사가 허용되는 법령상의 요건을 충족했는지 등의 여러 요소를 고려하여 결정하여야 한다(대법원 2013.1.31,2012도2409; 2018.2.13, 2014도11441). 구체적 사건에서 직권남용 여부를 판단함에 있어서는, 직권 행사의 주된 목적이 직무 본연의 수행에 있지 않고 본인 또는 제3자의 사적 이익 추구나 청탁 또는 불법목적의 실현 등에 있는 경우, 권한 행사의 형식을 갖추기 위하여 관련 자료나 근거를 작출, 조작, 은닉, 묵비하는 등의 적극적 또는 소극적 행위가 개입된 경우 등과 같이, 직권 행사의 목적과 방법에 있어 그 위법 · 부당의 정도가 실질적 · 구체적으로 보아 직무 본래의 수행이라고 평가할 수 없을 정도에 이른 경우라면 직권을 남용하였다고 평가할 수 있을 것이나, 위법 · 부당의 정도가 그에 미치지 못하는 경우라면 직권남용 해당 여부를 보다 신중하게 판단할 필요가 있다. (또한) 직권남용 행위의 상대방이 공무원이거나 법령에 따라 일정한 공적 임무를 부여받고 있는 공공기관 등의 임직원인 경우에는 법령에 따라 임무를 수행하는 지위에 있으므로, 그가 직권에 대응하여 어떠한 일을 한 것이 의무 없는 일인지 여부는 관계 법령 등의 내용에 따라 개별적으로 판단하여야 한다(대법원 2020.1.30, 2018도2236 전원합의체). 피고인의 국방부조사본부장에 대한 불구속 송치 지시는 피고인에게 주어진 신병처리에 관한 구체적이고 최종적인 권한 내의 행위로서 피고인은 법령이 허용하는 범위 내에서 불구속수사의 원칙 등 여러 사항을 참작하여 신병에 관한 결정을 할 수 있는 재량을 가지고 있으므로 일부 부적절한 사정을 고려하였다고 하여 그 직무행사의 목적이 위법하다고 볼 수 없고, 피고인이 피의자 신병에 관한 구체적이고 최종적인 결정권한을 행사하는 과정에서 여러 견해를 참고할 필요가 있어 국방부조사본부장에게 그에 관한 지시를 하였다고 볼 수 있어서 그 직권의 행사가 당시의 상황에 비추어 필요성이나 상당성이 없다고 단정하기 어렵다고 보아, 청와대 민정수석실에 피의자의 구속에 관한 의견을 묻게 하고 불구속 송치를 지시한 행위가 직권남용권리행사방해죄를 구성한다고 볼 수 없다(대법원 2022.10.27, 2020도15105).

solution 구성하지 않는다.

306 직권남용 긍정례 1: 국가정보원 지휘부의 직권남용이 문제된 사건 •법원9급 22

판례 ① 직권남용죄 부분: 직권남용죄에서 말하는 '사람으로 하여금 의무 없는 일을 하게 한 때'라 함은 공무원이 직권을 남용하여 다른 사람으로 하여금 법령상 의무 없는 일을 하게 한 때를 의미한다. 따라서 공무원이 자신의 직무권한에 속하는 사항에 관하여 실무 담당자로 하여금 그 직무집행을 보조하는 사실행위를 하도록 하더라도 이는 공무원 자신의 직무집행으로 귀결될 뿐이므로 원칙적으로 의무 없는 일을 하게 한 때에 해당한다고 할 수 없다. 그러나 **직무집행의 기준과 절차가 법령에 구체적으로 명시되어 있고 실무 담당자에게도 직무집행의 기준을 적용하고 절차에 관여할 고유한 권한과 역할이 부여되어 있다면 실무 담당자로 하여금 그러한 기준과 절차를 위반하여 직무집행을 보조하게 한 경우에는 '의무 없는 일을 하게 한 때'에 해당한다**(대법원 2011.2.10, 2010도13766 등). 공무원의 직무집행을 보조하는 실무 담당자에게 직무집행의 기준을 적용하고 절차에 관여할 고유한 권한과 역할이 부여되어 있는지 여부 및 공무원의 직권남용행위로 인하여 실무 담당자가 한 일이 그러한 기준이나 절차를 위반하여 한 것으로서 법령상 의무 없는 일인지 여부는 관련 법령 등의 내용에 따라 개별적으로 판단하여야 한다(대법원 2020.1.9, 2019도11698).
② 국정원법상 직권남용죄 부분: 국가정보원(이하 '국정원')은 대통령의 직속 기관으로서 그 지시와 감독을 받으면서(국가정보원법 제2조) 대통령의 국정 운영을 뒷받침하는 역할을 수행한다. 국정원이 정보기관으로서 수행하는 정보의 수집·작성·배포 등의 직무는 보안 유지의 필요성과 은밀하게 이루어지는 그 수행방식의 특수성 등으로 인해 다른 국가기관의 감시나 견제의 대상이 되기 어려운 측면이 있고, 그 직무의 원활한 수행을 위해 **국정원 내부적으로 엄격한 상명하복의 지휘체계가 유지될 필요**가 있다. 또한 국정원은 현행 국가정보원법(2020.12.15. 법률 제17646호로 전부 개정된 것)의 시행 전까지 국민 개개인에 대한 강제력 행사가 수반될 수 있는 국가보안법에 규정된 죄 등에 대한 수사 권한도 가지고 있었다. …… 현행 국가정보원법에 이르기까지 그 내용이 유지되고 있는 위 조항들의 입법 경위 등에 비추어 보면, 국가정보원법에 직권남용죄에 관한 처벌 규정을 별도로 두고 있는 취지는 국정원의 원장·차장·기획조정실장 및 그 밖의 직원이 자신에게 부여된 직무권한을 남용하여 다른 기관·단체의 권한이나 국민의 자유와 권리를 침해하는 것을 미연에 방지하고자 함에 있다. 따라서 **직권남용으로 인한 국가정보원법 위반죄의 성립 여부는 직권남용죄 일반에 적용되는 법리뿐만 아니라 위와 같은 독자적인 처벌 조항의 입법 경위와 그 취지, 국정원의 법적 지위와 영향력, 국정원이 담당하는 직무 및 그 직무수행 방식의 특수성, 국정원 내부의 엄격한 상명하복의 지휘체계 등을 종합적으로 고려하여 판단하여야 한다.**
③ 형법상 직권남용죄의 죄수 판단 부분: 동일 죄명에 해당하는 수 개의 행위를 단일하고 계속된 범의로 일정 기간 계속하여 행하고 그 피해법익도 동일한 경우에는 이들 각 행위를 통틀어 포괄일죄로 처단하여야 하고, 그 경우 공소시효는 최종의 범죄행위가 종료한 때로부터 진행한다(대법원 2002.10.11, 2002도2939 등). 형법상 직권남용죄는 국가기능의 공정한 행사라는 국가적 법익을 보호하는 데 주된 목적이 있고, 직권남용으로 인한 국가정보원법 위반죄도 마찬가지이다. 따라서 **국정원 직원이 동일한 사안에 관한 일련의 직무집행 과정에서 단일하고 계속된 범의로 일정 기간 계속하여 저지른 직권남용행위에 대하여는 설령 그 상대방이 수인이라고 하더라도 포괄일죄가 성립할 수 있다고 봄이 타당하다.** 다만 각 직권남용 범행이 포괄일죄가 되느냐 경합범이 되느냐에 따라 공소시효의 완성 여부, 기판력이 미치는 범위 등이 달라질 수 있으므로, 개별 사안에서 포괄일죄의 성립 여부는 직무집행 대상의 동일 여부, 범행의 태양과 동기, 각 범행 사이의 시간적 간격, 범의의 단절이나 갱신 여부 등을 세밀하게 살펴 판단하여야 한다(대법원 2021.3.11, 2020도12583).

보충 ① 원심의 판단: 국정원의 원장·차장·국장인 피고인 2, 7, 9에 대한 국정원 직원들을 상대로 한 직권남용으로 인한 국가정보원법 위반 부분에 대하여, 위 피고인들의 지시가 그들의 일반적 직무권한에 속하지 않는다거나 공소사실 기재 피해자들을 직권남용의 피해자로 볼 수 없다거나 위 피고인들이 국정원 실무 담당자들로 하여금 의무 없는 일을 하게 한 때에 해당하지 않는다거나 공소시효가 완성되었다는 등의 이유를 들어, 그 전부를 무죄 또는 면소로 판단하였음. ② 대법원의 판단: 직권남용으로 인한 국가정보원법 위반죄에 관한 위 법리 등을 기초로, 원심의 위와 같은 무죄 및 면소 판단에 직권남용으로 인한 국가정보원법 위반죄, 포괄일죄에 관한 법리를 오해하는 등의 잘못이 있다고 보아(직권남용행위의 공범으로 볼 여지가 있는 일부 국정원 직원을 상대로 한 직권남용 부분은 제외), 원심판결 중 위 무죄 및 면소 부분과 피고인 2, 7, 9에 대한 유죄 부분(이유무죄 부분 포함)을 모두 파기하였음.

307 직권남용 긍정례 2: 국군기무사령관의 온라인 여론조작 활동 지시 사건 · 법원9급 22

(판례) 직권남용권리행사방해죄에서 말하는 '사람으로 하여금 의무 없는 일을 하게 한 때'란 공무원이 직권을 남용하여 다른 사람으로 하여금 법령상 의무 없는 일을 하게 한 때를 의미한다. 따라서 ① 공무원이 자신의 직무권한에 속하는 사항에 관하여 실무 담당자로 하여금 그 직무집행을 보조하는 사실행위를 하도록 하더라도 이는 공무원 자신의 직무집행으로 귀결될 뿐이므로 원칙적으로 의무 없는 일을 하게 한 때에 해당한다고 할 수 없다. 그러나 ② 직무집행의 기준과 절차가 법령에 구체적으로 명시되어 있고 실무 담당자에게도 직무집행의 기준을 적용하고 절차에 관여할 고유한 권한과 역할이 부여되어 있다면 실무 담당자로 하여금 그러한 기준과 절차를 위반하여 직무집행을 보조하게 한 경우에는 '의무 없는 일을 하게 한 때'에 해당한다. 공무원의 직무집행을 보조하는 실무 담당자에게 직무집행의 기준을 적용하고 절차에 관여할 고유한 권한과 역할이 부여되어 있는지 여부 및 공무원의 직권남용행위로 인하여 실무 담당자가 한 일이 그러한 기준이나 절차를 위반하여 한 것으로서 법령상 의무 없는 일인지 여부는 관련 법령 등의 내용에 따라 개별적으로 판단하여야 한다(대법원 2021.3.11, 2020도12583 등). …… 피고인의 지시를 이행한 실무 담당자들의 행위(온라인 여론조작 활동, 인터넷상에서 발간되는 잡지의 제작 및 전송)를 두고 피고인의 직무집행을 보조하는 사실행위에 불과하다고 할 수 없고, 피고인이 실무 담당자들로 하여금 법령에 명시된 직무집행의 기준을 위반하여 직무집행을 보조하게 한 경우에 해당하므로, 피고인이 실무 담당자들로 하여금 법령상 의무 없는 일을 하게 한 때에 해당한다고 볼 수 있다(대법원 2021.9.9, 2021도2030).

308 청와대 민정수석이 국정원 국장과 공모하여 국정원 직원들에게 정보를 수집하고 보고서를 작성하도록 한 사건

(참고판례)

(판례) 청와대 민정수석비서관인 피고인이 국가정보원 국익정보국장과 공모하여 국정원 직원들로 하여금 전 청와대 특별감찰관, 전 평창동계올림픽 조직위원장에 대한 정보를 수집하고 보고서를 작성하도록 한 것은 직권남용권리행사방해죄가 성립한다(대법원 2021.9.16, 2021도2748).

309 직권남용 긍정례 3: 세월호 특별조사위원회 설립 · 활동 방해 사건

> 대통령비서실 소속 해양수산비서관 甲과 정무수석비서관 乙은 세월호 특별조사위원회 설립준비 관련 업무를 담당하거나 위원회 설립준비팀장으로 지원근무 중이던 해양수산부 소속 공무원들에게 '세월호 특별조사위 설립준비 추진경위 및 대응방안' 문건을 작성하게 하였고, 甲은 해양수산비서관실 행정관 또는 해양수산부 소속 공무원들에게 위원회의 동향을 파악하여 보고하도록 지시하였다. 甲과 乙에게는 직권남용권리행사방해죄의 죄책이 성립하는가?

(판례) 직권남용 행위의 상대방이 일반 사인인 경우 특별한 사정이 없는 한 직권에 대응하여 따라야 할 의무가 없으므로 그에게 어떠한 행위를 하게 하였다면 '의무 없는 일을 하게 한 때'에 해당할 수 있다. 그러나 상대방이 공무원이거나 법령에 따라 일정한 공적 임무를 부여받고 있는 공공기관 등의 임직원인 경우에는 법령에 따라 임무를 수행하는 지위에 있으므로 그가 직권에 대응하여 어떠한 일을 한 것이 의무

없는 일인지 여부는 관계 법령 등의 내용에 따라 개별적으로 판단하여야 한다. …… 결국 …… 그가 한 일이 형식과 내용 등에 있어 직무범위 내에 속하는 사항으로서 법령 그 밖의 관련 규정에 따라 직무수행 과정에서 준수하여야 할 원칙이나 기준, 절차 등을 위반하였는지 등을 살펴 법령상 의무 없는 일을 하게 한 때에 해당하는지 여부를 판단하여야 한다(대법원 2020.1.30, 2018도2236 전원합의체 판결 참조). 대통령비서실 소속 해양수산비서관과 정무수석비서관은 해당 공무원들로 하여금 관련 법령에서 정한 직무수행의 원칙과 기준 등을 위반하여 업무를 수행하게 하여 법령상 의무 없는 일을 하게 한 때에 해당한다(대법원 2023. 4.27, 2020도18296).

♀solution 성립한다.

310 직권남용 부정례 1: 검사 전보인사 관련 직권남용권리행사방해 사건

> 법무부 검찰국장인 피고인은, 검찰국이 마련하는 인사안 결정과 관련한 업무권한을 남용하여 검사인사담당 검사 甲으로 하여금 2015년 하반기 검사인사에서 부치지청에 근무하고 있던 경력검사 乙을 다른 부치지청으로 다시 전보시키는 내용의 인사안을 작성하게 하였다. 피고인의 행위는 직권남용죄를 구성하는가?

[판례] 형법 제123조의 직권남용권리행사방해죄에서 말하는 '사람으로 하여금 의무 없는 일을 하게 한 때'란 공무원이 직권을 남용하여 다른 사람으로 하여금 법령상 의무 없는 일을 하게 한 때를 의미한다. 따라서 공무원이 자신의 직무권한에 속하는 사항에 관하여 실무 담당자로 하여금 직무집행을 보조하는 사실행위를 하도록 하더라도 이는 공무원 자신의 직무집행으로 귀결될 뿐이므로 원칙적으로 의무 없는 일을 하게 한 때에 해당한다고 할 수 없다. 그러나 직무집행의 기준과 절차가 법령에 구체적으로 명시되어 있고 실무 담당자에게도 직무집행의 기준을 적용하고 절차에 관여할 고유한 권한과 역할이 부여되어 있다면 실무 담당자로 하여금 그러한 기준과 절차를 위반하여 직무집행을 보조하게 한 경우에는 '의무 없는 일을 하게 한 때'에 해당한다. 공무원의 직무집행을 보조하는 실무 담당자에게 직무집행의 기준을 적용하고 절차에 관여할 고유한 권한과 역할이 부여되어 있는지 여부 및 공무원의 직권남용행위로 인하여 실무 담당자가 한 일이 그러한 기준이나 절차를 위반하여 한 것으로서 법령상 의무 없는 일인지 여부는 관련 법령 등의 내용에 따라 개별적으로 판단하여야 한다. …… 검사에 대한 전보인사는 검찰청법 등 관련 법령에 근거한 것으로서 법령에서 정한 원칙과 기준에 따라야 하나, 한편 전보인사는 인사권자의 권한에 속하고, 검사는 고도의 전문지식과 직무능력, 인격을 갖출 것이 요구되므로 인사권자는 법령의 제한을 벗어나지 않는 한 여러 사정을 참작하여 전보인사의 내용을 결정할 필요가 있고 이를 결정함에 있어 **상당한 재량**을 가지며, 인사권자의 지시 또는 위임에 따라 검사인사에 관한 직무집행을 보조 내지 보좌하는 실무 담당자도 그 범위에서 일정한 권한과 역할이 부여되어 재량을 가진다고 볼 수 있는 점, 위 인사안 작성 당시 경력검사 부치지청 배치제도가 인사기준 내지 고려사항의 하나로 유지되고 있었더라도, 이는 **부치지청에서 근무한 경력검사를 차기 전보인사에서 배려한다는 내용에 불과**하며, 관련 법령이나 검찰인사위원회의 심의·의결사항 등을 전제로 한 여러 인사기준 또는 다양한 고려사항들 중 하나로서, 검사인사담당 검사가 검사의 전보인사안을 작성할 때 지켜야 할 일의적·절대적 기준이라고 볼 수 없고, 다른 인사기준 내지 다양한 고려사항들보다 일방적으로 우위에 있는 것으로 볼 만한 근거도 찾기 어려운 점 등의 사정을 종합하면, 피고인이 甲으로 하여금 위 인사안을 작성하게 한 것을 두고 피고인의 직무집행을 보조하는 甲으로 하여금 그가 지켜야 할 직무집행의 기준과 절차를 위반하여 법령상 의무 없는 일을 하게 한 때에 해당한다고 보기 어렵다(대법원 2020.1.9, 2019도11698).

♀solution 구성하지 않는다.

311 직권남용 부정례 2: 5급 공무원 승진임용과 관련한 기장군수와 인사실무 담당공무원의 행위가 직권남용권리행사방해죄에 해당하는지 여부가 다투어진 사건 • 경찰2차 22

> 지방공무원 승진임용과 관련하여 임용권자인 지방자치단체장 또는 인사담당 실무자가 단지 인사위원회에 특정 후보자를 승진대상자로 제시 · 추천하는 의사를 표시하여 특정한 내용의 의결을 유도한 행위가 직권남용권리행사방해죄에 해당하는가?

판례 지방자치단체의 장이 승진후보자명부 방식에 의한 5급 공무원 승진임용 절차에서 인사위원회의 사전심의 · 의결 결과를 참고하여 승진후보자명부상 후보자들에 대하여 승진임용 여부를 심사하고서 최종적으로 승진대상자를 결정하는 것이 아니라, 미리 승진후보자명부상 후보자들 중에서 승진대상자를 실질적으로 결정한 다음 그 내용을 인사위원회 간사, 서기 등을 통해 인사위원회 위원들에게 '승진대상자 추천'이라는 명목으로 제시하여 인사위원회로 하여금 자신이 특정한 후보자들을 승진대상자로 의결하도록 유도하는 행위는 인사위원회 사전심의 제도의 취지에 부합하지 않다는 점에서 바람직하지 않다고 볼 수 있지만, 그것만으로는 직권남용권리행사방해죄의 구성요건인 '직권의 남용' 및 '의무 없는 일을 하게 한 경우'로 볼 수 없다(대법원 2020.12.10, 2019도17879).

보충 지방공무원법령상 임용권자(기장군수)는 인사위원회의 사전심의 결과에 구속되지 않으며 최종적으로 승진임용대상자를 결정할 권한은 임용권자에게 있다는 점을 중시한 판결로서, 직권남용죄 성립범위에 관한 대법원 2020.1.30, 2018도2236 전원합의체 판결(소위 블랙리스트 사건)의 후속판결이다.

solution 해당하지 않는다.

312 직권남용 부정례 3: 서울중앙지방법원 형사수석부장판사 재판개입 의혹 사건

판례 서울중앙지방법원 형사수석부장판사로 재직하던 피고인이 계속 중인 사건의 재판에 관여하였다는 이유로 직권남용죄로 기소된 경우, 피고인에게 재판에 관여할 일반적 직무권한이 인정되지 않고, 담당법관의 권리행사를 방해하거나 담당법관으로 하여금 의무 없는 일을 한 것으로 볼 수 없으며, 피고인의 행위와 결과 사이에 상당인과관계도 인정되지 않으므로, 직권남용죄는 성립하지 않는다(대법원 2022.4.28, 2021도11012).

313 문화예술계 지원배제 등 관련 직권남용권리행사방해 사건 • 법원행시 20, 경찰1차 21, 법원9급 21

> [제1문] 대통령비서실장을 비롯한 피고인들 등이 문화체육관광부 공무원을 통하여 문화예술진흥기금 등 정부의 지원을 신청한 개인 · 단체의 이념적 성향이나 정치적 견해 등을 이유로 한국문화예술위원회 · 영화진흥위원회 · 한국출판문화산업진흥원이 수행한 각종 사업에서 이른바 좌파 등에 대한 지원배제를 지시함으로써 한국문화예술위원회 · 영화진흥위원회 · 한국출판문화산업진흥원 직원들로 하여금 의무 없는 일을 하게 하였다는 직권남용권리행사방해의 공소사실로 기소된 경우, 피고인들의 위와 같은 지원배제 지

시는 '직권남용'에 해당하는가?

[제2문] 위 지원배제 지시로써 문화체육관광부 공무원이 한국문화예술위원회·영화진흥위원회·한국출판문화산업진흥원 직원들로 하여금 지원배제 방침이 관철될 때까지 사업진행 절차를 중단하는 행위, 지원배제 대상자에게 불리한 사정을 부각시켜 심의위원에게 전달하는 행위 등을 하게 한 것은 '의무 없는 일을 하게 한 때'에 해당하는가?

[제3문] 문화체육관광부 공무원에게 각종 명단을 송부하게 한 행위, 공모사업 진행 중 수시로 심의 진행 상황을 보고하게 한 행위 부분은 의무 없는 일에 해당하는가?

판례 [다수의견] 직권남용권리행사방해죄는 단순히 공무원이 직권을 남용하는 행위를 하였다는 것만으로 곧바로 성립하는 것이 아니다. 직권을 남용하여 현실적으로 다른 사람이 법령상 의무 없는 일을 하게 하였거나 다른 사람의 구체적인 권리행사를 방해하는 결과가 발생하여야 하고, 그 결과의 발생은 직권남용 행위로 인한 것이어야 한다. '사람으로 하여금 의무 없는 일을 하게 한 것'과 '사람의 권리행사를 방해한 것'은 형법 제123조가 규정하고 있는 객관적 구성요건요소인 '결과'로서 둘 중 어느 하나가 충족되면 직권남용권리행사방해죄가 성립한다. 이는 '공무원이 직권을 남용하여'와 구별되는 별개의 범죄성립요건이다. 따라서 공무원이 한 행위가 직권남용에 해당한다고 하여 그러한 이유만으로 상대방이 한 일이 '의무 없는 일'에 해당한다고 인정할 수는 없다. '의무 없는 일'에 해당하는지는 직권을 남용하였는지와 별도로 상대방이 그러한 일을 할 법령상 의무가 있는지를 살펴 개별적으로 판단하여야 한다. 직권을 남용한 행위가 위법하다는 이유로 곧바로 그에 따른 행위가 의무 없는 일이 된다고 인정하면 '의무 없는 일을 하게 한 때'라는 범죄성립요건의 독자성을 부정하는 결과가 되고, '권리행사를 방해한 때'의 경우와 비교하여 형평에도 어긋나게 된다. 직권남용 행위의 상대방이 일반 사인인 경우 특별한 사정이 없는 한 직권에 대응하여 따라야 할 의무가 없으므로 그에게 어떠한 행위를 하게 하였다면 '의무 없는 일을 하게 한 때'에 해당할 수 있다. 그러나 상대방이 공무원이거나 법령에 따라 일정한 공적 임무를 부여받고 있는 공공기관 등의 임직원인 경우에는 법령에 따라 임무를 수행하는 지위에 있으므로 그가 직권에 대응하여 어떠한 일을 한 것이 의무 없는 일인지 여부는 관계 법령 등의 내용에 따라 개별적으로 판단하여야 한다. 행정조직은 날로 복잡·다양화·전문화되고 있는 현대 행정에 대응하는 한편, 민주주의의 요청을 실현하는 것이어야 한다. 따라서 행정조직은 통일된 계통구조를 갖고 효율적으로 운영될 필요가 있고, 민주적으로 운영되어야 하며, 행정목적을 달성하기 위하여 긴밀한 협동과 합리적인 조정이 필요하다. 그로 인하여 행정기관의 의사결정과 집행은 다양한 준비과정과 검토 및 다른 공무원, 부서 또는 유관기관 등과의 협조를 거쳐 이루어지는 것이 통상적이다. 이러한 협조 또는 의견교환 등은 행정의 효율성을 높이기 위하여 필요하고, 동등한 지위 사이뿐만 아니라 상하기관 사이, 감독기관과 피감독기관 사이에서도 이루어질 수 있다. 이러한 관계에서 일방이 상대방의 요청을 청취하고 자신의 의견을 밝히거나 협조하는 등 요청에 응하는 행위를 하는 것은 특별한 사정이 없는 한 법령상 의무 없는 일이라고 단정할 수 없다. 결국 공무원이 직권을 남용하여 사람으로 하여금 어떠한 일을 하게 한 때에 상대방이 공무원 또는 유관기관의 임직원인 경우에는 그가 한 일이 형식과 내용 등에 있어 직무범위 내에 속하는 사항으로서 법령 그 밖의 관련 규정에 따라 직무수행 과정에서 준수하여야 할 원칙이나 기준, 절차 등을 위반하지 않는다면 특별한 사정이 없는 한 법령상 의무 없는 일을 하게 한 때에 해당한다고 보기 어렵다. …… 피고인들의 위와 같은 지원배제 지시는 헌법에서 정한 문화국가원리, 표현의 자유, 평등의 원칙, 문화기본법의 기본이념인 문화의 다양성·자율성·창조성 등에 반하여 헌법과 법률에 위배되므로 '직권남용'에 해당하고(이상 제1문의 판례), 나아가 위 지원배제 지시로써 문체부 공무원이 예술위·영진위·출판진흥원 직원들로 하여금 지원배제 방침이 관철될 때까지 사업진행 절차를 중단하는 행위, 지원배제 대상자에게 불리한 사정을 부각시켜 심의위원에게 전달하는 행위, 지원배제 방침을 심의위원에게 전달하면서 지원배제 대상자의 탈락을 종용하는 행위 등을 하게 한 것은 모두 위원들의 독립성을 침해하고 자율적인 절차진행과 운영을 훼손하는 것으로서 예술위·영진위·출판진흥원 직원들이 준수해야 하는 법령상 의무에 위배되므로 '의무 없는 일을 하게 한 때'에 해당하나(이상 제2문의 판례), 예술위·영진위·출판진흥원 직원들로 하여금 문체부 공무원에게 각종 명단을 송부하게 한 행위, 공모사업 진행 중 수시로 심의 진행 상황을 보고하게 한 행위 부분은, 예술위·영진위·출판진흥원은 사업의 적정한 수행에 관하여 문체부의 감독을 받으므로 일반적으로 지원사업의 진행 상황을 보고하는 등 문체부의 지시에 협조할 의무가 있어 의무 없는 일에 해당하기 어렵다고 볼 여지가 있다(대법원 2020.1.30, 2018도2236 전원합의체).

> 보충 [또 다른 논점] [다수의견] 대통령비서실장인 피고인이 대통령의 뜻에 따라 정무수석비서관실과 교육문화수석비서관실 등 수석비서관실과 문화체육관광부에 문화예술진흥기금 등 정부의 지원을 신청한 개인·단체의 이념적 성향이나 정치적 견해 등을 이유로 한국문화예술위원회·영화진흥위원회·한국출판문화산업진흥원이 수행한 각종 사업에서 이른바 좌파 등에 대한 지원배제를 지시하였다는 직권남용권리행사방해의 공소사실로 기소되었는데, 특별검사가 검찰을 통하여 또는 직접 청와대로부터 넘겨받아 원심에 제출한 '청와대 문건'의 증거능력이 문제 된 사안에서, 위 '청와대 문건'은 '대통령기록물 관리에 관한 법률'을 위반하거나 공무상 비밀을 누설하여 수집된 것으로 볼 수 없어 위법수집증거가 아니므로 증거능력이 있다고 본 원심판단을 수긍한 사례.

♀solution [제1문] 해당한다.
　　　　　[제2문] 해당한다.
　　　　　[제3문] 해당하지 않는다.

●●● 314 전경련 보수단체 지원 요구 사건
• 법원행시 20, 법원9급 21, 경찰승진 22

판례 [1] 공무원이 한 행위가 직권남용에 해당한다고 하여 그러한 이유만으로 상대방이 한 일이 '의무 없는 일'에 해당한다고 인정할 수는 없다. '의무 없는 일'에 해당하는지는 직권을 남용하였는지와 별도로 상대방이 그러한 일을 할 법령상 의무가 있는지를 살펴 개별적으로 판단하여야 한다. 직권남용 행위의 상대방이 일반 사인인 경우 특별한 사정이 없는 한 직권에 대응하여 따라야 할 의무가 없으므로 그에게 어떠한 행위를 하게 하였다면 '의무 없는 일을 하게 한 때'에 해당할 수 있다.

[2] 직권남용권리행사방해죄는 공무원에게 직권이 존재하는 것을 전제로 하는 범죄이고, 직권은 국가의 권력 작용에 의해 부여되거나 박탈되는 것이므로, 공무원이 공직에서 퇴임하면 해당 직무에서 벗어나고 그 퇴임이 대외적으로도 공표된다. 공무원인 피고인이 퇴임한 이후에는 위와 같은 직권이 존재하지 않으므로, 퇴임 후에도 실질적 영향력을 행사하는 등으로 퇴임 전 공모한 범행에 관한 기능적 행위지배가 계속되었다고 인정할 만한 **특별한 사정이 없는 한, 퇴임 후의 범행에 관하여는 공범으로서 책임을 지지 않는**다고 보아야 한다.

[3] 공무원인 행위자가 상대방에게 어떠한 이익 등의 제공을 요구한 경우 해악의 고지로 인정될 수 없다면 직권남용이나 뇌물 요구 등이 될 수는 있어도 협박을 요건으로 하는 **강요죄가 성립하기는 어렵다**(대법원 2020.2.13, 2019도5186).

> 보충 대통령비서실장 및 정무수석비서관실 소속 공무원들인 피고인들이, 2014~2016년도의 3년 동안 각 연도별로 전국경제인연합회(이하 '전경련'이라 한다)에 특정 정치성향 시민단체들에 대한 자금지원을 요구하고 그로 인하여 전경련 부회장 갑으로 하여금 해당 단체들에 자금지원을 하도록 하였다고 하여 직권남용권리행사방해 및 강요의 공소사실로 기소된 사안에서, 피고인들이 위와 같이 자금지원을 요구한 행위는 대통령비서실장과 정무수석비서관실의 일반적 직무권한에 속하는 사항으로서 직권을 남용한 경우에 해당하고, 갑은 위 직권남용 행위로 인하여 전경련의 해당 보수 시민단체에 대한 자금지원 결정이라는 의무 없는 일을 하였다는 등의 이유로 직권남용권리행사방해죄가 성립한다고 본 원심판단을 수긍하고, 한편 대통령비서실 소속 공무원이 그 지위에 기초하여 어떠한 이익 등의 제공을 요구하였다고 해서 곧바로 그 요구를 해악의 고지라고 평가할 수 없는 점, 요구 당시 상대방에게 그 요구에 따르지 않으면 해악에 이를 것이라는 인식을 갖게 하였다고 평가할 만한 언동의 내용과 경위, 요구 당시의 상황, 행위자와 상대방의 성행·경력·상호관계 등에 관한 사정이 나타나 있지 않은 점, 전경련 관계자들이 대통령비서실의 요구를 받고도 그에 따르지 않으면 정책 건의 무산, 전경련 회원사에 대한 인허가 지연 등의 불이익을 받는다고 예상하는 것이 합리적이라고 볼 만한 사정도 제시되지 않은 점 등 여러 사정을 종합하면 피고인들의 위와 같은 자금지원 요구를 강요죄의 성립 요건인 협박, 즉 해악의 고지에 해당한다고 단정할 수 없다는 이유로, 이와 달리 본 원심판단에 강요죄의 협박에 관한 법리를 오해한 잘못이 있다고 한 사례이다.

315 뇌물성의 인정과 직무관련성의 관계

> 공무원이 공무원이 아닌 사람과 공모하여 금품을 수수한 경우 각 수수자가 수수한 금품별로
> 직무관련성 유무를 달리 볼 수 있다면 각 금품마다 직무와의 관련성을 따져 뇌물성을 인정하
> 여야 하는가?

[판례] 도시개발법 제84조는 "조합의 임직원, 제20조에 따라 그 업무를 하는 감리원은 형법 제129조부터
제132조까지의 규정에 따른 벌칙을 적용할 때 공무원으로 본다."라고 규정하고 있고, 「특정범죄 가중처벌
등에 관한 법률」 제2조 제1항은 형법 제129조·제130조 또는 제132조에 규정된 죄를 범한 사람을 그 수
수·요구 또는 약속한 뇌물의 가액에 따라 가중처벌하고 있으므로, 위 도시개발법 조항에 따라 공무원으로
의제되는 조합의 임직원이 특정범죄가중법 제2조 제1항 각 호에서 정하는 액수 이상의 뇌물을 수수·요구
또는 약속한 경우에는 위 법률에 따라 가중처벌된다. 위와 같이 뇌물죄에서의 수뢰액은 그 많고 적음에
따라 범죄구성요건이 되므로 엄격한 증명의 대상이 된다. 이때 ① 공무원이 수수한 금품에 그 직무행위에
대한 대가로서의 성질과 직무 외의 행위에 대한 대가로서의 성질이 불가분적으로 결합되어 있는 경우에
는 그 수수한 금품 전부가 불가분적으로 직무행위에 대한 대가로서의 성질을 가진다. ② 다만 그 금품의
수수가 수회에 걸쳐 이루어졌고 각 수수 행위별로 직무 관련성 유무를 달리 볼 여지가 있는 경우에는 그
행위마다 직무와의 관련성 여부를 가릴 필요가 있다(대법원 2011.5.26, 2009도2453; 2012.1.12, 2011도12642).
그리고 공무원이 아닌 사람과 공무원이 공모하여 금품을 수수한 경우에도 각 수수자가 수수한 금품별로
직무 관련성 유무를 달리 볼 수 있다면, 각 금품마다 직무와의 관련성을 따져 뇌물성을 인정하는 것이 책임
주의 원칙에 부합한다(대법원 2024.3.12, 2023도17394).

♀solution 각 금품마다 직무와의 관련성을 따져 뇌물성을 인정하여야 한다.

316 대통령이 사기업과 국가정보원의 자금을 횡령하고, 직권을 남용하며, 뇌물을 수수한 사건

> [제1문] 대통령으로 재직하는 기간 동안 내란 또는 외환의 죄를 제외한 범죄에 대하여 공소시
> 효가 정지되는가?
> [제2문] 횡령으로 인한 특정범죄 가중처벌 등에 관한 법률 위반(국고 등 손실)죄가 회계관계직
> 원이라는 지위에 따라 형법상 횡령죄 또는 업무상횡령죄에 대한 가중처벌을 규정한 것
> 으로서 신분관계로 인한 형의 경중이 있는 것인가?

[제1문]

[판례] 헌법 제84조는 "대통령은 내란 또는 외환의 죄를 범한 경우를 제외하고는 재직중 형사상의 소추를
받지 아니한다."라고 규정하여, 재직 중인 대통령에 대한 공소권행사의 헌법상 장애사유를 규정하고 있다.
위 규정은 비록 대통령으로 재직하는 기간 동안 내란 또는 외환의 죄를 제외한 범죄에 대하여 공소시효가
정지된다고 명시하여 규정하지는 않았으나 공소시효의 진행에 대한 소극적 요건을 규정한 것이므로, 공소
시효의 정지에 관한 규정이라고 보아야 한다(대법원 2020.10.29, 2020도3972).

♀solution 정지된다.

[제2문]

판례 횡령으로 인한 특정범죄 가중처벌 등에 관한 법률 위반(국고 등 손실)죄는 회계관계직원이라는 지위에 따라 형법상 횡령죄 또는 업무상횡령죄에 대한 가중처벌을 규정한 것으로서 **신분관계로 인한 형의 경중이 있는** 것이다(대법원 2020.10.29, 2020도3972).

보충 피고인이 국가정보원장 등과 공모하여 국가정보원장 특별사업비에 대한 국고손실 범행을 저질러 그에게 특정범죄 가중처벌 등에 관한 법률 위반(국고 등 손실)죄가 성립한다고 하더라도, 피고인은 회계관계직원 또는 국가정보원장 특별사업비의 업무상 보관자가 아니므로 형법 제355조 제1항의 횡령죄에 정한 형으로 처벌된다.

◦solution 신분관계로 인한 형의 경중이 있는 것이다.

보충 다스 자금 횡령 및 삼성그룹 뇌물수수 등의 혐의로 기소된 이명박 전 대통령에게 징역 17년, 벌금 130억원, 추징금 57억 8000여만원의 중형이 확정된 대법원 판례이다.

보충 대법원은 이 전 대통령 측이 지난 2월 항소심의 보석취소 결정에 불복해 제기한 재항고도 기각하였는데(대법원 2020.10.29, 2020모633), 대법원은 "고등법원이 한 보석취소 결정에 대해서는 집행정지 효력을 인정할 수 없다"면서 "고등법원이 보석취소 결정을 고지하면서 재항고 관련 사항을 고지해야 한다고 볼 수 없다"고 판단했다. 이는 항소심의 보석취소결정에 재항고와 관련한 집행정지의 효력이 있는지 여부에 대해 대법원이 최초로 판시한 것이다.

317 뇌물공여자가 택배를 이용하여 뇌물수수자의 명의로 지인에게 선물발송한 사건 • 경찰2차 21

판례 뇌물죄는 공여자의 출연에 의한 수뢰자의 영득의사의 실현으로서, 공여자의 특정은 직무행위와 관련이 있는 이익의 부담 주체라는 관점에서 파악하여야 할 것이므로, 금품이나 재산상 이익 등이 반드시 공여자와 수뢰자 사이에 직접 수수될 필요는 없다(대법원 2008.6.12, 2006도8568 판결 참조). 뇌물공여자가 공무원인 뇌물수수자가 제공한 명단 기재 대상자들에게 택배를 이용하여 뇌물수수자의 명의로 새우젓을 선물발송한 경우, (원심은 뇌물수수자가 선물수령자들에 대한 관계에서 이전에도 개인적 부담으로 선물 등을 보내왔다거나 선물을 보낼 것이 예정되어 있었는데 뇌물공여자로 하여금 대신 선물을 보내도록 하여 자신의 부담을 면하게 된 사정이 증명되지 않았으므로 사회통념상 뇌물수수자가 직접 새우젓을 받은 것과 같이 평가할 수 없다고 보아 무죄로 판단하였으나) 뇌물공여자는 뇌물수수자가 지정한 자들에게 뇌물수수자의 이름으로 새우젓에 대한 배송업무를 대신하여 주었을 뿐이고 새우젓을 받은 사람들은 보낸 사람을 뇌물수수자로 인식하였으며, 뇌물공여자와 뇌물수수자 사이에 새우젓 제공에 관한 의사합치가 존재하고 위와 같은 제공방법에 관하여 뇌물수수자가 양해하였다고 보이므로, 이로써 뇌물공여자의 새우젓 출연에 의하여 뇌물수수자의 영득의사가 실현되어 단순뇌물공여죄 및 수수죄가 성립한다고 보아야 한다(대법원 2020.9.24, 2017도12389).

제2절 공무방해의 죄

318 경찰관의 음주측정 요구가 정당한 직무집행인지 여부 • 경찰2차 21, 경찰간부 22

경찰관이 음주운전 신고를 받고 음주측정을 위한 하차를 요구하자 피고인은 차량은 운전하지 않았다고 다투었고, 이에 경찰관은 지구대로 가서 차량 블랙박스를 확인하자고 하였는데 피고인은 차량에서 내리자마자 도주하여 차량 블랙박스 확인을 위한 임의동행 요구를 거부하여, 경찰관은 이미 착수한 음주측정에 관한 직무를 계속하기 위하여 피고인의 도주를 제지하였다. 경찰관의 위와 같은 직무집행은 적법한가?

[판례] 도로교통법 제44조 제2항은 경찰공무원은 교통의 안전과 위험방지를 위하여 필요하다고 인정하거나 술에 취한 상태에서 자동차 등을 운전하였다고 인정할 만한 상당한 이유가 있는 때에는 운전자가 술에 취하였는지의 여부를 호흡조사에 의하여 측정할 수 있고, 이 경우 운전자는 경찰공무원의 측정에 응하여야 한다고 규정한다. 음주운전 신고를 받고 출동한 경찰관이 만취한 상태로 시동이 걸린 차량 운전석에 앉아있는 피고인을 발견하고 음주측정을 위해 하차를 요구함으로써 도로교통법 제44조 제2항이 정한 음주측정에 관한 직무에 착수하였다고 할 것이고, 피고인이 차량을 운전하지 않았다고 다투자 경찰관이 지구대로 가서 차량 블랙박스를 확인하자고 한 것은 음주측정에 관한 직무 중 '운전' 여부 확인을 위한 임의동행 요구에 해당하고, 피고인이 차량에서 내리자마자 도주한 것을 임의동행 요구에 대한 거부로 보더라도, 경찰관이 음주측정에 관한 직무를 계속하기 위하여 피고인을 추격하여 도주를 제지한 것은 앞서 본 바와 같이 도로교통법상 음주측정에 관한 일련의 직무집행 과정에서 이루어진 행위로써 정당한 직무집행에 해당한다 (대법원 2020.8.20, 2020도7193).

♀solution 적법한 직무집행이다.

● ● ○
319 시청 민원담당 공무원이 소란을 피우는 민원인을 밖으로 데리고 나가려고 한 사건

시청청사 내 주민생활복지과 사무실에서 소란을 피우던 민원인 甲을 민원담당 공무원 乙이 제지하며 사무실 밖으로 데리고 나가려고 하자 甲은 乙을 폭행하였다. 甲에게는 공무집행방해죄가 성립하는가?

[판례] 형법 제136조 제1항에 규정된 공무집행방해죄에서 '직무를 집행하는'이라 함은 공무원이 직무수행에 직접 필요한 행위를 현실적으로 행하고 있는 때만을 가리키는 것이 아니라 공무원이 직무수행을 위하여 근무 중인 상태에 있는 때를 포괄하고, 직무의 성질에 따라서는 그 직무수행의 과정을 개별적으로 분리하여 부분적으로 각각의 개시와 종료를 논하는 것이 부적절하고 여러 종류의 행위를 포괄하여 일련의 직무수행으로 파악함이 상당한 경우가 있다(대법원 1999.9.21, 99도383; 2002.4.12, 2000도3485 등). 공무집행방해죄는 공무원의 적법한 공무집행이 전제되어야 하고, 공무집행이 적법하기 위해서는 그 행위가 공무원의 추상적 직무 권한에 속할 뿐만 아니라 구체적으로 그 권한 내에 있어야 하며, 직무행위로서 중요한 방식을 갖추어야 한다. 추상적인 권한은 반드시 법령에 명시되어 있을 필요는 없다. 추상적인 권한에 속하는 공무원의 어떠한 공무집행이 적법한지는 행위 당시의 구체적 상황에 기초를 두고 객관적·합리적으로 판단해야 하고, 사후적으로 순수한 객관적 기준에서 판단할 것은 아니다(대법원 1991.5.10, 91도453; 2013.11.28, 2003도5234 등). (원심은 피고인을 사무실 밖으로 데리고 나간 공무원의 행위가 주민생활복지에 대한 통합조사 및 민원업무에 관한 직무라는 추상적 권한에 포함되거나 구체적 직무집행에 관한 법률상 요건과 방식을 갖춘 적법한 직무집행에 해당한다고 볼 수 없어 공무집행방해 부분을 무죄로 판단하였으나) 피고인의 욕설과 소란으로 인해 정상적인 민원 상담이 이루어지지 아니하고 다른 민원 업무 처리에 장애가 발생하는 상황이 지속되자 피고인을 사무실 밖으로 데리고 나간 공무원의 행위는 민원 안내 업무와 관련된 일련의 직무수행으로 포괄하여 파악하여야 하고, 담당 공무원이 피고인을 사무실 밖으로 데리고 나가는 과정에서 피고인의 팔을 잡는 등 다소의 물리력을 행사하였다고 하더라도 이는 피고인의 불법행위를 사회적 상당성이 있는 방법으로 저지한 것에 불과하므로 위법하다고 볼

수 없으므로, 피고인의 행위는 공무집행방해죄가 성립한다(대법원 2022.3.17, 2021도13883).

♀solution 성립한다.

●●○ 320 가장혼인 국적 취득 사건

> 중국 국적의 甲은 다른 사람의 인적 사항을 빌려 가장 혼인하여 국적법에 따라 대한민국 국적을 취득한 것처럼 행세하여 대한민국 국민으로서 다른 사람의 인적사항이 기재된 대한민국 여권을 발급받아 이를 출입국 시 출입국심사 담당공무원에게 제출하였다. 甲에게는 위계에 의한 공무집행방해죄, 부실기재여권행사죄 등의 죄책이 인정되는가?

(판례) 구 국적법 제3조 제1호는 대한민국 국적의 법정 취득 사유로 '대한민국 국민의 처가 된 자'를 정하고 있다. 여기서 '대한민국 국민의 처가 된 자'에 해당하려면 대한민국 국민인 남자와 혼인한 배우자로서 당사자 사이에 혼인의 합의, 즉 사회관념상 부부라고 인정되는 정신적 · 육체적 결합을 생기게 할 의사의 합치가 있어야 한다. 그런데 외국인 여자가 대한민국에 입국하여 취업 등을 하기 위한 방편으로 대한민국 국민인 남자와 혼인신고를 하였더라도 위와 같은 혼인의 합의가 없다면 구 국적법 제3조 제1호에서 정한 '대한민국 국민의 처가 된 자'에 해당하지 않으므로 대한민국 국적을 취득할 수 없다. 구 국적법 제3조 제1호에 따라 대한민국 국적을 취득하지 않았는데도 대한민국 국적을 취득한 것처럼 인적 사항을 기재하여 대한민국 여권을 발급받은 다음 이를 출입국심사 담당공무원에게 제출하였다면 위계로써 출입국심사업무에 관한 정당한 직무를 방해함과 동시에 부실의 사실이 기재된 여권을 행사한 것으로 볼 수 있다(대법원 2022.4.28, 2020도12239).

(유사) 중국 국적의 피고인이 허무인의 인적사항으로 가장 혼인하여 구 국적법 제3조 제1호에 따라 대한민국 국적을 취득한 것처럼 행세하여 대한민국 국민으로서 허무인의 인적사항이 기재된 대한민국 여권을 발급받아 이를 출입국 시 출입국심사 담당공무원에게 제출한 행위도 부실기재여권행사죄와 출입국관리법 위반죄에 해당한다(대법원 2022.4.28, 2019도9177).

(비교) 위계에 의한 공무집행방해죄에서 '위계'라 함은 행위자의 행위목적을 이루기 위하여 상대방에게 오인, 착각, 부지를 일으키게 하여 그 오인, 착각, 부지를 이용하는 것으로서, 상대방이 이에 따라 그릇된 행위나 처분을 하여야만 위 죄가 성립한다. 만약 그러한 행위가 구체적인 직무집행을 저지하거나 현실적으로 곤란하게 하는 데까지는 이르지 않은 경우에는 위계에 의한 공무집행방해죄로 처벌할 수 없다(대법원 2009.4.23, 2007도1554 등). …… 원심은 피고인이 2007.12.24. 허위의 사실이 기재된 귀화허가신청서를 담당공무원에게 제출하여 접수되게 함으로써 귀화허가에 관한 공무집행을 방해하는 상태가 초래된 이상 위계에 의한 공무집행방해죄가 기수 및 종료에 이르렀다고 판단하였으나, …… 피고인이 허위사실이 기재된 귀화허가신청서를 담당공무원에게 제출하여 그에 따라 귀화허가업무를 담당하는 행정청이 그릇된 행위나 처분을 하여야만 위계에 의한 공무집행방해죄가 기수 및 종료에 이른다고 할 것이고, 한편 단지 허위사실이 기재된 귀화허가신청서를 제출하여 접수되게 한 사정만으로는 구체적인 직무집행을 저지하거나 현실적으로 곤란하게 하는 데까지 이르렀다고 단정할 수 없다(대법원 2017.4.27, 2017도2583).

♀solution 인정된다.

321 형법 제137조의 위계 해당 및 위계 실행 여부

참고

> 지방의회의원들이 지방의회 의장선거에 있어 특정인을 선출하기로 하고, 그에 따라 투표용지에 각자 기명할 위치를 특정하여 투표하기로 한 합의가 형법 제137조의 위계에 해당하는지 여부

(판례) 지방의회 의원으로서 지방의회의 의장을 선택할 권한을 부여받은 피고인들이 ○○○를 의장으로 선택하기로 정치적 합의를 하고, 그 합의의 이행을 관철하기 위하여 일정한 투표방법을 고안하여 각자 실행하기로 한 것을 가리켜, 그것이 과연 정치적으로 정당하거나 바람직한 것인지 여부에 관한 평가는 별론으로 하더라도, 임시의장의 위 직무집행에 대한 관계에서 금지된 행위를 실행한 것으로 단정할 수는 없다. 지방의회 의원들이 사전에 서로 합의한 방식대로 투표행위를 한 것만으로는, 무기명투표원칙에 반하는 전형적인 행위 즉 투표 과정이나 투표 이후의 단계에서 타인의 투표내용을 알려는 행위라거나 자신의 투표내용을 공개하는 것 또는 타인에게 투표의 공개를 요구하는 행위로 평가하기는 어렵기 때문이다(대법원 2021.4.29, 2018도18582).

322 시사프로그램의 제작진이 몰래 구치소를 촬영한 사건 1

• 국가9급 23

> 시사프로그램의 프로듀서 甲과 촬영감독 乙은 구치소장의 허가 없이 구치소에 수용 중인 사람을 취재하기 위하여 명함지갑 형태의 녹음·녹화장비를 몰래 소지한 채 접견담당 교도관의 승낙을 받아 접견실에 들어가 수용자를 취재하였다. 甲과 乙에게는 위계공무집행방해죄와 건조물침입죄의 죄책이 성립하는가?

(판례) 법령에서 일정한 행위를 금지하면서 이를 위반하는 행위에 대한 벌칙을 정하고 공무원으로 하여금 금지규정의 위반 여부를 감시·단속하도록 한 경우 공무원에게는 금지규정 위반행위의 유무를 감시하여 확인하고 단속할 권한과 의무가 있으므로 구체적이고 현실적으로 감시·단속 업무를 수행하는 공무원에 대하여 위계를 사용하여 업무집행을 못하게 하였다면 위계에 의한 공무집행방해죄가 성립하지만, 단순히 공무원의 감시·단속을 피하여 금지규정을 위반한 것에 지나지 않는다면 그에 대하여 벌칙을 적용하는 것은 별론으로 하고 그 행위가 위계에 의한 공무집행방해죄에 해당한다고 할 수 없다. (또한) 관리자에 의해 출입이 통제되는 건조물에 관리자의 승낙을 받아 건조물에 통상적인 출입방법으로 들어갔다면, 이러한 승낙의 의사표시에 기망이나 착오 등의 하자가 있더라도 특별한 사정이 없는 한 형법 제319조 제1항에서 정한 건조물침입죄가 성립하지 않는다. 이러한 경우 관리자의 현실적인 승낙이 있었으므로 가정적·추정적 의사는 고려할 필요가 없다. 단순히 승낙의 동기에 착오가 있다고 해서 승낙의 유효성에 영향을 미치지 않으므로, 관리자가 행위자의 실제 출입 목적을 알았더라면 출입을 승낙하지 않았을 사정이 있더라도 건조물침입죄가 성립한다고 볼 수 없다. 나아가 관리자의 현실적인 승낙을 받아 통상적인 출입방법에 따라 건조물에 들어간 경우에는 출입 당시 객관적·외형적으로 드러난 행위태양에 비추어 사실상의 평온상태를 해치는 모습으로 건조물에 들어간 것이라고 평가할 수도 없다(대법원 2022.3.31, 2018도15213).

§solution 성립하지 않는다.

●●○
323 시사프로그램의 제작진이 몰래 구치소를 촬영한 사건 2

> 시사프로그램을 제작하는 PD 甲은 구치소장의 허가 없이 구치소에 수용 중인 사람을 취재하기 위하여 접견신청서에 수용자의 지인이라고 기재하고, 반입이 금지된 녹음 · 녹화기능이 내장된 안경을 착용하고 접견실에 들어가 수용자를 접견하면서 대화 장면과 내용을 촬영하고 녹음하였다. 甲에게는 위계에 의한 공무집행방해죄 및 건조물침입죄의 죄책이 인정되는가?

[판례] ① 단순히 공무원의 감시 · 단속을 피하여 금지규정을 위반한 것에 지나지 않는다면 그에 대하여 벌칙을 적용하는 것은 별론으로 하고 그 행위가 위계에 의한 공무집행방해죄에 해당한다고 할 수 없다. ② 관리자에 의해 출입이 통제되는 건조물이더라도 관리자의 승낙을 받아 통상적인 출입방법으로 들어갔다면 특별한 사정이 없는 한 건조물침입죄에서 규정하는 침입행위에 해당하지 않는다. …… 행위자의 출입행위가 건조물침입죄에서 규정하는 침입행위에 해당하려면, …… 행위자의 출입 당시 객관적 · 외형적으로 드러난 행위태양에 비추어 사실상 평온상태를 해치는 방법으로 건조물에 들어갔다고 평가되어야 한다(대법원 2022.3.24, 2017도18272 전원합의체; 2022.4.28, 2020도8030).

♀solution 인정되지 않는다.

●●○
324 이른바 '집사변호사'와 위계에 의한 공무집행방해죄

• 경찰승진 22

> 甲은 미결수용 중에 이른바 '집사변호사'를 고용한 후 변호인 접견을 가장하여 형사사건 변호활동이 아닌 개인업무 처리 등을 하게 하였다. 甲에게는 위계에 의한 공무집행방해죄가 성립하는가?

[판례] 피고인의 변호인 접견교통권 행사가 그 한계를 일탈한 규율위반행위에 해당하더라도 그 행위가 위계공무집행방해죄의 '위계'에 해당하려면 행위자가 상대방에게 오인, 착각, 부지를 일으키게 하여 그 오인, 착각, 부지를 이용함으로써 상대방이 이에 따라 그릇된 행위나 처분을 하여야만 한다. 만약 그러한 행위가 구체적인 직무집행을 저지하거나 현실적으로 곤란하게 하는 데까지는 이르지 않은 경우에는 위계에 의한 공무집행방해죄로 처벌할 수 없다(대법원 2009.4.23, 2007도1554 등). 접견변호사들이 미결수용자인 피고인의 개인적인 업무나 심부름을 위해 접견신청행위를 한 후 피고인과 소송서류 이외의 서류를 주고받고 피고인의 개인적인 연락업무 등을 수행한 것은 교도관들에 대한 위계에 해당한다거나 그로 인해 교도관의 직무집행이 구체적이고 현실적으로 방해되었다고 할 수 없으므로, 피고인이 지시한 접견이 접견교통권의 남용에 해당할 수는 있겠지만 위계공무집행방해죄를 구성하지는 않는다(대법원 2022.6.30, 2021도244).

[보충] 헌법이 접견교통권을 기본권으로 보장하는 취지 및 관계 법령들의 규정들을 종합하여 보면, 미결수용자와 변호인 사이의 접견교통권은 최대한 보장되어야 하고 법령의 구체적인 근거가 없는 한 이를 함부로 제한할 수 없다. 미결수용자의 변호인이 교도관에게 변호인 접견을 신청하는 경우 미결수용자의 형사 사건에 관하여 변호인이 구체적으로 어떠한 변호 활동을 하는지, 실제 변호를 할 의사가 있는지 여부 등은 교도관의 심사대상이 되지 않는다.

♀solution 성립하지 않는다.

●●○
325 대통령기록물 무단파기 사건

> 2007년 남북정상회담 회의록 파일이 첨부된 문서관리카드는 공용서류무효죄의 '공무소에서 사용하는 전자기록'에 해당하는가?

(판례) 공문서(전자공문서 포함)는 결재권자가 서명 등의 방법으로 결재함으로써 성립된다고 할 수 있다. 여기서 '결재'란 문서의 내용을 승인하여 문서로서 성립시킨다는 의사를 서명 등을 통해 외부에 표시하는 행위이다. …… 대통령기록물법상 대통령기록물은 대통령기록물생산기관이 '생산'한 것이어야 하는데, 해당 대통령기록물이 공문서(전자공문서 포함)의 성격을 띠는 경우에는 결재권자의 결재가 이루어짐으로써 공문서로 성립된 이후에 비로소 대통령기록물로도 생산되었다고 봄이 타당하다. …… 형법 제141조 제1항은 공무소에서 사용하는 서류 기타 물건 또는 전자기록 등 특수매체기록을 손상 또는 은닉하거나 기타 방법으로 그 효용을 해한 자를 처벌하도록 규정하고 있다. '공무소에서 사용하는 서류 기타 전자기록'에는 공문서로서의 효력이 생기기 이전의 서류라거나(대법원 1971.3.30, 71도324), 정식의 접수 및 결재 절차를 거치지 않은 문서, 결재 상신 과정에서 반려된 문서(대법원 1998.8.21, 98도360; 1980.10.27, 80도1127; 2006.5.25, 2003도3945 등) 등을 포함하는 것으로, 미완성의 문서라고 하더라도 본죄의 성립에는 영향이 없다(대법원 2020.12.10, 2015도19296).

(보충) 노무현 전 대통령은 2007.10.21. 이 사건 회의록(남북정상회담 회의록)의 내용을 확인한 후 이 사건 문서관리카드에 서명을 생성함으로써 이 사건 회의록이 첨부된 이 사건 문서관리카드를 공문서로 성립시킨다는 의사를 표시하였고, 이에 따라 이 사건 문서관리카드는 대통령기록물로 생산되었으며, 공무소에서 사용하는 전자기록에도 해당한다.

(보충) 2007년 남북정상회담 회의록을 폐기한 혐의로 기소된 백종천 전 청와대 외교안보실장과 조명균 전 청와대 안보정책비서관 사건이다. 1,2심은 이들이 폐기한 자료는 초본(초안)에 불과한데다 노무현 전 대통령이 회의록에 대한 수정·보완 등을 지시했기 때문에 결재가 없었다고 판단해 대통령기록물이 아니라고 판단했으나, 대법원은 대통령이 회의록이 담긴 문서관리카드를 열람하고 전자서명까지 했다면 이는 대통령 결재가 있었던 대통령기록물로 보아야 하므로 대통령기록물 관리에 관한 법률 위반 및 형법상 공용표시무효에 관하여 무죄를 선고한 원심 판결을 파기환송한 것이다.

♀solution 해당한다.

제3절 도주와 범인은닉의 죄

●●○
326 법정구속된 피고인과 도주죄의 주체

> 법정구속되어 구속 피고인 대기실에 있던 피고인이 도주하려고 하였으나 법정 내에서 검거되었다. 법정구속된 피고인이 형법 제145조 제1항 도주죄의 주체인 '법률에 의하여 체포 또는 구금된 자'에 해당하는가?

(조문) 형법 제145조(도주, 집합명령위반) ① 법률에 따라 체포되거나 구금된 자가 도주한 경우에는 1년 이하의 징역에 처한다.

(판례) 법원이 선고기일에 피고인에 대하여 실형을 선고하면서 구속영장을 발부하는 경우 검사가 법정에 재정하여 법원으로부터 구속영장을 전달받아 집행을 지휘하고, 그에 따라 피고인이 피고인 대기실로 인치되었다면 다른 특별한 사정이 없는 한 피고인은 형법 제145조 제1항의 '법률에 의하여 체포 또는 구금된

자'에 해당한다(도주미수 인정, 대법원 2023.12.28, 2020도12586).

> **보충** 형사소송법은 재판의 집행 일반에 관하여 재판의 성질상 법원 또는 법관이 지휘할 경우를 제외하면 재판을 한 법원에 대응한 검찰청 검사가 지휘한다고 정하면서(제460조 제1항), 구속영장(제81조 제1항 본문, 제209조), 체포영장(제81조 제1항 본문, 제200조의6), 압수 · 수색 · 검증영장(제115조 제1항 본문, 제219조)의 집행 등에 관하여도 검사의 지휘에 의하여 집행한다고 규정하고 있다. 따라서 검사가 법정에서 법원으로부터 구속영장을 전달받아 교도관 등으로 하여금 피고인을 인치하도록 하였다면 집행절차가 적법하게 개시되었다고 볼 수 있다. 또한 구속영장의 집행을 통하여 최종적으로 피고인에 대한 신병을 인계받아 구금을 담당하는 교도관이 법정에서 곧바로 피고인에 대한 신병을 확보하였다면 구속의 목적이 적법하게 달성된 것으로 볼 수 있다.

ᅌsolution 해당한다.

제4절 위증과 증거인멸의 죄

●●○

327 위증죄의 주체 – 공범자인 공동피고인의 증인적격

> 공범인 공동피고인의 지위에 있는 피고인들이 소송절차가 분리된 상태에서 증언거부권을 고지받았음에도 증인으로서 선서한 뒤 자기의 범죄사실에 관한 검사의 질문에 대하여 증언거부권을 행사하지 않고 진술을 한 경우, 위증죄가 성립하는가?

판례 피고인들에 대한 각각의 피고사건은 다른 공동피고인의 소송절차와 분리되었으므로, 공범인 공동피고인의 지위에 있는 피고인은 다른 공동피고인에 대하여 증인적격이 있다. 위와 같이 소송절차가 분리된 상태에서 피고인들이 증언거부권을 고지받았음에도 불구하고 증언거부권을 행사하지 아니한 채 허위의 진술을 하였다면, 자신의 범죄사실에 대하여 증인으로서 신문을 받았더라도 피고인으로서의 진술거부권 내지 자기부죄거부특권 등이 침해되었다고 할 수 없고, **위증죄가 성립**한다(대법원 2012.10.11, 2012도6848, 2012전도143; 2024.2.29, 2023도7528).

ᅌsolution 성립한다.

●●○

328 증거위조 사건
• 경찰1차 22

> [제1문] 형 또는 징계의 경중에 관계있는 정상을 인정하는 데 도움이 되는 자료는 형법 제155조 제1항의 증거위조죄의 구성요건이 규정한 '증거'에 해당하는가?
> [제2문] 사실의 증명을 위해 작성된 문서가 그 사실에 관한 내용이나 작성명의 등에 허위가 없는 경우에도 증거위조에 해당하는가?

[제1문]

판례 형법 제155조 제1항이 정한 증거위조죄에서의 '증거'에는 타인의 형사사건 또는 징계사건에 관하여 수사기관이나 법원 또는 징계기관이 국가의 형벌권 또는 징계권의 유무를 확인하는 데 관계있다고 인정되는 일체의 자료가 포함된다(대법원 2007.6.28, 2002도3600 등). 따라서 범죄 또는 징계사유의 성립 여부에 관한 것뿐만 아니라 형 또는 징계의 경중에 관계있는 정상을 인정함에 도움이 될 자료까지도 본조가 규정한 증거에 포함된다(대법원 2021.1.28, 2020도2642).

♀solution 해당한다.

[제2문]

(판례) 형법 제155조 제1항은 타인의 형사사건 또는 징계사건에 관한 증거를 인멸, 은닉, 위조 또는 변조하거나 위조 또는 변조한 증거를 사용한 자를 처벌하고 있고, 여기서의 '위조'란 문서에 관한 죄의 위조 개념과는 달리 새로운 증거의 창조를 의미한다(대법원 2007.6.28, 2002도3600 판결 참조). 그러나 사실의 증명을 위해 작성된 문서가 그 사실에 관한 내용이나 작성명의 등에 아무런 허위가 없다면 '증거위조'에 해당한다고 볼 수 없다. 가사 사실증명에 관한 문서가 형사사건 또는 징계사건에서 허위의 주장에 관한 증거로 제출되어 그 주장을 뒷받침하게 되더라도 마찬가지이다(대법원 2021.1.28, 2020도2642).

♀solution 해당하지 않는다.

제5절 무고죄

● ○ ○
329 무고죄의 고의

(판례) 무고죄는 타인으로 하여금 형사처분이나 징계처분을 받게 할 목적으로 신고한 사실이 객관적 진실에 반하는 허위사실인 경우에 성립한다. 무고죄의 범의는 반드시 확정적 고의일 필요가 없고 미필적 고의로도 충분하므로, 신고자가 허위라고 확신한 사실을 신고한 경우뿐만 아니라 진실하다는 확신 없는 사실을 신고하는 경우에도 그 범의를 인정할 수 있다. 신고자가 알고 있는 객관적인 사실관계에 의하더라도 신고사실이 허위라거나 또는 허위일 가능성이 있다는 인식을 하지 못하였다면 무고의 고의를 부정할 수 있으나, 이는 알고 있는 객관적 사실관계에 의하여 신고사실이 허위라거나 허위일 가능성이 있다는 인식을 하면서도 그 인식을 무시한 채 무조건 자신의 주장이 옳다고 생각하는 경우까지 포함하는 것은 아니다(대법원 2000.7.4, 2000도1908, 2000감도62). …… 피고인이 국민권익위원회 운영의 국민신문고 홈페이지에 '약사가 무자격자인 종업원으로 하여금 불특정 다수의 환자들에게 의약품을 판매하도록 지시하거나 실제로 자신에게 의약품을 판매하였다'는 등의 내용으로 제기한 민원은 객관적 사실관계에 반하는 허위사실이고, 피고인에게는 미필적으로나마 그 허위 또는 허위의 가능성을 인식한 무고의 고의가 있음이 인정된다(대법원 2022.6.30, 2022도3413).

● ● ○
330 무고죄의 필요적 감면사유의 자백의 시기와 절차

(판례) 형법 제157조, 제153조는 무고죄를 범한 자가 그 신고한 사건의 재판 또는 징계처분이 확정되기 전에 자백 또는 자수한 때에는 그 형을 감경 또는 면제한다고 하여 이러한 재판확정 전의 자백을 필요적 감경 또는 면제사유로 정하고 있다. 위와 같은 자백의 절차에 관해서는 아무런 법령상의 제한이 없으므로 그가 신고한 사건을 다루는 기관에 대한 고백이나 그 사건을 다루는 재판부에 증인으로 다시 출석하여 전에 그가 한 신고가 허위의 사실이었음을 고백하는 것은 물론 무고 사건의 피고인 또는 피의자로서 법원이나 수사기관에서의 신문에 의한 고백 또한 자백의 개념에 포함된다. 그리고 형법 제153조에서 정한

'재판이 확정되기 전'에는 피고인의 고소사건 수사 결과 피고인의 무고 혐의가 밝혀져 피고인에 대한 공소가 제기되고 피고소인에 대해서는 불기소결정이 내려져 재판절차가 개시되지 않은 경우도 포함된다(대법원 2018.8.1, 2018도7293; 2024.9.12, 2024도7400).

판·례·색·인